KB112850

통합 교과형 논술이 손에 잡힌다

문학 교과서 속에 숨어 있는 논술

통합 교과형 논술이 손에 잡힌다

문학교과서 속에 숨어 있는 논술

김미영 · 윤지영 · 윤한국 지음

살림

머 리 말

문학은 닫혀 있는 사회를 열어주는 축복의 통로이다

지금까지의 문학 교과서는 우리에게 어떤 의미였을까?

시험 기간만 되면 해야 할 시험공부보다는 소설책 읽는 재미에 끌려 집중하던 중·고등학교 시절이 있었다. 시험이라는 제도 자체에 대한 답답함으로부터 도망치고 싶은 마음에 소설책 속으로 빠져들었던 것 같다. 같은 글읽기라도 그 목적이나 상황에 따라 감흥이 사뭇 다르다. 대개 시험을 목표로 하는 글읽기는 글의 종류를 불문하고 회피하고 싶은 충동을 불러일으키곤 한다. 시험 기간 중 일종의 도피 수단이 되는 소설 역시도 교과서 속으로 들어가는 동시에 재미없고, 지루한 시험 범위가 될 뿐이다.

종종 교과서는 독서를 권장하는 대신 독서를 방해하곤 한다. 문학 교과서도 마찬가지다. 대개의 문학 교과서들이 문학 작품의 일부 내용과 전체 줄거리, 작가에 대한 간략한 설명과 자세한 작품해설을 달아놓고는 학생들에게 글 전체의 이해를 강요하곤 한다. 이러한 문학 교과서들은 (현재 학교 현장에서는 18종 중 1종을 선택하고 있다.) 자칫 학생들로 하여금 획일적이고, 의존적인 독서 성향을 가지게 할 수 있다. 이러한 교과서들의 친절한 설명이 오히려 학생들로 하여금 문학을 스스로 감상할 수 있는 기회를 박탈하고 있으며 소위 명작들의 일부분을 모아놓은 문학 교과서는 학생들로 하여금 그 밖의 모든 책 읽기를 면제받을 수 있게까지 한다. 교과서가 문학의 시작이 아니라 문학의 끝이 되어 버린 셈이다.

이제 우리의 학생들에게 문학 교과서는 문학책이 아니라 시험 범위일 뿐이다. 중 · 고등학교 시절 문학 교과서를 통해 배웠던 주옥같은 작품들을 기억하면서 회상에 젖는 사람들도 있겠지만 많은 사람들에겐 그것이 문학과의 마지막 작별 인사였을지도 모른다. 오늘날 우리 문학 교육은 '문학 교과서' 교육이 되고 있는 것이 아닌가 하는 생각을 한다. 학생들에게는 문학 교과서가 문학이 아닌 교과서일 뿐이다.

문학 교사들은 학생들에게 문학을 가르치면서 어떻게 하면 학생들의 문학적 감수성을 풍부하게 하고, 더 나아가 세상을 바라보는 안목과 세상을 살아가는 지혜를 길러줄 수 있을까에 대해 많은 고민을 한다. 하지만, 현장에서는 문학 작품이 어떤 문제로 출제될 것인지를 고민해야 하는 것이 보다 현실적인 문학 교육이 된 지 오래다. 그런데 이러한 대학 입시를 위한 문제 풀이식 문학 수업은 학생들로 하여금 현상을 바라보는 안목과 대처 방식, 그리고 다양한 삶의 본질적인 문제들에 대해 고민할 기회를 제공하지 못하는 것은 물론 오히려 자유로운 사고 발달을 저해할 우려까지 있다.

통합 교과형 논술은 기존 논술과는 전혀 다른 형태인가?

서울대학교는 2008학년도 입시부터 수능 반영 비율을 줄이는 대신 '통합 교과형' 논술고사의 반영 비율을 획기적으로 늘이겠다고 발표했다. 이에 발맞추어 서울의 주요 대학들이 잇달아 서울대학교와 비슷하게 입시 제도를 바꾸고, 통합 교과형 논술 형태의 모의 논술 고사 문제를 대학 홈페이지를 통해 제시하기도 하였다. 실제로 2007학년도 수시 모집에서 통합 교과형 논술의 형태가 대세를 이루면서 통합 교과형 논술이 도대체 무엇인지에 대한 관심이 매우 높아졌다.

여기서 잠시 생각해 보고 넘어갈 것이 있다. 논술을 '비판적 읽기와 창의적 문제 해결 능력을 기반으로 한 논리적인 글쓰기' 라고 간략하게 정의내릴 수 있는데, 서울대학교를 비롯하여 주요 대학들이 이야기하는 '통합 교과형 논술' 이라는 것이 논술의 기본 정의와는 다른 새로운 성격의 것인가 하는 문제이다. 많은 학생들과 학부모, 심지어 교사들까지도 통합 교과형 논술이 이전과는 전혀 다른 새로운 형태의 논술인 줄로 알고 있다. 그러나, '통합 교과형 논술' 은 어떤 특이한 형태의 논술을 지칭하는 이름이 아니라, 논술의 성격이나 취지에 충실한 시험 형태로서의 논술을 강조하기 위해 붙여진 이름에 불과하다.

다만 기존 논술과 지향하는 측면에 있어서는 약간의 차이가 난다. 암기로 얻은 지식보다는 비판적이고 창의적인 사고력을 중시한다는 측면, 결과보다는 과정을 중시한다는 측면, 한 교과의 칸막이 안에 갇힌 교육이 아니라 서로 다른 교과 간에 소통하게 한다는 측면, 주입식 교육보다 자기 주도적 교육을 더욱 강조한다는 측면에서의 차이이다. 시중에 나와 있는 논술 교재들을 살펴보면 인문학, 사회 과학, 자연 과학 등의 영역에서 논술의 주제나 소재로 채택할 만한 내용들을 뽑아 배경 지식을 제공해 주는 형태가 태반이다. 이런 논술 교육의 취약점을 보완하고 학교 교육 과정 속으로 논술을 끌어들이기 위해 계발된 형태가 '통합 교과형 논술' 이라고 볼 수 있다.

그렇다면 통합 교과형 논술 속에서 국어(문학) 교사의 역할은 무엇일까?

우리들은 현직에서 고등학교 학생들에게 문학을 가르치는 국어 교사들이다. 그러면서도 논술을 가르치고 있고, 논술 교재를 집필하기도 한다. 현장에서 국어 교사가 논술을 가르치는 것에 대해 문제를 제기하는 사람들은 많지 않다. 논술을 국어 과목의 일부로 여기는 인식 때문이다. 이는 논술 시험을 단순한 글쓰기 시험이라고 보고 원고지에 깔끔하게 자신의 생각을 적어낼 수 있으면 좋은 글이 된다는 시각에서 기인한다. 하지만, 통합 교과형 논술에서는 정치, 경제, 철학, 윤리, 역사, 수리, 과학적 지식들의 연관 관계를 밝히고 이해할 수 있는 능력을 묻기 때문에 국어 지식만으로는 문제를 해결하기 어렵다.

우리들의 고민은 여기서 시작되었다. 그렇다면 통합 교과형 논술 속에서 국어 교사인 우리들의 역할은 무엇이라는 말인가? 단순한 글쓰기의 교정이라는 작문 교사로서의 역할인가? 아니면 논증적 글쓰기와는 다른 문학적 글쓰기를 통한 감수성 키우기에 매진해야 하는 문학 교사로서의 역할인가? 그것도 아니라면, 학교 현장에서 누구나 맡기 어려워하는 논술 교과를 총괄하고, 여러 교과의 교사들을 함께 아우르는 논술 강좌 기획자로서의 역할이라는 말인가? 이러한 국어 교사의 역할은 오히려 칸막이 안에 갇힌 교과 교육의 특성을 벗어나려는 취지에서 제시된 '통합 교과형 논술'의 특성과는 모순되는 결과를 낳을 수 있다.

국어 교과는 문학을 통해 삶에 대한 통찰력을 키워줄 수 있고, 이를 바탕으로 자유롭고 깊이있게 사고하고, 유창하게 표현할 수 있는 능력을 길러줄 수 있다는 교과적 특수성을 지닌다. 이를 통해 학생들의 논술력 향상에도 적극 기여할 수 있을 것이다. 그리고 이점이 국어 교사가 통합 교과형 논술 대비에 나서야 하는 이유이기도 하다.

통합 교과형 논술 속에서 문학은 어떤 모습인가?

서울대학교에서 발표한 2008학년도 논술 고사 2차 인문 계열 4번 째 예시 문항을 살펴보면 문학 교과서에서 일상적으로 배우는 작품들 세 편(황현의 「절명시」, 김승옥의 소설 「무진기행」, 프로스트의 시 「가지 않은 길」)을 제시하고 세 작품 속에서 고민하는 인간들의 모습을 통해 글쓴이가 고민하고 있는 상황을 비교하는 논제와, 작품 속 상황 속에서 자신은 어떤 상황을 선택할 것인지 그리고 그 이유는 무엇인지를 밝히는 논제이다. 이는 문학 수업 시간에 문학적 지식을 전달하고 객관식 정답을 확인하는 방식의 형태로는 전혀 접근할 수가 없다. 작품을 깊이 있게 이해하고 작품 속 상황을 자신의 것으로 얼마나 내면화할 수 있느냐가 논제에 접근할 수 있는 관건인 것이다.

서울대학교뿐만 아니라, 2007학년도 1학기 수시 모집에서 실시된 대학별 논술 고사에서도 많은 문학 작품이 출제되었다. 경희대학교 자연 계열에서는 시인 김수영의 「폭포」, 서정주의 「추천사」와 같은 문학 작품을 제시하여 인문과 과학 교과 통합 능력을 평가하고자 하였고, 서강대학교는 중국의 『장자』, 프랑스 수학자 렌 데카르트의 『방법서설』 등 고전과 조선 실학자 박지원의 『예덕선생전』 등 문학 작품이 제시문으로 활용되고, 제시문 간 공통 논지 찾기 문제, 요약하고 적용하고 추론하는 문제, 제시문의 관점을 상호 비판하는 문제가 출제되었다. 이화여대 역시 김승옥의 소설 「무진기행」, 저항시인 윤동주의 「서시」와 같은 문학작품을 제시문으로 활용하였다.

문학 읽기를 통해 통합 교과형 논술에 대비할 수 있을까?

이처럼 통합 교과형 논술에서 많은 문학 작품들이 제시문으로 채택되는 이유는 무엇일까? 그것은 문학이 인간 삶의 총체적 반영이기 때문이다. 문학 작품의 작가들은 인간의 삶을 예리하게 관찰하고, 세계를 통찰함으로써 다양한 삶의 모습들을 매우 온전한 모습으로 작품 속에 재현해낸다. 이러한 작품을 통해 학생들은 객관적인 입장에서 여러 삶의 양상들을 접할 수 있고, 또한 자신의 삶을 성찰할 수 있다. 더 나아가 자신을 둘러싼 세계와의 연관성 속에서 자신을 새롭게 발견하고, 인생의 진리들을 깨닫게 된다. 바로 이러한 과정에서 통합적이고 총체적인 세계 인식이 가능해 지는 것이다.

이러한 문학 작품 감상의 최종 단계가 바로 내면화이다. 작품의 내면화는 작품 세계를 학생 자신의 삶의 문제로 환원하여 의미화하는 작업을 말하는데, 이는 학생 스스로가 작품 세계에 대해 비판하고 재구성하는 것을 통해 자신만의 세계를 창조적으로 만들어내는 것을 의미한다. 문학은 역사 사회적 현실을 반영하는 것은 물론, 문학 그 자체가 역사적 맥락에서 새로운 현실을 창조해내기도 한다. 학생들은 삶에 대한 인식이자 역사에 대응하는 하나의 방식인 문학 작품을 내면화하면서 역사와 현실에 대한 올바른 인식을 지니게 되고 자신의 가치관을 형성할 수 있게 되는 것이다.

이처럼 문학은 통합적이고 총제적인 사고를 바탕으로 역사와 현실에 대한 올바른 인식을 정립하고 자신의 정체성을 찾아나가는 데에 매우 유용한 과목이라고 할 수 있다. 이런 의미에서 통합 교과형 논술에서 다양한 현실 세계의 모습을 구체적으로 다루고 있는 문학 작품은 그 의미가 매우 크다 하겠다.

이런 상황을 고려할 때, 문학을 가르치는 우리들의 역할은 결국 학생들이 문학 작품을 내면화하고 자신의 가치관을 정립할 수 있도록 적극적으로 돕는 일일 것이다. 그리고 이 책은 바로 이러한 문학 담당 교사들의 치열한 고민의 산물이라고 할 수 있다.

이 책의 구성 및 접근 방법

문학 작품에 접근하는 방법을 익히는 것은 일차적으로 문학의 속성을 이해하는 통로이다. 이는 또한 문학 공부의 핵심이라고 할 수 있다. 고정된 대상을 다루는 자연 과학에 있어 다양한 방법론은 크게 문제되지 않는다. 하지만 인문 과학은 대상 자체를 규정하는 것이 방법론 지향적이기 때문에 방법론의 중요성이 더욱 강조된다. 그러한 점에서 작품에 접근하는 방법을 익히는 것은 작품에 대한 주체적인 접근이라 할 수 있다.

이 책은 크게 3부로 나뉘어져 있고, 각 부는 5~7개의 장으로 이루어져 있다. 각 부를 나눈 기준은 문학 작품에 접근하는 방식의 차이이다. 문학 작품은 보는 것이 아니라 읽는 것이다. 더 나아가 읽기를 통해 내면화를 이루는 과정으로 나갈 수 있어야 한다. 이런 점에서 문학 작품에 어떻게 접근해야 하고 어떻게 읽어 내려가야 하는가의 방법론을 익히는 것은 매우 중요하다. 이를 위해서는 이렇게 저렇게 해야 한다는 원론적인 이야기보다는 우리가 직접 문학 작품에 접근하는 방식을 학생들에게 보여줄 필요가 있다고 생각하였다. 그래서 세 가지 측면에서의 접근 방법을 제시하고 이를 통해 학생들이 문학 작품에 접근하는 이해의 폭을 넓히고자 하였다.

또한, 책을 구성함에 있어 작품 선정에 가장 많은 관심을 기울였다. 최대한 18종 문학 교과서에 언급된 시, 소설 등을 중심으로 작품을 선정하였고, 보통 시중에 나와 있는 교재에 수록된 작품들이 일제 강점기나 전후 시대에 치우쳐져 있음에 착안하여 고전과 현대를 불문하고 최대한 다양한 시대와 상황들을 다룬 작품들을 선정하고자 하였다. 텍스트는 부분 발췌 형식으로 장면 이해를 위해서 간략하게 설명(문학 기법, 작가, 작품 배경 지식 등)하는데 그쳤고, 작품 중심이 아닌 주제 중심으로 구성하였다. 또, 각 장마다 마지막 부분에는 작품을 놓고 심도 있게 사고해야 할 내용, 사상들에 대한 질문과 답변 및 참고할 자료들을 담아 학생들이 또 다른 시각에서 주제에 접근할 수 있도록 배려하였다.

첫 번째 접근법은 한 작품 속에서 작품의 세부적 분석을 통해 핵심이 되는 한 가지의 주제를 찾아내고 집중적으로 탐구하는 방법이다. '주제 중심적 작품 분석' 이라고 명명할 수 있겠다. 작품 전체를 관통하는 주제를 먼저 선정하고 작품을 중심으로 분석해 들어간다. 한 작품만을 선정하여 집중적으로 분석해 들어가는 가운데 깊이 있게 생각해 보아야 할 문제점들을 찾아내고 작품 속 인물들의 갈등 해결 방식이나 상황 대처 방법, 작품을 쓴 작가의 의도 등에 대해 철학적인 인식을 바탕으로 비판해 들어가는 접근 방법이다. 마지막 부분에는 본 작품과 관련된 주제를 다루고 있는 다른 작품 및 상황들을 제시하여 서로 비교해 볼 수 있도록 안배하였다.

두 번째 접근법은 여러 작품 속에서 공통된 소재 및 주제를 찾아내고 최근의 사회적 현상들과 관련지어 시사적 주제를 중심으로 집중적으로 분석하는 방법이다. '작품 속에서 시사적 요소 찾아내기' 라고 명명할 수 있겠다. 작품 선정에 있어서는 최근에 첨예한 논란이 되고 있는 시사적 주제(외국인 이주 노동자, 성매매 합법화, 고령화 사회, 대박 신드롬, 내부 고발 제도 등)를 먼저 정하고 그에 합당한 작품들을 두 편 이상씩 선정하였다. 최근의 수능 언어영역 출제 유형이나 논술 출제 유형과 형식이 유사하다 하겠다. 다만 작품의 전체 주제와 필자가 다루고자 발췌한 지문의 주제 사이에는 간극이 있음을 유념할 필요가 있다. 문학 작품과 현실 상황이 어떻게 관련될 수 있는지에 초점을 맞춘 접근 방법이다.

세 번째 접근법은 한 작품 속에서 다양한 주제를 찾아내는 방법이다. '한 작품 다양하게 읽기' 라고 명명할 수 있겠다. 한 작품을 다양한 측면에서 접근하여 각각을 주제화하고 그 주제에 관해 심도 있게 다루었다. 구성 방식은 우선 작품의 전체를 파악할 수 있도록 줄거리와 지문을 간략하게 제시하고, 다음으로 작품 속에서 적어도 2개 이상의 주제를 뽑아낸 후 주제별로 심도 있는 논의를 전개하였다. 또, 각각의 주제를 다루면서 주제 관련 부분을 인용하거나 요약하여 작품 전체를 읽지 않더라도 내용을 파악할 수 있도록 하였다. 마지막 부분에서는 다른 시각과 관점에서 문제를 바라보게 함으로써 한편으로 생각이 치우치지 않도록 배려하였다.

이 책을 쓰기 위해 그동안 참 많은 모임을 가지고 공저자들끼리 열띤 토론을 하였다. 편협해지지 않기 위해서, 시중에 나와 있는 산더미 같은 논술 참고서들과 차별성을 두기 위해서, 또 학생들의 입장에서 바라보기 위해서 여러 번의 수정 작업을 마다하지 않았다. 학교 현장에서 문학을 가르치면서도 문학다운 문학을 가르치지 못한다는 생각에 늘 아쉬움이 많았던 터라 학생들에게 의미있는 논술 관련 문학 교양 서적을 한 권이라고 제시해 주고 싶었다. 또 통합 논술의 시대에 문학을 가르치는 교사로서의 전문성을 신장시키고 싶어하는 많은 동료 교사들에게 조금이나마 도움을 주고자 하는 마음으로 이 책을 집필하였다.

이 책은 고등학생들을 주 대상으로 하지만, 일반 독자들도 소화할 수 있을 정도의 쉬우면서도 흥미로운 생각 거리를 제공하고 있다. 더 나아가 이 책 출간의 궁극적인 목표는 인문학적 지식, 성찰적 지식, 교양에 대한 사람들의 관심과 흥미, 필요성의 인지를 높이는 데 있다고 하겠다.

2006년 10월

김미영, 윤지영, 윤한국

문학교과서 속에 숨어 있는 논술 차 례

II. 하나의 주제로 다양한 작품 살펴보기

III. 다양한 주제로 한 작품 살펴보기

『그 여자네 집』 박완서

「레디메이드 인생」 채만식

「규원가」 허난설헌

1부

하나의 주제로 한 작품 살펴보기

1

'모두' 가 잘 사는 사회는 불가능한 꿈인가?

『난장이가 쏘아올린 작은 공』 조세희

'공익' 이라는 말의 함정

조세희의 『난장이가 쏘아올린 작은 공』은 1970년대 산업화 과정에서 벌어진 우리 사회의 부조리하고 비인간적인 면을 사실적이면서도 환상적으로 그려낸 소설이다. 소설 속에서 난쟁이가 쏘아올린 작은 쇠공은 난쟁이가 꿈꾸는 세상에 대한 희망을 상징하는데, 그가 꿈꾸는 세계는 '모두에게 할 일을 주고, 일한 대가로 먹고 입고, 누구나 다 자식을 공부시키며 이웃을 사랑하는 세계' 이다. 그렇게 어려울 것도 없어 보이고, 당연히 그렇게 되어야 하는 것이 아닌가 싶은 이 세계에 대한 희망은 무거운 쇠공이 높이 올라갔다가 결국엔 힘없이 떨어지는 것처럼 현실 속에서는 끝없이 좌절된다.

문제는 '모두' 가, '누구나' 가 행복할 수 있는가 하는 점이다. 특권 계층만이 누리던 권력과 부를 나누어 갖기 위해 부르주아들이 중세적 질서를 무너뜨리고 근대사회를 세울 때, 그들이 내세운 가치는 '인간존중', '자유', '평등' 이었다. 그러나 그들이 생각하는 존중 받아야 할 인간, 자유롭게 사익을 추구해도 좋은 인간의 범위에는 자본을 지니고 있던 자신들만이 들어갈 뿐이었다. 평등 역시 귀족과 그들 사이에서의 평등이었지, 노예나 자신이 고용한 사람들과의 관계는 염두에 두지도 않은 문제였다. 따라서 "사람들이 시장 내에서 자기의 이익을 자유롭게 추구함으로써 결과적으로 많은 공익을 성취할 수 있다" 고 주장한 아담 스미스의 '공익' 이라는 것의 범위 역시 재고의 여지가 있다.

부르주아들로부터 시작되었던 인간존중, 자유와 평등에 대한 열망이 사회의 전 계층으로 확대되어 간 것이 근대 역사의 발전 모습이라면, 시장의 자율 경제를 핵심으로 하는 자본주의 경제 체제 역시 그 모습을 여러 차례 바꾸어 가야 했을 것이다.

'공익' 이 진정한 '공익' 이 되기까지, 사실 전 세계가 내부적으로 또 국제 관계 속에서 많은 진통을 겪어야 했다. 아담 스미스의 '보이지 않는 손' 이 사실은 그 많은 '공익' 을 적절하게 분배하는 것에는 무기력하기만 했다는 것을 우리는 두 번의 세계대전과 자본주의 국가들에겐 통과의례와 같던 여러 차례의 경제 공황 속에서 아프게 배웠다. 그리고 이제는 '분배' 에 대한 논의를 배제하면서 경제에 대해 이야기할 수 없다는 것을 알게 된 것이다.

난장이가 쏘아 올린 작은 공

『난장이가 쏘아 올린 작은 공』은 모두 12편의 작품, '뫼비우스의 띠', '칼날', '우주여행', '난장이가 쏘아 올린 작은 공', '육교 위에서', '궤도 회전', '기계 도시', '은강 노동 가족의 생계비', '잘못은 신에게도 있다', '클라인씨의 병', '내 그물로 오는 가시고기', '에필로그'로 이루어진 연작 소설이다. 이 중 난쟁이 가족의 이야기가 단적으로 제시되어 있는 단편『난장이가 쏘아 올린 작은 공』의 줄거리는 다음과 같다.

난쟁이인 아버지, 그리고 어머니와 영수, 영호, 영희는 매일의 삶이 고달픈 소외된 도시 빈민 계층이다. 삶에 대한 가느다란 희망으로 낙원에 살게 되길 꿈꾸지만, 시의 재개발 사업으로 인해 집이 철거되면서 그들의 꿈도 산산조각이 나게 된다. 영수네 동네인 낙원구 행복동 주민들 모두 걱정하고 괴로워하지만, 결국 철거는 매우 쉽게 이루어지고, 그들의 손에는 아파트 입주 딱지만 주어진다. 입주권이 있어도 입주하기 위해 필요한 어마어마한 돈이 없는 그들은 시에서 주겠다는 이주 보조금보다 돈을 더 얹어 주는 거간꾼들에게 이 입주권을 팔고 정들었던 마을을 하나 둘 떠나간다.

난쟁이인 영수의 아버지는 채권 매매, 칼 갈기, 건물 유리 닦기, 수도 고치기 등의 온갖 허드렛일을 하면서 생계를 유지해 왔었다. 그런데 그 일마저 병이 들어 할 수 없게 되자, 어머니와 영수는 인쇄소와 제본 공장에 나가게 되고, 영호와 영희도 학교를 그만 두게 된다. 투기업자들의 경쟁으로 입주권의 값이 올라, 영수네도 마침내 입주권을 팔지만 명희 어머니에게 빌린 전셋돈을 갚고 나니 남는 돈이 없었다.

영희는 아파트 입주권을 팔던 날, 투기업자를 따라가 그와 동거하게 된다. 그리고는 기회를 보아 그 투기업자를 마취시키고 그의 가방 속에 있던 자기네 가족의 입주권과 돈을 가지고 행복동 동사무로로 돌아온다. 서류 신청을 마친 영희는 가족을 찾기 위해 이웃에 살던 신애 아주머니를 찾아간다. 그리고는 아버지가 벽돌 공장에서 자살했다는 사실을 알게 된 뒤, 영수에게 "아버지를 난쟁이라고 부르는 악당은 죽여 버려"라고 말한다.

『난장이가 쏘아 올린 작은 공』 중에서

형은 점심을 굶었다. 점심시간이 삼십 분밖에 안 되었다. 우리는 한 공장에서 일했지만 격리된 생활을 했다. 공원들 모두가 격리된 상태에서 일만 했다. 회사 사람들은 우리의 일 양과 성분을 하나하나 조사해 기록했다. 그들은 점심시간으로 삼십 분을 주면서 십 분 동안 식사하고 남는 이십 분 동안은 공을 차라고 했다. 우리 공원들은 좁은 마당에 나가 죽어라 공만 찼다. 서로 어울리지 못하고, 간격을 둔 채 땀만 뻘뻘 흘렸다. 우리는 제대로 쉬지도 못하고 일했다. 공장은 우리에게 일방적으로 원하기만 했다. 탁한 공기와 소음 속에서 밤중까지 일을 했다. 물론 우리가 금방 죽어가는 상태는 아니었다. 그러나 작업 환경의 악조건과 흘린 땀에 못 미치는 보수가 우리의 신경을 팽팽하게 잡아당겼다. 그래서 자랄 나이에 제대로 자라지 못하는 발육 부조 현상을 우리는 나타냈다. 회사 사람들과 우리의 이해는 늘 상반되었다. 사장은 종종 불황이라는 말을 사용했다. 그와 그의 참모들은 우리에게 쓰는 여러 형태의 억압을 감추기 위해 불황이라는 말을 이용하고는 했다. 그렇지 않을 때는 힘껏 일한 다음 자기와 공원들이 함께 누리게 될 부에 대해 이야기했다. 그러나 그가 말하는 희망은 우리에게 아무 의미를 주지 못했다. 우리는 그 희망 대신 간이 알맞은 무말랭이가 우리의 공장 식탁에 오르기를 더 원했다. 변화는 없었다. 나빠질 뿐이었다. 한 해에 두 번 있던 승급이 한 번으로 줄었다. 야간작업 수당도 많이 줄었다. 공원들도 줄였다. 일 양은 많아지고, 작업 시간은 늘었다. 돈을 받는 날 우리 공원들은 더욱 말조심을 했다. 옆에 있는 동료도 믿기 어려웠다. 부당한 처사에 대해 말한 자는 아무도 모르게 밀려갔다. 공장 규모는 반대로 커 갔다. 활판 윤전기를 들여오고, 자동 접지 기계를 들여오고, 오프셋 윤전기를 들여왔다. 사장은 회사가 당면한 위기를 말했다. 적대 회사들과의 경쟁에서 지면 문을 닫을 수밖에 없다고 말했다. 이것은 우리 공원들이 제일 무서워하는 말이었다. 사장과 그의 참모들은 그것을 알고 있었다.

그것은 생각만 해도 무서운 일이었다. 큰 공장이 문을 닫으면 수많은 공원들은 갈 곳이 없었다. 작은 공장들이 채용할 인원은 한정이 되어 있다. 나는 돈도 못 벌고 놀게 될지도 모른다. 새로운 일터를 찾는다고 해도 낯선 곳이다. 작은 공장이라 작업장은 더 나쁘고 돈도 오르지 않은 채 받는 액수보다 훨씬 적을 수가 있다. 생각만 해도 끔찍한 일이다. 공원들 대부분이 어린 나이에 들어와 중요한 성장기의 삼사 년을 이 공장에서 보냈다. 익힌 기술을 빼놓으면 성장의 기반이랄 것이 없다. 우리 공원들은 우리가 아는 것만큼 밖에는 사물을 이해하지 못했다. 아무도 땀으로 다진 기반을 잃고 싶어 하지 않았다. 회사 사람들은 우리가 생각하는 것을 싫어했다. 공원들은 일만 했다. 대다수 공원들이 변화가 일어날 수 없는 상태를 인정했다. 무엇 하나 일깨워 줄 사람도 없었다. 어른들도 자기들의 경험을 들려 줄 것이 없었다. 마음속에서는 옳은 것이 실제에서는 반대방향으로 움직여지는 것만을 그들은 보았었다. 우리는 너무나 모르는 것이 많았다. 사장에게는 다행한 일이었다. 그 집 식구들은 정원 잔디를 기계로 밀어서 깎았다. 그 집 정원에서는 손질이 잘 된 나무들이 밝은 햇빛을 받아 무럭무럭 자랐다. 그 집 나무들은 '나무 종합 병원'에서 나온 나무 의사들이 돌보았다. 나도 나무병원 앞을 지나가 본 적이 있다. 간판에 '귀댁의 나무는 건강합니까?'라고 씌어 있었다.

그 밑에는 작은 글씨로 '병충해 구제 진단, 생리적 피해 진단, 외과 수술, 건강 유지 관리' 라고 씌어 있었다. 함께 지나던 어린 조역이 말했다.

"우리 집에는 나무가 없습니다. 나는 건강하지 못합니다."

우리는 허리를 잡고 웃었다. 무엇이 그렇게 우스웠는지 모른다. 어린 조역은 그 때 거의 날마다 코피를 흘렸다.

교과서 : 고등학교 문학 교과서(디딤돌 외 13종) / 중학교 국어 교과서

'모두'가 잘 사는 사회는 불가능한 꿈인가?

난쟁이 가족의 빈곤한 삶의 근본적인 원인은 무엇인가?

소설 속 난쟁이는 채권 매매, 칼 갈기, 건물 유리 닦기, 수도 고치기 등 생계를 위해 온갖 허드렛일을 해 왔다. 그나마도 신체적인 조건이 불리하기에 돈을 벌기가 쉽지 않다. 신애네 집의 수도를 고치려고 할 때, 자가 수도를 설치하는 건장한 사내는 난쟁이가 자기의 사업을 방해한다고 주먹으로 때리고 발로 걷어차고 한다. 이 사건은 하나의 사례이고, 난쟁이를 둘러싼 사회적 편견을 감안할 때, 다른 어떤 사람들처럼 출발선에서부터 뒤처져 있던 난쟁이 가족의 빈곤은 그들만의 책임이라고 할 순 없다.

출발선에서부터 뒤처져 있다는 건 무슨 뜻일까? 우리는 흔히 사회의 이익을 나눌 때, 공정한 방법은 그 이익의 생산에 기여한 가치의 정도에 따라 차등 있게 분배되어야 한다고 생각한다. 즉 능력에 따른 대가의 지불이야말로 공정한 것이라 여긴단 말이다. 그런데 그 능력이란 것은 처음부터 모두에게 똑같이 주어지는 것이 아니다. 또한 그 능력의 연마와 발전 역시 모두 같은 조건 속에서 개인의 노력 여하에 따라서 결정되는 것이 아니다.

난쟁이라는 신체적 결함만이 문제는 아니다. 난쟁이가 아닌 난쟁이의 자녀들 영수, 영호, 영희는 신체적 결함을 갖지는 않았지만, 부모의 가난을 대물림하였다. 그 결과 좋지 않은 영양 상태 속에서 자신에게 잠재된 능력을 연마하고 개발할 기회를 얻지 못한 채 사회적 이익의 분배에서 늘 뒤로 처지고 있다.

소설 속에서 공원들은 쉴 새 없이 일한다. 좋지 않은 음식을 먹으며, 더럽고 냄

새나고 시끄러운 소음에 항상 노출된 채 고된 노동을 한다. 열악한 환경 속에서 어린 나이의 공원들은 코피를 쏟으며 더욱 쇠약해져 간다. 근무조건의 개선을 요구하는 공원들에게 회사 측은 언제나 다른 업체들과의 경쟁 때문에 여력이 없다는 식의 핑계를 대지만, 정작 공장은 더 늘어가고, 사장님의 집 정원의 나무들은 '나무 종합 병원'에서 온 의사들의 도움을 받으며 무럭무럭 잘 자라고 있다.

영수, 영호를 비롯한 공원들이 노력하지 않았기 때문에 가난한 것일까? 게으르기 때문에 능력을 연마하지도 못하고 발휘할 기회도 못 얻은 것일까? 사장은 공원들보다 더 열심히 밥 먹을 시간을 아끼고 잠 잘 시간을 아끼고 수고했기 때문에 정원의 나무들을 위한 의사를 고용할 만큼 그렇게 부유한 삶을 누릴 수 있는 것이란 말인가?

저명한 사회학자 롤스(John Rawls, 1921~2002)는 인간이 불평등하게 되는 데는 사회적 우연과 자연적 우연이 있기 때문이라고 했다. 사회적 우연이란 이를테면 유복한 가정에 태어나는 것과 같은 것이고 자연적 우연이란 타고난 능력이나 조건의 차이를 말한다. 이 두 가지 우연은 도덕적인 관점에서 볼 때, 모두 정당화 될 수 없는 자의적인 요인들이다. 따라서 롤스는 이러한 우연에 의한 기득권을 그대로 방임하는 것은 정의가 아니라고 본다.

그러니까 소설 속 난쟁이 가족의 빈곤의 원인은 그들에게 있다기보다는, 사회적 우연과 자연적 우연 등에 의해 발생하는 사회적 불평등을 그냥 내버려 둔 채 달려온 1970년대 우리 사회의 낮은 수준의 정의관 및 불평등을 잔인할 정도로 확대재생산해 온 구조적 문제에 있다고 하겠다.

기업가의 이익과 노동자의 이익은 함께 성장할 수 없는 것인가?

이야기의 범위를 다시 좁혀서 소설 속 공장 안으로 들어가 보자. 여기서는 회사의 간부들과 공장 노동자들의 삶의 수준이 서로 반비례하는 듯이 묘사되고 있다. 즉 공원들의 근무시간이 점점 더 늘고, 받는 처우로 점점 더 열악해지면서 공원들의 삶은 점점 더 황폐해 지는데 반해 공장엔 점점 더 많은 새로운 기계들이 들어오고, 생산품의 양은 많아지며, 새로운 공장들이 생기고, 사장과 사장의 가족들의 삶은 점점 더 윤택해 지는 것이다.

결국 기업가인 사장님은 순진한 노동자들을 속이거나 위협하는 부당한 방법을 통해 그들의 노동력을 비인간적으로 착취해서 회사의 이윤을 증대시키고 있다는 이야기인데, 마르크스(Karl Marx, 1818~1883)는 '시장'에 의한 자본주의 경제 체제에서 이와 같은 일이 구조적으로 발생할 수밖에 없음을 논증하며, 자본주의 체제를 비판했다.

그에 따르면 기업가 곧 자본가의 이윤은 노동의 착취에서 나온다. 어떻게 그렇게 되냐 하면, 기업가는 공장, 기계와 같은 불변자본(constant capital)을 제공하고 노동자들과 같은 가변자본(variable capital)을 고용하는데, 그는 최종 생산품의 가치가 투입된 불변자본과 가변자본의 합을 초과하도록 총력을 기울인다. 이 초과가치가 곧 이윤인데, 이는 노동자들에게 그들의 기여도보다 적은 보수를 지급한 결과로 발생하는 것이다.

따라서 기업가는 이윤율을 높이기 위해 노동자들의 노동시간을 연장시키거나, 저임금으로 부릴 수 있는 어린이나 여성인력을 많이 고용하게 된다는 것이다. 실제로 마르크스가 이런 견해를 내놓을 당시 유럽의 공장들은 고용 인력의 노동시간을 시간외 수당 없이 연장시키고 많은 어린이들과 여성들을 고용했던 게 사실이다.

결국 이에 대해 마르크스가 내어 놓은 해법은 토지 및 각종 거대 자본의 국유화와 중앙집권화였고, 자본주의가 제국주의로 발전하면서 식민지 경쟁이 과열되던 시기에 러시아에서 최초로 이를 실천하려는 시도인 사회주의 혁명이 일어났다. 그러나 20세기 자본주의 경제체제에 대한 대안으로 의욕적으로 등장한 사회주의 경제체제는 오히려 국가에 의한 독점자본을 형성하고, 노동자의 노동 의욕 저하 및 생산량 저하 등으로 국가 경제를 침체에 빠져들게 하더니 한 세기도 지나지 않아 실패한 경제체제로 드러나게 된다. 사회주의의 이상이 어떠했든지 간에 사회주의 경제체제를 적용한 결과는 기업가도 노동자도 다 같이 몰락하고 만 현실이었다.

사회주의 혁명이 일어나지 않은 사회에서는 사회 전체의 생산성이 향상됨에도 불구하고 노동자의 임금은 기업 간의 과열 경쟁 속에서 점점 더 낮아지고, 생산품의 수요가 불가능할 지경에까지 이르자 공황이 발생했다. 이에 기업들은 살아남기 위해 공급을 줄이고, 생산비를 절감하고자 노동 인력을 감축하게 되는데, 이 과정

지식검색

마르크스 비판

마르크스의 자본주의에 대한 비판은 후대 학자들에 의해 다시 비판을 받게 된다. 사실 마르크스는 생산품의 가치에 있어서 오직 노동자의 노동력만을 고려했는데, 노동력만큼 중요한 다른 요소들은 빠뜨렸던 것이다. 그것은 신발명을 해내는 엔지니어의 두뇌와 대담한 투자를 결정하는 경영자의 용기 같은 것이라 할 수 있다.

마샬은 자본가들의 '위험감수'와 '기다림'이 사회에 더하는 가치는 노동자들이 노동을 통해 창조하는 가치에 못지않다고도 이야기했다. 자본가는 투자를 함으로써 목전의 쾌락을 포기한다. 그리니까 이윤은 자본가가 위험을 기꺼이 감수하고 욕망을 지연시키며 참을성 있게 기다린 데 대한 보상이라고 보는 것이다.

기업가의 이윤을 노동의 착취에서만 찾았던 마르크스는 필연적으로 노동자는 더욱 비참한 지경에 빠지게 되고, 자본주의는 붕괴될 수밖에 없다고 비관했지만 20세기 말에 이미 마르크스의 이러한 예언은 터무니없음이 드러났다. 시간이 흐르면서, 자본가들은 작업 능률의 향상을 위해서라도 근무 환경의 개선을 위한 투자를 하기 시작했고, 자신들의 공장을 통해 나온 생산품의 소비를 위해서라도 노동자들의 임금을 인상하기 시작했다. 현대의 노동자들의 삶의 수준은 확실히 과거보다 더욱 나아지고 있다.

에서 실직한 노동자가 많아질수록 기업의 판매는 더욱 부진해지는 고통스러운 경제적 악순환을 경험하게 된다. 1930년대 미국에서 비롯되어 유럽과 세계를 휩쓴 대공황이 대표적인 예이다.

기업가가 이윤을 추구할 때, 그러므로 노동자를 착취하는 데서 이윤을 얻으려 든다면 그것은 배가 고프다고 제 살을 뜯어 먹는 식이 되어 버리는 것이다. 실제로 시간이 흐르면서 기업가는 노동자가 건강하게 즐겁게 일함으로써 생산성을 높이도록 근무 환경과 조건에 대해서도 투자하기 시작했다. 정부도 노동법을 통해 자의적인 해고나 열악한 노동 조건을 규제하고 노동자의 최저 임금을 보장하는 노동자의 권익을 보호하려는 노력을 보였다. 이는 노동자들의 상품을 '살 수 있는 능력'을 높이는 것으로, 결과적으로 수요를 창출하게 되니 기업가에게도 이득이 되는 것이라 하겠다.

기업가에 비해 상대적으로 많은 노동자들은 기업에 종속된 자본이기도 하지만 또한 기업에서 생산해 낸 생산품의 수요자들이기도 하다. 그러므로 기업가의 이익과 노동자의 이익은 따로 떼어서 생각할 수 없는 것이다. 그러나 『난장이가 쏘아 올린 작은 공』의 배경이 되는 1970년대 우리 사회의 기업가 및 자본가들의 인식은 거기까지 미치지는 못했던 듯하다.

성장이냐 분배냐?

자본주의가 무르익던 1970년대 한국의 경제적 성장은 그야말로 눈이 부셨다. 모든 부분에서 다른 나라의 원조를 받아야 했던 나라가 자기 손으로 생산한 공산품을 세계에 수출하며 이윤을 남기기 시작했다. 정부의 적극적인 지원 속에서 자본가들은 맘껏 자유롭게 이익을 추구했고, 막대한 이익을 통해 큰 기업을 일으켰으니 아담 스미스의 말대로 많은 공익을 이룬 셈이다.

그런데 그 시기에 함께 노력하고, 함께 수고했던 어떤 사람들은 그렇게 늘어나는 이윤을 함께 소유하지 못하고, 그렇게 성장한 사회 문화적 경험을 함께 나누지 못하는 일이 벌어졌다. 창출되는 이익의 총합이 무한대로 늘어난들 사회 구성원들이 함께 누리지 못한다면 그것이 어떻게 '공익' 일 수 있을까?

사실 우리나라의 경제 정책을 대략 살펴보면, 1960~1970년대는 성장 위주의 관치 정책이 주를 이루었는데, 이는 전쟁 이후 잿더미 속에서 일어서야 했던 우리의 특수한 사정에서 기인한다. 다른 나라가 시장을 자유롭게 내버려 둠으로써 기업 간의 경쟁을 통한 생산성의 향상을 경험한 것과는 다르게 우리는 정부가 계획적으로 다른 나라로부터의 자본을 빌려와 기업에 대어 주며 몇몇 기업을 집중적으로 키운 것이다.

국내 자본을 키우는 게 먼저라고 생각했기에, 정부가 노동자들의 근무 조건의 개선이나 올바른 분배 정의의 실현, 복지 정책 등에 대해서는 무심했던 게 사실이다. 오히려 정부는 인간적 권리를 찾으려는 노동자들의 움직임을 무자비하게 탄압해 왔고, 이 과정에서 형성된 기업과 노조 및 정부와 노조 사이의 갈등은 여전히 우리 사회가 해결해야 할 과제로 남았다.

그렇다면 오늘날 우리 사회의 분배 정의의 실현은 어떤 수준일까? 분배 불평등도를 측정하는 대표적인 지표인 지니계수는 0에서 1까지의 값으로 표현되는데, 0이면 완전 평등, 1이면 국부를 한 사람이 다 거머쥐고 있다는 뜻이다. 유엔개발기구의 인간개발 보고서(2004년 판)에 따르면, 세계 각국의 지니계수 순위에 있어서 한국은 127개국 중 27위를 차지했다. 이 결과를 놓고 우리의 분배 수준이 그렇게 문제가 되는 수준은 아니라고 말하는 사람도 있으나, 이 지니계수는 소득의 분배만을 고려한 결과이다.

경제학자들에 의하면 빈부 격차를 제대로 알려면 소득뿐 아니라 부동산 등과 같은 '자산의 격차'를 따져봐야 한다고 한다. 소득 지니계수와 달리 부의 지니계수는 대부분 국가가 집계를 하지 않기 때문에 정확히 확인할 길이 없지만, 한국조세연구원 현진권 박사는 한국의 '토지' 부문에 대한 지니계수는 0.86이며, 경제협력개발기구(OECD) 국가 중 가장 불평등도가 심할 것이라 추정했다.

2000년대 노무현 정권의 출범 이후 우리 사회를 뜨겁게 달군 논쟁 중 하나는 '분배'와 관련된 문제였다. 이 논쟁은 어떤 경우에는 '성장론자=보수, 우파 / 분배론자=진보, 좌파'와 같은 이념 및 색깔 논쟁으로 번지기도 했으며, 1990년대 말 외환위기 이후 침체된 경제가 조금씩 나아지고 있다고는 하지만, 여전히 체감으로는 경제가 어려워지는 상황에서 모두의 관심과 이목이 집중되는 논제였다고 할 수 있다.

그런데 이러한 논제를 이해하기 위해서는 먼저 성장을 위한 정책과 분배를 위한 정책에 대한 대략적인 이해가 필요할 듯싶다. 성장을 위한 정책이라고 하면, 서구 자본주의 국가들에서는 되도록이면 국가가 시장에 관여하지 않는 것을 의미한다. 시장의 자유 경쟁 원리에 의해 기업들이 이윤을 자유롭게 최대한 추구할 수 있도록 내버려 두면 되는 것이다. 반대로 분배를 위한 정책이라고 하면, 국가가 이 시장에 무언가 개입을 하여 자유롭지 않게 하는 정책들이라고 생각하면 된다. 대표적인 것이 많은 이익을 낸 기업이나 개인에게 상대적으로 많은 세금을 물리는 정책과 그렇게 얻은 재원으로 저소득층을 비롯한 소외된 계층에 대한 복지 정책을 추진하는 것 등이다.

그런데 앞에서도 언급했지만, 우리나라의 경우는 좀 특수하다. 우리의 근대사를 보면, 자본주의 경제 체제의 발전은 시장이 아닌 국가에 의해 주도된 면이 있다. 우리나라의 성장 정책이라면, 시장을 내버려 두는 것이 아니라 시장에 개입하여, 기업들에게 여러 가지 특혜를 주는 식으로 이루어 졌던 것이다. 그리고 분배 정책은 사회 전반의 경제가 성장하면서, 복지를 위한 정부 예산이 편성되고 더 늘어가는 방향으로 이루어지기는 했지만, 재분배를 위한 적극적인 노력은 그다지 두드러진 것이 없다. 현 정부가 들어서면서 실시한 부동산과 관련된 여러 정책들을 꼽아 볼 수 있을 뿐인 것이다.

사실 우리나라에서 분배를 위한 정책이 적극적으로 추진되고 실행된 시간은 그리 길지 않다. 그렇기에 분배를 강조하는 정책 때문에 성장이 둔화된다고 하는 것도 우리의 경우에 검증된 사실이 아닐 것이다. 그러나 분명한 것은, 『난장이가 쏘아올린 작은 공』의 가족들처럼 그 동안의 눈부신 성장의 길에서 한 발짝씩 비켜 서 있던 사람들은 많았었다는 사실이다.

함께 성장하고 함께 나누기 위하여

자본주의 경제는 언제나 시장을 중심으로 이루어진다. 성장 정책, 경제 정책에 대한 논의를 우리가 할 수는 있어도 언제나 국가는 다음 대안이 될 수 있을 뿐이다. 시장 속에서 다채롭게 움직이는 생산자와 소비자, 공급자와 수요자, 자본가와 노동자들의 '더불어 잘 살기' 위한 꿈이 있고, 경제 활동 속에서 맺어지는 서로의 관계가 대립적이고 배타적인 것이 아니라 밀접하게 관련되어 있고 서로 의존적이라는 것을 이해한다면 우리의 경제와 삶의 질은 분명 한 단계 더 향상될 것이다.

정부의 경제 정책에 대해서는 여전히 논란이 많지만, 국내 기업 중에서는 어려운 시기를 거치고, 여러 가지 시행착오를 거치면서, 파이를 공정하게 나누는 것을 통해 파이를 더욱 키운 그런 희망적인 사례를 보여 준 기업도 있다.

한때 주력 사업에서 시장점유율이 100퍼센트에서 18퍼센트 이하까지 떨어지는 일도 있었고, 13년간 노사분규와 기업 내 분열을 경험했던 회사였지만, 지금은 거대한 자본과 뛰어난 기술력, 화려한 브랜드 이미지를 지닌 국제적 기업과의 경쟁에서 절대 뒤지지 않을 정도로 성장한 기업이 있다. 피고용인들의 물질적 정신적 만족도가 매우 높고 고객들의 기업에 대한 이미지와 신뢰가 높아 이제는 오히려 세계에서 그 경영의 비결을 배우려 드는 회사가 우리에게도 있는 것이다.

유한킴벌리가 바로 그 주인공인데, 이 기업의 사장이 말하는 성공 비결은 원칙에 입각한 경영, 기업의 사회성과 공익성 강화, 인력에 대한 재투자로 요약된다. 수익성 향상과 효율성 증대를 위한 노력과는 멀리 떨어져 보이는 이러한 모습이야말로 아이러니하게도 자본주의의 정도를 걷는 모습이라고 할 수 있다.

이 기업은 이윤 증대만을 중요시하는 것이 아닌 기업의 사회성과 공공성을 강화한 이후에 직원들을 통제하는 것이 아닌 연간 180일의 노동 및 출퇴근 시간을 자유롭게 한 이후에, 그 이전보다 생산성과 수익이 18배나 늘었다고 한다.

현대의 많은 경제학자들은 더 이상 자본가와 노동자, 기업가와 피고용인을 대립적인 관계로 보지 않는다. 노동자와 피고용인들은 더 이상 기업이 이윤을 늘리기 위해 효율적으로 관리해야 하는 자본이 아니다. 이들은 기업의 존속과 성장에 영향을 주는 결정적인 소비자들과 같다. 유한킴벌리에서는 그래서 직원들 한 명 한 명을 '내부 고객' 으로 여기고 있다.

사실 우리 사회에서 성장이냐 분배냐의 갈등과 논쟁은 언제부턴가 나누어진 두 계층 간의 신뢰의 문제에서 기인하는 듯싶다. 잔인한 경제 논리 앞에서 삶의 무게를 감당하지 못한 난쟁이도 비참하게 죽어갔지만, 같은 연작 소설인 '궤도 회전', '기계도시', '내 그물로 오는 가시고기' 에 등장하는 어느 기업가의 아들인 윤호 역시 행복한 삶을 누리고 있지는 못하다.

자본주의라는 경제 체제의 주체는 보이지 않는 손인 시장이라고 하지만, 그 시장을 어떻게 이해하느냐에 따라, 오늘을 사는 우리들은 다 같이 행복할 수도, 어느 일부만 행복할 수도, 또는 행복하다고 착각을 할 뿐이지 사실은 모두 불행할 수도 있는 것이다.

『난장이가 쏘아올린 작은 공』을 읽으며, 우리는 그 당시에 대한 경험이 없더라도 착취와 억압에 시달리던 1970년대 노동자들의 현실에 쉽게 공감한다. 그리고 당시의 노동운동에 대해서 불가피함과 절실함을 넘어서서 정당성을 부여하기까지 한다. 30년이 지난 오늘날에도 여전히 노동 현장에서는 노동자들의 불만과 절망적 외침이 되풀이 되고 있다. 그럼에도 불구하고 오늘날 그러한 노동자들의 운동을 바라보는 시선은 사뭇 다른 면이 있다. 다음 글은 최근 포스코 점검 사태를 일으키며 사회적 이목을 집중시켰던 포항건설노조 파업과 관련된 서로 다른 입장의 글이다. 이 글을 읽고, 지금 시대 노동운동을 바라보는 우리의 입장이 어떠해야 할지 생각해 보자.

포항건설노조파업 '큰 상처 남겨'

긴 파업 과정에서 9일간 포스코 본사를 점거하는 초유의 사태로 전국적인 관심을 끌었고 포항경제를 피폐하게 만든다는 비난까지 감수해야 했던 건설노조가 결국 사용자 측과 20여 차례에 걸친 임단협 협상을 마무리하고 서로 악수를 교환했다.

(중략) 장기간의 파업사태가 해결을 목전에 두고 있지만 결국 남은 것은 여름철 휴가특수 실종으로 대변되는 포항경제 침체에다 포스코 본사 점거, 시민 불만 고조, 시위로 인한 부상자 양산, 노조원 58명 구속 등 모두에게 상처만 남겼다는 지적이다.

특히 지난 1일 건설노조원 하중근 씨 사망을 계기로 전국의 민주노총 산하 근로자들이 가세해 투쟁이 격화되는 심각한 양상으로 번지면서, 포항을 걱정하는 많은 시민들의 우려를 자아냈다.

토요유급제를 비롯한 일용직 근로자들의 생존권 차원에서 전문건설업체와 포스코를 상대로 협상과 투쟁을 벌여온 건설노조는 포스코 본사 점거라는 무리수를 두면서 정당성을 상실했고 이로 인해 위원장과 간부 등 58명이 대량 구속됨으로써 노조마저 와해될 위기까지 맞았다. 여기에 교통체증 등 시민들의 불편에도 아랑곳없이 연일 집회와 시위를 강행해 그나마 동정적이던 여론마저 등을 돌리게 됐다.

포스코도 노조와 협상대상이 아닌 제 3자라는 이유와 '설마 본사까지 점거하겠느냐'는 안이한 자세로 대처하다 노조원들에게 창사 이래 처음으로 9일간이나 본사를 점거당하는 수모를 겪었다. 여기에 노조파업 기간 파이넥스 공장 등 포항제철소 내 34개 건설현장 공사가 전면 중단돼 어림잡아 2천억 원 이상의 직·간접 피해와 대외신인도 하락이라는 타격을 입게 됐다고 포스코 측은 밝혔다.

상가가 밀집된 포항 동국대 병원과 형산 로터리 일대 상인들은 시위가 있는 날은 아예 문을 닫고 장사를 포기했으며 포스코 본사를 거쳐 구룡포로 가는 31번 국도는 수시로 통제돼 구룡포 일대 관광특수가 사라졌다고 주민들은 주장했다. 또 노조파업 장기화로 포항지역 해수욕장을 찾으려던 피서객들도 영덕과 울진지역으로 발길을 돌려 올해 포항지역 여름 휴가철 특수가 실종됐다고 상인들은 울상을 지었다. 이로 인해 포항지역 상인들이 더 이상 노조의 시위를 참지 않겠다며 집단행동과 영업피해에 대한 집단 손해배상소송도 불사할 움직임마저 보이기도 했다.

(하략)

연합뉴스 2006. 8. 12.

사회적 약자의 마지막 선택

(전략)대학생들에게 강연을 끝내고 잠시 숨을 돌리고 있는데 털모자를 썩 어울리게 쓴 학생이 다가오더니 말했다.

"저는 네덜란드에서 고등학교 과정을 졸업하고 이번에 한국 대학에 입학한 학생인데요. 며칠 전 철도노조 파업할 때, 텔레비전 뉴스에서 시민들 인터뷰를 보다가 깜짝 놀랐습니다.

어떻게 모두들 한결같이 자기가 불편하다는 것만 이야기하는지……. 파업하는 노동자들 입장에서 말하는 사람이 왜 한 명도 없는지, 참 이상했습니다."

그 학생이 살던 사회에서는 파업이 발생하면 "노동조합의 이러저러한 요구사항은 타당한 내용이니 정부와 기업은 빨리 받아들여 사태를 해결해야 한다"고 말하는 시민들의 모습도 적지 않게 보았을 테니 깜짝 놀란 것도 당연하다.

굳이 '똘레랑스(tolerance)'를 들이대며 비교하지 않더라도 우리처럼 노동자들의 파업에 대해, 그것이 합법적 파업이든 불법적 파업이든, 짙은 혐오감으로 무장한 사회는 별로 없다.

건설 노동자들의 포스코 점거 사건에서도 언론들은 대체로 포스코의 기계설비 건설이 중단되면서 하루 100억여 원씩 손실이 발생하고 대외신인도가 하락하는 등 그 경제적 피해가 '눈덩이'처럼 불어나고 있다는 점과 파업의 불법성과 폭력성을 강조했다. 사설의 제목들만 얼핏 봐도 알 수 있다.

"경찰에 가스불 뿜고 끓는 물 퍼붓는 노조"(세계일보), "노조, 탈법 폭력투쟁으로 얻을 게 없다"(국민일보), "7일째 포철 불법점거, 공권력은 어디 갔나"(중앙일보), "이런 노조, 세계 어디에 또 있는지 대 보라"(동아일보), "노조, 포항에선 불법 示威, 울산에선 배부른 투정"(조선일보), "시민들도 항의하는 포스코 점거농성"(한국일보) 등이었고 「한겨레」가 "건설 노동자 사태, 포스코가 중재력 발휘해야"라는 제목으로 그나마 간신히 체면을 유지했다.

「동아일보」의 사설 제목을 빗대자면 "이런 언론, 세계 어디에 또 있는지 대 보라"고 말하고 싶다.

언론의 이러한 보도 양태는 우리 제도 언론의 수구 보수적 성격에 포스코의 주도면밀한 개입이 맞아떨어진 결과다. 포항건설노조의 파업과 관련해 포스코가 관계기관 회의를 통해 이미 지역 언론에 실어야 할 기사목록과 작성 시기까지 구체적으로 명시했으며 실제로 같은 내용과 제목으로 기사화됐다지 않은가.

이러한 언론 속에서 우리는 수십 년을 살았다. 건설 노동자들의 포스코 점거 사건을 바라보는 사람들은 자신의 시각이 이러한 언론으로부터 전혀 영향 받지 않았다고 말할 수 있는지 한 번쯤 생각해 볼 필요도 있다.

정규직 노동자들이 번듯한 복지시설을 마음껏 사용하고 있을 때 건설 노동자들은 식당이 없어 비가 오면 빗물에 점심을 말아 먹고, 탈의실이 없어 건물 모퉁이나 차 뒤에서 작업복을 갈아입고, 휴식시간에는 신문지 한 장으로 땡볕을 가린 채 쉬면서 일해야 했다.

그렇게 일하던 건설 노동자들에게 일부 사업장에서 최소한의 시설이라도 마련해 주기 시작한 것은 건설 플랜트 노동자들이 '남의 회사'에 '불법 침입'을 해서 목숨을 건 고공 농성을 며칠씩이나 한 뒤부터이다. 그 '불법행위'가 없었다면 이들의 처지는 아직도 전혀 개선되지 않았을 것이다. 아직도 건설 노동자들 상당수는 그렇게 일하고 있다.

따지고 보면 노동자들의 권리 향상은 언제나 이렇게 '불법행위'로부터 시작되었다. 한국시멘트노조는 평화적인 파업을 300일 넘게 벌이고 있으면서 노조가 해산될 지경에 이르렀지만 이렇다 할 불법행위를 하지 못해 언론의 관심을 전혀 끌지 못하고 있다.

1,600명의 교사들이 '불법행위'를 했다는 이유로 해직당하지 않았다면 전교조는 아직 합법화되지 않았을지도 모른다. 400명의 공무원들이 '불법행위'를 했다는 이유로 파면, 해임당하지 않았다면 대한민국 공무원노조는 아직까지도 합법화되지 않았을지도 모른다. 이러한 현상을 받아들이기 어려워 전교조나 공무원노조가 사라지기를 바라는 사람도 있겠지만 죄송하게도 그러한 바람은 역사가 받아들이지 않는다.

'불법행위'라는 잣대로 교사와 공무원들의 노동조합 설립을 막을 수 없었던 것처럼, 앞으로 경찰이나 판사들이 노동조합 깃발 아래 모이는 '불법행위' 역시 막을 수 없을 것이다. 선진국 경찰노조나 판사노조가 걸었던 길을 우리는 수십 년 세월이 지난 뒤에 따르는 것뿐이지 거창하게 말하자면 그것이 '역사의 순리'다.

건설 노동자들은 포스코를 점령한 '불법행위'로 인하여 형사적 처벌을 감수해야 하겠지만 그것은 다단계 하청이라는 건설 현장의 해묵은 문제를 해결하는 첫걸음이 될 것이다.

건설 노동자들의 '불법행위' 를 도저히 용서할 수 없는 사람들은, 노동자들이 '불법행위' 를 시작으로 자신들의 권리를 하나씩 확보해가는 것을 막을 수는 없었던 과거의 역사를 한 번쯤 뒤돌아 볼 필요도 있다.

하종강 기자, http://www.hadream.com

참고할 만한 책

문국현, 조동성, 『세계가 배우는 한국기업의 희망 유한킴벌리』, 한스미디어, 2005.
윤영실, 『선물, 경제 너머를 꿈꾸다』, 디딤돌, 2005.
토드 부크홀츠, 이승환 옮김, 『죽은 경제학자의 살아있는 아이디어』, 김영사, 2005.

2

사회는 누구에 의해 움직이는가?

『우리들의 일그러진 영웅』 이문열

우리 사회를 움직이는 주체는 누구인가?

매 해 학기 초가 되면 꼭 거쳐야 되는 일 가운데 학급의 운영을 책임질 대표를 선출하는 일이 있다. 반장 후보로 입후보한 친구들을 보면, 모두 각기 다른 성격과 재능을 가지고 있다. 어떤 친구는 학업과 생활면에서 거의 모든 선생님들께 모범생이라고 칭찬을 받아왔다. 또 어떤 친구는 그 친구보다 학업 면에서 떨어지긴 하지만, 성격이 좋아서 친구들 사이에선 인기가 많다. 또 다른 친구는 한 번 결심한 일은 무슨 일이 있어도 해내고야 마는 결단력과 카리스마가 넘친다.

한 후보 한 후보의 장점과 단점을 파악하고 나면, 이제 내겐 우리 반의 반장이 가져야 할 가장 중요한 덕목이 무엇인지를 생각하며 어느 후보를 지지해야 할지 결정할 일이 남는다. 이것은 사실 중요한 일이다. 누가 선출되느냐에 따라 나의 1년간의 학교생활이 즐거울 수도 괴로울 수도 있기 때문이다. 작년 우리 반 반장은 늘 선생님께 자격 미달이라는 이야길 들었고, 덩달아 우리 반 역시 학교 행사 중 뭐 하나 제대로 해내는 거 없이 꾸중을 듣기 일쑤였다. 올해도 그런 반장을 뽑을 수는 없는 것이다.

그런데, 가만, 학급 운영의 책임은 모두 반장에게만 있는 것일까? 우리는 반장에게 적절한 조언을 주거나 반장을 도우려는 합리적인 어떤 태도를 취할 수는 없었던 것일까?

이문열의 『우리들의 일그러진 영웅』은 시골의 한 작은 초등학교 5학년 교실에서 벌어지는 부정한 권력의 형성과 붕괴의 과정을 그리고 있다. 그런데 이 소설에 등장하는 한병태의 시각은 이 작은 학급에서 일어난 모든 일의 책임을 부정한 반장인 엄석대에게로만 돌리고 있지 않다.

우리는 반장에게 무엇을 기대하고 있는 것일까? 우리 학급의 또는 우리 사회의 평안과 질서, 진보는 오로지 뛰어난 한 사람의 능력에 달린 일일까? 이 소설을 읽으면서 우리의 사회를 움직이는 진정한 주체가 누구인지 생각해 보자.

우리들의 일그러진 영웅

부정한 권력에 대한 비판

자유당 정권 말기, 권력의 중심에서 밀려 지방으로 발령을 받은 아버지를 따라 시골학교로 전학 오게 된 한병태는 전학 온 첫날 서울학교와는 너무도 다른 이곳의 문화를 접하게 된다. 특히나 병태에게 부정하고 불합리하게 비춰진 것은 반장인 엄석대가 지닌 막강한 권력이었다. 엄석대는 선생님이 해야 할 것 같은 청소 검사나 문제를 일으킨 아이를 처벌하는 일 같은 것을 대행할 뿐만 아니라, 다른 급우들로 하여금 자신의 물시중을 들게 한다든지, 점심 도시락 반찬이나 다른 값나가는 물건들을 상납하게 한다.

처음 한병태는 이런 엄석대의 모습에 대해 명백하게 잘못되었다고 판단하고 강한 적대감을 표현한다. 그리고 이러한 엄석대의 압제에 허덕이고 있는 반 아이들에 대해 동정심을 가지며, 자유와 합리에 의해 이루어진 서울의 선진적인 학교 문화에 익숙한 자신이 이 아이들을 위해 엄석대와 대결해야 한다는 불타는 투쟁 의지까지 보인다.

굴종의 단맛

그러나 한병태의 이러한 의지는 번번이 좌절되고, 결국 엄석대의 절대적인 권력 체제에 완벽하게 투항하고 편입하게 된다. 그리고 이어지는 엄석대의 관대한 처분과 특별한 대우는 한병태로 하여금 굴종이라는 값비싼 대가를 치르긴 했지만 그것의 열매가 얼마나 단지 경험하게 만든다.

엄석대의 성적 조작 비리를 발견하고 한병태는 잠깐 동안 다시 갈등을 한다. 이 비리를 폭로함으로써 엄석대의 불의한 왕국을 끝장내고, 부정한 권력을 전복시킨 진정한 영웅이 될 수 있다는 생각에 엄석대에게 다시 도전장을 내밀고 싶은 충동을 느꼈던 것이다. 그러나 가슴 설레던 것도 잠시, 한병태는 엄석대의 부정한 권력 아래 자신이 누리고 있는 온갖 혜택과 저울질을 하다 결국 엄석대의 비리를 폭로하기를 포기한다.

권력의 붕괴와 더불어 사라진 영웅

그리고 시간이 지나 6학년으로 진급했을 때, 새로운 담임선생님에 의해 엄석대의 부정하고 불합리한 독재는 드디어 종말을 맞게 된다. 담임선생님의 새로운 지도 아래서 급우들은 하나 둘 엄석대의 힘을 벗어나기 시작했고, 급기야는 그동안의 비리를 폭로하며 엄석대를 맹렬히 비난했다. 그러나 엄석대가 몰락해 가는 분위기 속에서 한병태만은 아무 말도 하지 않는다.

결국 엄석대는 학교를 떠났고, 학급은 새로운 자유와 합리에 의해 지배되기까지 상당 기간 혼란을 겪고 우왕좌왕한다. 세월이 흘러 한병태도 어른이 되고, 한 가정의 가장이 되어 생활과 사회를 고민하게 되었을 때, 우연히 그 옛날의 엄석대를 만나게 된다. 엄석대는 무슨 범죄 행위를 저질렀는지 경찰에게 무기력하게 연행되어 간다. 그리고 그날 밤, 한병태는 밤늦도록 술잔을 기울이며, 알 수 없는 눈물을 한두 방울 떨어뜨린다.

교과서 : 고등학교 문학 교과서(금성 외 4종) / 고등학교 국어 교과서

소시민적 욕망으로 일그러진 우리들의 초상화

'우리들의 일그러진 영웅' 은 누구인가?

'영웅' 은 대체로 뭔가 비범한 구석이 있는, 그래서 보통 사람은 생각지도 못할 큰일을 해내는 특별한 사람을 말한다. 영웅에 대한 생각은 시대마다 사회마다 또 사람마다 매우 다양하게 전개될 수 있지만, 공통된 특징이 있다면 모든 게 올바르게 잘 이루어지는 사회가 아닌 무언가 해결할 수 없는 문제를 안고 있는 사회 속에서 '난세를 구할 영웅' 에 대한 기다림과 열망이 고조된다는 것이다. 그리고 이럴 때, 영웅은 다분히 카리스마 넘치는 정치적 지도자의 모습으로 형상화되기 마련이다.

『우리들의 일그러진 영웅』에는 영웅이 될 수도 있었을 두 인물이 등장한다. 그중 한 명은 단연 카리스마 넘치는 반장인 엄석대이다. 엄석대는 사실 매우 뛰어난 학생이었다. 동급생들에 비해 나이가 많기도 했지만, 체격도 그렇고 아이들을 다루는 솜씨도 그렇고 모든 면에서 아이답지 않은 성숙함이 돋보였다. 힘이었든 지략이었든 엄석대는 자기가 지닌 수완을 이용해 반 아이들의 복종을 이끌어 냈고, 그 가운데 매우 일사불란하게 학급의 질서와 평화를 유지해 갔다.

실제로 엄석대가 반장으로 있는 동안의 이 학급은 다른 어느 반보다도 모범적이었다. 교칙 위반도 거의 없었고, 학급의 비품은 넘쳐 났으며, 교내 모든 운동대회는 꼭 우승을 하고 말았다. 사실 엄석대가 반 아이들을 억압하고 있다는 것을 대략 눈치 채고 있던 담임선생님도 위협으로건 속임수로건 이렇게 아이들을 통솔하는 엄석대의 힘을 존중할 수밖에 없고, 흐트러짐 없이 질서 있게 운영되고 있는 학급에 만족한다는 뜻을 보였었다.

그러나 우리는 엄석대의 이러한 통치 수완에 혀를 내두를지언정 그런 통치 아래에서 지내고 싶다는 생각을 하지는 않을 것이다. 완벽해 보이는 평화와 질서, 발전의 뒷골목엔 강제와 억압, 폭력, 속임수가 횡행하고 있기 때문이다. 결국 영웅일 수도 있었던 엄석대는 뛰어난 능력에도 불구하고 개인적 욕망을 채우기 위해 자신의 권력을 휘두르는 도덕적 결함을 보임으로써 '일그러진 영웅'이 될 수밖에 없었던 것이다.

다른 한 명은 이 엄석대의 무너질 것 같지 않던 왕국에 도전장을 내밀었던 한병태이다. 한병태는 전학 온 첫날부터 엄석대가 지닌 권력의 부정함과 불합리함을 꿰뚫어 보고, 민주적 정의와 질서를 세우기 위해 투쟁한다. 그 과정에서 그는 온갖 수모를 겪고 피해를 입으며, 소위 왕따가 되기도 한다. 그러나 그러한 한병태도 결국엔 엄석대의 교묘한 가해 행위에 지칠 대로 지쳐 투항하고 만다.

한병태가 영웅이 되지 못한 것은 그가 계속 저항하지 못해서만은 아니다. 엄석대의 지배 질서에 투항하고 편입되면서 한병태는 굴종의 단맛을 경험하게 된다. 사실, 엄석대의 성적 조작 비리 증거를 확보한 한병태는 이전과 달리 훨씬 유리한 조건에 서 있었다. 엄석대의 부정을 폭로하고 정의의 편에 서는 것이 한병태가 취했어야 하는 태도였다. 그러나 한병태는 그러지 않았다.

영웅이 되고 싶어 하는 욕망이 없었던 것은 아니나, 그는 영웅적 행위에 따르는 힘든 과정을 대가로 치루고 싶어하지 않았다. 결국 부정한 권력의 비호 아래 그저 편안하게 지내는 것이 낫다는 이기적인 생각으로 한병태 역시 일그러진 영웅이 되고 만 것이다.

현대 민주주의 사회의 영웅은 어떤 모습인가?

고대 사회에서 뛰어난 영웅은 대체로 지배 계층 가운데서 찾을 수 있다. 고대 소설이나 서사시에 등장하는 영웅의 조건 중 하나도 고귀한 혈통이었으며, 이들이 이룬 주요 업적 역시 정의로운 통치 질서의 구현이라 볼 수 있다. 근대화 과정에서 인류 역사를 오랫동안 지배해 왔던 신분 질서는 점차 와해되어 갔고, 국가의 통치는 한 개인, 또는 가문에서 담당하는 고유의 권리가 되지 못했다. 이는 고대 사회에서와 같은 영웅의 출현이 현대 사회에서는 원천적으로 불가능하다는 것을 의미한다.

그러나 새로운 근대적 질서를 수립하는 데 결정적 역할을 한 부르주아 계급에서 새로운 영웅의 모습을 찾을 수도 있다. 이들을 통해 국민의, 국민에 의한, 국민을 위한 현대의 민주적 정치 체제가 수립되었으며, 새로운 근대 사회의 지배 및 통치권이 국민 곧 시민에게 부여되게 되었다. 또한 이후 진행된 현대사를 살펴보면, 강력한 통치를 내세운 지도자 및 정당들이 때때로 나타났었고, 이들이 강력한 카리스마로 정치를 펼치던 시기에는 많은 사람들이 이들을 '영웅'으로 묘사하고 칭송하기도 했었다.

특히나 제1차, 제2차 세계대전을 불러 오기까지 한 제국주의의 팽창 시기에 각 나라들에는 크고 작은 민족주의적 영웅이 일어났던 걸 확인할 수 있는데, 제국주의 국가에서는 팽창적 민족주의를 부추기며, 세계 평화를 위협하는 지도자들이 등장했고, 제국주의 국가들에 의해 위협받던 작은 국가들에서는 그 위협에 대항하여 민족적 단결과 대응을 주장하는 민족적 영웅들이 등장했다.

재미있는 것은 이들 모두, 각 민족과 국가가 처한 현실적 위기 앞에 개인이 마땅히 누려야할 권리를 국가권력에 양도하는 것을 당연시했다는 것이다. 결국 이들은 위기의 시간이 지난 뒤에도 권력을 다시 국민에게 돌려주려하지 않았고, 독재자 혹은 독재 정부라는 오명을 뒤집어쓰게 되었다. 결국 영웅으로 추앙받던 이들은 반(反)영웅이 되고, 이 과정에서 투옥과 고문, 상해 등을 입으면서까지 독재자와 독재 정부에 대항했던 새로운 영웅이 등장한다.

이 모든 과정에서 등장하는 영웅을 볼 때, 집단에 따라서 그리고 시대에 따라서 이들에 대한 평가가 매우 다양하다는 것을 확인할 수 있다. 이는 현대 사회의 '영웅' 이라는 개념이 아직 새롭게 정의 내려지지 못함을 의미하는 것일 수도 있고, 현대 사회에서의 '영웅' 의 의미가 지닌 공허함을 그대로 보여주는 것일 수도 있겠다.

민주주의 사회에서 영웅을 기다린다는 것의 의미는?

『우리들의 일그러진 영웅』에서 부정한 반장 엄석대의 몰락 뒤에 자유와 합리의 질서에 의해 세워진 새로운 민주적 학급은 상당히 우왕좌왕한 모습으로 그려지고 있다. 시간이 지나 학급생활은 정상으로 돌아왔지만 한병태는 아이들이 학급 일에서 요리조리 빠져 나가서 제대로 진행되지 않을 때마다 엄석대의 질서가 가졌던 편의와 효용성을 떠올리게 된다고 했다.

효율성으로 따지자면 민주주의만큼 시간을 낭비하게 되는 정치 형태도 없을 것이다. 무언가 하나를 결정하려 하면, 각계각층의 다양한 입장이 서로 충돌하게 되고, 이 충돌하는 견해들이 토론과 설득의 과정을 거쳐 하나로 통일된 후에야 결정을 할 수 있으니 말이다. 뉴스를 통해 보는 의회의 지지부진한 토론 과정이나 각 정당 사이의 정치적 합의가 이루어지지 않아 처리되지 못하는 많은 일들을 볼 때, 솔직히 짜증이 나고 답답하다. 그래서 그럴 때마다 우리는 카리스마 있는 영웅적 인물이 나타나서 이 모든 갈등의 상태에 종지부를 찍고 뛰어난 통솔력을 발휘해 일사천리로 국정을 진행시켜 나가준다면 얼마나 좋을까 하고 생각해 보기도 한다.

그러나 긴 역사 속에서 수많은 문화와 정치 형태를 경험한 인류가 마지막에 찾은,

권력을 불완전한 인간에게 통째로 내어 주지 않는 제도인 민주주의 사회에서 영웅적 지도자를 기다린다는 것은 어떤 의미를 내포하는 지 생각해 볼 필요가 있다.

앞에서 우리는 『우리들의 일그러진 영웅』의 모습을 두 주인공에게서 찾아보았다. 하지만 이러한 일그러진 영웅이 탄생하게 된 이유는 우리들의 의식 세계가 일그러졌기 때문이 아닐까? 새로운 담임선생님의 비호 아래 급우들이 모두 엄석대의 비행을 낱낱이 고발하는 와중에서 한병태는 "저는 잘 모릅니다"라고 이야기한다. 그리고 그것은 분명 오기였다고 했다.

한병태가 보기에 가장 열정적이고 공격적으로 고발한 아이들은 두 가지 부류였는데, 하나는 엄석대의 권력 체제 아래에서 간절히 그 권력의 테두리 속에 끼고 싶어 했으나 실패했던 부류이고, 또 하나는 엄석대의 곁에 붙어 숱한 나쁜 짓의 손발이 되어 왔던, 즉 가장 많은 비난을 받게 되어 있는 행동대장의 부류였다. 아무리 보아도 이들 부류의 엄석대 비행 까발리기는 그리 순수해 보이지 않는다. 이들에 대한 한병태의 반발 속에서 우리는 작가가 이 학급의 구성원 전체를 심판대 위에 올려놓고 있다는 것을 알아챌 수 있다.

그리고 그러한 아이들의 모습은 새로운 담임선생님의 질책을 통해 혹독하게 비판당한다. 당연한 자기의 몫을 빼앗기고도 분한 줄 모르고, 불의한 힘 앞에 굴복하고도 부끄러운 줄 모르는 상태, 사실 이것이 작가가 진단한 우리들의 일그러진 의식 구조였다.

가만히 생각해 보면, 영웅을 기다리고 열망하는 우리의 기대는 우리 자신에게 없는 무언가를 우리와 별 다를 것 없는 다른 누군가에게 기대하는 자기모순을 보여주고 있는 것이다. 한병태가 영웅이기를 포기한 것은 스스로의 지혜나 지도력이 엄석대보다 못하기 때문이거나 혹은 엄석대와 비교하지 않더라도 본인 스스로 자질 부족이라 느꼈기 때문은 분명 아니다. 한병태는 그렇게 하기 위해 자신이 치러야 할 대가를 두고 고민에 빠진 것이었으며, 결국 영웅이 되기보다는 영웅의 그늘 아래 편안함을 누리는 평범한 학생이 되기로 한 것이다.

이러한 한병태의 모습, 나아가서 학급 구성원들의 모습에서 우리는 민주주의를 좀먹는 소시민 의식을 적나라하게 살펴 볼 수 있다. 또한 영웅에 대한 우리들의 기대와 열망 가운데 불순하게 끼어 나 이외의 문제에 대해 책임지고 싶어 하지 않는 이기적인 태도를 발견할 수 있다. 그리고 아이러니하게도 바로 이러한 소시민적 태도가 결국 우리 자신의 안전과 자유, 권리를 위험 속에 빠뜨리고 지지 않아도 될 책임을 지게 만들며, 사회 속에서의 우리의 영역을 더욱 좁아지게 하는 것이다.

지식점검

소시민

소시민 계층은 다양한 집단의 결합체로서 역사적으로 볼 때 프롤레타리아 계층에도 그리고 부르주아 계층에도 속하지 않은 채 독특한 이데올로기를 형성해 왔다. 마르크스와 엥겔스(Engels)에 의하면 소시민은 전통적인 소규모 경영의 수공업자, 소상인, 농민 등으로서 산업화의 물결 속에 소멸될 운명에 처한 계층이다. 그러나 이들의 예언과는 달리 전통적인 소시민 즉, 옛 중산층은 그 세력이 약화되었지만, 사무직, 하급관리, 기술자, 지식인 등 새로운 소시민층이 형성되었다. 탈계층화와 프롤레타리아화에 대한 끊임없는 불안 때문에 소시민 계층은 경제적으로는 프롤레타리아와는 비슷한 위치에 있으면서도 프롤레타리아와는 의도적인 차별과 우위를 내세우면서 부르주아 계층과 이념적 동질성을 보이려고 한다. 신분몰락의 불안 때문에 끊임없이 신분상승과 성공에 대한 과도한 욕구를 노출하는 소시민 계층은 시민적 규범과 행동방식에 순응하면서 정치적으로는 우익의 경향을 보인다. 특히 바이마르 공화국 시기의 소시민은 영화, 사진, 라디오, 스포츠, 통속잡지 등 당시 유행했던 오락문화에 몰입하면서 모순적인 현실로부터 도피하여 가상적인 안락함 속에 안주하려는 경향을 보이고 있다. 이러한 소시민의 심성과 정치적 의식 그리고 문화적 경향은 희극적 폭로와 풍자, 희화화의 주요 표적물로서 특히 사회 비판적인 작가의 관심을 끊임없이 끌어들여 문학의 주요 대상과 주제가 되어 왔다.

(김정용, 「소시민 의식과 문화의 문학적 형상화」, 『독어교육26집』, p.337)

건강한 시민이 되기 위해서

현대 사회는 점점 더 복잡해 지고, 다양한 사람들의 각기 다른 욕구들로 점점 더 갈등이 증폭되기 마련이다. 아무리 뛰어난 통치자가 나타난다 하더라도 그가 신이 아닌 이상 모든 욕구들을 불만 없이 조정하며, 사회의 평화와 질서를 유지해 나간다는 것은 불가능한 일이다. 존재하지도 않는 뛰어난 누군가를 기다리며 시간을 낭비하기 보다는 우리 자신의 의식과 양심을 돌아보며, 자신이 먼저 건강한 시민이 되어 보는 것이 좀 더 현실적인 대안이 될 것이다.

정치 철학자들은 정치에 대해 이야기하면서 한결같이 교육을 언급한다. 이상적인 우리 사회는 한순간에 나타나는 것이 아니라 시간 속에서, 과정 속에서 모두가 함께 만들어 가는 것이기 때문이다. 다시 말하면, 민주주의라는 정치 제도를 다듬어 가는 것만큼 민주적 시민의식을 길러 가는 것도 매우 중요하다는 뜻이다.

똑똑하고 카리스마 넘치는 반장이 이끄는 반이 아니라서 우리 반이 무질서하고, 우리 반의 생활이 뭔가 잘못되어 가고 있는 것은 아닐 것이다. 그런 대단한 반장이 있어도 좋겠지만, 그런 반장이 아니어도 건강한 시민 정신을 지니고 있는 학생들로 구성된 반은 나름대로의 멋진 학급 문화를 만들어 갈 것이다.

『우리들의 일그러진 영웅』은 부조리한 현실에 안주하려는 소시민적 근성 비판으로 이해할 수도 있다. 그렇게되면 우리는 과연 건강한 시민 의식이란 어떤 것인지 생각해 보지 않을 수 없다. 그리고 이 소설을 통해서 건강한 시민의 조건은 최소한 굴종 가운데서의 편안함에 안주하지 않는다는 것임을 알 수 있다. 또 더 나아가 이러한 건강한 시민이 되기 위해서 치러야 할 대가가 만만치 않다는 것도 새삼 깨닫게 될 것이다.

지식검색

시민

고대 그리스의 시민은 정치 공동체인 폴리스의 구성원으로서, 일정한 연령 이상의 자유민인 남자만 해당되었다.

현대 시민 사회의 보다 직접적인 근원이 되는 시민은 근대화 과정에서 나타나는데, 산업 활동으로 돈을 벌어들여 절대 왕정기에 납세를 통해 왕실 제정을 지탱해 줌으로써 어느 정도의 사회적인 지위를 누렸던 부르주아 계급이 바로 그들이다. 이들은 신분 제도의 모순을 타파하기 위해 경제력을 바탕으로 점차 절대 왕권에 도전하기 시작하였는데, 이들의 요구는 크게 경제적으로는 사유 재산의 보장과 산업 활동의 자유였고, 정치적으로는 인간의 존엄성 및 자유와 평등을 보장하는 정치 참여의 확대였다.

오늘날, 많은 자유 민주주의 국가가 모든 구성원에게 보편적 시민권을 부여할 수 있기까지는 오랜 기간에 걸친 지속적인 투쟁에 의한 정치적 변혁이 필요하였다. 이러한 변혁 후에 형성된 오늘날 현대 시민의 개념은 다음과 같다.

첫째, 시민은 성, 종교, 인종, 사상, 직업 등에 관계없이 정치적 사회적 문화적 활동에 자유로이 참여할 수 있다. 둘째, 시민은 모든 직위나 명예를 포함하는 사회적 혜택에 접근할 수 있는 평등한 조직과 기회를 누릴 수 있다. 셋째, 시민은 공동 사회의 원활한 유지와 발전에 기여할 수 있도록 권한과 책임을 가진다.

(고등학교 시민윤리 교과서, 교육인적 자원부, pp. 13~14)

『우리들의 일그러진 영웅』의 마지막 부분을 보면, 경찰에게 연행되어 가는 엄석대를 바라보는 한병태의 시각에는 무엇이라 형언하기 어려운 안타까움, 아쉬움 등이 느껴진다. 다음은 IMF 때, 우리 사회에 큰 이슈가 되었던 박정희 대통령의 재평가 또는 향수에 대한 논의를 엿볼 수 있는 글이다. 20년 가까이 군부를 이용하여 폭력적이고 억압적인 독재 정권을 유지해 온, 그러나 한편 대한민국의 유래 없는 경제 성장을 이끈 박정희 대통령에 대한 사람들의 긍정적 평가와 부정적 평가를 함께 비교해 보자. 그리고 이를 통해 소설 속에 나타난 부정한 권력을 유지하다 몰락한 일그러진 영웅에 대한 한병태의 복잡한 심리에 대해 분석하고 비판해 보자.

난 박정희가 좋다

최근 박정희 전 대통령에 대한 부정 일변도의 평가 옆에서 그가 민족중흥의 기틀을 마련한 탁월한 경세가라는 긍정적인 여론이 대두하고 있다. 그러나 이 같은 부정과 긍정은 나란히 열거될 수 있는 성질의 것이 아니다. 인간은 신이 아니며 인간의 일생에는 공(功)과 과(過)가 공존하기 마련이라는 식의 결론은 적어도 박정희라는 인물에게만은 적용되지 않는다. 그의 선과 악, 위업과 과오는 하나의 인간 운명이 갖는 동전의 양면이기 때문이다.

"나는 죽음의 힘을 가슴에 안고 살아가리라."

이것이 박정희 전 대통령의 일생을 관류하는 불멸의 외침이었다. 그의 영혼에 암세포처럼 번져갔던 죽음의 힘은 운명이 만든 그의 과오였다. 그는 28살에 일본 육사를 나온 만주군 중위였고, 32살에 숙군 대상자로 재판 받고 사형을 구형 받은 남로당 군사부의 비밀당원이었으며, 45살엔 자유민주국가의 헌정 질서를 짓밟은 군사쿠데타의 주모자였다. 이 씻을 수 없는 죄과, 이 도덕적인 오점들이 국가에 대한 경건주의와 숭고한 자기희생의 의지를 낳았던 것이다.

죽음의 힘은 그를 채찍질하여 국익에 이르는 좁고 험한 길로 앞뒤를 가리지 않고 달려가게 만들었다. 그에겐 오직 민족을 번영으로 이끌 절박한 시대적 과업만이 자기 구원에 이르는 길이었다.

모든 면에서 압도적인 우위를 자랑하던 북한의 전쟁 도발을 막으며 경제 발전을 이룩해야 한다는 국가 생존의 지상명령이 늙고 탈진해 쓰러질 때까지 그를 괴롭혔다.

그러므로 우리는 이 사람을 위해 어떠한 변명도 할 필요가 없다. 그는 1961년 5월 16일의 그 새벽, 헌병대의 총탄이 날아오는 한강 인도교를 건너던 그때 이미 자기 운명의 찻잔을 마지막 한 순가락까지 다 재고 있었다. 그리고 그럼에도 불구하고 자신의 길을 걸어갔다. 전 국민의 반대를 무릅쓰고 경부고속도로를 놓았고, 전 세계의 반대를 무릅쓰고 포항제철을 세웠다. 유도탄을 개발하고 자주국방을 주창할 때는 미국이 격분했고 막대한 초기 투자가 필요한 중화학공업 육성으로 불황이 찾아왔을 때는 모두가 그의 죽음을 원했다. 그는 그런 처절한 고독 속에서도 단 한 푼 개인적인 치부를 하지 않았고 자식과 친인척들에게 악랄했으며 자나 깨나 나라만을 생각하고 바보처럼 나라만을 사랑하다가 자기 고집대로 죽어갔다.

사람들은 다만 총체적 파탄에 직면한 오늘의 조국 때문에 그를 이야기한다. 역사는 국민 모두가 만드는 것이다. 그러나 그 역사 창조의 방향을 제시하고 국민들에게 의욕과 자신을 불어넣어 주는 지도자, 투철한 국가관과 공인으로서의 사명감, 청렴성을 가진 지도자가 부재할 때 민생은 파탄되고 안보는 위협받으며 민주주의는 중우정치로 타락한다. 깜짝쇼와 세몰이로 점철된 이 부패타락한 정당정치가 민주주의라고 강변되는 오늘, 우리는 비로소 눈을 비비고 선악을 초극한 인간 운명의 한 전형을 진정 위대했던 한 사람의 국가 지도자로서 바로 보게 되는 것이다.

이인화(소설가), 「한겨레」, 1997. 5. 13.

난 박정희가 싫다

이상한 소리가 들리고 있다. 몇 해 전엔 이승만에 대한 재평가 움직임이 있더니 드디어 박정희 찬양과 박정희 시대에 대한 동경의 소리가 나오고 있다.

어느 시대건 정치사회적 전환 국면이 다가오면 기득권 방어에 민감한 수구세력들의 지나간 시대에 대한 예찬이 불거져 나오기 마련이다. 그들에겐 일제 때도 이승만 때도 박정희 때도 태평성대였던 바, 머지않아 전두환, 노태우 시기 및 김영삼 시기 또한 태평성대였노라는 그들의 주장을 틀림없이 듣게 될 것이다.

오늘의 박정희 찬양 움직임은 이들 수구세력과, 이에 편승하는 일군의 문사 프로피퇴르(이익을 챙기는 자)들, 그리고 불만스런 현실을 미래 지향으로 개선시키려는 의지도 전망도 없는 회고파들의 합동작품이라고 보면 거의 틀림이 없다.

그리하여 박정희가 칭송되고 있다. 오늘날 한국사회를 총체적 부패 현상과 경제적 위기 상황으로부터 구할 메시아로서 박정희의 부활, 재림을 외치고 있는 것이다. 그런데 이와 같은 한국사회의 부정적인 현상이 오늘 갑자기 생긴 일인가?

프랑스의 역사학자 막스 갈로는 "역사 과정을 통해 인간관계의 인간화는 축적되지 않으나, 악의 기술은 축적된다"고 지적한 바 있다. 선은 축적되지 않으나, 우리가 잘 알고 있듯이 사람 죽이는 기술도, 고문하는 기술도, 부패의 수법도, 독재체제의 유지 방법도 끊임없이 축적된다. 이것이 바로 역사의 비극이며 우리가 단 한 순간도 사회비판과 투쟁을 게을리 할 수 없는 이유다.

광주의 학살도 삼청교육대도 박정희 일인 독재체제의 앵톨레랑스를 토대로 일어난 것이다. 삼풍백화점이나 성수대교의 붕괴가 어제 오늘 갑자기 시작된 것이 아니다. 계량적 실적 위주의 성장 철학이 빚은 와우의 연장이며, 나랏돈—은행돈—대기업돈—곧 내 돈 현상의 한보사태 등도 박정희 시대의 대기업을 중심으로 한 개발독재와 정경유착에 그 뿌리를 두고 있다. 또한 오늘 한국사회에 만연한 황금만능주의, 인명경시현상도 그 시대, 인권을 마음껏 우롱하며 침묵을 강요하면서 사회정의를 땅에 떨어뜨린 영향이다. 그뿐인가? 앞으로도 끈질기게 한국 민주주의의 걸림돌로 남게 되고, 불식시키려면 장시간의 노력이 필요한 지역차별은 또 어떠한가? 박정희의 의도적이며 철저한 선거 전략의 결과가 아니었나? 그 위에, 국가보안법에, 안기부의 밀실에, 감옥에, 권력의 시녀가 된 언론에, 그리고 인권과 노동권, 시민사회운동을 탄압하려는 각종 장치 속에 그의 독기는 여전히 살아 숨 쉬고 있다.

그런데 그를 찬양하는 소리가 들린다. 억울한 죽음이 한둘이 아니었다. 비통한 눈물과 고통 그리고 언제 끝날지 모르는 가슴 답답함과 탄식과 절망도 한두 사람의 것이 아니었다. 그리고 그 죽음의 한, 눈물, 고통, 가슴 답답함, 탄식과 절망은 아직 끝나지 않았다. 그런데 그를 찬양하는 노랫소리가 들린다.

나는 알고 있다. 약자의 고통과 탄식에 연대하는 대신 그것들을 짓밟고 찬양가를 부를 수 있게 된 인간성의 실추, 그 뻔뻔스러움, 염치없음 역시 박정희와 그 시대의 강자의 논리에서 비롯됐다는 것을.

홍세화(『나는 빠리의 택시 운전사』 지은이), 「한겨레」, 1997. 5. 13.

박정희 유령이 떠돌고 있다

한국 현대사에 처음으로 '군사 쿠데타'를 등장시켰고, 이후 30년에 가까운 군사정권의 시대를 연 장본인 박정희. 최근 그의 시대를 옹호하고 미화하는 시각이 심상치 않게 번져가고 있다.

이런 변화가 처음 감지된 것은 지난 3월 「고대신문」의 설문조사 결과다. 학생 180명을 대상으로 '가장 복제하고 싶은 인간이 누구냐'를 물은 결과, 박정희는 백범 김구와 테레사

수녀에 이어 3위를 차지했다. 최근 한 일간지의 설문조사 결과는 더 놀랍다.

역대 대통령 가운데 '직무를 가장 잘 수행한 대통령이 누구냐'는 설문에서 그는 75.9퍼센트라는 압도적 지지로 1위를 차지했다. 김영삼 대통령은 3.7퍼센트로 6.6퍼센트를 차지한 전두환 전 대통령보다도 뒤졌다. 지난해 말 공보처가 발표한 '역사적으로 가장 존경하는 인물' 설문조사에서도 그는 세종대왕(18.8퍼센트), 이순신 장군(14.1퍼센트), 김구 선생(10퍼센트)을 제치고 23.4퍼센트로 1위에 올랐다.

이런 시류를 타고 한 일간신문에서는 박정희의 비서실장을 지낸 김정렴 씨의 회고록을 연재하는가 하면, 지난달 25일에는 '박정희 대통령과 육영수 여사를 좋아하는 사람들의 모임'이 결성되기도 했다. 지난 2월에는 인터넷에 '박정희 대통령 기념관'이란 제목의 홈페이지도 등장했다.

지난 1987년 정계에 복귀한 김종필 현 자민련 총재에게 '유신 잔당'이라는 비난이 쏟아졌던 걸 상기하면 격세지감이 느껴질 정도다. 지금까지 박정희 시대에 대한 미화는 김종필 총재나 보수표를 겨냥한 여권 정치가들의 전유물이었다. 그러나 최근의 움직임은 구세대들의 복고 취향에만 그치지 않고, 젊은 층들까지 가세하고 있다는 데에 차이가 있다.

지난달 인기작가 이인화 씨(31)가 인간 박정희를 재조명한 소설 『인간의 길』을 발표한 데 이어, 『태백산맥』의 작가 조정래 씨도 4월 혁명에서 1990년대까지를 조망한 대하소설 『횃불』(가제)에서 박정희 시대를 다룰 예정이어서 관심을 모으고 있다. 그는 "박정희야말로 가장 평가하기 어려운 인물"이라며, "정치면에서는 잘못이 많았지만, 경제면에 대한 최근의 재평가는 경청할 구석이 있다"는 의견을 내비쳤다. 이보다 앞서 지난 1993년 발표한 김진명 씨의 장편소설 『무궁화 꽃이 피었습니다』(해냄)는 박 대통령의 '핵 주권론'을 통해 그를 민족주의적 지도자로 부각시켜, '박정희 현상'의 조성에 기초를 닦았다.

이런 움직임에 대해 비판적인 시각도 적지 않다. 박호성 서강대 교수(정치학)는 우선 한 인물이나 시대에 대한 평가가 '차라리 그때가 좋았다'는 식의 추억담에 의해 지배당하는 사회 분위기를 문제 삼는다. “어떤 구체적 평가 기준도 없이 그저 현실에 대한 불만을 과거에 대한 향수로 귀착시키는 것은 시민사회의 미성숙을 드러내 보여주는 징표일 뿐” 이라는 지적이다. 그는 이런 현상이 “한보사태와 김현철 씨 문제 등 현 정권의 실정에 대한 실망에서 비롯한 측면이 크다” 며, 전, 노 사면론이 벌써부터 고개를 들고 있는 것도 같은 맥락에서 이해할 수 있다고 지적한다.

‘박정희 미화론’ 을 자세히 들여다보면 거기서 어떤 뚜렷한 논리를 찾아내기가 어렵다. 그저 ‘그때가 좋았다’ 는 식의 ‘향수’ 나 ‘그 분은 뭔가 달랐다’ 는 식의 ‘느낌’ 만이 있을 뿐이다. 이처럼 논리화할 수 없는 느낌이 열병처럼 번진다는 것은 분명 건전한 사회의 징표라고 보기는 어렵다.

정신과 전문의 조성준 씨(43)는 “우리 국민들 사이에 카리스마적 권위에 기대고 싶은 의존 심리가 아직 남아 있기 때문일 것” 이라고 진단한다. 문민정부가 출범했고 정치제도적 민주화가 진전됐음에도, 시민의 의식구조는 민주화의 시대에 걸맞은 것으로 성장하지 못했기 때문이라는 지적이다. 그는 김영삼 정권 초기의 개혁에 대해 국민들이 높은 지지를 보낸 것도 따지고 보면 그의 개혁이 국민들의 카리스마에 대한 욕구를 충족시켜줬기 때문이라고 본다. 최근의 ‘박정희 현상’ 은 한보사태 등으로 청와대의 권위가 일거에 무너지자, 사람들의 의식 속에 잠재해 있던 ‘권력 의존욕’ 이 되살아나면서 의지할 대상으로 과거의 인물을 들춰낸 것이라고 그는 분석한다.

박정희 시대는 이제 학술적 논쟁의 장에도 등장할 것으로 보인다. 한국정치연구회는 『박정희 시대 연구』라는 본격 연구논문집과 『박정희 평전』(전 2권)을 올해 안에 펴낼 예정이다. 한국정치연구회 손호철 회장(서강대 교수)은 “역사에 대한 평가는 언제나 현실 인식과 밀접한 연관이 있어왔다” 며, “과거 정치사에 대해 막연한 추억이 아닌 엄정한 평가를 통해서만 미래에 대한 의미 있는 전망과 통찰력을 얻을 수 있을 것” 이라고 말했다.

「한겨레」, 1997. 5. 13.

참고할 만한 책

김용민, 『루소의 정치철학』, 인간사랑, 2004.

버트런드 러셀, 안정효 옮김, 『권력』, 열린책들, 2003.

우리 사회의 평화와 정의는 무엇인가?

『태평천하』 채만식

가장 평화로운 시대

채만식의 대표 작품 중 하나인 『태평천하』는 1940년 『삼인장편집』에 처음 수록될 때는 제목이 '천하태평춘'이었다. '태평천하'든 '천하태평춘'이든 제목의 의미가 크게 달라진 것은 아니다. 둘 다 매우 평화롭고 살기 좋은 시대라는 의미를 가지며, 실제로는 많은 사람이 고통 받고 있던 당대의 현실을 반어적으로 표현한 말이라 할 수 있다.

'평화'라는 단어는 그 의미의 범위가 매우 넓다. 일반적으로 우리는 전쟁에 대한 반대의 개념으로 '평화'라는 말을 쓰지만, 그 단어에 담겨진 인류의 소망을 생각한다면, 그러한 의미로 '평화'라는 말을 사용하는 것은 너무나 무성의하다고 할 것이다. 20세기에 들어서 인류는 놀라운 문명의 발전을 이루었지만, 가장 비참하고 두려운 상황에 직면해야 했다. 그리고 이후로 인류는 '평화'가 그렇게 쉽고도 만만한 과제가 아니라는 것을 겸손히 인정해야 했다.

우리는 모두 '평화'를 원한다. 그러나 '평화'는 쉽게 얻을 수 있는 게 아니다. 어떤 사람은 이 '평화'를 문명이 발달하기 이전, 인류의 시원에서 찾으며, 자연을 정복하려는 인간의 시도 이후로 '평화'는 불가능해졌음을 이야기한다. 또 어떤 사람은 '평화'는 개인의 마음속에 있으며, '평화롭다'고 생각하는 순간, '평화'가 찾아 오는 것이지 어디 다른 외부의 사물과 사건, 혹은 관계 속에 있는 게 아니라고 이야기한다.

그런데 이렇게 '평화'에 대한 느낌과 기준이 저마다 다르다고 한다면, '평화'를 향한 인류의 바람과 노력은 참으로 헛되고 불가능한 것이 될 것이다. 『태평천하』에 등장하는 윤직원 영감은 자신의 시대를 가장 평화로운 시대로 인식했으나 우리는 그의 이러한 인식이 매우 시대착오적임을 알고 있다. 이는 모두를 완벽하게 만족시킬 수는 없더라도 어느 정도 인류의 보편적인 정서에 입각한 '평화'의 개념에 대해 논해 볼 여지가 있다는 말이다.

사회 구성원 모두가 동의할 수 있는 평화라면 어떤 보편적 조건을 가지고 있지 않을까? 그렇다면 그 조건은 무엇이 되어야 할까? 다소 과장된 윤직원 영감의 현실 인식에 혀를 내두르며, 마냥 비웃을 수도 있지만, 내가 살고 있는 오늘에 대한 나의 현실 인식에 대한 되돌아보기를 할 때, 그저 웃을 수만은 없음을 알게 된다. 오늘을 사는 나는 '태평천하'에 살고 있다고 믿었던 윤직원 영감과 과연 다르다고 할 수 있는가? 오늘날 우리 사회의 평화의 수준을 나는 올바로 인식하고 있는가?

태평천하

우리만 빼놓고 어서 망해라

일꾼이나 하인은 상전을 섬기기만 하고 대가는 바라지 말아야 한다고 생각하는 윤직원 영감은 인력거를 타고 와서는 그 삯을 깎겠다고 한다. 또한 나이 어린 기생을 데리고 다니면서도 아무것도 사주려 하지 않는다. 그러면서도 윤직원 영감은 자기가 그들에게 은혜를 베푼다고 생각한다. 마찬가지로 소작인에게 땅을 부쳐 먹고 살게 하는 것도 무슨 큰 자선 사업이나 되는 것처럼 여긴다.

그런 식으로 부(富)를 축적한 윤직원 영감에게는 쓰라린 기억이 있는데, 출처가 불확실한 돈을 모았던 그의 아버지가 구한말(舊韓末)에 화적들의 습격을 받은 일이다. 화적의 손에 무참히 맞아 죽은 아버지의 시체 옆에서 젊은 윤직원은 '이놈의 세상 언제 망하려느냐?', '우리만 빼놓고 어서 망해라!' 하고 울부짖었던 것이다.

그러니 거리거리마다 순사를 두어 화적떼와 같은 불한당을 막아 주고 '천하태평'을 보장해 주었기 때문에 윤직원은 진심으로 일본인들을 고맙게 생각한다. 또한 돈을 버는 데는 무엇보다 권력과의 결탁이 중요하다는 것을 잘 알기에 윤직원 영감은 경찰서 무도장을 짓는 데 아낌없이 큰돈을 기부하기도 한다.

전쟁은 집 안에서

인색한 윤직원이 큰돈을 아끼지 않는 데가 또 하나 있었으니, 그것은 양반을 사는 것이었다. 양반을 사고, 족보에 도금(鍍金)까지 하며, 양반 댁하고만 혼사를 한 것으로도 모자라 손자 종수와 종학이 군수와 경찰서장이 되어 가문을 빛낼 것을 기대하고 있다.

그러나 첫째 손자 종수는 변변치 못한 위인이라 고등보통학교 시험에 계속 낙방을 하다 겨우 고향에 군 고원으로 취직을 하여 지내고 있고, 종학은 인물됨이 좀 나아 공부도 곧잘 해 지금은 동경서 유학을 하고 있지만, 갑자기 조강지처를 버리고 새장가를 들겠다는 전보를 보내와 집안사람들을 놀라게 만든다. 그래도 윤직원은 군수와 경찰서장에 대한 미련을 못 버려 종수를 위한답시고 온갖 뇌물로 돈을 만만찮게 쓰고 있고, 동경에서 공부한다는 둘째 손자 종학에게도 필요하다는 대로 아끼지 않고 돈을 보내고 있다.

윤직원의 아들 창식은 집을 돌보지 않고 노름으로 밤을 새며 가산만 탕진하고 있고, 첫째 손자 종수는 고향에 혼자 내려가 지내면서 첩을 떡하니 두고는 할아버지의 이름을 팔아 여기저기서 돈을 대어다 방탕히 쓰고 있고, 얌전한 줄 알았던 둘째 손자 종학은 아내를 내쫓고 새장가 들 궁리를 하니 윤직원 영감과 같이 지내는 며느리와 손자며느리들의 불만 역시 이만 저만이 아니다.

만석꾼네 집으로 시집간다고 좋아했지만, 말이 좋아 부잣집 며느리지 남편의 살뜰한 사랑이 있는 것도 아니고, 시아버지가 너무도 인색하여 먹고 싶은 거 배부르게 먹지도 못하고, 옷차림도 엉망이며, 머슴이나 계집종과 다를 바 없이 고된 집안 살림에 시달릴 뿐이다.

게다가 또 이 집안엔 양반댁으로 시집보냈던 윤직원의 하나뿐인 외동딸이 시집간 지 1년 만에 과부가 되어 같이 살고 있으니, 인색하고 표독스러운 윤직원 영감과 온통 비뚤어진 아들, 딸, 며느리, 손자, 손자며느리들 사이에 집안의 분란은 끊이질 않는다. 일본이 중국과 전쟁을 벌이는 소식이 들려도 당장에 조선 땅은 평화롭기 이를 데 없다고 여기는 윤직원 영감이지만, 기실 사정을 자세히 들여다보면 전쟁은 바로 윤직원 영감의 집안에서 진저리나게 계속되고 있는 것이다.

"태평천하에, 이 태평천하에!"

그래도 윤직원 영감은 둘째 손자 종학이 집안을 크게 빛내리라 기대를 걸며, 고리대금업으로 열심히 만석꾼 살림을 불리느라 여념이 없다. 매번 똑같이 당하면서도 아들놈과 첫 손자 종수에게도 호통만 칠 뿐, 노름과 술, 계집질에 열심히 돈을 대준다. 증손자와 나이가 같은 늦둥이 아들 태식의 덜떨어진 행동을 어리광 부리는 걸로 맘 편히 받아주고, 어린 기생을 십 전짜리 반지 하나로 싼 값에 재미 보려는 기대에 들떠 있다.

그러나 이런 윤직원 영감에게 청천벽력 같은 소식이 들린다. 그렇게 기대해마지 않던 둘째 손자 종학이 사상관계로 일본 경찰에 검거되었다는 소식이다. 경찰서장의 꿈이 허망하게 날아가 버린 것도 분통터질 일이거니와 윤직원 영감은 부잣집 손자 놈이 뭣이 모자라 사회주의 운동을 한 것인지 그것이 더욱 해괴하고 황당한 노릇이 아닐 수 없다. 그가 생각하기에 사회주의자들은 부자들의 재산을 날로 먹으려 드는 악질 불한당패였기 때문이다.

화적패가 있는 것도 아니고, 불한당 같은 수령들이 있는 것도 아니고, 거리거리 순사요, 골마다 공명한 정사, 오죽이나 좋은 세상에, 이 태평천하에! 윤직원 영감은 짐승처럼 울부짖으며, 손자 녀석을 저주하고 또 저주한다.

교과서 : 고등학교 문학 교과서(디딤돌 외 12종)

인류가 보편적으로 추구할 수 있는 평화의 모습은 무엇인가?

모두가 만족하는 평화는 과연 가능한가?

일반적으로 우리가 '평화'를 이야기할 때, 그것은 '전쟁'에 대한 반대 개념인 경우가 많다. 즉 평화는 전쟁이 끝난 뒤에 온다는 것이다. 국가와 국가 사이에서도 그렇고 사회 집단 간에 그리고 개인과 개인 사이에서도 그렇다. 그런데 이럴 경우의 평화는 승자와 패자 사이의 불평등한 관계가 생길 때 가능한 것이다. 나치의 패배로 독일은 국토분단을 겪어야 했고, 미국의 원폭 투하로 전쟁에서 패배한 일본은 자위대를 해체해야 했다.

힘의 논리에서 패배하였고, 더 이상 싸울 수 없기 때문에 평화의 시기를 맞이하였지만, 당연히 패배한 쪽은 이렇게 이루어진 평화에 불만이 많을 것이다. 일제 강점기의 조선 역시 마찬가지였다. 내부적으로 피지배계층의 불만이 마치 화산이 폭발하는 것처럼 터져 나오고 있었고, 외부에선 서구 열강들이 호시탐탐 침략의 기회를 노리던 구한말의 그 불안하고 혼란한 시기는 가고, 새로운 질서와 안정이 찾아 왔지만 그 새로운 평화는 분명 일본과 조선 사이의 불평등한 관계 위에서 이루어진 것이었다.

다른 나라들처럼 전쟁에서 패배한 것은 아니지만, 일본이 우리의 외교권을 박탈해간 을사늑약이나 국권을 앗아간 한일병합이 모두 일본의 무력적 압력 속에서 강압적으로 이루어진 것은 새삼 재론할 필요조차 없는 일이다. 이 조약들로 급격한 변화 속에 갖은 몸살을 앓고 있던 조선은 이전의 일본과의 긴장된 관계가 완화되고 일본의 도움을 받아 빠르게 안정을 찾아가는 듯했다.

지식검색

'을사조약'과 '을사늑약'

1905년 11월 17일, 일본이 우리나라의 외교권을 강탈하고자 강압적으로 체결된 '을사늑약'은 일명, 한일협상조약, 제2차 한일협약, 을사보호조약, 을사5조약, 을사조약 등으로 불리기도 한다. 그러나 '조약'은 국가간의 권리와 의무가 상호 협의에 따라 법적 구속을 받도록 규정하는 행위 또는 그런 조문, 협약, 규약, 선언, 각서, 의정서 따위를 말한다. 이러한 기준으로 볼 때, '을사늑약'은 조약으로서의 기본적인 조건이 결여되어 있고, 특히 국가간의 합의가 아니라 일본의 강제에 따라 억지로 체결되었기에 '勒(굴레 늑)'을 쓰는 '을사늑약'이라는 명칭이 정확한 표현이다.

일본 제국주의가 가지고 들어온 군대 및 경찰 조직, 그리고 온갖 근대적인 제도와 문물을 맘껏 누릴 수 있었던 사람들에게 이 평화는 깨고 싶지 않은 꿈처럼 여겨졌을 수도 있겠다. 그러나 이들은 소수일 뿐이고, 오히려 다수의 사람들에게는 착취와 억압, 자유의 구속이 계속될 때, 이 평화는 그 기만적인 모습으로 많은 이들의 분노를 사게 될 것이다. 합의가 아닌 힘의 논리에 의해 강요된 평화는 처음부터 모두가 만족할 수 없는 그런 평화인 것이다.

'평화'를 내세워 '불의'와 타협하기

어떤 사람도 사실 싸우는 것을 좋아하지는 않을 것이다. 투쟁은 그 영역이 사적인 부분에서건 사회 속에서건 또는 국제 관계에서건 많은 것들을 희생하게 만든다. 그러므로 파괴적이고 소모적이며 고통스러운 이 투쟁의 방법을 사람들은 쉽게 선택하지 않았다.

인간에게는 분명 선과 정의를 추구하고자 하는 열망이 내재되어 있다. 그러나 그보다 더 먼저 작동하는 것은 자기의 생명과 소유를 보호하고자 하는 본능일 것이다. 따라서 불의를 보고 일어서기보다는 자기의 것에 대한 침해가 예상될 때, 혹은 침해받고 나서야 비로소 주먹을 불끈 쥐고 일어서기가 쉽다.

무슨 뜻이냐 하면 불의한 사회 속에서도 일정 기간 사람들은 정의를 세우기 위해 투쟁하려고 하기보다는 평화를 내세워 타협하기를 원한다는 것이다. 그 불의가 아주 심각한 정도가 아니라면, 더더군다나 나에게 개인적으로 피해가 오지 않는다면 사람들은 싸우기 위해 일어서기보다는 그냥 주저앉아 사태를 관망하려고만 할 것이다. 또한 권력의 힘 때문에라도 불의한 평화는 이때 상당 기간 지속되게 된다.

윤직원 영감은 자신의 손자 종학이 마르크스주의자로 일본제국주의에 투쟁하는 것도 모른 채 모든 사상 운동가들을 체제의 평화를 위협하는 '불한당' 으로 보고 있는 것도 결국은 같은 이치이다. 윤직원 영감에게 그 사회의 불의함은 실감으로 와 닿지 않았고, 소수의 가진 자로서 그 불의함을 뒤에 업고 오히려 다수의 민족을 착취하고 있던 입장이니, 일제 강점기를 '태평천하' 로 찬양하는 것이 당연했다. 그러니 정의를 위해 싸우려던 사람들이 그저 사회의 평화를 깨려고만 하는 '불한당' 으로 보인 것이다.

그러나 이런 불완전하고 강요된 평화가 상당 기간 지속된다고 하더라도, 결국 불의는 점점 더 많은 사람들의 불만을 낳고, 불만은 모이고 모여 권력에 투쟁하고자 하는 하나의 세력으로까지 형성된다. 여러 나라에서 있었던 근대화 과정에서의 민중 봉기, 미국에 대한 라틴아메리카의 저항 운동, 독재 권력에 대한 시민들의 심판을 우리는 수도 없이 보아 왔다.

그러므로 윤직원 영감과 달리 개인으로서의 보장된 미래를 내던지고 반제국주의 투쟁에 뛰어든 손자 종학의 선택은 오히려 현실의 모순을 직시한 사람의 합리적인 선택이었다고 하겠다. 종학은 어설프고 안일하게 불완전한 평화와 타협하지 않은 것이다.

우리가 추구해야 할 평화의 조건은 무엇인가?

그렇다면 진정한 평화는 어떤 모습이어야 할까? 많은 대가를 지불하면서 사람들이 싸워 얻으려는 것은 무엇인가? 그것이 단지 투쟁하는 자의 권익이며, 투쟁에서 승리할 경우 또 다른 투쟁을 불러오기까지 무한히 확대되어도 좋을 그런 권력인가?

모두를 만족시킬 수는 없지만 좀 더 지속적이고 다수가 만족할 수 있는 평화를 이루기 위해서는 정권이 정의와 윤리를 수용하여야 할 것이다. 물론 정의가 무엇인가에 대한 의견도 분분하겠지만, 가장 먼저는 온갖 사회적 정치적 경제적 불평등의 해소에서 정의를 찾을 수 있을 것이다.

일본 제국주의가 아무리 대동아공영을 부르짖었어도 일본인과 조선인 사이의 차별이 계속되는 상황이라면 두 민족이 함께 평화롭게 공존하기는 어려운 일이 아닐 수 없다. 투쟁을 통해 승자와 패자가 나뉘더라도 승자에게만 유리한 것이 아닌, 보편적 인류의 윤리 기준에 바탕을 둔 법과 질서 위에 세워진 평화라면 좀 더 진정

지식검색

대동아공영권(大東亞共榮圈)

대동아란 동아, 즉 동아시아에 동남아시아를 더한 지역을 가리키는 말로, 1940년 7월 일본이 국책요강으로 '대동아 신질서 건설'이라는 것을 내세우면서 처음 사용한 말이다. 1940년 8월 1일 마쓰오카 요스케 일본 외상은 담화를 발표해 처음으로 대동아공영권을 주창했다. 그 요지는 아시아 민족이 서양 세력을 몰아내야 한다는 것이다. 대동아공영권의 결성이란 일본 · 중국 · 만주를 중축(中軸)으로 하여 프랑스령 인도차이나 · 타이 · 말레이시아 · 보르네오 · 네덜란드령 동인도 · 미얀마 · 오스트레일리아 · 뉴질랜드 · 인도를 포함하는 광대한 지역의 정치적 · 경제적인 공존 · 공영을 도모하는 블록화였다.

그러나 실제로 대동아공영권에서 일본이 한 일은 피점령국의 주요 자원과 노동력을 수탈하는 것이었으며, 이 목적을 위하여 식민지와 점령지의 독립운동을 철저하게 탄압했다. 대동아공영권은 일본이 1945년 제2차 세계대전에서 패함으로써 허황된 슬로건으로 끝났다.

한 평화에 가까울 것이다.

사실 인간에게 있어 완벽한 정의와 윤리가 영원히 지속될 수 있다면 완전한 평화도 가능할 것이다. 그러나 성경은 무엇보다 부패하기 쉬운 것이 사람의 마음이라고 했다. 완전한 평화는 역시 현실 속에서는 그저 이데아로서만 존재할 뿐인 것이다. 도덕적이고 정의로운 사회 제도, 경제 제도, 정치 제도를 만들어낸다 하더라도 결국 그것을 운용하는 우리의 윤리와 정의의 수준이 역사 속 평화의 지속 기간을 결정할 것이다.

정의롭고 평화로운 사회를 향해

'평화' 라는 것은 인류가 바라마지 않는, 가장 이상적이고도 행복한 어떤 상태를 의미한다. 개인의 내적 욕망 사이에서, 개인과 개인의 관계에서, 좀 더 넓게는 사회 속의 여러 다른 주체들 간의 관계에서 우리는 불가피하게 갈등과 분쟁을 경험하게 되는데, 그러한 상황이 발생할 때 어떻게 해서든 평화의 상태에 이르고자 노력하게 된다.

본능적으로 우리는 우리의 의지와 욕망이 관철되어 대결하던 대상과의 관계에서 우위를 점하게 될 때, 만족감과 더불어 평화를 이루었다고 느끼기가 쉽다. 그러나 앞에서 살펴보았듯이 그렇게 형성된 관계가 보편적 가치 기준에 입각한 정의의 조건 아래 있지 못하다면 그 평화로움은 그리 오래 가지 못할 것이다.

결국 인류가 추구하는 '평화' 라는 것은 어쩌면 언제나 우리가 도달해야 할 가장 최종적인 목표로만 존재하는 것일 수도 있다. '평화' 에 이르기 전에 우리는 '평화' 의 중요한 전제 조건인 '정의' 를 이루어가기 위해 노력해야 한다. 그리고 그러한 조건으로는 정의 외에도 자유, 평등, 사랑과 같은 다른 여러 가치들이 있다고 할 것이다.

우리는 일제강점기를 산 윤직원 영감의 현실 인식에 대해, 그것이 터무니없으며, 자기 기만적인 잘못된 판단이었음을 쉽게 지적할 수 있다. 그러나 지금 우리가 살고 있는 시대에 대해서는 어떠한가? 우리는 우리의 현실을 정확히 인식하고 있는가?

다음에 제시한 글 A는 최근 '평화의 개념' 에 대해 진일보한 논의이며, B와 C는 우리나라의 사회적 현주소라 할 수 있는 최근의 기사문이다. A의 논의를 바탕으로 대한민국 사회가 과연 평화로운지 진단해 보고, 평화로 나아가기 위한 사회적 차원의 대안이 있다면 무엇이 있을 수 있는지 논의해 보자.

A

평화의 개념을 초기의 학자들은 대체로 '전쟁이 없는 상태' 즉 소극적 평화(negative peace)를 가리켰다. 말하자면, 국가 간 전쟁의 부재와 주권 불간섭이 지켜지는 상태가 유지되는 것이다. 국가 간에 무력충돌이 없고, 국가주권의 담을 높이 쌓아 상대방 국가의 내정에 간섭만 하지 않으면 평화로운 세상이라는 것이다. 소극적인 의미에 있어서 일반적으로 평화란 일반 전쟁(세계대전)이 없는 상태를 말하고, 강대국의 평화는 강대국이 전쟁에 관여하지 않는 상태를 지칭하기도 한다. 또한 국제평화란 국가 간에 전쟁이 없는 상태를 말하며 세계평화란 내전을 포함하여 전쟁이 없는 상태를 말한다.

그러나, '전쟁이 없는 상태' 로서의 평화는 이제 소극적인 개념이 되었다. 전쟁의 역사는 기록되었어도 평화의 역사는 기록된 적이 없기 때문이다. 더구나 핵시대가 도래하면서 '전쟁은 없으나 평화는 불가능한(War impossible, peace unlikely)' 상태에 빠지기 때문에 보다 적극적인 평화의 개념이 필요하게 되었다.

적극적 평화(positive peace)는 자유·평등·정의·환경보호·번영과 같은 원리에 따라 삶의 질이 보장되는 상태를 말한다. 개별국가와 세계 속에 존재하는 각종 구조적·제도적 폭력의 해소를 추구한다는 점에서 '적극적' 이라는 수식어가 붙는 것이다. 여기서는 전쟁의 부재와 불간섭뿐만 아니라 갈등·대립·폭력의 근본원인까지 제거하여야 참된 평화가 유지된다고 본다.

그러나 이러한 평화의 개념은 국제질서의 새로운 재편을 가져온 탈냉전시대에 그 정의가 다시 변경되고 있다. 냉전기의 평화는 주로 전쟁의 반대 개념으로 상정하였으며, 전쟁억제, 국제분쟁의 해결, 군비확산 방지 및 군비축소 등 '소극적 평화'를 중심 주제로 다루었다. 이에 반해, 1990년 이후 탈냉전 시대에는 '적극적 평화'에 관심을 갖기 시작했다. 즉, 동구권의 붕괴와 소련의 해체로 핵전쟁 등 세계대전의 위험이 사실상 사라지고 새로운 국제체제가 등장하면서, 국제사회의 새로운 관심사인 지역분쟁, 빈곤, 인권, 환경, 여성, 난민, 마약, 에이즈 등 이른바 '전 지구적 난제(Global Problematique)'의 해소가 그 주안점이 되었다.

따라서 탈냉전기의 평화는 자유·평등·정의·환경보호·번영과 같은 원리에 따라 삶의 질이 보장되고 위협과 폭력이 없는 상태인 적극적인 평화를 의미한다고 볼 수 있다. 즉, 현대적 의미의 평화란 힘에 의해 외양상으로 평온이 유지되는 것에 만족하지 않고 정치, 군사, 경제, 문화 등의 모든 영역에서 구조적·제도적 폭력이 제거된 상태를 의미한다.

장영권, 「지속 가능한 평화의 길」, 평화만들기.

B

한반도를 둘러싼 각국의 우려에도 불구하고 북측이 끝내 미사일 시험발사를 강행했다. 정부 고위소식통에 따르면 북한은 5일 오전 3시30분부터 4시 사이에 노동 미사일 2발과 장거리 탄도미사일인 대포동 2호 미사일 1발을 잇따라 발사한 것으로 알려졌다.

주요 외신들도 북한이 이날 3차례의 미사일을 발사했으며 이들 중 초반 두발은 일본 북단 홋카이도 서부 600~700킬로미터 해역에 낙하했다면서 이들 미사일은 중거리 노동 미사일로 보인다고 전했다.

(중략) 북한이 미사일 발사를 단행하자 미국과 일본 정부는 각각 긴급회의를 소집하고 유엔 안보리를 긴급 소집한다는 계획을 세우는 등 적지 않은 파장이 일고 있다. 일본 정부는 이날 새벽 4시 관방, 방위, 외상 등이 참석한 각료판정회의를 열어 정보를 분석하는 한편 토머스 시퍼 주일미대사와 연락을 취하는 등 부산하게 움직였다. 미사일 발사 직후 아베 신조 일본 관방장관은 긴급기자회견을 갖고 북한이 새벽에 미사일로 보이는 물체를 발사했으며 이중 한발은 일본에서 수백 킬로미터 떨어진 동해에 낙하했다고 밝혔다. 외무성은 아소 다로 외상을 책임자로 하는 긴급대책본부를 설치했다.

미국과 일본은 각각 긴급안전보장회의를 소집, 북한 미사일 발사에 따른 비상 대책을 논의하는 한편 '미일공조' 체제를 구축, 공동대응에 나서기로 했다. 미국은 특히 북한의 미사일 발사에 따른 대응책으로 이날 저녁 유엔 안보리를 긴급 소집한다는 계획아래 존 볼턴 유엔주재 미 대사를 중심으로 안보리 국가들과 연쇄 접촉 중이어서 적잖은 파장이 예상된다. 여기다 미 국방부와 중앙정보국(CIA) 등은 북한이 발사한 미사일의 종류와 위력 등에 대해 면밀한 분석에 착수했다.

국방부는 이날 새벽 미사일 발사와 관련, 즉각 위기관리위원회를 소집하고 위기관리체제로 전환했다. 군과 정보당국은 윤광웅 국방장관 주재로 위기관리위원회를 연 뒤 북한이 노동 2기와 대포동 2호 1기를 발사했다는데 의견을 같이 하고 있는 것으로 전해졌다. 북한은 사거리 1200~1300킬로미터의 노동미사일을 100여기 실전배치해 놓고 있는 것으로 군 당국은 파악하고 있다. (중략) 한편 통일부와 외교부 등 각 부처에서도 북한 미사일 발사와 관련된 동향파악에 주력하면서 이날 오전 분주하게 움직였다.

김승섭 기자, 「데일리안」, 2006. 7. 5.

C

"때리고, 욕하고 가둬두고……, 한국에 시집오면 행복할 줄 알았어요."

한국인과 결혼해 이주한 외국 여성의 상당수가 각종 폭력에 무방비로 노출돼 있는 것으로 드러나 이들을 보호하기 위한 대책 마련이 시급하다는 목소리가 높다.

이주여성인권연대가 31일 발표한 상담사례에 따르면 한국남성과 결혼해 이민 온 외국여성 일부는 말도 안 통하고 부모, 가족과 떨어진 상태에서 언어적, 육체적 폭력은 물론 성관계를 강요당하거나 외부세계와 차단, 경제적 빈곤 등의 고통을 겪고 있다.

상담사례를 보면 베트남에서 시집온 A 씨의 경우 남편이 "너를 친구에게 팔아버리고 다른 여자를 사오겠다" 고 말했고, B 씨의 시어머니는 B 씨가 임신이 늦어지자 "비싼년" 이라고 불렀으며 러시아인 C 씨의 남편은 의처증이 심해 아내를 "창녀" 라고 모욕했다. D 씨는 "남편이 거의 매일 때리면서 성관계를 요구하는데 포르노영화를 보면서 변태적인 성행위를 강요한다. 이를 거부하면 추운 겨울에도 이불 한 장 없이 발코니로 쫓아냈다" 고 털어놨다.

(중략) 외국여성과 결혼한 한국 남성이 아내가 달아날까 봐 신분증을 빼앗고 친정과 연락을 끊게 하거나 같은 국적의 친구를 만나지 못하게 하고 집에 가둬 두는 사례도 종종 있다.

하지만 국제결혼을 한 한국 남성들도 "외국 여자와 결혼한 걸 보니 어디가 부족한가 보다", "저 사람도 아내를 때릴지 몰라" 라는 사회적 편견 때문에 괴롭다고 상담 받는 사례도 적지 않았다.

김민정 이주여성인권연대 정책국장은 이날 한국인권재단이 서울 중구 국가인권위원회 배움터에서 개최한 월례 인권포럼에서 "여성 결혼이민자들은 인종, 성별, 경제력, 언어소통의 한계성 등으로 인해 한국에서 다중의 인권침해를 받을 가능성이 높다" 며 "이들은 국가와 법에 의해 도움을 받을 권리가 있다" 고 말했다.

고현웅 국제이주기구 서울사무소장은 "중개업자에 의한 국제결혼은 외국여성을 구매 가능한 '상품' 이라는 인식을 심어주기 때문에 남편과 시댁에 의한 가정폭력을 유발할 수 있다" 며 "인신매매적 속성을 가진 국제결혼 중개행위를 규제해야 한다" 고 말했다.

소라미 변호사도 "현재 결혼중개업은 세무서 신고만 하면 되는 '자유업'으로 분류돼 있어 규제가 힘든 상황"이라며 "인권침해적인 국제결혼 중개행위를 행정적, 형사적으로 처벌할 수 있는 법률 제정이 시급하다"고 말했다.

보건복지부의 2005년 실태조사에 따르면 한국남성과 결혼해 이민 온 여성 945명 중 31퍼센트는 언어폭력, 13~14퍼센트는 신체폭력을 당했으며, 14퍼센트는 성행위를, 9.5퍼센트는 변태적 성행위를 강요당했다. 하지만 남편으로부터 폭언, 폭행을 당했을 때도 외국인 아내 중 30퍼센트는 "그냥 참고산다"고 답했고 경찰에 신고한 경우는 8퍼센트에 그쳤다.

성혜미 기자, 「연합뉴스」, 2006. 8. 31.

참고할 만한 책

김용석 등 엮음, 『한국의 교양을 읽는다』, 휴머니스트, 2003.

요한 갈퉁, 이재봉 옮김, 『평화적 수단에 의한 평화』, 들녘, 2000.

최병권, 이정옥 엮음, 『세계의 교양을 읽는다』, 휴머니스트, 2002.

앎이란 무엇인가?

『허생전을 배우는 시간』 최시한

'앎'에 대한 집착

한국은 교육열이 매우 높다. 배우지 못하면 사람 구실을 못한다고 생각한다. 대한민국의 의무교육은 현재 중학교까지 해당되지만, 대한민국에서 당당한 사회인이 되려면 고등학교 졸업장을 넘어서 이젠 대학 졸업장마저 필수적으로 구비해야 할 대상이 되었다.

우리나라 사람들은 '못 배운 게 한'이 될 정도로, '앎'에 대한 강한 집착을 보인다. 그러나 정작 무엇을 알아야 할지, 안다는 것은 어떤 의미인지에 대해서는 그다지 깊게 생각하지 않는다. 어른들은 종종 '그런 건 몰라도 되니, 공부나 해라!'라고 아이들에게 이야기한다. 공부라는 것은 무언가를 더 잘 알기 위해 지식과 기술을 연마하는 행위가 아닌가? 도대체 몰라도 되는 것과 알아야 하는 것은 누가 정하는 것일까? 우리가 학교에서 배우는 것, 공부하는 것만이 정말 그렇게 중요한 것이란 말인가?

『허생전을 배우는 시간』의 배경은 전교조 투쟁이 한창이던 1990년대를 전후한 시기이다. 이 소설은 사춘기 소년의 일기 형식을 빌고 있는데, 예민한 감수성을 지닌 주인공이 열악한 교육현장 속에서 배움의 의미와 안다는 것의 의미에 대해 고민하는 과정, 그리고 앎과 삶의 실천적 문제들을 인식해 가는 과정이 그려져 있다. 우리가 정말 배워야 할, 알아야 할 가치가 있는 지식은 무엇인가? 그리고 진정 안다는 것의 의미는 무엇인가? 이 소설을 통해 생각해 보자.

허생전을 배우는 시간

교과서에 있는 것과 없는 것

나는 매일 일기를 쓰는 고등학생이다. 그리고 이야기는 나의 주변에서 일어난 일들과 나의 생각에 대한 기록으로 이어진다. 같은 반 윤수가 운동장 조회 중간에 갑자기 쓰러져 나는 윤수를 업고 양호실에 갔다. 윤수는 몸이 약한 아이이다. 말도 더듬는다. 윤수를 양호실에 눕혀 놓고 나오려고 하는데, 윤수가 옆에 있어 달라고 한다. 윤수와 함께 시원한 바람이 솔솔 들어오는 조용한 양호실에서 한 시간 넘게 있다가 교실로 돌아온 나는 수업이 끝난 뒤 다시 양호실에 가보았으나 윤수는 조퇴를 하고 없었다. 시간을 낭비한 느낌이 들었다. 나는 수업을 듣는다고 책을 뒤적이며 앉아 있는 것보다 윤수와 함께 책에는 없는 양호실의 그 편안함과 조용함을 누리는 것이 더 나았을 것이라고 생각한다.

『허생전』 읽기

나는 '아름다운-적, 상처받은 마음의-당당함, 슬픈-투쟁정신'과 같은 모순된 이미지들을 떠올려 보기도 하고, 버스 안에서 반복되는 일상을 견딜 수 없던 운전기사가 한강 속으로 버스를 밀어 넣어 모두 죽어버리는 공상을 하기도 한다. 그 공상 속에서 나와 승객들은 모두 저승문 앞에서 기사의 손을 잡으며, 용기가 없어 개 끌려가듯 살았는데 당신 덕에 벗어났다고 고마워하는 것이다.

모두들 억지로 마지못해 산다는 생각에 이런 터무니없는 상상을 하던 나에게 윤수가 다가온다. 윤수는 나에게 빵을 사주면서 국어 시간에 왜냐 선생님이 내준 숙제를 봐 달라고 부탁한다. 숙제는 『허생전』의 줄거리를 써오는 것이었다. 윤수가 쓴 『허생전』의 줄거리를 보다가 "아무도 자기를 알아주지 않아서 허생은 아무도 모르는 곳으로 가버렸다"는 문장이 찌릿하게 가슴에 와 닿았다. 그건 분명 이야기에 대한 단순한 요약에 그치는 것이 아닌 윤수 식의 해석이었다. 그 이후로 난 윤수를 다르게 보기 시작한다.

왜냐 선생님은 수업 시간에 "왜 그러냐?"는 질문을 잘 하신다. 그래서 별명이 왜냐 선생님이다. 국어 시간에 『허생전』을 가르치면서도 여전히 "왜냐?"고 질문을 퍼부으신다. 왜냐 선생님의 질문은 허생의 여러 행동들을 하나로 꿰뚫을 수 있는 근본적인 허생의 동기와 가치관에 대한 이해에까지 연결되는 것이었다. 허생에 대한 해석은 학생들마다 달랐다. 동철은 동철이대로 경식이는 경식이대로 윤수는 윤수대로 읽고 있다. 『허생전』 공부는 그래서 재미있다. 그러나 '허생'을 통해 윤수를 읽고, 나 자신을 읽고, 왜냐 선생님을 읽으려고 하면 그것은 점점 어렵기만 하다.

왜냐 선생님은 전교조에 가입한 것 때문에 수업에도 들어오지 못하고 교장선생님께 매일 불려간다. 아이들 사이에서도 선생님의 행동에 대한 찬, 반이 나뉘어져 토론이 벌어지곤 한다. 신문과 텔레비전에서 떠들어 대는, 어른들의 말을 그대로 내뱉으며 왜냐 선생님의 행동을 비난하는 동철이에 대해 나는 못마땅해 하면서도 논쟁에 뛰어들지 않는다. 선생님의 편이지만 그 문제에 대해 '아는 것'이 너무 없기 때문이다.

논쟁이 한창 벌어지는 사이 윤수는 내게로 와서 왜 선생님의 편에서 동철이와 싸우지 않는지를 다그쳤다. 모르기 때문이라고 하는 나에게 윤수는 "뭐, 뭘 모른다는 거야? 왜냐, 왜냐 선생이 옳다는 걸 아, 알고 있잖아?"라며 이해할 수 없다는 듯이 말한다. 그리고 윤수의 뜻밖의 말과 행동에 나는 자신에 대해 부끄러움을 느낀다.

허생전 읽기의 두 번째 시간, 왜냐 선생님의 질문을 따라 가다가 나는 허생이 현실에서 패배한 인물임을 깨닫게 된다. 왜냐 선생님은 그것을 실천하지 않는, 투쟁하지 않는 지식인의 한계로 설명했고, 이에 동철은 그러한 해석이야말로 왜냐 선생님의 선입견에 의한 것 아니냐며 강하게 반발한다. 왜냐 선생님의 설명이 이어졌으나, 곧 교실에 들어온 세 사람에 의해 왜냐 선생님은 교실 밖으로 나가게 되고 다시 학교로 돌아오지 못한다.

계속되는 왜냐 선생님의 수업

『허생전』 읽기의 세 번째 시간에는 담임선생님이 대신 들어오셨다. 담임선생님은 민주주의의 다수결 원칙을 운운하면서 왜냐 선생님의 행동을 간접적으로 비난한다. 나는 속으로 허생이 다수결을 따랐다면 돈도 못 벌었을 것이고, 도둑들을 사람답게 해 줄 수도 없었을 것이라며 담임선생님의 말에 반대의 논리를 편다. 그러나 그런 중에도 이 사건은 너와 아무 관련 없으니 상관하지 말라고 하는 마음의 목소리를 듣는다.

그런데 윤수는 그 시간 운동장에 나가 자신의 주장이 적힌 종이를 앞에 둔 채 홀로 왜냐 선생님을 위한 투쟁을 하고 있었다. 나는 비로소 온몸의 움직임을 또렷이 느끼며 운동장 가운데로 뛰어간다. 왜냐 선생의 『허생전』 수업은 거기서 계속 이어지고 있었다.

교과서 : 고등학교 문학 교과서(중앙 외 1종)

진정한 앎에 이르는 길

알고 싶은 것과 알아야 하는 것

소설 속의 '나'는 책 속에는 있는 것보다 없는 게 더 많다고 한다. 학교에서 선생님들이 수업을 하는 이유는 봉급 때문이고, 학생들이 공부를 하는 이유는 불량학생이 되지 않기 위해서라고 단정한다. 왜냐 선생님의 수업에 대해 참고서나 입시와는 거리가 있다고 불평하는 학생들을 창피한 줄도 모르고 지껄인다고 평가하며, 또한 "너희는 공부만 하면 되니까 공부만 하라"는 담임선생님의 말씀에 자꾸 마음이 슬퍼진다. 소설 속의 '나'는 결국 학교 제도 안에서 이루어지는 교육에 대해 강하게 비판하고 있는 것이다.

교과서 속의 지식에 무슨 문제가 있다는 말인가? 물론 그런 문제가 아니다. 학교에서 우리가 배우는 것은 어떤 면에서는 배우도록 '강요당하는' 것이다. 즉 우리가 배우고 싶어서 배우는 것이라기보다는 우리가 배워야 하는 것이기 때문에 배우고 있는 것이다. 여기서 그러한 지식의 내용이 유용한가 유용하지 않은가, 가치 있는 것인가 그렇지 않은가는 이차적인 문제가 되고 만다. 유용하고 가치 있는 것이라도 배우고자 하는 사람에 의한 자발적인 배움의 대상이 되지 못한다면 의미가 없기 때문이다.

학교교육에 대한 문제에서 빠지지 않고 등장하는 주입식 교육의 문제를 여기서도 찾아 볼 수 있다. 물론 주입된 지식도 지식이다. 그리고 모든 앎이란 결국 외부에서 개인의 내부로 주입된 것이기도 하다. 특히나 자아가 형성되기 이전의 인간에게는 생존에 필요한 모든 정보가 부모로부터 주입되어야만 한다. 하지만 인간을 인간이게 만드는 것은 인간의 앎이 이러한 수준에서 머물지만은 않기 때문일 것이다. 자아가 형성되면서 인간은 외부에서 오는 모든 자극을 그대로 여과 없이 받아들이지 않는다. 모든 지식과 정보는 회의와 비판의 과정을 거쳐 수용 여부가 결정된다.

소설 속의 주인공은 바로 이러한 자아가 형성되어 가는 과정 중에 있는 소년이다. 이러한 소년들의 배움, 중등교육의 현실은 그러한 단계의 학생들을 대상으로 하고 있다는 것을 늘 염두에 두어야 할 것이다. 즉 아무리 중요하고 가치 있는 지식이라 하더라도 그것을 그대로 학생들에게 받아들이게 하는 것은 그 자체로 아이들이 인간답게 성장하는 것을 막고 있는 것이라 할 수 있다.

학교에서의 공부에 시들하고 무엇이든 지겹게만 여기는 소설 속의 '나'는 국어 시간, 왜냐 선생님의 수업에서만큼은 다른 모습이다. 하루 중 가장 중요한 경험이나 인상, 생각을 기록하는 일기에 며칠 동안, 자세하게 기록할 만큼 그렇게 흥미있어 한다. 그것은 왜냐 선생님의 '『허생전』 읽기' 수업이 알아야 하는 것에 대한 일방적인 가르침의 방식이 아닌, 배우는 자가 알고 싶은 것들을 발견하고 찾아내게 도와주는 방식으로 이루어지기 때문이다.

그렇다면 '나'가 알고 싶은 것은 도대체 무엇인가? 윤수와 함께 양호실에서 보낸 시간, 책에는 없는 무언가가 거기에 있다고 했는데, 그것은 무엇인가? 왜냐 선생님의 수업 시간에는 선생님의 질문과 그에 대한 대답을 왜 그렇게 팔이 아프게 써내려가는 것일까? 일기를 보면, '나'는 윤수와의 대화를 통해, 윤수의 행동을 통해, 윤수의 '『허생전』 읽기'를 통해 윤수라는 친구를 '읽고' 있다. 그리고 동시에 스스로의 독백을 통해, 나의 행동을 통해, 나의 '허생전 읽기'를 통해 나 자신도 '읽고' 있다. 그리고 여기서 '읽는다'라는 의미는 '이해하다, 알다'의 의미와 크게 다르지 않다.

'나' 는『허생전』을 읽으면서 허생의 동기를 알아가는 것이 즐겁다. 물론 내가 허생에 대해 알아가는 것은 나 혼자만으로 되지 않는다. 왜냐 선생님의 질문 덕이고, 각기 다른 가치관과 시각을 가진 급우들과 함께 토론하면서 읽은 덕이다. 그리고 언뜻 보면, 그러한 과정을 거쳐 내가 알아낸 '허생' 에 대한 이해,『허생전』의 현실비판 정신 같은 것은 교육과정에 명시된 '알아야 하는 것' 의 내용과 일치한다. 그리고 중요한 것은 거기서 더 나아가 나의 허생전 읽기는 궁극적으로 나 자신에 대한 성찰과 가치관의 정립에 이른다는 점이다.

왜냐 선생님의 수업에 대해 참고서와 거리가 있다느니, 입시와 무관하다느니 떠들어 대는 아이들도 있지만, 왜냐 선생님이야 말로 특유의 '왜냐?' 는 질문을 통해 학생들의 앎에 대한 욕구를 끌어내어 알고 싶은 것과 알아야 하는 것 사이의 간극을 좁혀 주는 역할을 하고 있다. '『허생전』 읽기' 를 놓고 본다면, 내가 알고 싶은 것은 그 단원의 학습 목표에 해당하는 것이고, 시험에 나오기 때문에 알아야 한다고 강조된 것은 그 내용에 해당하는 것이라 할 수 있다.

'왜냐' 선생님의 수업이 주는 앎

왜냐 선생님은 '왜냐?' 라는 질문으로 수업을 진행한다. 그런데 이 '왜?' 라는 질문은 왜냐 선생님만의 독특한 수업 방식을 드러내는 것으로 끝나지 않는다. 이 질문의 방식과 태도는 왜냐 선생님의 교육에 대한, 지식인의 삶에 대한 가치관과 태도를 보여주기 때문이다. '왜?' 라는 물음은 사건의 근본 원인에 대한 질문이다. 또한 누군가의 행동의 동기가 되는 근본적인 가치관에까지 연결되는 질문이다.

다른 선생님들이 말하는 '공부를 해야 하기 때문에 공부를 하라' 는 식의 동어 반복, '민주주의는 다수결의 원칙에 따라야 한다, 그러니까 혼자 너무 앞서나가는 건 안 된다' 는 식의 무책임한 논리를 왜냐 선생님은 '왜냐?' 라는 질문으로 공격한다.

그리고 그것이 가장 강력한 무기임을 '나' 역시 느끼고 있다.

선생님은 교직원 노동조합에 가입한 자신의 행동에 대해서 학생들에게 어떠한 직접적인 설명도 주장도 펴지 않는다. 그리고 결국 그 일 때문에 교단에서 쫓겨나게 된다. 학생들은 혼란스러워 한다. 마음 편히 다른 많은 선생님들의 말, 어른들의 설명을 따라갈 수만 있다면 좋겠지만, 특히 소설 속의 '나'는 그러지를 못한다. 선생님은 누구보다도 사건의 핵심을 '왜냐?'고 물으며 깊이 있게 파악하려 애쓴 사람이라는 것을 알기 때문이다. 선생님이 그 이유를 설명하기 시작한다면 아무리 많은 사람이 그렇다고 인정하는 것도 그르다는 것을 알게 될 것만 같다.

그러나 선생님은 끝까지 다른 모든 사람들이 반대하고 인정하지 않는 것을 왜 하려고 하는지 속 시원하게 말씀해 주지 않는다. 동요하는 학생들에게 '전보다 더 잘 가르칠 수 있기 위해 하는 일'이니 걱정하지 말라고 이르고는 '우리는 각자 마음대로 걷고 있는 것 같지만, 실은 닦여진 길로 가고 있다. 그런데 때로 그 길이 어디로 향한 것인지 살펴보고, 필요하다면 새 길을 닦아야 한다'는 알 듯 모를 듯한 말을 던져 줄 뿐이다.

선생님이 직접 가르쳐 준 것은 아니지만, '나'는 선생님의 '『허생전』 읽기' 수업을 따라가면서 결국 선생님의 동기와 가치관을 알아내게 된다. '나'는 허생을 해석하는 선생님의 시각 속에서 허생이 지닌 한계를 뛰어 넘으려는 선생님의 가치관과 삶의 태도를 발견한 것이다. '나'는 어떻게 그것을 알 수 있었는가? 그것은 선생님의 수업의 목적이 그러하듯 나의 배움의 목적 또한 대상을 통한 자기 성찰에 있었기 때문이다.

여기서 주목할 만한 것이 있다면, 그러한 자기 성찰에 이르게 하는 지식은 그냥 얻어지지 않는다는 것이다. 이런 종류의 앎은 갈등과 혼란을 대가로 지불한 뒤에야 얻어지는 것이다. 그 갈등과 혼란이라 함은 무비판적으로 수용했던 나의 기존의 지식들에 대한 도전, 그리고 다른 많은 사람들이 관습적으로 따르는 가치관과 행동들에 대한 도전에서 온다. 그러므로 새로운 앎에 이르는 길은 언제나 어느 정도의 고통을 수반하는 것임을 보게 된다.

지식검색

전교조

1960년 4 · 19 혁명을 계기로 결성된 교직원 노조가 군사 쿠데타에 의해 해산된 지 20여 년이 지나, 1987년 6월 항쟁 및 노동자 대투쟁의 영향을 받아 1987년 '민주교육추진전국교사협의회(전교협)'가 결성된다. 때는 바야흐로 고등학교 학생들도 나서서 사학 비리 척결 투쟁과 더불어 직선제 학생회 쟁취 운동을 벌여나가던 시절이었다.

전교협은 교육 악법 개정을 위한 서명운동을 벌여 나갔으며, 1989년 전교협 대의원대회는 노동3권의 보장을 요구하는 교직원 노동조합의 결성을 결의하였고, 마침내 1989년 5월 28일 전국교직원노동조합(전교조)이 탄생하게 되었다.

전교조는 결성 후 15개 시 · 도지부와 130개 지회, 600여 개의 지회와 2만여 명의 조합원을 확보했으며, ① 교육의 자주성, 전문성 확립과 교육 민주화의 실현, ② 교직원의 사회경제적 지위 향상과 민주적 권리의 획득 및 교육 여건의 개선, ③ 학생들이 민주 시민으로서 자주적 삶을 누릴 수 있게 하는 민족, 민주, 인간화 교육의 실현, ④ 자유, 평화, 민주주의를 사랑하는 여러 단체 및 교원단체와의 연대 등을 내용으로 하는 강령을 제시했다.

당시 정부는 전교조를 불법으로 간주하여 전교조 가입 교사의 시한부 탈퇴일을 정해 탈퇴를 종용했다. 그러나 탈퇴하는 교사들의 숫자가 저조하자, 검찰과 문교부는 전교조의 교육 이념을 문제 삼아 전교조에 이적단체 혐의를 씌우기 시작했다. 전교조는 정권의 탄압으로 구속 60명, 파면 157명, 해임 927명, 직권면직 383명, 정직 13명 등 총 1500여 명의 조합원 교사가 교단에서 쫓겨나 1999년 교원노조법이 국회를 통과하기까지 엄청난 시련과 고초를 겪으면서 오늘에 이르렀다. 교육부가 집계한 2004년 9월 전교조 조합원의 숫자는 88,001명으로 2003년에 비해 2,702명이 감소한 것으로 나타났다.

허생이 아는 것, 왜냐 선생님이 아는 것, 그리고 내가 아는 것

'『허생전』 읽기' 수업에서 여러 가지 논쟁거리가 등장하지만, 특별히 '안다'는 것의 의미에 대해 주목해서 보면, 왜냐 선생님이 추구하고자 하는 교육의 이상, 소설 속의 내가 목말라하는 배움의 의미, 말더듬이 윤수를 행동하게 만든 지식의 힘에 대해 더 잘 파악할 수 있다.

이 화제의 출발은 허생이 자신의 이상을 시험해본 섬에서 '글 아는 자들'을 추방해 버린 사건에서일 것이다. 허생 자신도 '글 아는 자'이면서, 그는 왜 '글 아는 자들'을 '화근'이라고 심하게 몰아붙인 것인가?

'글 아는 자'란 '지식인'과 같은 말이다. 『허생전』에는 허생과 이완이라는 두 명의 지식인이 등장한다. 아내의 질책에 집을 나가기 전의 허생은 이완과 별반 다르지 않은 듯하다. 밤낮으로 글을 읽고, 아는 것이 많다고 하지만, '못 한다'는 소리밖에 할 줄 모른다. 즉 그들의 지식은 현실의 한계와 모순, 자신들의 한계와 모순을 직시하는 데는 유용하나 그것을 뚫고 나가게 하는 힘은 없다.

그런데 허생이 집을 나가면서 하는 여러 가지 시험은 아무짝에도 쓸모 없을 것 같던 지식이 많은 일들을 이루어낼 수 있음을 보여준다. 어떻게 그것이 가능했는가? 그것은 허생이 선비로서의 모습을 잠시 버렸기 때문이다. 즉, 마땅히 취해야 할 지식인의 태도를 버림으로써 오히려 자신이 지닌 지식의 유용성을 발견하게 된 것이다.

가장 현실적이며 유용한 방책이지만, 그러한 전례가 없기 때문에 불가함을 내세우는 이완을 허생은 무섭게 꾸짖는다. 그러나 역시 그러한 방책이 있음을 알면서도 현실 속에 뛰어들어 실천하지 못하고 그저 어디론가 사라져 버린 허생을 오늘날의 왜냐 선생님은 신랄하게 비판한다.

여기서 왜냐 선생님이 암시한 '닦여진 길'의 의미를 되새겨 봄직하다. 이완과 허생이 빠진 함정, 동철이나 담임선생님이 빠진 함정, 그리고 오늘을 사는 우리들이 빠지기 쉬운 함정은 바로 '닦여진 길' 만을 배울 가치가 있는 지식으로 여기는 것이다.

학교에서 우리가 배우는 것들은 사실 긴 역사를 통해, 많은 세대를 통해 검증된 보편타당한 진리라고 할 수 있다. 그 자체로도 매우 가치가 있는 것이다. 그러나 아무리 잘 '닦여진 길' 이라 하더라도 시대의 변화 속에서, 좀 더 진일보하는 사람들의 의식 속에서 얼마든지 더 새롭게 단장될 수 있고, 아예 새로운 길을 놓을 수도 있는 것이다. 그러므로 비판되어야 할 것은 학교에서 배우는 모든 지식이 아니라, 그것이 전부이고 유일한 것인 양 생각하며 비판을 허용하지 않는 태도일 것이다.

또한 닦여진 길이건 새로 닦는 길이건 내가 걸어가지 않는다면 아무런 의미가 없다. 즉 이 소설 속에서 우리는 실천적 행동을 수반하지 않는 앎은 진정한 앎이 아님을 깨닫게 된다. 동철이와 같이 왜냐 선생님에 대해 모르는 것이 아니었지만, '나' 는 윤수처럼 왜냐 선생님을 위해 싸우지도 않으니, 왜냐 선생님에 대해 안다고 할 수도 없지 않은가 말이다.

이제 분명해 지는 것은, 왜냐 선생님이 더 잘 가르치고 싶었던 것은 바로 이러한 실천을 동반한 지식이란 사실이다. 그리고 내가 목말라 했던 배움의 내용 역시, 남들이 하는 대로 따라가는 것이 아닌 스스로의 사고와 신념에 의해 실천되는 지식이었음을 알 수 있다. 똑똑하다고 하는, 아는 것 많아 보이는 다른 급우들이 아니라, 말도 잘 못하고, 자신의 생각을 논리적으로 펼쳐 보이는 것에도 서툰 윤수가 왜냐 선생님의 가르침을 가장 제대로 따르고 있는 모습이 매우 의미심장하다.

삶의 힘이 되는 지식과 배움

어른들은 예민한 시기의 청소년들이 갈등과 혼란 속에서 자칫 길을 잃지 않을까 걱정한다. 그리고 그러한 걱정 때문에 때로는 우리 아이들이 어떤 부분에 대해서는 지나치게 알지 않기를 바란다. 학교 현장에서는 여전히 교사들에게 정치적인 쟁점이 되는 현안들에 대해서는 수업시간에 함구할 것을 요구한다. 교사들에 의해 학생들이 의식화되는 것, 편향적인 가치관과 태도를 갖게 되는 것에 대한 경계 때문이다.

일견 타당한 부분이 있기도 하지만, 어느 정도 자신의 가치관을 스스로 정립해 가야 할 시기의 청소년에게라면, 이는 과잉보호가 아닌가 하는 생각도 든다. 소설 속에서도 살펴볼 수 있듯이, 왜냐 선생님의 가르침이 절대적으로 모든 학생들에게 수용되고 지지를 받고 있지는 않다. '나'의 시각에서는 못마땅한, 왜냐 선생님에게 비판적인 동철도 따지고 보면, 그의 입장에서 갈등과 혼란 끝에 선택한 자신만의 가치관과 삶의 태도를 갖는 것이다. (물론 여기서 교사의 역할도 간과해서는 안 된다. 왜냐 선생님은 답을 가르쳐 준 것이 아니라, '왜냐?'라는 질문만을 던지고 있다.)

어쩌면 진정한 앎에 이르기까지 우리는 이 모든 단계를 거쳐야 할지도 모른다. 인생의 선배들로부터 주입되는 지식에 대해서도 우리는 겸손하게 수용할 줄 알아야 한다. 오랜 역사 속에서 얻어진 분명 귀한 지혜가 그 안에 있다. 그러나 우리의 앎이 그러한 단계에서만 머물러서는 안 되는 것은, 인간 존재가 그러하듯 그러한 앎이 완벽하지는 않기 때문이다. 우리는 다시 회의하며 비판하며 성찰하는 것을 통해 좀 더 진리에 접근해 가야 한다. 그러나 무엇보다도 우리의 앎을 완성하는 것은 이 모든 앎에 대한 노력과 열정이 삶의 현장 속에서 실천될 때일 것이다.

흔히 쉽게 얻은 것은 쉽게 잃게 된다고 한다. 인생의 어느 시기에서건 중요한 깨달음과 통찰은 쉽게 얻어지는 것들이 아니다. 고통스러운 경험이나 심각한 갈등과 고민이 언제나 그에 앞서 오게 된다. 닦여진 길을 걸어가는 것이 새로운 길을 닦으며 가는 것보다 더 빠르고 편할 수 있을지 모른다. 그러나 그 길 끝에 과연 무엇이 있을까?

삶에 진정한 힘이 되는 지식과 배움은 결국 스스로의 사고를 깨치는 외로운 싸움을 통해 얻어진다. 소설 속의 '나'에게 자주 떠오르는 눈밭의 '투사'의 이미지는, 아마도 그러한 성찰적 지식을 얻으려 애쓰는 왜냐 선생님의, 윤수의, 나 자신의 모습이 반영된 이미지일 것이다.

지식 쌓기

계기수업

계기수업이란 초중고 교사들이 정규교과, 즉 교육과정에 없는 내용을 어떤 사건 등을 계기로 하여 사회적 이슈나 사건을 가르치기 위해 실시하는 수업이다. 이러한 계기수업은 사실상 전교조가 합법화된 이후인 2000년경부터 사용하게 되었는데, 현실의 쟁점이 되는 문제를 다루다 보니 아무래도 교사 개인의 주관적 견해나 특정 단체의 관점이 학생들에게 큰 영향을 끼치는 것에 대한 우려와 교사의 정치적 중립의 의무를 훼손했다는 비판이 제기되곤 한다.

전교조에서 실시한 계기수업의 내용은, 미국의 이라크 침공반대 반전 평화 수업, 제주 4 · 3학습, 국보법철폐 주장, APEC 바로알기 수업, 비정규직 등이 있었고, 전교조와 교총이 함께 실시한 계기수업으로는 '고구려사' 및 '독도는 우리 땅'에 대한 것 등이 있다.

다음은 논쟁 중에 있는 문제들을 학교 수업에서 다루는 것에 대한 상반된 두 견해를 대표하는 글이다. 제시된 글을 읽고, 자신이 생각하는 교육의 목적과 관련하여 사회 속에서 논쟁 중에 있는 문제를 수업에서 다루는 것이 바람직한 것인지 아닌지를 밝히고, 그러한 수업을 통해 얻을 수 있는 교육적 효과에 대해서도 논의해 보자. 논쟁 중인 사안에 대한 개인적인 입장을 배제하고 생각해 보자. (예를 들어 A라는 사안에 대해서는 괜찮지만, B라는 사안에 대해서는 바람직하지 않다는 식의 논리는 피하도록 하자.)

'아펙(APEC) 바로알기' 교재와 이념교육

전교조 부산지부가 동영상으로 제작한 '아시아태평양경제협력체(APEC) 바로알기 수업안'의 별첨 자료인 17분짜리 '아펙 기동대'가 우리를 놀라게 한다. 입에 담기조차 벅찬 욕설로 부시 미국 대통령을 매도하면서 반미 감정을 부추기고 있다. 이데올로기 교육이 국가의 손에서 특정 교육단체의 손으로 넘어가 버렸다. 특정 이데올로기의 신봉자가 우리 자식들이 어떤 생각을 가지고 살 것인지를 교육하는 기막힌 상황에 봉착한 것이다.

그동안 전교조는 시사적인 주제를 소재로 공동수업(계기수업)을 시행해 왔다. 반전평화 공동수업, 4·19공동수업, 5·18공동수업, 최근에는 사립학교법 공동수업을 했다. 전교조가 내세우는 공동수업의 목적은 학생들에게 사회 현상에 대한 정확한 이해를 바탕으로, 개인과 사회가 부닥치는 여러 문제를 해결하기 위해 필요한 비판적 사고력과 창의력을 기르고 바람직한 민주시민의 자질을 갖추는 것이다. 그리고 이런 목적은 제7차 교육과정의 교육목표와도 일치한다고 주장한다.

전교조 부산지부가 제작한 35쪽짜리 수업안 대부분은 아펙이 인류 전체의 생존과 평화를 위협하는 강자의 논리를 편들어 왔다는 주장으로 점철돼 있다. 아펙은 이처럼 강대국과 초국적 자본의 이익을 대변하여 빈곤과 불평등을 확대하고, 노동자와 민중의 삶을 파괴하며, 침략전쟁을 옹호하고 있기 때문에 반대해야 한다는 것이다. 이 수업안은 창의적이고 비판적사고 없이 반세계화운동단체나 '아펙 반대 국민행동'의 입장을 그대로 따라가고 있다.

우리는 이러한 내용을 보면서 학생들에게 가르칠 교육 내용이 어떠해야 하는지에 대한 근본적인 물음을 제기하게 된다. 사회적 합의가 이뤄지지 않은 정치적인 내용을 일방적으로 교육하는 것이 과연 허용돼야 하는가? 공교육의 현장에서 특정 이데올로기를 신봉하는 전교조의 이념을 담은 내용들을 학생들에게 교육해도 문제가 없는 것일까? 문제가 있다면 어떤 근거에서 문제가 있다고 해야 할 것인가? 교육 내용의 적합성을 누가 판단하고, 통제해야 하는가? 전교조 부산지부 정책실장은 교사들이 참고자료를 자율적으로 판단하고, 사용 여부도 알아서 정하기 때문에 문제될 것이 없다고 하지만, 교사들에게 교육 내용에 대해 어디까지 자율성을 주어야 할 것인가? 몇 년 전 이라크전쟁에 대해 찬반 여론이 첨예하게 대립하고 있었을 때, 미국의 한 고등학교에서 있었던 일이다. 일부 교사들이 참전에 반대하는 세미나를 학교에서 열고 학생들을 참여시키려고 했다. 이런 사실을 안 학부모들은 일방적인 세미나가 학교에서 개최되는 것에 반대했다. 마침내 찬반 입장을 가진 전문가들이 동등하게 참여하는 토론회가 열렸고 학생들이 참여했다. 학부모들이 일방적인 이데올로기 교육에 대한 감시자로 나선 것이다.

이념적으로 민감한 문제에 대해 특정 입장을 선호하는 교사의 일방적인 입장을 막을 수 있는 구체적이고 현실적으로 효과적인 방법은 존재하지 않는다. 우선 교사의 양식과 교육적 양심에 의존할 수밖에 없지만, 우리 교육현장에서 이것을 기대할 수는 없게 되었다. 특정 이념으로 무장한 교사들이 교단을 지배하고 있기 때문이다.

학교 선택과 교과서 선택, 교사 선택을 학부모 대신 국가가 하고 있는 현재와 같은 상황에서 교육 내용에 대한 일차적인 책임은 국가가 져야 한다. 교육 부총리가 편향 시비와 정치적 중립성 훼손을 우려하여 각 시 · 도 교육청에 이 (아펙) 수업 자료를 활용해 수업하지 않도록 지도를 강화할 것을 지시하면서, 전교조에 아펙 정상회의의 성공적 개최를 위해 협조해 주고 공동수업도 자제해 줄 것을 요청하는 것만으로는 부족하다. 그것으로 책임이 끝났다고 생각하는 정부도 이제 신뢰할 수 없게 됐다.

이런 일은 앞으로도 계속 일어날 것이다. 국가가 교육에 대한 모든 선택권을 학부모에게 돌려주는 것이 근본적인 해결책이겠지만, 그렇지 않을 때는 학부모가 교육 전반에 대한 감시자로 나서는 수밖에 없을 것이다.

신중섭(강원대 교수 · 철학), 「문화일보」, 2005. 11. 02.

'빛과 그늘' 바로 보기가 중립 훼손?

정부는 전교조의 '아펙 바로알기 공동수업(계기수업)' 에 대해 교육의 중립성 훼손 우려가 있다며 불허 결정을 내렸다. 이에 전교조는 아펙(아시아태평양경제협력체) 회의를 둘러싼 찬반 양쪽 시각을 균형 있게 담았다며 반발하고 있다. 학계에서도 정부의 '교육 중립성' 잣대가 자의적이라는 비판이 제기됐다.

전교조가 만들어 일선 교사들이 참고하도록 홈페이지에 올린 아펙 공동수업 자료는 수업 지도안, 학생용 참고자료, 교사용 참고자료, 패러디 동영상물로 이뤄져 있다. 수업 지도안에는 이번 계기수업과 현행 교육과정의 연관성에 대한 설명글 등이 담겼으며, 학생용 자료는 아펙 정상회의에 따른 경제효과 등을 정리한 부산시의 아펙 홍보 자료('함께하는 아펙, 도약하는 부산' , 1쪽)와 시민단체 아펙반대국민행동의 아펙 비판 자료('전쟁과 빈곤을 확대하는 아펙 반대' , 1쪽)로 이뤄졌다. 교사용 참고자료에는 부산시교육청의 아펙 홍보 수업자료와 세계화 반대 글 등이 실렸다.

교육인적자원부는 15일 전교조가 25일까지 실시하기로 한 아펙 계기수업 불허 지침을 교육청을 통해 각 학교에 시달했다. 수업자료 분석 결과 아펙 반대쪽으로 결론이 내려질 우려가 있어 교육의 중립성을 위배했다는 것이 그 이유다. 전교조 관계자는 이런 계기수업은 학생용 자료를 읽게 하고 '양쪽 시각을 요약하라' 거나 '양쪽 시각을 이야기해 보자'는 방식으로 진행되므로 특정 결론이 유도될 우려는 없다고 반박했다. 또 현행 제7차교육과정의 목표는 민주적 시민을 기르는 데 그 목표가 있으며, 교육과정에 따른 수업편성권은 교사에게 있다는 것이다.

정부가 들이댄 교육의 중립성 잣대가 모호하고 자의적이라는 지적도 나오고 있다. 정진상 경상대 사회학과 교수(한국교육이론정책연구회 연구위원장)는 "정부가 아펙 행사의 경제효과 등 긍정적 측면을 연일 홍보하고 있고, 아펙 반대를 하는 시민운동 흐름도 있다면 그 두 시각을 놓고 학생들이 토론하게 하는 것은 현행 교육과정 안에서도 바람직한 것"이라고 지적했다. 정 교수는 정부의 잣대대로 교육 내용의 중립성 여부를 따지면 부산시교육청이 앞서 수업자료로 돌린 아펙 홍보책자야말로 하나의 시각만을 담았다는 점에서 중립적이지 않다는 것이다. 그는 나아가 "교육 내용의 중립성 여부를 국가가 재단하는 것은 근본적으로 잘못"이라고 말했다. 제7차교육과정은 다양한 계기수업을 권장하고 있으며 토론이 강조되는 계기수업에서 아펙에 대한 긍정적 의견만 제시해야 한다면 토론은 애초 불가능하다는 것이다. 계기수업을 이유로 교사를 징계한다면, 국가가 만든 교육과정 자체를 스스로 부인하는 것이며 이는 결국 국가가 옳다고 하는 것만 가르치라는 구시대적 발상이라는 것이다.

교육부는 패러디 동영상에 대해서도 '메가지', '짱박아 놓은 돈' 같은 저속한 표현은 비교육적이라고 밝혔다. 전교조는 이런 표현은 IMF 외환위기 상황을 패러디 수법으로 표현한 것인데 굳이 몇몇 표현을 문제 삼는다면 언제든 표현은 수정할 수 있다고 밝혔다. 한 교사는 패러디 물에 사용된 이런 표현에 대해 비속어라고 느낄 학생들은 거의 없으리라고 본다며 이를 문제 삼는 건 학생들의 비판적 사고능력을 과소평가하는 것이자 지엽적인 트집잡기가 아닌지 반문했다.

올해 전교조와 한국교총은 일본의 독도 영유권 주장과 역사왜곡을 주제로 한 독도 공동 수업을 진행했고 정부도 이를 지원했다. 지난달 부산시교육청은 아펙 홍보 책자를 부산 지역 초, 중, 고교에 돌려 수업에 활용하도록 했다. 때문에 전교조는 아펙 계기수업 불허 방침은 정부의 이중 잣대를 보여주는 것이라고 주장한다. 전교조 관계자는 "미국에서도 사회 이슈를 다룬 논쟁중심 교육이 사회과목을 중심으로 활발하게 이뤄지며 '부시 대통령의 이라크 참전은 정당한지', '부시가 교토의정서를 비준하지 않은 것이 타당한지' 같은 주제로 수업이 열린다"고 말했다. 계기수업에서 사회적 이슈를 다루는 것은 지극히 보편적이라는 것이다.

「한겨레」, 2005. 11. 21.

참고할 만한 책

강준만, 『한국 논쟁 100』, 인물과 사상사, 2005.

양승태, 『앎과 잘남』, 책세상, 2006.

이규호, 『앎과 삶』, 좋은날, 2001.

복수를 통해 얻을 수 있는 것은 무엇인가?

「홍염」 최서해

들어가기

이 살인과 방화 사건의 범인이 법정에 섰다면 당신의 판결은?

2005년 〈친절한 금자씨〉라는 영화가 화제를 모았었다. 이 영화를 만든 박찬욱 감독은 유난히 '복수'를 주제로 한 영화를 많이 만들었는데, 이 영화 역시 '복수'가 이야기를 끌어가는 주요한 모티프가 되고 있다. 그런데 가만히 살펴보면, 이러한 '복수 이야기'는 박찬욱 감독의 영화에서뿐만 아니라 다른 많은 영화와 소설 속에서 심심치 않게 등장한다. 그리고 현실 속에서도 역시 공공연히 자행되는 것이다.

사전적 정의를 보면, 복수란 '해(害)를 받은 본인이나 그의 친족, 또는 친구 등이 가해자에 대해 똑같은 방법으로 해를 돌려주는 행위'이다. 고대 사회에서는 법률에 의한 형벌 제도 같은 것이 잘 구비되지 않았기 때문에 해를 받은 것에 대한 분노를 진정시켜 주는 작용을 하는 이 행위가 공공연하게 이루어졌었다. 그러나 사적인 복수는 예를 들어 한 씨족의 일원이 다른 씨족의 일원에 의해 살해를 당하거나 했을 때, 죽은 씨족의 일원들이 살인을 한 씨족의 모두를 대상으로 복수를 할 수가 있었기에 부족 전체로 볼 때, 매우 피해가 크고 부족 사회를 불안하게 하는 일이었다.

상식적으로 생각을 해도, 아무리 원인 제공을 했기로서니 일단 해를 받는 입장이 된다면 그 해로 인한 분노가 다시 일어날 것이고, 그것을 진정시키기 위해 다시 복수를 감행하는 일이 되풀이 될 것이 뻔하다. 그리고 이럴 경우 복수는 꼭 받은 만큼이 아닌, 분노까지 더해져서 더 크게 되돌려지는 경우가 많다. 이래서 중원을 배경으로 하는 무협 영화들에는 대를 이어가는 원한이 그토록 많이 등장하는 게 아닌가 싶다.

고대의 함무라비 법전의 '눈에는 눈, 이에는 이'라는 규정은 오히려 이러한 무차별적 복수의 피해를 줄이고자 한, 복수할 수 있는 범위의 한계를 규정해 놓은 그런 법은 아니었을까 생각해 보게 된다. 어찌되었건 근대에는 손해 배상 제도와 형벌 제도 등이 발달하면서 일체의 사적인 복수를 법률로 금지하고 있다. 그러나 여전히 문학 속에서 또 현실 속에서 복수는 계속되고 있는데, 과연 이 복수의 행위를 통해 얻게 되는 것은 무엇인지, 그것이 의미가 있는 것인지 생각해 볼 필요가 있다고 하겠다.

최서해의 「홍염」에도 이러한 복수 사건이 주요하게 등장한다. 순박하고 평범하기 그지없던 문서방이 살인과 방화의 현행범으로 붙잡혀 법정 앞에 선다면, 우리는 그에게 어떤 판결을 내려야 할까? 사건의 전말을 알고 있는 우리가 그가 한 범죄적 행위의 결과만을 놓고 그에게 형벌을 가할 수 있는가? 그것은 쉽고 명쾌한 판결일 수는 있지만, 마음을 불편하게 하는 무언가가 남게 된다. 당신이라면 어떻게 하겠나? 이 법정에서 문서방의 변호인이 될 것인가? 아니면 검사 측에 서서 그에게 죄를 물을 것인가?

홍염

소작살이에서 지팡살이로 이름만 바뀌었을 뿐

문서방은 경기도 어딘가에서 소작농으로 살다가 근 십 년 가까이 아무리 열심히 일해도 나아지지 않는 생활로 인해 큰 맘 먹고 가족들과 함께 고향을 떠나 새로운 땅을 찾아 가게 된다. 그가 찾은 곳은 서간도. 들어오던 해는 풍년이라 좀 낫기는 했어도 얼마 심지 못하였고, 이듬해부터는 계속 흉년이라 살림은 나아지지 않고 오히려 더 쪼들리다 못해 빚더미에 앉게 된다. 새로운 땅을 찾았건만, 이름만 소작살이에서 지팡살이로 바뀌었지, 역시 남의 땅을 부쳐 먹으며, 소작료를 갚지 못해 시달리고, 땅이 떼일까 봐 부담스런 소작료를 홍정해 볼 수도 없는 사정은 똑같았다.

순박하고 평범하기 그지없던 문서방은 갈수록 늘어나는 빚과 북국의 추운 겨울 날씨와 중국인 지주의 멸시 속에서, 비록 쪼들리기는 마찬가지였지만 나서 자란 고향에서의 옛날을 그리워한다. 그러나 꿈에서만 가볼 뿐, 생활의 기초가 너무 약하여 다시 고향으로 돌아가는 것은 엄두도 내지 못하는 형편이다.

가족의 붕괴

이렇게 중국인 지주의 가혹한 착취에 시달리는 건 문서방네만이 아니었다. 산과 강 사이에 게딱지처럼 늘어선 '귀틀집'에는 문서방네와 거의 같은 사정과 경로로 이 서간도까지 흘러 들어온 수많은 내지인(조선인)들이 있었다. 더하고 덜할 것 없이 이들의 사정은 도야지굴과 같은 추운 집에서 위태위태한 생존을 유지해 가고 있을 뿐이었다.

그런데 특히 중국인 지주 인가가 문서방네를 닦달한 건 문서방이 고이 기른 딸

용례에 대한 욕정 때문이다. 인가는 문서방이 진 빚 대신 딸을 달라고 하는 것이다. 딸 덕분에 오히려 물질적으로는 편안히 살 수도 있겠다 싶은 생각이 안 든 건 아니나 문서방은 그렇게 딸을 여의고 싶지는 않았다.

그러나 작정하고 덤비며 욕하고 때리고 '껍질을 벗기겠다'며 위협하는 인가에게 문서방은 결국 딸을 빼앗긴다. 엎친 데 덮친 격으로, 지독한 가난과 고생 끝에 허약해진 아내는 딸을 잃은 충격에 화병이 들어 시름시름 앓게 된다. 가난해도 정답고 단란하던 가정은 완전히 깨지고 만다.

병들어 죽어가는 문서방의 아내는 죽기 전에 사랑하던 딸을 한 번만이라도 보고 싶다고 문서방에게 하소연을 하고, 문서방은 자존심도 수치심도 없이 인가에게 찾아가 울며불며 사정을 한다. 그러나 무지막지한 인가는 혹시라도 용례가 도망을 갈까 의심하며 절대로 용례를 집 밖으로 내주질 않는다.

타오르는 분노의 불길

몇 번을 찾아가도 인가는 돈을 던져 줄지언정 추운 바람을 맞으며 집까지 찾아온 문서방에게조차 용례를 내보이지 않았다. 그리고 마침내 문서방의 아내는 딸에 대한 그리움의 한을 풀어 보지 못한 채 죽어 버리게 된다.

딸과 아내를 잃은 문서방은 자신의 가족을 파멸로 몰아넣은 것이 바로 인가라 여기고, 아내가 죽은 이튿날 밤, 도끼를 들고 인가의 집으로 향한다. 인가의 집에 불을 지르고 인가를 살해한 문서방은 마침내 딸을 만나 안아 볼 수 있었고, 타오르는 불길 속에서 뜨거운 눈물을 흘리면서도 무언지 모를 시원스러운 기분을 느끼게 된다.

교과서 : 고등학교 문학 교과서(금성 외 5종)

타오르는 불꽃 속에서 얻은 것과 잃은 것

정당한 폭력의 범위는 어디까지인가?

만약 우리가 길을 가고 있다가 누군가에게 갑자기 얻어맞게 된다면, 우리는 바보가 아닌 이상 그에게 맞대응을 할 것이다. 그리고 그 맞대응의 수위는 사람마다, 상황마다 매우 다를 것이다. 상대방의 폭력을 저지하고 자신을 방어하는 차원에서 머무는 사람도 있을 것이고, 어떤 사람은 상대에게 더욱 과도한 폭력으로 되돌려 주려고도 할 것이다. 어쨌든 이런 경우의 폭력은 상식적으로 정당하다고 받아들여진다.

실제로 이성에 의해 야만이 극복되어 가면서 폭력이나 살인은 사회적으로 경멸의 대상이 되어왔음에도 현실 속에서는 끊임없이 나타나는 문제였다. 그래서 불가피하게 정당한 폭력이나 살인을 인정할 수밖에 없게 된 것인데, 그것은 개인이 긴박한 살해의 위협 속에서 이를 피할 수 있는 다른 수단이 존재하지 않을 경우 최후의 자기방어로서만 인정된다. 그리고 그것은 당사자의 주장만으로는 그 정당성이 성립되지 않고, 극단적인 자기방어가 선택될 수밖에 없었다는 명백하고도 객관적인 상황이 재구성될 때만 성립된다.

그렇다면 이러한 정당한 자기방어로써 문서방의 살인행위를 인정해 줄 수 있을까? 인가가 문서방에게 폭력을 행사한 것은 사실이다. 말과 행동으로 직접적인 폭행을 가하기도 했었고, 빚을 대신해서라고는 하지만 인가의 딸을 강제로 데려간 데다 그 딸을 감금하다시피해서 가족들과 절대 만나지 못하게 한 것도 폭력적 행동이라 할 수 있을 것이다.

그러나 인가에게 문서방을 살해할 의도가 없었다는 점에서, 또 문서방이 인가를 살해한 시점을 놓고 볼 때, 정작 문서방에게 닥친 어떤 위협의 시기가 아닌 이미 폭행도 당하고 소중한 가족도 빼앗기고 난, 잃을 것을 다 잃어버린 시기에 저지른 행동이란 점에서 '정당방위'의 개념으로 문서방의 살인을 인정하기엔 무리가 따른다.

지식검색

법에서 인정되고 있는 정당방위

'정당방위'는 자기 또는 타인(他人)의 법익에 대한 현재의 부당한 침해를 방위하기 위한 행위로 요약된다. 형법은 이러한 행위가 상당한 이유가 있는 때에는 벌하지 않기로 하였다. (형법 제21조) 왜냐하면 부당한 침해, 즉 불법 앞에서 권리를 양보시킬 수는 없기 때문이다. 정당방위의 요건은 다음과 같다.

① 현재의 부당한 침해가 있어야 한다. 현재의 침해라 함은 당장에 절박해 있든가 또는 아직 계속인 침해를 말하며, 장래에 이르러 비로소 나타날 침해라든가 또는 이미 끝나 버린 침해는 포함되지 않는다. 그리고 이러한 침해는 부당한 것이라야 한다. 왜냐하면 부당한 침해라야만 피해자는 그것을 인수(忍受)할 의무를 가지지 않기 때문이다. 따라서 합법적인 공무집행행위 기타 정당한 이유가 있는 침해에 대하여는 정당방위는 허용되지 않는다.

② 자기 또는 타인의 법익을 방위하기 위하여 상당한 이유가 있어야 한다. 여기의 타인은 친족에만 국한되지는 않는다. 어떠한 법익도 보호되어야 하는 것처럼 누구의 법익도 방위될 수 있다. 이러한 법익 속에는 형법상 보호되는 법익뿐만이 아니라 기타의 모든 법익이 포함된다. 생명 · 신체 · 자유 · 명예 · 정조 · 소유권 · 점유권 등은 그 대표적인 예가 된다.

③ 방위행위는 상당한 이유가 있어야 한다. 사회통념(社會通念)에 비추어 상당하다고 인정되어야 하므로, 작은 법익을 방위하기 위하여 지나치게 큰 법익에 대한 반격을 가하였을 경우에는 정당방위라고 인정되지 않는다. 따라서 방위행위가 그 정도를 초과하였을 경우에는(초과방위) 그것을 정당한 방위라고 인정할 수는 없고, 다만 정황(情況)에 따라 그 형을 감경 또는 면제할 수 있을 뿐이다.(21조 2항) 다만 그 초과방위가 야간 기타 불안스러운 상태 하에서 공포 · 경악 · 흥분 또는 당황으로 인한 때에는 벌하지 않기로 하였다.(21조 3항)

부정한 사회에 저항하기 위한 방편으로서의 폭력

사실 문서방이 놓인 상황은 좀 더 복잡하다. 그가 인가에게 폭행을 당하고 딸을 빼앗긴 데는 이유가 있다. 그는 인가에게 엄청난 빚을 지고 있었기 때문이다. 그러나 그 빚이라는 것이, 당시 거의 살인적인 수준의 높은 소작료로 갖은 부당한 이득을 챙기는 악덕 지주들을 전혀 제재하지 못하는 왜곡된 사회 구조에 의한 것이고 보면, 문서방에게 폭력을 행사한 것은 인가 개인이라기보다는 하나의 부정한 사회이기도 하다.

우리가 폭력에 의해 피해를 입게 될 때, 건강하고 정의로운 사회 속에서라면, 법에든 제도에든 기대어 문제를 이성적이고 합리적으로 해결할 수도 있겠다. 그러나 문서방이 처한 상황은 바로 그 사회 자체가 이미 제 기능을 하고 있지 못한 상황인 것이다. 즉 문서방은 인가에게 빚이 있고, 그 빚을 되돌려 받는 것으로 인가가 문서방의 딸을 물건처럼 취급해 빼앗아 와도 그걸 제재할 법이 그 사회에는 존재하지 않았던 것이다.

개인과 개인의, 또는 집단과 집단의 이익이 충돌하게 될 때, 그것을 조정할 만한 합리적인 제도나 법이 구비되지 않은 사회는 야만적인 자연 상태와 다를 것이 없다. 그리고 야만 속에서 우리가 어떤 행동을 선택해야 한다면 그 행동은 이성과 합리성에 근거한 행동이기 보다는 본능과 힘의 논리에 근거한 행동이 되기 쉽다. 그러므로 부정한 사회의 폭력에 저항하는 방법의 정당성에 대해 시시비비를 가리는 것 자체가 무의미하다고 할 수도 있다.

오히려 사회가 부정한 방향으로 흐를 때, 우리가 정의를 세우고자한다면 그 부정한 사회에 적극적으로 저항하는 것만이 유일하게 정당한 행동일 것이다. 그리고 저항은 일종의 폭력적 방법을 수반하므로 이 경우 폭력은 정당하다기보다는 불가피하다고 인정되어야 할 것이다.

문서방이 인가를 살해함으로써 악덕 지주 한 사람이 제거되었을 뿐만 아니라, 사람들에게 인가와 같은 짓을 한 사람의 말로가 어떻다는 것을 보여줌으로써 사회에 경종을 울리기도 했을 터이니, 그런 면에서 문서방의 살인과 방화가 어떤 의의를 지닌다고 볼 수도 있겠다.

그러나 그것은 결과적으로 볼 때 그런 것이고, 문서방 개인에게는 부정한 사회에 저항하겠다는 어떤 의식이나 동기가 있지는 않았기에 이런 관점에서 문서방의 살인을 옹호하기에도 어려운 점이 있다고 할 것이다.

복수를 통해 얻을 수 있는 것은 무엇인가?

문서방의 행동의 동기는 명백히 복수이다. 문서방이 인가를 살해한 동기는 자신에게 닥칠 위험을 피하고자 한 것도 아니고, 인가를 살해함으로써 어떤 정의를 세우고자 한 것도 아니다. 문서방은 자신과 자신의 가족을 파멸로 몰아넣은 인가에게 분노했고, 그 분노를 그대로 폭발시킨 것뿐이다.

복수의 사전적 정의를 놓고 볼 때, 복수라는 행위는 이성적이고 합리적이라기보다는 본능적이고 자연발생적이다. 나에게 해를 입힌 자에게 똑같이 해를 주는 것은 나의 분노를 진정시켜 주는 것 이외에는 아무런 효용이 없기 때문이다. 결국 문서방이 타오르는 불길 속에서 얻어 간 것도 '기쁘고 시원한' 느낌뿐인 것이다.

간절히 만나고 싶었던 딸 용례를 품에 안아 볼 수 있었지만, 그 순간도 잠깐, 문서방은 범죄자로 낙인 찍혀 이후의 삶을 보장 받지 못할 것이 뻔하다. 정식 혼례를 치룬 것은 아니지만 인가의 아내로 살았던 용례의 삶 역시 암담하기는 마찬가지다. 되놈에게 몸을 버린 여자, 살인자의 딸이라는 사람들의 손가락질도 감당하기 어려운 일이지만, 이제는 의지할 가족이라고는 아무도 없는, 그래서 생존과 생계 자체가 흔들려 버린 비참한 지경에 이르렀기 때문이다.

최서해의 「홍염」이 사회의 구조적인 모순, 즉 궁핍의 문제, 지주와 노동자의 대립과 같은 현실적 문제를 실감나게 다룬 점은 훌륭하지만 이렇듯 그 결말이 억압받던 자의 너 죽고 나 죽자는 식의 충동적 범죄 행위로 끝맺는 것은 늘 한계로 지적되는 이유가 여기에 있다. 앞뒤를 가리지 않은 문서방의 행동이 개인적 차원의 복수에서 더 나아가지 못하기 때문이다.

그렇다면 문서방의 행동은 아무런 의미도 효용도 없는 행동이었다는 말인가? 그렇지는 않다. 소설에 서술되어 있는 문서방의 기쁨을 가만히 살펴보면, 단순히 자신이 받은 서러움과 분노의 해소라고만 할 수 없는 무언가가 있다. 작가는 '작다고 믿었던 자기의 힘이 철통같은 성벽을 무너뜨리고 자기의 요구를 채울 때 사람은 무한한 기쁨과 충동을 받는다' 고 서술하고 있는데, 이는 문서방이 살인과 방화라는 행위를 통해 의도하지는 않았지만 자신에게 내재되어 있던 '어떤 힘' 내지는 '가능성' 을 감지한 것으로 볼 수도 있다.

대등한 힘의 관계에서 복수로서의 폭력적 행위는 자연 발생적이고 야만적인 폭력 이상의 의미를 가질 수 없으나, 인가와 문서방의 관계는 대등한 힘의 관계가 아니었다는 점에서 문서방이 행사한 폭력은 또 다른 의미를 내포할 수 있는 여지가 있다. 문서방은 물리적으로나 경제적으로나 사회적으로나 약자였고, 스스로 그러한 약자인 것에 대해 부당하다거나 그러한 약자의 굴레를 벗어나고 싶다는 생각을 해 본 적도 없다.

그러나 충동적 행위였지만, 인가를 살해하고 인가의 집에 불을 지르는 폭력적 행동을 통해 그는 자신이 더 이상 약하기만 한 힘없는 존재가 아닌, 자신의 의지 여하에 따라 어떤 행동이라도 할 수 있는 존재라는 것을 어렴풋이 느낀다. 즉 이 경험을 통해 문서방은 비로소 인가와 대등한 관계에 처음 서보게 된 것이다.

타오르는 불길 속에서 문서방은 흐느끼면서도 또한 기쁨을 느낀다. 복수의 행위 때문에 그는 범죄자로 낙인찍히고, 그의 모든 권리도 박탈당하게 될 것이다. 모든 것을 잃어버린 자신과 딸에 대한 연민으로 그가 울었다면, 그럼에도 불구하고 '인간적 분노' 까지 빼앗길 수 없는, 모든 걸 다 잃어도 무언가를 파괴할 수 있는 힘 있는 자신을 얻게 된 것에서 그는 기뻐하고 또 기뻐한 것이다.

개인적 차원의 복수와 사회적 차원의 저항

문학사의 전개 과정을 볼 때, 개인적 차원의 복수에 머문 문서방의 의식과 행동의 한계를 뛰어넘은 것이 바로 프로 문학들이라 할 수 있다. 프로문학의 최고봉에 있다고 평가받는 이기영의 『고향』에 등장하는 소작농들은 마름 안승학의 횡포에 일방적으로 시달리기만 하다가 자폭해 버리지는 않는다.

김희준이라는 동경유학생 출신 농민은 소작농들에게 가해지는 억압과 폭력이 이기적이고 욕심 많은 마름의 도덕적 문제가 아닌 지주-마름-소작농 사이의 불평등한 힘의 구조에서 오는 것을 이해하고 있는 인물이다. 그래서 그는 야학을 통해 농민들을 깨우치면서 사회적 약자인 소작농들의 분열된 힘을 모아 사회적 연대를 이끌어 내기 위해 노력한다.

여러 가지 사건과 이야기의 흐름이 있지만, 「홍염」과 비교할 때, 「고향」에서 진일보한 면은 바로 이런 부분이다. 소작농들이 수재로 인해 소작료를 감면해 줄 것을 요구하는 것을 무자비하게 거절하고, 힘으로 억누르려고 하던 마름과의 투쟁에서 농민들은 지치기도 하고 투쟁의 의욕을 상실해 가기도 한다. 그러나 서로 서로를 일깨우며 더욱 격려하고 단결하려는 노력을 통해 소작농들은 결국 마름의 한발 양보를 이끌어내게 된다.

사회가 발전함에 따라 사회적 관계들도 좀 더 복잡하게 얽혀 있는 것이 오늘날의 모습이다. 자신에게 불리하고 억압적이고 폭력적인 어떤 힘의 행사가 이루어질 때, 한 발 물러나 생각해야 할 것이 있다면, 바로 이 문제가 나만의 문제인가 아닌가 하는 점이다. 인류가 점점 야만을 극복하려 하는 와중에도 폭력은 곳곳에 여전히 존재하는데, 남편의 폭력에 의해 희생당하는 아내들, 부모에 의해 학대받는 아이들, 고용주에 의해 착취당하는 비정규직 노동자들, 경제 개방의 물결 속에서 소외당하고 외면당하는 농민들 등등이 바로 그런 예이다.

그리고 대체로 이런 경우 희생되는 쪽은 언제나 사회적 약자이다. 따라서 이들이 법과 제도의 테두리 안에서, 비슷한 경우의 다른 사람들과 연대해 문제를 해결하고자 할 때, 때로는 시원하게 내가 당한 만큼의 앙갚음을 하지 못하게 될 수도 있다. 지루하고 오랜 싸움으로 인내심의 한계를 느끼게 될 수도 있다. 그러나 개인적인 복수를 넘어서 사회적인 저항으로 해결방향을 가져간다면, 당장에 속이 시원해지지는 못하더라도 실제적이고 현실적인 조건의 개선을 하나씩 이루어 갈 수 있는 것 역시 사실이다. 그리고 이러한 과정이 개인적 차원의 복수는 가져다 줄 수 없는, 사회적 정의를 세우고 실천하는 과정이 될 것이다.

지식검색

신경향파 문학

카프(KAPF)가 성립하기 전후 수년 사이에 나타난 한국문학의 새 국면으로, 당시의 현실적 모순을 사실적이면서도 직접적으로 묘사하여 사회에 대한 강한 비판 의식을 보여주었다. 프롤레타리아 문학의 전기(前期) 현상으로도 여겨진다. 원래 경향문학(傾向文學, tendency literature)이라면 작품을 통하여 종교적 · 도덕적 · 정치적인 사상을 주장, 민중을 같은 방향으로 유도하려는 데 목적을 둔 문학을 뜻하는데, 이와 같은 개념에 신(新)을 덧붙인 것이라고도 볼 수 있다.

구체적으로 '신경향파'라는 용어가 새로 등장한 것은 당시 박영희(朴英熙)가 잡지 『개벽(開闢)』에 「신경향파의 문학과 그 문단적 지위」라는 문학론을 발표하였을 때부터이고, 대표적인 작품으로는 최서해의 「탈출기」 「홍염」, 김기진의 「붉은 쥐」 등이 있다.

프로 문학

프롤레타리아문학(proletarian literature)의 준말로 부르주아 계급 중심의 사회에서 프롤레타리아 계급의 해방을 목적으로 한 문학. 사회주의 문학으로 보아도 무방하며, 이 문학 운동은 1920~1930년대에 프롤레타리아 문학, 프롤레타리아적 · 혁명적 문학이란 이름 아래 세계적으로 전개되었다. 물론 이 문학 운동은 19세기 후반부터 여러 형식으로 나타나기 시작했는데, 1917년의 러시아혁명 이후 코민테른(Communist International, 공산주의 인터내셔널을 지칭)의 결성(1919) 등에 더욱 자극을 받았다.

러시아 프롤레타리아 작가동맹을 비롯한 소련의 여러 문학조직, 독일 · 프랑스 · 미국 · 헝가리 · 체코슬로바키아 · 중국 · 일본 등의 문학운동 조직이 활발한 활동을 하였고, 그들은 이윽고 실제적인 연대(連帶)를 이룩하여 30년대에는 하리코프에서 '국제 혁명 작가 동맹'이 결성되었으며, 4개 국어로 『국제문학』을 발행하였다. 그러나 1933년 나치의 지배로 시작되는 전쟁의 시대 속에서 각국의 프롤레타리아 문학 운동은 몰락의 길을 걸었고 혹은 해체되기도 하였으며 국제조직도 유명무실화되었다. 그러나 제2차 세계대전 하의 저항문학과 전후의 문학 속에 그 명맥이 이어져 각국에서 저마다의 방법으로 전개되기도 하였다.

프롤레타리아 문학은 공산당의 독주와 정치주의적인 문학이론에 의해 특색 지어진다. 그러나 동시에 이것은 인간을 계급적인 존재로서 발견하고, 계급 지배 체제로의 변혁에 순응하는 새로운 혁명적 인간상을 만들어냄으로써 이제까지의 개인주의 문학과는 전혀 다른 성질의 상황과 인간성과의 새로운 긴장과 전개, 그리고 새로운 시야와 감수성 및 사고(思考)를 창조했다는 점에서, 세계문학사상 종래에 없던 새로운 문예사조와 그 작가 및 작품을 등장시켰다고 할 수 있다.

한국의 프롤레타리아 문학은 1925년 8월경에 조직된 카프(KAPF), 즉 '조선 프롤레타리아 예술가 동맹'에 의하여 비롯되었으며, 대표적인 작가로는 김기진, 조명희, 이기영, 김남천, 임화 등을 들 수 있다.

더 생각해 보기

「홍염」의 주인공 문서방은 인가를 살해하고 난 뒤, 흐느끼면서도 형언할 수 없는 기쁨을 느끼는 것으로 묘사되고 있다. 그런데 스필버그 감독의 최근 영화 〈뮌헨〉에서는 복수를 하고 난 뒤, 사람들의 심리가 꼭 그렇지만은 않다는 것을 보여주고 있다. 영화를 감상하며, 복수라는 행위가 과연 개인적 차원에서라도 만족감을 줄 수 있는 것인지 생각해 보자.

"당분간 평화는 잊고 우리가 강하다는 것을 보여줘요. …… 문명의 역사를 돌아보면 보복으로 문제를 해결한 경우가 있어요"라며 은밀한 보복 살인을 선언한 이스라엘 총리 골다 메이어의 전략에 따라 이스라엘 정보부 모사드의 전직 요원이던 아브너는 남아프리카 공화국 출신 운전의 달인 스티브, 벨기에 출신의 폭발물 전문가 로베르, 독일인 문서 위조 전문가 한스, 사건의 뒤처리를 도맡는 칼을 한 팀으로 묶어 이끈다. 직, 간접으로 유대인의 배경을 가진 이들은 이스라엘 정보부가 검은 9월단의 배후로 지목한 11명의 팔레스타인인을 쫓아 유럽을 돌아다닌다.

이들은 "「르 몽드」가 대서특필하도록 총 대신 폭탄을 이용해 대상을 제거하라"는 이스라엘 쪽 지시를 따라 팔레스타인인들을 하나씩, 그리고 잔인하게 제거한다. 그러나 아브너 조직이 관련자를 한 명씩 죽일 때마다 팔레스타인인들은 겁을 집어 먹는 대신, 테러의 수위를 더욱 높인다. 이 과정에서 다섯 명의 내면 또한 황폐해지기 시작한다. 그들은 자신들이 하는 일이 폭력을 종식시키기 위한 것인지에 회의를 품게 되고, 자신들이 살해하는 표적이 정말 뮌헨 테러의 배후인지에 대해서 의문을 갖게 된다. 세 번째 처단과정에서 팔레스타인인의 호텔 침대에 폭발물을 설치해 놓은 아브너는 그가 잠드는지 확인하기 위해 옆방에 투숙한다. 하지만 아브너는 뜻하지 않게 그와 대화를 나누게 되고, 그가 친절한 사람이라는 사실을 알게 된다. 그는 과연 그를 처단해야 할지 잠시 갈등한다. 그리고 폭탄이 터진다. 그 뒤 팔레스타인 청년 알리와의 만남은 아브너의 의문을 더욱 증폭시킨다. 잘못된 정보 때문에 팔레스타인 조직원들과 같은 방 안에서 맞닥뜨린 아브너는 알리에게 왜 그런 극단적인 행동을 선택했는지에 관해 듣는다. "우리는 나라 있는 국민을 원한다. 집이 곧 모든 것이다" 사랑하는 아내, 그리고 갓난아이와의 행복한 삶을 갈망하는 그는 알리의 심경을 이해하지만 결국 운명은 아브너로 하여금 알리에게 총을 쏘게 한다. 영화가 진행될수록 아브너와 대원들의 확신은 무너져 가고 폭력의 악순환은 더욱 거센 물살을 타게 된다.

*검은 9월단이란?

1972년 9월 5일은 테러리즘의 검은 깃발이 현대사에 깊이 그림자를 드리운 날이었다. 그날 새벽, 자신들을 '검은 9월단'이라고 부른 8명의 팔레스타인인이 뮌헨 올림픽 선수촌의 이스라엘 선수단 숙소로 침입했다. 이들은 코치 2명을 사살했고, 9명의 선수를 인질로 붙든 채 이스라엘과 독일의 감옥에 갇힌 200여명의 정치범을 석방하라고 요구했다. 21시간 동안의 인질극 끝에 결국 9명의 인질 모두와 5명의 테러리스트는 사망하고 말았다. 이후 이 사건에 개입된 것으로 추정된 세계 곳곳의 팔레스타인 인사들은 이스라엘 모사드의 개입으로 차례로 목숨을 잃었었다.

참고할 만한 책

로라 블루멘펠트, 김미정 옮김, 『복수, 희망에 관한 이야기』, 하서출판사, 2003.

시몬 비젠탈, 박중서 옮김, 『해바라기』, 뜨인돌, 2005.

2부

하나의 주제로 다양한 작품 살펴보기

'흥부'는 악하고 '놀부'는 선한가?

『신재효 판소리 사설』 신재효

『놀부뎐』 최인훈

들어가기

산업화 이후의 새로운 시대를 이끌어갈 인물형은 과연 누구인가?

'홍부' 와 '놀부' 에 대한 가치 판단은 시대에 따라 달라져 왔다. 창작 당시에 '홍부' 는 선(善)의 상징이었고, '놀부' 는 악(惡)의 상징이었다. 그러나 시대가 바뀌고 삶의 방식이 다양하게 변하면서 이들 두 인물에 대한 평가도 엇갈리기 시작했다. 무엇보다도 자본주의가 발달하고 정신적 가치보다는 물질적 가치가 중요해지면서 홍부적 인간형에 대한 비판이 등장하고 놀부에 대한 재평가가 진행되어, 드디어는 놀부적 인간형이 힘을 발휘하게 되었다. '놀부 보쌈' 은 있어도 '홍부 보쌈' 은 없다는 사실이 이 점을 뒷받침한다.

그렇다면 위에서 제기한 대로 과연 '홍부' 는 악하고 '놀부' 는 선한가? 아니면, 그 반대인가? 또, 선과 악에 상관없이 '놀부' 는 21세기가 지향해야 할 인간형이고 '홍부' 는 지양되어야 할 인간형인가? 홍부는 과연 무가치한 삶을 산 존재이며 게으름과 나태함의 상징인가?

한편, 홍부야말로 창조적 혁신의 인간 유형이며, 무소유와 환경인의 표상일 뿐 아니라 '더불어 사는' 삶의 중요성을 체득한 인물이라는 주장도 있다. 봉건 사회에 홍부형 인간이 선이었다면, 산업화 사회에서는 놀부형 인간이 선이었다. 그렇다면 이제 산업화 이후의 새로운 세기를 이끌어갈 인물형은 과연 누구인가?

『신재효 판소리 사설』 중에서

충청 전라 경상의 삼도 월품에 사는 박가 두 사람이 있었으니 놀부는 형이요 홍부는 아우인데 동부동모 소산이되 성정은 아주 달랐더라.

사람마다 오장육부로되 놀부는 오장칠부인 것이 심사부(心思腑) 하나가, 왼편 갈비 밑에 병부 주머니를 찬 듯하여 밖에서 보아도 알기 쉽게 달리어서 심사가 무론(毋論) 사절하고, 일망무제(一望無際)로 나오는데 똑 이렇게 나오것다.

놀부 심사 볼작시면 초상난 데 춤추기, 불붙는 데 부채질하기, 해산한 데 개닭잡기, 장에 가면 억매 흥정하기, 집에서 몹쓸 노릇하기, 우는 아해 볼기치기, 갓난 아해 똥 먹이기, 무죄한 놈 뺨치기, 빚 값에 계집 뺏기, 늙은 영감 덜미 잡기, 아해 밴 계집 배차기, (중략) 심사가 모과 나무의 아들이라. 이놈의 심술은 이러하되, 집은 부자라 호의호식하는구나.

흥부의 마음씨는 형과 아주 달라 부모에게 효도하고 어른에게 존경하기, 화목하고 친구에게 신의 있어 굶어서 죽게 된 사람에게 먹던 밥을 덜어주고 얼어서 병든 사람 입었던 옷 벗어주기, (중략) 길 잃은 어린아이 저의 부모를 찾아주고 주막에서 병든 사람 본가에 기별하기, 남의 일만 하느라고 한 푼 돈도 못 버니 놀부 오죽 미워하랴.

하루는 놀부가 흥부를 불러,

"흥부야 네 듣거라, 사람이라 하는 것이 믿는 데가 있으면 아무 일도 안 된다. 너도 나이 장성하여 계집 자식이 있는 놈이 사람 생애 어려운 줄은 조금도 모르고서 나 하나만 바라보고 유의유식(遊衣遊食)하는 거동을 보기 싫어 못 하것다. 부모의 세간 아무리 많아도 장손의 차지인데, 하물며 이 세간은 나 혼자 장만했으니 네게는 부당이라. 네 처자를 데리고서 빨리 떠나거라."

가련한 홍부 신세 지성으로 비는 말이,

"형님 전에 비나이다. 형제는 일신이라 한 조각을 베면 둘 다 병신 될 것이니 외어기모(外禦其侮)를 어이 하리. 동생 신세 고사하고 젊은 아내 어린 자식 뉘 집에 의탁하여 무엇 먹여 살리리까. 장공예(張公藝)는 어떤 사람인고 하니 구세(九世) 동거 하였는데 아우 하나 있는 것을 나가라 하나이까. 척령은 짐승이나 금란지의(金蘭之誼)를 알았고 상체는 꽃이로되, 탐락지정을 품었으니 형님 어찌 모르시오. 오륜지의를 생각하여 십분 통촉하옵소서."

놀부가 분이 상투 끝까지 치밀어 그런 야단이 없구나.

"아버지 계실 적에 나는 생판 일만 시키고서 작은 아들이 사랑옵다 글공부만 시키더니 너 매우 유식하다. 당 태종은 성주로되 천하를 다투어서 그 동생을 죽였으며 조비(曹丕)는 영웅이나 재조를 시기하여 그 아우를 죽였으니 나 같은 초야 농부가 우애지정(友愛之情)을 알겄느냐."

구박 출문 쫓아내니 가련하다 홍부 신세 개구 다시 못 하고서 빈손으로 쫓겨나니 광대한 이 천지에 무가객(無家客)이 되었구나.

신재효(1875)

『놀부뎐』 중에서

세상 사람 들어보소. '흥부전' 자초지종이 이러한데 야속할 손 세인심이요. 괘씸할 손 광대 글쟁이 솜씨더라. 있는 말 없는 말에 꼬리를 달아 원통한 귀신을 매섭게 몰아치고 웃으며 짓밟더라. 세상 일에 속에는 속이 있고 곡절 뒤에 곡절인데, 겉보고 속보지 않으니 제가 저를 속이며 소경이 제 닭치고 동리굿에 춤을 춘다. 강남 제비 박씨 받아 흥부가 치부했다니 이 아니 기막힌가, 어느 세상에 가난한 놈 박씨 물어다 주는 복제비 있다던가, 왜제비 양제비가 너희를 살리더냐, 청제비 노제비가 너희를 살리더냐, 제비 좋아하네, 제비를 기다리다 밭갈기를 잊었으며 씨뿌리기 잊었구나. 사람이 못하는 일 날짐승이 무슨 소용이랴, 너희들 병통이 골수에 맺혔으니 이 모두 뉘 탓인가, 네 탓 네 할애비 탓이로다. 눈 속이는 허깨비 강남 제비 미워서 보는 대로 붙잡아서 다리 똑똑 분질러서 세상 인심 혁파하려 무진 애를 썼으되 이웃이 몽매하고 양반 놈들 안목 없고 삼공육경에서 향처 벼슬아치가 겨루기가 도둑질이요, 뽐내기가 헐뜯기로 암흑 세상 살던 인생 원한이 하도하오…….

최인훈(1966)

21세기 우리는 어떤 인물형을 필요로 하는가?

흥부와 놀부에 대한 해석, 시대에 따라 엇갈려

우리는 학교에서 배우기 전에 이미 그림책이나 전래 동화, 인형극, 만화 등에서 자연스럽게 흥부전을 접했다. 신재효의 판소리 사설에서 제시된 지문에서도 알 수 있듯이 '형제우애'와 '권선징악'이 주제인 흥부전은 우리 정서에 그대로 녹아 있어 비슷한 유형의 문학 작품뿐만 아니라 영화 및 연극 등으로 늘 새롭게 되살아나곤 했다.

흥부와 놀부는 조선 말엽 서민 사회의 신분적 특징과 유형을 반영하는 전형적 인물이다. 흥부전을 학문적으로 체계화시킨 김태준은 『조선 소설사』(1939)를 통해 흥부를 착한 사람으로, 놀부를 악한 사람으로 여기는 전통적 인간형을 확립시켰다. 그러나 이러한 전통적 평가를 거부한 사람이 주왕산이다. 그는 흥부를 '가난하면 제 힘으로 어떻게 해서든지 생활 방도를 생각할 것이지, 형제간의 의리만을 찾아 형만을 의존하려는 생활 의식은 유교 사상에 중독되어 생산 방면에서 유리된 인물'이며, '흥부는 형도 의존할 수 없게 되면서 요행을 바라다 힘 안 들이고 박씨를 얻어 졸지에 부귀를 누리고 싶어 하는 인물'이라고 혹평했다.

흥부 비판은 그로부터 10여 년 뒤에 발표된 최인훈의 소설 『놀부뎐』에서 더욱 잘 드러나게 된다. 최인훈은 다소 생뚱맞은 이 소설을 통해 놀부, 흥부의 인간형이 아닌 변모된 사회상을 이야기하려 했다. 한국 현대사에 많은 굴곡을 이루는 다양한 사건과 외래문화 유입 등으로 과거의 유교적 윤리관은 무너지고, 1960~1970년대 들어와 산업화와 도시화는 '돈이 최고'라는 생각을 불러일으키며 우리 사회의

지식검색

최인훈의 소설 『놀부뎐』

1966년 발표된 작품으로 고대 소설을 패러디한 『놀부뎐』의 줄거리는 다음과 같다. 흥부는 놀부와 똑같이 유산을 분배받는다. 놀부는 모진 고생 끝에 5년 만에 큰 부자가 되지만 흥부는 벼락부자를 꿈꾸다 사기꾼에게 속아 알거지가 되고 만다. 또한, 흥부의 자식들은 게으르고 나태해서 일할 생각이 전혀 없다. 그러던 어느 날 놀부는 흥부가 돈을 많이 벌었다는 소문을 듣고 흥부 집에 가서 자초지종을 캐묻는다. 이에 흥부는 '제비 다리와 박' 이야기를 한다. 그러나 놀부가 허무맹랑한 소리라며 추궁하자 흥부는 사실대로 고백한다. 즉 산에서 온갖 보화가 들어 있는 큰 철궤를 발견해 가져왔다는 것이다. 놀부는 '화가 있을 것이니 제자리에 갖다 놓으라'고 한다. 둘은 철궤를 지고 산으로 가다가 관원에게 잡힌다. 그 궤는 파직당한 전라 감사가 숨겨 두었던 것으로, 나졸을 매복해 두었다가 이들을 잡은 것이다. 결국 흥부와 놀부는 옥에 갇혀서 모진 고초를 당하다 죽고 만다.

윤리 의식을 뒤흔들었다. 산업화와 도시화는 사람들의 성공 욕구를 낳았고, 성공 욕구는 과열된 경쟁을 낳았으며, 과열된 경쟁은 편법주의를 낳았다. 이로 인해 사회 질서가 파괴되고 온갖 부조리가 생겨났다. 최인훈은 『놀부뎐』을 통해 역설적으로 이를 고발한 것이다.

교과서에 실린 『흥부전』은 삭제되어야 하나?

1960년대 말 이후부터 흥부가 비판되고 놀부가 재평가되기 시작했다. 흥부는 소비하는 만큼 일하지 못했기 때문에 놀부에게 쫓겨났으며, 살아갈 대책이 없을 뿐 아니라 살아갈 자신조차 없었다는 것이다. 놀부가 흥부를 냉대한 것은 흥부에게 자립정신을 불러일으키기 위해서이며, 놀부가 흥부로부터 화초장 하나를 빼앗아 갈 때도 하인을 뿌리치고 자신이 직접 지고 가는데 이를 통해 놀부의 자립심을 볼 수 있다는 것이다. 또 제비를 해친 것은 잘못이나 부자가 되기 위해 노력한 그 욕망만은 간과할 수 없으며 거듭되는 불행에도 13개의 박을 모두 타는 끈질긴 의지는 당시 무기력했던 조선인에게 모범적이었다는 것이다.

반면, 흥부는 소극적이며 나태하고 무기력한 인물의 표상으로 평가되었다. 노력하지 않은 데서 온 가난을 산소에 돌리려 했으며, 주관도 없이 주면 먹고 시키는 일이나 하는 인간이라는 것이다. 또 흥부는 끼니도 못 잇는 처지에 남은 노잣돈으로 모두 떡을 살 만큼 무계획적이며, 수숫대나 뺑대 반 짐을 가지고 한나절 만에 집을 지은 점을 들어 나태한 인물일 뿐 아니라, 부상당한 제비의 다리를 치료해 줄 만큼 한가한 시간을 보냈기에 가난을 면치 못했다는 것이다.

이러한 상황을 반영하듯, 어떤 교육학 교수는 교과서에 실린 『흥부전』을 삭제할 것을 주장하기도 했고, 사회 각계에서 '놀부 새롭게 평가하기, 흥부 깎아내리기'가 일반화되기도 했다.

그러나, 놀부를 경제적 이익 때문에 가부장적 윤리까지 거부했으며 사회 윤리마저도 파괴한 인물로서 결국 그 끝없는 이익 추구로 자멸했다고 주장하는 사람들도 많았다. 즉, 박을 켜면서 엄청난 손실을 입지만 결코 중단하지 않은 점은 노름꾼 심리라는 것이다. 이에 비해 흥부는 재물을 갖고 형제간에 다툴 수 없어서 순순히 물러서는 성인이었으며 생활을 위해 양심이 허락하는 범위에서 필사적으로 노력했다는 것이다. 또 애초에 박 속을 지져 먹고 바가지는 팔아서 쌀을 얻으려고 했을 뿐 놀부 같은 사행심은 없었다는 주장이다.

다시, 흥부를 어떻게 볼 것인가?

이처럼 정도의 차이는 있지만 흥부전의 전통적 인물 평가를 뒤집는 것이 1980년대까지의 일반적 분위기였다. 하지만 그 이후 맹목적인 부의 추구로 인해 사회적 갈등과 모순이 드러나자 이런 분위기는 다시 반전되기 시작했다. 이번엔 흥부에 대한 재평가였다. 그 내용을 다음과 같이 네 가지 측면에서 요약해 볼 수 있다.

첫째로, 흥부는 창조적 혁신의 인간 유형이라는 점이다. 모든 것을 다 뺏기고 최하층으로 떨어진 흥부가 인간적 신의를 지키면서 당시의 서민 사회에서 가장 친근한 박에서 무한한 가능성을 창출해내는 과정은 최악의 상황에서도, 어떠한 평범한 소재로부터도 새로운 가능성을 만들어낼 수 있다는 희망의 모델이 된다는 것이다.

둘째로, 흥부는 무소유의 표상이라는 점이다. 흥부는 부모로부터 재산을 놀부와 함께 물려받았으나 유산 상속에 전혀 관심을 두지 않았다. 흥부는 부자가 된 뒤에 제일 먼저 "불쌍하고 가련한 사람들아, 흥부 집으로 들어오라. 나도 오늘부터 기민(饑民)을 헐란다"고 선언한다. 그는 가난의 밑바닥에서도 밝은 인간성을 잃지 않았지만 부의 정점에서도 따뜻한 인간성을 유지한다. 이는 21세기가 지향해야 할 더불어 사는 자본주의의 전형인 '노블레스 오블리제'의 인간형이라 할 만하다.

셋째로, 흥부는 인간과 자연의 관계성이 어떠해야 하는지를 잘 보여주는 환경인의 전형이라는 점이다. 오늘날 환경 사상의 핵심은 동물과 식물의 생존권을 인정

지식검색

노블리스 오블리제(noblesse oblige)

사회 고위층 인사에게 요구되는 높은 수준의 도덕적 의무를 뜻하는 말이다. 초기 로마시대에 왕과 귀족들이 보여 준 투철한 도덕의식과 솔선수범하는 공공정신에서 비롯되었다. 초기 로마 사회에서는 사회 고위층의 공공봉사와 기부 · 헌납 등의 전통이 강하였고, 이러한 행위는 의무인 동시에 명예로 인식되면서 자발적이고 경쟁적으로 이루어졌다.

현대에 이르러서도 이러한 도덕의식은 계층 간 대립을 해결할 수 있는 최고의 수단으로 여겨진다. 특히 전쟁과 같은 총체적 국난을 맞이하여 국민을 통합하고 역량을 극대화하기 위해서는 무엇보다 기득권층이 솔선하는 자세가 필요하다. 6 · 25전쟁 때에도 미군 장성의 아들이 142명이나 참전해 35명이 목숨을 잃거나 부상을 입었다. 당시 미8군 사령관 밴플리트의 아들은 야간 폭격 임무 수행 중 전사했다. 중국 지도자 마오쩌뚱이 6 · 25전쟁에 참전한 아들의 전사 소식을 듣고 시신 수습을 포기하도록 지시했다는 일화는 유명하다.

하는 광역 인권 개념이다. 흥부는 제비를 먹으려는 구렁이를 보고 꾸짖되 죽이지는 않는다. 다리 부러진 제비 새끼를 돌봐주는 정성하며 박씨를 심어 박을 키우는 정성 또한 대단하다. 그는 기술적 효율을 추구하되 자연을 지배하는 것이 아니라 자연과 함께 하는 자연의 한 구성원으로 존재한다.

넷째로, 흥부는 각종 이질적인 요소와 대립적인 관계를 껴안고 화해시키는 화해형 인간 유형을 보여준다는 점이다. 흥부는 제비, 뱀, 박 등 모든 이질적인 요소를 끌어안고, 더 나아가 가난한 사람도 포용하고 자신으로부터 모든 것을 빼앗아간 놀부형 인간도 포용하고 모든 것을 아낌없이 나누어준다.

그러면 앞으로 우리가 추구해야 할 인간형은?

흥부와 놀부를 바라보는 시각의 차이는 이처럼 시대관을 그대로 반영한 측면이 강하다. 우리는 산업화 과정의 치열한 경쟁에서 승자가 되기 위해 남을 짓밟고 올라가려고만 했고, 그 결과 자신만이 존재할 뿐 남은 안중에도 없었다. 놀부에겐 친구가 없다. 고립된 상태에서 스스로 소외되어 버린 것이다. 놀부가 산업화 사회에서 긍정적으로 평가받을 수 있었던 것은 그 전까지 부정적이던 자본주의적 가치관이 긍정적으로 바뀌었기 때문이다. 자본주의적 관점에서 볼 때, 흥부는 게으르고 무능한 인간의 표본으로 자기 개발도 비전도 없는 인물일 뿐이었다. 이에 비해 놀부는 재산을 지키고 굴릴 줄 아는 자산 관리의 전문가였고 자본주의 시대를 주도할 수 있는 인물이었다.

그러나, 우리는 놀부의 시대를 살며 참 많은 것을 잃어버렸다. 물질 만능에 사로잡혀 소중한 정신적 가치를 무시했고, 과학 기술을 맹신해 인간과 자연에 대한 신의를 저버리기까지 했다. 공동체가 무너진 것도 놀부적 인간형의 득세와 무관하지 않다. 억압과 착취에 능숙한 놀부에게 공동체의 미덕이 있을 리 없다. 대립을 청산하고 인간의 공동체적 가치를 내세우는 홍부적 인간형이야 말로 우리가 지향해야 할 21세기형 인간형이라 할 수 있다.

또한, 지정학적 위치로 볼 때도, 한국은 동북아의 틀 속에서 경합하고 있는 미국, 중국, 일본, 러시아라는 세계 초강대국을 끌어안고 화해시키면서 동북아의 평화와 협력 관계를 유지시키고 발전시켜 나가야 한다. 이 점에서 홍부로 대표되는 화해형 인간 유형은 매우 시사적이다. 아울러 국내의 노사 간, 지역 간의 모순을, 그리고 북한 동포의 굶주림을 홍부의 정신으로 끌어안아야 한다. 한국인이 창출한, 평범한 듯하지만 결코 평범하지 않은 인간형을 현대에 다시 불러내는 것만이 현재 한국 사회의 사회적, 경제적, 문화적 한계를 극복하는 길이라고 볼 수 있을 것이다.

가진 자(기업가 또는 기업)가 자신의 재산을 사회에 기부하지 않는다고 해서 비난받는 것은 마땅한 일인가?

얼마 전 미국의 부자 '워렌 버핏' 에 대한 기사와 '빌 게이츠' 의 기부 문화에 대한 기사가 화제가 됐다. '워렌 버핏' 이 370억 달러(35조원)를 5개 자선 단체에 기부했기 때문이다. 그에게는 자식이 셋이나 있음에도 불구하고 그들에게 재산을 상속하지 않고, 자신이 죽은 다음 나머지 재산을 마저 기부할 것이라고 밝혔다. 이러한 미국 사회의 기부 문화는 상류층의 도덕적 의무를 가리키는 '노블리스 오블리제' 에 뿌리를 두고 있다.

빌 게이츠도 기부하는 이유를 '가진 자의 책임을 다하기 위해서' 라고 말했다. 자신의 기부 행위가 다른 사람들에게도 영향을 미치기를 바랐던 것이다. 반면에 기부를 약속했던 사람들 중에 그 약속을 이행하지 않아 비난을 받은 경우도 있다. '오라클' 기업의 최고 경영자 '래리 엘리슨' 은 하버드대 건강 연구소 설립을 위해 약속한 돈을 기부하지 않아서 많은 사람들로부터 빈축을 샀다.

여기서 잠시 한 번 더 생각해 보자. 자신이 열심히 모은 재산을 사회에 환원하는 사람들을 칭찬하고 존경하는 것은 당연하다. 그러나 그들이 기부하지 않았다고 해서 비난하는 것이 바람직한가 하는 문제이다. 또, 기업이 좋은 제품과 서비스를 만들어 이윤을 내고 이를 통해 회사를 키워 사람들을 더 많이 고용하며 세금을 더 많이 내면 됐지, 이윤을 사회에 환원하지 않았다고 해서 사회적 책임을 다 하지 않았다고 비난할 수 있는가 하는 문제이다.

1980년 대 초반 인구 7만에 불과했던 전남 광양시가 현재 인구 14만의 도시로 성장하게 된 것은 포스코 때문이었다. 다른 도시들이 인구 감소로 활력을 잃어갈 때 이 지역엔 사람들이 몰렸고 지역 주민들은 공공연하게 '포스코 덕분에 먹고 산다' 는 말들을 하였다. 포스코가 한 해 동안 납부한 지방세는 광양시가 거둬들인 전체 세수의 절반이 넘는다.

발렌베리 그룹은 세계 최대 통신 장비 업체인 에릭슨과 유럽 최대 가전업체인 일렉트로룩스를 거느린 스웨덴의 국민 기업이다. 발렌베리 그룹이 150년 동안이나 국민들에게 존경을 받는 이유는 사회 공헌 때문이 아니라 스웨덴 최대의 과세 규모와 고용 창출 등 국가경제에 대한 기여도가 막대하기 때문이다. 이 기업의 시가 총액은 스웨덴 증권 거래소의 40퍼센트를 차지할 정도이다.

따라서 최근 급증하고 있는 기업에 대한 사회 공헌 요구는 기업의 존재 이유를 왜곡할 뿐 아니라 기업의 정상적인 활동을 위협할 수도 있다. 기업이 환경 및 지역 사회 공헌 등 사회적 책임을 다해야 하지만, 이건희 삼성 그룹 회장이나 정몽구 현대차 회장처럼 여론에 떠밀려 억지로 돈을 내놓는 것은 순수한 의미의 사회 공헌이라고 볼 수도 없다.

그럼에도 불구하고 기업의 사회적 책임이 매우 중요함은 말할 나위가 없다. 주주의 이익에서 벗어나 소비자, 지역 사회 등 다수의 이해 관계자를 생각하지 않으면 안 되는 시대가 되고 있기 때문이다. 선진국의 금융 회사 사이에서 사회적 책임을 다하는 기업에만 선택적으로 투자하는 사회 책임 투자가 확산되는 것도 기업이 지속적으로 성장하기 위해선 사회적 책임을 다해야 한다는 인식 때문이다.

기부란 자신의 가치 기준이나 신념에 따라 다른 사람을 돕기 위해 무엇인가를 베풀고 나누는 행위이다. 이러한 기부 문화는 우리 사회가 안고 있는 부(富)의 불평등 문제나 양극화 문제를 개선하고, 사회적 포용과 화해를 도모하는 수단이다. 정부가 사회적 약자들을 다 돌보면 좋겠지만 제한된 예산으로는 이들의 아픔과 소외를 다 살피기에는 어려움이 있다. 그러기에 기부 문화의 형성은 꼭 필요하다.

하지만, 가진 자가 자신의 재산을 사회에 환원하지 않는다고 해서 비난하는 것을 바람직하다고만은 할 수 없다. 특히 최근의 설문 조사에서 보듯이 응답자의 절반 이상이 기업의 목적이 이윤 창출이 아니라 이익의 사회 환원이라고 답하는 사회 분위기는 본말이 전도될 수 있는 문제점이 있다. 비난하기보다는 기부에 대한 깊은 이해와 나눔의 삶을 실천할 수 있는 의지가 선행되어야 한다. 또한, 기업이 좋은 상품을 만들고 일자리를 제공하며 성실하게 납세하는 것이 진정한 사회 공헌일 수도 있음을 간과해서도 안 된다.

참고할 만한 책

김진영, 김현주, 『흥보전』, 박이정출판사, 1997.

장승규, 『존경받는 기업 발렌베리가의 신화』, 새로운 제안, 2006.

정종목 글, 김호민 그림, 『흥보전-재미있다! 우리고전 09』, 창작과 비평사, 2004.

2

가난하면 사랑도 버려야 하는가?

「가난한 사랑 노래」 신경림

「노동의 새벽」 박노해

가난 때문에 인간적인 모든 것을 버리다

"우리는 기계가 아니다. 근로 기준법을 준수하라. 내 죽음을 헛되이 말라."

1970년 11월, 평화 시장 재단사 '전태일'의 절규는 노동자 계급 최초의 자기 선언이었다. 박정희 군사 독재가 정신없이 휘몰아치는 산업화의 뒷전에서 나사못보다 못한 대우에 시달리던 한 노동자의 분노는 자신의 몸뚱이를 장작 삼아 불태웠다.

그 후로 35년이 지난 최근에는, 외국인 노동자 문제가 많이 대두되고 있다. 방송 프로그램인 〈느낌표(!)〉에서는 외국인 노동자 문제를 인간적이고 감성적인 측면에서 다루어 많은 관심과 논란을 일으켰다. 또한, 〈블랑카의 뭡니까 이게〉라는 코너를 통해 외국인 노동자의 현실을 희극적으로 패러디한 코미디 프로그램은 많은 화제를 낳았다. 이 프로그램들이 사회적으로 파장을 일으킨 것은 불법 체류 외국인 노동자들의 인권 문제를 다루고 있기 때문이다.

신경림의 「가난한 사랑 노래」와 박노해의 「노동의 새벽」은 1980년대 고도의 산업화 속에서 가난 때문에 그리움, 사랑, 삶의 터전 등 인간적인 모든 것을 버리고 일자리를 찾아 대도시로 떠나와 척박한 노동 현실을 참으며 외로운 삶을 살아가야 했던 젊은이들을 향한 안타까움을 표현하고 있다. 그런데 이 같은 문제들이 이제는 생계를 위해 저개발 국가에서 선진국으로 이주해 온 외국인 노동자들의 몫이 된 것이다.

여기서는 불법 체류 외국인 노동자들의 불리한 상황을 악용하는 악덕 사업주들과 국가적 인력 관리 체제의 미비, 그리고 외국인 노동자들을 편견의 눈으로 보고 그들의 인권을 무시하는 사회적 분위기의 문제점을 살펴보고 해결 방법을 모색해 보고자 한다.

작품소개

가난한 사랑 노래

가난하다고 해서 외로움을 모르겠는가
너와 헤어져 돌아오는
눈 쌓인 골목길에 새파랗게 달빛이 쏟아지는데.
가난하다고 해서 두려움이 없겠는가
두 점을 치는 소리
방범대원의 호각소리 메밀묵 사려 소리에
눈을 뜨면 멀리 육중한 기계 굴러가는 소리.
가난하다고 해서 그리움을 버렸겠는가
어머님 보고 싶소 수없이 뇌어보지만
집 뒤 감나무에 까치밥으로 하나 남았을
새빨간 감 바람소리도 그려 보지만.
내 볼에 와 닿던 네 입술의 뜨거움
사랑한다고 사랑한다고 속삭이던 네 숨결
돌아서는 내 등 뒤에 터지던 네 울음.
가난하다고 해서 왜 모르겠는가
가난하기 때문에 이것들을
이 모든 것들을 버려야 한다는 것을.

신경림(1988)

교과서 : 고등학교 문학 교과서(두산 외 2종)

노동의 새벽

전쟁 같은 밤일을 마치고 난
새벽 쓰린 가슴 위로
차거운 소주를 붓는다
아
이러다간 오래 못 가지
이러다간 끝내 못 가지
설은 세 그릇 짬밥으로
기름투성이 체력전을
전력을 다 짜내어 바둥치는
이 전쟁 같은 노동일을
오래 못 가도
끝내 못 가도
어쩔 수 없지
탈출할 수만 있다면,
진이 빠져, 허깨비 같은
스물아홉의 내 운명을 날아 빠질 수만 있다면
아 그러나 어쩔 수 없지 어쩔 수 없지
죽음이 아니라면 어쩔 수 없지
이 질긴 목숨을,
가난의 멍에를,

이 운명을 어쩔 수 없지
늘어쳐진 육신에
또다시 다가올 내일의 노동을 위하여
새벽 쓰린 가슴 위로
차거운 소주를 붓는다
소주보다 독한 깡다구를 오기를
분노와 슬픔을 붓는다
어쩔 수 없는 이 절망의 벽을
기어코 깨뜨려 솟구칠
거치른 땀방울, 피눈물 속에
새근새근 숨쉬며 자라는
우리들의 사랑
우리들의 분노
우리들의 희망과 단결을 위해
새벽 쓰린 가슴 위로
차거운 소주잔을
돌리며 돌리며 붓는다
노동자의 햇새벽이
솟아오를 때까지

박노해(1985)

약자들의 인권은 존중되지 않아도 되는가?

노동자의 언어로 형상화된 노동 현장의 일상적 삶

'사랑 노래'라는 것은 대체로 낭만적인 내용을 담고 있다. 그런데 「가난한 사랑 노래」는 어떨까? 신경림의 「가난한 사랑 노래」의 부제는 '이웃의 한 젊은이를 위하여'로 되어 있다. 시인은 여기 한 가난한 젊은이가 있어, 그의 사랑을 이야기한다고 말하지만, 이 시의 화자가 바로 그 '이웃의 한 젊은이'임을 알 수 있다.

"가난하다고 해서 외로움을 모르겠는가"라는 그의 첫 마디는 의미심장하다. 가난 때문에 하고 싶은 일을 못하고, 가난 때문에 하기 싫은 일을 해야 하며, 가난 때문에 젊음을 즐길 수 없는 젊은이는 얼마나 외로울 것인가? 그러나 그는 사랑하는 사람과 헤어질 수밖에 없다. 외로움을 모르기 때문에 사랑하는 이와 헤어진 것이 아니라고, 가난하다고 해서 어찌 사랑하는 이 없는 세상에서 외로움을 느끼지 않겠느냐고, 가난 때문에 헤어질 수밖에 없었다고 말하고 있는 것이다.

두 번째 시 「노동의 새벽」의 화자는 노동자다. 그는 지금 막 야간 근무를 마치고 소주를 마신다. 그러면서 스스로 이렇게 전쟁 같은 격무에 시달리다가는 곧 쓰러질 것이라고 생각한다. 그런데 왜 그는 "전력을 다 짜내어 바둥치는 이 전쟁 같은 노동일"을 계속하는 것일까? 어쩔 수 없기 때문이다. 먹고 살기 위해서는 주간 근무에다 연장 근무, 야간 근무를 마다할 수 없는 것이다. 스물아홉 살이 되기까지 탈출할 희망이 보이지 않는다. 운명과도 같이 벗어날 수 없는 가난의 멍에가 그를 옥죄는 것이다. 그렇다고 해서 사랑과 분노를 영영 잊어버린 것은 아니다. '새벽'이라고 하는 시간은 언젠가 이런 시대가 끝날 것이라는 희망을 말하고 있기 때문이다.

이 시는 노동 현실을 통탄하며 분신한 전태일과 그 형태상의 차이에도 불구하고 내용에서는 동일한 측면이 있다. 열악한 노동 조건에 대한 고발, 계급 해방에 대한 간절한 열망, 동료 노동자들을 향한 각성과 단결에의 외침이 이 두 개의 형식 안에 공통적으로 들어 있는 것이다. 그것은 곧 14년 동안 노동자 문제는 질적으로 전혀 달라지지 않았다는 것을 의미한다. 「노동의 새벽」은 우리 문학사에서 하나의 충격으로 평가된다. '현장의 구체성', '체험의 진실성', '최고 수준의 정치적 의식과 예술적 형상화 능력' 등의 평가를 받는 이 작품은 지식인의 관념이 아닌 노동자에 의해, 노동 현장의 일상적 삶이, 노동자의 언어로 형상화되었다는 점에서 의미가 크다고 하겠다.

불법 체류 외국인 노동자 문제는 왜 생기는가?

미국의 경제학자 래그나 누르크세(Ragnar Nurkse, 1907~1959)는 저개발국에선 자본이 축적되지 않아 빈곤해지고, 그 빈곤 때문에 자본이 형성되지 않아 가난에서 헤어날 수 없는 등 빈곤이 악순환 된다고 주장했다. 빈곤의 악순환은 빈곤과 소득(자본), 건강, 교육 등 세 가지 관계에서 따져볼 수 있다. 소득(자본)과의 관계에선 '자본 부족→저생산성→저소득→저저축→자본 부족'의 사이클을 거치거나 '저소득→저구매력→시장 협소→투지 유인 약화→자본 부족→저소득'의 악순환을 이루기도 한다. 빈곤과 건강 관계에서 보면 '빈곤→영양 부족→건강 악화→저생산성→빈곤'으로 이어진다. 교육과의 관계에서 악순환은 '빈곤→낮은 교육 수준→저숙련도→저생산성→빈곤'의 형태를 띤다.

빈곤의 악순환 구조는 대체로 아프리카와 남미, 아시아 일부 지역 등 저개발국이 빈곤 상태를 벗어날 수 없게 만든다. 결국 저개발국가에서는 높은 실업률, 저임금, 정치적 탄압 등의 요인들로 인해 많은 노동자들이 본국을 떠나 해외로 이주하게 된다. 그 중에서도 동남아 국가들의 노동자들은 1980~1990년대에 들어서면서 경제 성장을 이룬 일본, 한국, 대만, 싱가포르 등 신흥 공업국으로 이동하였다.

특히, 우리나라는 내부적으로 1980년대 후반부터 제조업 분야에서 인력 부족 현상을 겪게 되면서 외국인들의 유입이 시작되었고, 외부적으로는 1988년 서울 올림픽 이후로 세계에 알려지면서 외국 인력을 수입하는 나라로 급부상하였다. 섬유 의복 및 가죽, 조립 금속, 기계 장비, 화학물 제조 등 제조업 분야에 인력난이 생기는 원인은 열악한 근로 조건 때문이다. 위험하고 열악한 환경 속에서 장시간 노동에 비해 임금은 턱없이 낮기 때문에 국내 노동자들은 제조업 취업을 기피하게 되고 그 자리를 외국인 노동자들이 채우게 된 것이다. 현재 우리나라에 인력을 송출하는 국가는 필리핀, 몽골, 스리랑카, 베트남, 태국, 인도, 인도네시아 등이다.

"뭡니까 이게, 사장님 나빠요"

TV 코미디 프로에 등장하는 한 장면이다. 이는 비인간적 대우와 불법 취업으로 대변되는 우리나라 외국 인력 정책이 낳은 비극적 현실을 패러디한 내용이다. 세계 어느 나라든 자국 산업에 필요한 분야에 외국 인력을 활용하고 있다. 우리나라도 산업 연수생 제도를 통해 본격적으로 외국 인력을 들여왔다. 산업 연수생들은 3D 업종 등 국내 근로자들이 꺼리는 산업 영역에서 필수 노동력으로 자리 잡았지만 저임금과 장시간 노동, 산업 재해 등으로 비인간적 대우에 시달리기도 했다.

29살의 한 외국인 노동자의 삶의 실태를 살펴보면 이렇다. 그는 자국에서 친인척 소개로 고용 허가제를 알게 된다. 이후 자국의 정부 기관을 거쳐 1,000달러 정도의 송출료를 지불하고, 6개월 정도 대기하다가 일주일가량의 기초 교육 이수 후 한국에 입국한다. 하지만 그는 입국 전에 근무할 회사를 전혀 모른다. 회사에서도 원래 가지고 있던 자격증은 전혀 소용이 없다. 원하는 직업을 선택할 자유도 없다.

그렇게 일을 시작한 그가 한국의 한 업체에서 받는 돈은 70만 원이다. 일은 입사하기 전에 들었던 설명과 달리 하루에 12시간 이상 하는 경우가 많다. 야근 수당은 단순히 희망 사항일 뿐이다. 그나마 한 달에 4일 정도 쉴 수 있는 게 위안이다. 잠은 사내 기숙사에서 새우잠을 자기 일쑤다. 한국인 동료 직원들이 툭하면 욕을 하고 소리를 질러서 사업장을 이동하려 하지만 고용주가 이를 허락하지 않는다. 또 회사가 근로 계약을 어기고 점심시간을 줄이고, 노동 시간을 늘릴 것을 강요하자 회사를 옮기려 하지만 사업장 이동 사유에 해당하지 않는다고 해서 포기할 수밖에 없다. 낮은 임금과 과중한 업무, 고용주의 언어 · 신체적 폭력으로 회사를 옮기고 싶지만 거의 불가능하다.

'고용 허가제' 는 외국 인력 정책으로 과연 바람직한가?

이처럼 열악한 상황에서 '코리안 드림' 을 실현하기 위해 불법 체류하는 외국인 노동자들이 급증하면서, 이들을 체계적으로 관리하는 한편 이들의 근로 조건을 보장하기 위한 '고용 허가제' 가 도입되었다. 그렇다면, '고용 허가제' 가 외국 인력 정책으로 과연 바람직한가?

종래의 산업 연수생 제도가 아직 유지돼 혼선을 초래하고 있으며, 산업 연수생 제도를 통해 입국한 13만 명의 외국인 노동자들이 아직 국내에 있는 현실이다. 또한, 19만 명에 이르는 불법 체류 외국인 노동자 문제도 여전히 해결되지 않았다. 고용 허가제가 정착된 유럽의 경우 불법 체류 외국인 노동자 비율이 15퍼센트대에서 유지되고 있다. 그러나 우리나라의 불법 체류 외국인 노동자 비율은 60퍼센트에 육박한다.

'고용 허가제' 가 외국인 노동자들에게 노동 3권, 최저 임금 보장, 4대 보험을 보장한다는 점에서 고무적이라는 의견도 있지만, 사업장 이동이 금지되어 있고, 외국인 노동자들이 실제로 노동 3권 등을 보장 받기는 어려운 상황이다. 그래서 형식적으로 노동 3권만 보장할 게 아니라 외국인 노동자들이 인간답게 노동을 하고 그에 합당한 권리를 누릴 수 있도록, 이미 한국 사회에 적응해 언어 소통이 원활하고 숙련된 노동자는 전면 합법화를 통해 받아들여야 한다는 주장도 있다.

반면에, 정부는 불법 외국인 노동자의 정주화(定住化) 방지와 국민적 정서를 고려해 '노동 허가제'는 불가능하다는 입장이다. 무엇보다 '고용 허가제'의 정착을 위해 새로운 인력을 들여오려면 기존에 양산된 불법 체류 외국인 노동자들을 내보내야 한다는 것이다.

고용 허가제 시행 2년이 지난 지금, 외국인 노동자 인권 연대가 외국인 노동자를 대상으로 한 설문 조사에 따르면, 불법 체류 외국인 노동자의 수는 더욱 증가하고, 송출 비리와 열악한 인권 상황은 개선되지 않았으며, 허술한 인력 수급 체계 등 고용 허가제 실시 이전과 크게 달라진 바가 없다고 한다.

보고서에 따르면, 외국인 노동자들은 평균적으로 70만 원 정도의 급여를 받고 있으며, 상여금은 대부분이 못 받고 있었다. 이들의 일평균 노동 시간은 12시간 이

지식검색

외국인 고용 허가제

'외국인 고용 허가제'는 외국인 노동자의 수입을 전면 허용하는 것이다. 즉 기본적으로 노동 관계법에 의하여 외국인의 고용과 취업을 규제하되, 법무부가 체류 허가를, 노동부가 노동 허가를 맡아 외국 인력을 관리하는 제도이다. 이 제도 하에서 외국인 노동자는 국내에 들어올 때부터 법적으로 '근로자'의 지위를 부여받는다. 그러나 이로 인해, 국내 노동자의 실업 증가나 임금 삭감 등의 문제점이 발생할 수 있고, 취업을 원하는 외국인 노동자들의 취업이 많아질 것이므로, 선별 과정에서 송출 회사의 중간착취가 발생할 여지가 크다. 이 제도는 미국, 독일, 대만, 싱가포르 등에서 채택하고 있다.

상이고, 작업 숙련도가 떨어지는 고용 허가제 신규 인력들은 제대로 된 사전 교육을 받지 못했기 때문에 산업 재해의 위험성이 매우 높은 것으로 조사되었다. 장시간 노동에 비해 월평균 휴일은 4일 이상이라는 응답이 많았다. 특히 외국인 노동자들은 낮은 임금(27.2퍼센트)과 과중한 업무(26.3퍼센트), 장시간 노동(17.5퍼센트) 등의 이유로 사업장 이동을 원했던 경우에도 고용주의 비협조(26.7퍼센트)와 원래 사업장 이동이 불가능한 것으로 알고 있어서(33.3퍼센트) 등의 이유로 좌절했던 것으로 나타났다.

외국인 노동자들의 인권 문제를 어떻게 해결할 것인가?

불법 체류 외국인들의 인권 문제를 해결하기 위해선, 이들이 국내에서 자유롭게 경제 활동을 할 수 있어야 하는데, 이것은 단순한 문제가 아니다. 외국인이 국내에서 경제 활동을 해서 돈을 벌고, 그 돈을 국내에서 소비한다면 크게 문제가 되지 않지만, 외국인 노동자들은 대부분 국내에서 번 돈을 외국으로 송금한다. 또한, 얼마 전 정부에서 외국인 노동자에 대한 정책을 시행하려고 했는데 기업들의 반대에 부딪혔다. 기업주 입장에서는 외국인 노동자들의 임금 수준이 매우 낮을 뿐 아니라, 내국인 고용 시 기업주가 부담해야 할 다양한 보험 금액을 지불하지 않기 때문에 생기는 이득이 상실된다는 것이다.

인권 연대는 2005년 외국인 노동자 실태 조사를 통해 이주 노동자들이 관리와 통제의 대상이라는 사회적 인식을 바꾸고 외국 인력 정책을 통합성과 유연성 차원에서 접근해야 한다고 주장한다. 2004년 정부가 발표한 '1사 1제도 폐지, 내국인 7일 구인 노력 이후 외국인 노동자 수급, 재취업 제한 기간 단축' 등의 고용 허가제 개정 사항들도 주로 사용자 편의에 초점이 맞춰진 것이기 때문이다.

현재 불법 체류 외국인 노동자는 오히려 작년보다 늘어났다. 때문에 정부가 불법 체류 외국인 노동자들을 양성화해 고용 허가제 취업 우선권을 주는 등 전향적인 자세가 필요하다는 주장이 제기되고 있다. 또한, 인권 침해 요소가 컸던 사업장 이동의 제한을 대폭 완화하고, 병행 실시되었던 산업 연수생 제도를 폐지하며, 분산됐던 외국 인력 도입 기관들을 통합하여, 보다 전문적인 외국 인력 정책 담당 부서를 신설할 필요가 있다.

아! 아시아! 아시아!

방송 프로그램 〈아시아! 아시아!〉 코너에서는 몽골, 필리핀, 파키스탄, 인도네시아, 스리랑카, 우즈베키스탄, 태국, 방글라데시 등의 외국인 노동자들에게 가족 상봉을 주선했다. 인도의 '라나' 씨는 가족과의 만남을 앞두고 숨져 보는 이를 안타깝게 했고, 몽골의 여성노동자 '자야' 씨는 이별한지 4년 만에 만난 아이들이 엄마를 낯설어 하는 모습에 두 번 울었다.

엄연한 우리 사회의 구성원이면서도 소외받아온 외국인 노동자를 따뜻한 시선으로 바라본 〈아시아! 아시아!〉는 막연한 두려움의 대상이던 이들 역시 똑같은 인간이라는 사실을 새삼 확인시켜 주었다. 냉대와 편견에 아파해 온 외국인 노동자들도 이 방송을 통해 새로운 한국을 발견했다. 출연자들의 곡절 많은 사연과 가슴 뭉클한 상봉 장면은 1960~1970년대 가난 때문에 타국에서 이주 노동자의 고된 삶을 경험했던 우리의 자화상과 겹쳐 아련한 향수와 아픈 각성을 함께 안기곤 했다. 이런 프로그램이 만들어졌다는 것은 우리 사회의 인식이 한층 성숙했음을 보여준다. 그러나 아직도 그들에 대한 사회적 인식을 변화시키기에는 부족한 면이 많다.

편견으로 인한 사회적 갈등에 대한 교육적 대응으로서 편견을 감소시키는 반편견 교육 과정이 필요하다. 그 중에서도 세계적으로 가장 큰 편견 중에 하나인 인종 편견에 대해 다룰 필요가 있다. 자본주의 사회에서 서구 유럽과 북미가 세계 경제를 주도하면서 우리들은 백인종에 대한 막연한 부러움과 열등감 등을 가지고 있다. 할리우드 영화를 보면 백인 영웅이 사건을 해결하는 것이 대부분이고, 흑인은 주로 범죄자 역을 맡는다. 영화와 같은 미디어를 접하면서 우리들은 자연스럽게 인종 편견을 갖게 된다. 또한 유색 인종에 대한 편견이 우리들 마음속에 퍼져 있는데, 주로 동남아시아 지역에서 온 외국인 노동자들에 대해 이유 모를 반감들을 갖고 있는 것이 현실이다.

현재, 외국인 노동자들의 인권 보호 단체들은 외국인들을 보는 잘못된 편견을 바로잡기 위해 주민들과 외국인들이 함께하는 프로그램을 개발해 운영하고 있다. 자주 만날수록 잘못된 편견은 자연스럽게 사라질 것이기 때문이다. 인천에 있는 한국이주노동자인권센터는 고등학교를 찾아 학생들을 대상으로 외국인 인권 교육을 해 왔다. 더 나아가 외국인 거주자 자녀들이 다니는 초등학교에 외국인 아버지들이 직접 방문해 어떻게 한국에 오게 됐는지, 결혼은 어떻게 했는지 등을 설명하는 프로그램을 추진하기도 하였다. 전통 옷 입어 보기, 현지 악기 들어 보기, 음식 먹어 보기 등도 한 예이다. 또한, 한국이주노동자인권센터는 달마다 외국인 노동자 콘서트를 열어 주민들과 만남을 주선하고 있으며, 앞으로 주말마다 학생들이 외국인 노동자들과 만나는 다문화와 인권 교육 프로그램도 준비하고 있다.

혈육의 정(情)과 가족 간의 사랑은 만국 공통어이다. 아시아의 다른 나라가 경제적으로는 한국보다 20~30년 낙후돼 있을지 몰라도 따뜻한 가족애와 훈훈한 인심만큼은 고스란히 살아있어 각박해진 우리 사회를 되돌아볼 때가 많다. 불법 체류는 범죄이며 국내에도 실업자가 많다는 반론도 있지만, 외국인 노동자는 우리나라의 필요에 의해 기피 직종에서 일하는 산업 역군이라는 인식으로 불법 체류자에 대한 합리적인 해결책을 모색하여 외국인 노동자들과 더불어 살아가는 방법을 찾아야 할 때이다.

우리나라의 노동 운동을 말할 때면 왜 항상 '전태일' 이 등장하는가?

1970년, 평화시장 피복 공장의 재단사이자 노동 운동가로 활동하던 스물 두 살의 전태일은 온몸에 휘발유를 붓고 "근로 기준법을 지켜라", "우리는 기계가 아니다"라고 외치며 평화시장 앞을 달리다 "내 죽음을 헛되이 말라"는 외마디 말을 남기고 쓰러진 뒤 끝내 일어나지 못하고 숨을 거두었다. 이 사건은 우리나라의 노동 운동사에서 매우 중요한 역사적 의의를 지닌다.

전태일은 대구의 한 가난한 집안의 맏아들로 태어나 어릴 적에 가족과 함께 서울로 올라왔다. 아버지의 사업 실패로 초등학교를 중퇴하고 동생과 함께 동대문 시장에서 피복점 보조로 취업해 하루 14시간씩 힘겨운 노동을 하고 일당으로 당시 차 한 잔 값인 50원을 받았다. 이듬해 직장을 옮겨 미싱사로 일하기 시작하면서 어린 소녀들이 점심도 굶은 채 고된 노역에 시달리는 것을 보고, 노동 운동에 관심을 가졌다. 특히 이 무렵 함께 일하던 여공이 직업병으로 인해 폐렴 3기 진단을 받고 강제 해고되는 등 사업주의 노동착취와 비인간적인 행위가 계속되는 것을 보고 충격을 받았다.

그러던 중 그는 노동자를 보호하는 노동법이 있다는 것을 알고, 평화시장 재단사들을 중심으로 근로 조건 개선을 위한 모임을 준비하여 최초의 노동 운동 조직인 '바보회' 를 창립하고 근로 조건의 부당성을 역설하는 한편, 설문을 통해 시장 내 노동 실태를 조사하였다. 그러나 이 일이 실패로 끝나자 노동 환경 개선에 자신의 모든 것을 바치겠다는 결심을 하고 다시 '삼동 친목회' 를 조직하였다. 그 뒤 본격적으로 평화시장 근로 개선 작업에 나서 사업주 대표들과 임금, 노동 시간, 노동 환경 개선, 노동조합 결성 지원 등을 협의하였다. 그러나 약속은 지켜지지 않았다.

이에 전태일은 근로 기준법 화형식을 결의하고 노동 환경 개선을 요구하며 시위를 벌였다. 당시 시장 주변에는 시위 소식을 들은 많은 노동자들이 모여들었고, 경찰들은 시장을 에워싸고 있었으며, 사업주들은 노동자들이 밖으로 나가지 못하도록 막고 있었다. 경찰의 방해로 인해 결국 시위가 무위로 끝나갈 즈음 전태일은 온 몸에 휘발유를 붓고 분신자살하였다.

전태일 분신 사건은 한국 노동 운동사에 한 획을 그은 사건으로, 이후 한국의 노동 운동은 새로운 전기를 맞았다. 1970년대에만 2,500여 개에 달하는 노동조합이 결성되었는데, 이 모두가 전태일 분신 사건에 그 뿌리를 두고 있으며, 오늘날에도 한국 노동 운동의 진정한 출발점으로 인식되고 있을 정도이다. 그 후로 35년이 지난 지금, 우리나라 노동 현장의 비인권적 문제들은 이제 불법 체류 외국인 이주 노동자들의 몫이 되었다.

현재 국외 불법 체류 한국인 이주 노동자들의 현실은 어떠한가?

한 불법 재일 한국인 노동자가 경찰에게 불심검문을 당하자 당황하여, 회사 뒷문을 통해 도주하면서 건물 2층에서 뛰어내렸고 갈비뼈가 부러지는 중상을 입었다. 다음 날 그는 복강 내 과다 출혈로 병원에서 사망했다.

일본 경찰의 외국인 불법 외국인 노동자 단속 과정에서 부상을 당해 숨진 우 씨는 3년 전 관광 비자로 일본에 입국했다. 취업을 목적으로 입국한 그는 비자 기간이 만료된 후에도 금속 회사에 다니며 일본에 체류했다. 그가 속해 있던 재일 한국인 귀금속협회 측은 최근 일본 정부의 불법 외국인 노동자 단속이 심해지면서 불심검문을 당했던 우 씨가 도망치다가 이런 화를 입었다며, 우 씨가 일본 실정법을 위반한 불법 외국인 노동자 신분이었기 때문에 경찰에 항의나 보상 요구도 못 하고 있다고 밝혔다.

사고 소식을 제보한 한 유학생은 일본 공중파 TV에서 매일 한류에 관한 내용이 나오고 있지만, 정작 뉴스 시간에는 속옷 바람으로 도망치는 불법 외국인 노동자들을 잡는 장면이

홍미 위주로 방영되고 있다며 이번 사고는 한류 열풍의 그늘에 숨겨진 또 다른 이면이라고 말했다.

외교통상부가 국회에 제출한 국정 감사 자료에 따르면 2005년 국외 불법 체류 한국인은 모두 26만여 명으로 나타났다. 국가별로는 미국이 18만여 명으로 가장 많았고 일본이 4만여 명, 필리핀이 2만여 명으로 그 뒤를 이었다. 그러나 무비자로 입국 후 현지에서 뇌물 등으로 체류 비자 문제를 해결하는 사례 등도 다수 있어 실제 불법 외국인 노동자는 이보다 많을 것으로 추정되고 있다.

비정규직 노동자 문제는 무엇이고, 과연 해결될 수 없는 문제인가?

비정규직 노동이라 함은 정규 근로의 전형적인 특성을 벗어난 모든 고용 형태를 의미한다. 정규 근로는 단일한 사용자와 기간을 정하지 않은 고용 계약을 맺고 고용의 안정성을 보호받는다. 또한, 임금 수준이 직무와 근속의 영향을 받으며, 사업장 내에 정하여진 소정 근로 시간에 따라 전일제로 근무한다는 특징을 갖고 있다. 그러나 이와 같은 정규직의 특성에서 벗어나 근로 계약 기간이 정해진 단기 근로(계약직, 임시직, 일용직), 소정 근로 시간이 짧은 단시간 노동, 근로 계약을 맺은 사용자와 업무를 지시하는 사용주가 다른 파견 노동 등이 비정규직의 대표적인 유형이라 할 수 있다. 결국, 정규직 노동자에 비해 불리한 조건 속에서 부당한 대우를 받을 수밖에 없는 것이 비정규직 노동자의 현실이다.

정부는 여러 가지 면에서 불리한 조건의 노동을 하고 있는 비정규직 노동자의 권리를 보호하기 위해 임금 등 근로 조건의 비합리적인 차별을 금지하고 차별 시정 기구를 설치하도록 하는 방안을 제시하였다. 그러나 파견 대상 업무 확대를 규정함으로써 비정규직을 오히려 확대할 수 있다는 측면에서 노동계의 비판을 받고 있다. 노동계는 비정규직 비율이 이미 너무 높으므로 파견제는 아예 폐지하여야 한다는 입장이다. 이에 대해 경영계는 비정규직의 정규직화와, 비정규직과 정규직의 동등 대우 보장 등의 요구를 받아들일 수 없다는 입장이다. 인사 및 경영 참여는 사용자의 전권 사항이라는 것이다.

비정규직 노동자의 처우를 개선해야 한다는 점에 대해서는 정부와 노동계의 견해가 일치한다고 볼 수 있고, 비정규직을 줄여야 한다는 노동계의 입장에 대해서는 정부와 경영계가 모두 찬성하지 않는 입장이며, 경영계는 비정규직과 정규직의 동등한 대우 보장에 반대하는 입장이다. 이처럼 비정규직 문제에 대한 관련 당사자의 의견은 상당 부분 차이를 보인다. 따라서 이 문제에 대한 노사정 협의가 필요하며, 협의 과정에서는 양보와 타협의 자세가 필수적이다.

더불어 노사정 협의의 기본 원칙으로 채택되어야 할 것은, 사회적 약자의 보호와 불합리한 차별의 철폐가 이루어져야 한다는 것이다. 여러 가지 혜택으로부터 제외된 사회적 약자의 보호를 우선 과제로 삼는 것은 복지 국가를 표방하는 나라로서는 당연한 일이며, 평등권이라는 헌법적 권리를 근거로 생각할 때 불합리한 차별의 철폐 역시 미룰 수 없는 과제이기 때문이다.

참고할 만한 책

김일광 글, 장선환 그림, 『외로운 지미』, 현암사, 2004.

이란주, 『말해요, 찬드라—불법 대한민국 외국인 이주 노동자의 삶의 이야기』, 삶이 보이는 창, 2003.

조영래, 『전태일 평전』, 돌베개, 2001.

하종강, 『그래도 희망은 노동운동—우리시대의 논리 2』, 후마니타스, 2006.

노인은 소외될 수밖에 없는가?

「황혼」 박완서

「흐르는 북」 최일남

고령화 사회 어떻게 극복할 것인가?

요즘 경로당에서 70대면 '청춘'이다. 우스갯말로 '물심부름하는 아이' 정도로 취급받는다고 한다. 그만큼 고령층이 늘어났다는 얘기다. 우리나라 평균 수명은 남녀 평균 77세다. 이는 어릴 때 사망한 사람의 연령까지 포함한 평균치이다. 청 · 장년기를 별 탈 없이 보낸 뒤 노년기를 앞둔 사람의 수명은 평균 수명보다 크게 늘어난다.

통계청은 한국 사회가 평균 수명은 느는 반면 출산율은 낮아지는 사회로 빠르게 늙어가고 있다고 발표했다. 전체 인구에서 노인이 차지하는 비중이 높아지면서 갈수록 의료비 부담이 늘고 경제 활력이 떨어져 성장률이 낮아지는 등 사회, 경제적 문제가 대두될 것으로 우려된다. 2000년 고령화 사회에 들어선 우리나라는, 2005년 현재 노인 인구 비율이 10퍼센트 정도로 추산되는데, 2018년에는 고령 사회로, 2026년에는 초 고령 사회로 들어설 것으로 예상된다.

고령화가 진전되면서 노인을 부양하는 비용도 크게 늘어났는데, 1995년에 비해 2005년에는 노인 복지 관련 예산이 무려 5배나 증가했다. 여기에 부모의 노후 생계에 대한 가족의 책임 의식이 크게 희박해지고 핵가족화로 인해 세대 간의 단절이 심화되는 등 전통적인 가족 의식도 빠른 속도로 무너지고 있다.

자식까지 부모 품을 벗어나고, 며느리에게까지 오해를 받으며 살아야 하는 노인 세대의 심리적 부담감, 그리하여 이제 노인들의 인생의 의미는 존재하지 않으며 가족 구성원의 짐에 불과하다는 소외감, 정신적인 가치를 인정받지 못 하고 실리적인 가치와 세속적인 가치로 인해 불필요한 존재감을 안고 살아가는 노인들의 모습을 「황혼」과 「흐르는 북」을 통해 구체적으로 살펴보고자 한다. 또, 이 같은 변화에 개인은 물론 국가 차원에서도 어떻게 대처해야 할지에 관해 함께 알아보자.

「황혼」 중에서

젊은 여자는 좋은 가정교육과 학교 교육을 받은 똑똑한 여자로서 매사에 완전한 걸 좋아했다. 비뚤어지거나 모자라거나 흠 나거나 더럽거나 넘치는 걸 참지 못했다. 그러나 사람의 행복이라는 데 대해서만은 대단히 융통성 있는 생각을 갖고 있었다. 아무리 행복한 사람에게도 한 가지 근심이 있기 마련이라는 게 그것이었다. 늙은 여자는 젊은 여자의 바로 이 한 가지 근심이었다. 젊은 여자는 늙은 여자를 한 가지 근심으로서밖에 인정하지 않았다.

늙은 여자는 실상 늙은 여자가 아니었다. 아직 환갑도 안 되었고 소녀처럼 혈색 좋은 볼과 검고 결 좋은 머리와 맑은 눈을 가지고 있었다. 젊은 여자를 며느리로 맞을 때는 더 젊었었다. 하객들은 동서 사이처럼 보이는 고부 사이라고 수근댔었다.

시집온 지 며칠이 지나도록 젊은 여자는 늙은 여자를 결코 어머니라고 부르지 않았다. 꼭 불러야 할 기회는 젊은 여자 쪽에서 교묘하게 피했기 때문에 늙은 여자는 그걸 별로 부자연스럽게 여기지 않았다. 그러던 어느 날, 젊은 여자는 친구를 초대했다. 친구들은 오이소박이 맛을 특히 칭찬하면서 누가 어떻게 담갔는가를 알고 싶어 했다. 그것은 늙은 여자의 솜씨였다. 늙은 여자는 젊은 여자가 우리 어머님이 담그셨다고 그래 주길 가슴 두근대며 기다렸다. 그러나 젊은 여자는 간결하게 말했다.

"우리 집 노인네 솜씨야."

늙은 여자는 그 말이 섭섭해 며칠 동안 입맛을 잃었다.

그러나 그것은 다만 시작에 불과했다. 감기 기운만 있어 봐도 노인네가 옷을 얇게 입으시니까 그렇죠. 화장실만 자주 들락거려도 노인네가 과식을 하시니까 그렇죠. 질긴 거나 단단한 걸 먹으려 해도 노인네가 그걸 어떻게 잡수시려고 그래요. 이런 식으로 그 여자는 모든 자연스러운 행동을 하나하나 간섭받으면서 늙은 여자로 만들어졌다. 그러다가 젊은 여자는 아이를 낳았다. 늙은 여자에게 손자가 생긴 것이다. 그 때부터 젊은 여자는 늙은 여자를 할머니라고 불렀다. 늙은 여자의 아들까지 덩달아서 할머니라고 불렀다. 마땅히 어머니라고 불러야 할 사람들이 할머니라고 부르기 위해 대화의 방법까지 간접적인 것으로 고쳐 나갔다.

할머니 진지 잡수시라고 해라. 할머니 그만 주무시라고 해라. 할머니 전화 받으시라고 해라. 이런 식이었다.

(중략) "얘들아, 명치 속에 이게 뭔가 한 번만 만져 줘 다오."

어느 날인가 젊은 여자가 가까이 있길래 늙은 여자는 느닷없이 치마끈을 풀면서 젊은 여자의 손을 끌어다가 명치를 만져 보게 하려고 했다. 젊은 여자는 질겁을 하며 손을 뿌리쳤다. 그리고 늙은 여자가 충격을 받을 만큼 적나라하게 불쾌한 얼굴을 했다. 늙은 여자는 얼른 그 자리를 피하는 수밖에 없었다. 젊은 여자가 명치 끝에 닿았던 손을 마음껏 흐르는 수돗물에 씻어낼 수 있도록.

(중략) 늙은 여자는 몰래 엿듣는 전화였으므로 숨죽여야 했고, 아무리 우스워도 소리 죽여 웃어야 했다. 그래서 더욱 늙은 여자의 표정은 판토마임처럼 과장되어 변해 갔다. 늙은 여자는 통화에 끼어들진 못했지만 젊은 여자들이 하는 말에 늘 흥미진진했다. 젊은 여자들은 한 번도 늙은 여자의 귀에 거슬리거나 못 알아들을 말을 한 적이 없었다. 젊은 여자들이 재미있어 하는 얘기는 늙은 여자도 재미있었고, 젊은 여자들이 분개하는 문제에 대해선 늙은 여자도 분개했다. 젊은 여자들의 기쁨이나 슬픔, 바람을 늙은 여자는 특별히 노력하거나 가장하지 않고도 따라 할 수 있었던 것이다. 전화로 젊은 여자들의 이야기에 숨어서 참여할 때마다 늙은 여자는 자기가 왜 늙은 여자여야 하는지 이상하게 생각했다. 고립되어 특별히 취급되

어야 할 아무런 이유도 그 자신에겐 없었다.

(중략) "글쎄 허구한 날 명치에 뭐가 있다고 그러면서, 이사람 저사람 아무나 보고 거길 주물러 달라는 거야. 노인네가 왜 그렇게 자기 살 만지는 걸 밝히는지, 딴 건 다 참을 수 있어도 그것만은 정말 못 참겠더라."

"드디어 왔구나. 예외도 있나 싶더니."

"뭐가?"

"느네 노인네 말야. 외아들의 홀시어머니인데 그 동안 어째 너무 구순하다 싶더니. 그게 바로 억압된 성적인 욕구불만의 표현일거야."

"성적인 욕구 불만? 그럼 성욕 비슷한 건가?"

"비슷한 말이 아니라 준말이지. 요새 애들이 그런 거 잘하지. 왜 홍도야 우지 마라의 준말은 '홍도야 뚝', 가방을 든 여자의 준말은 '빽든 년' 하는 식으로 말야. 늙고 젊고 사람 하는 짓은 성욕으로 설명 안 되는 게 없거든."

"너니까 그렇지. 너는 애가 아무튼 불순해. 꼭 그 방면으로 뭔 일이든지 꽈다 붙이더라."

"얘, 뭔 일이던지 그 방면으로 꽈다 붙인 게 나래? 무식하게스리, 그건 프로이트야."

"프로이트?"

"그래 프로이트, 너도 대학교 때 들은 강의 그 정도는 기억하고 있다가 써 먹을 줄도 알아라."

"억압된 성적인 욕구의 표현이라? 그러고 보니 나에게도 이것 저것 짚이는 게 있어."

(중략) 연속극 속의 식구들 소리 때문에 정작 식구들의 말소리는 들리지 않았다. 늙은 여자는 기다렸다. 식구들이 연속극에 정신이 팔린 사이 아들이 살금살금 발

소리를 죽여 가며 문병 와주길. 몇 번인가 문 밖에 숨죽인 아들의 발자국 소리를 들었다. 그러나 실제로 문이 열리진 않았다. 늙은 여자는 안절부절 아들이 문병 들어와 주길 기다리다 지쳐서 다시 쓰러졌다. 뱃속에서 쪼르륵 소리가 나면서 명치 속이 까진 살갗처럼 싱싱하게 쓰려왔다. 그 여자는 반듯이 누워서 명치를 쓸어 봤다. 아무것도 만져지지 않았다. 아마 엑스레이는 더 정확하게 그 속에 아무것도 없다는 걸 증명해 줄 것이다. 그 속에 아무것도 없다는 게 마치 몰래 길들인 친구를 잃은 것처럼 허전했다. 그거야말로 늙은 여자의 마지막 친구였거늘.

박완서(1979)

「흐르는 북」 중에서

"나가시게요?"

일당을 주고 불러온 요리 전문 파출부와 함께, 오렌지 빛 고무장갑을 낀 채 잰걸음으로 주방 안을 헤엄쳐 다니던 며느리는, 현관 앞에서 구두를 찾고 있는 민 노인 쪽을 향해 빠르지도 처지지도 않게 말했다. 비스듬히 몸만 돌렸을 뿐, 한 눈 팔다간 썰고 있는 전복의 두께가 들쭉날쭉하게 될까봐, 시선을 도마 위에 못질해 두고 입만 달싹거린 셈이었다.

"응. 좀 볼일이 있어서."

칠십 노인의 해질녘 외출에 대해, 그러나 며느리 송 여사는 그 이유를 묻지 않았다. 암호풀이의 명수들처럼, 아 하면 어 하는 관습에 익숙해진 터여서, 굳이 가는 데는 밝힐 것도 자상하게 수소문할 것도 없는 처지였기 때문이었다. 다만 전혀 감정의 높낮이가 개입되지 않은 예사스런 격식을 갖추려는 가까스로의 노력이, 피차간에 잠깐 오갔다고 보면 될 일이었다.

"조금만요."

송 여사는 여전히 물기 없는 건조한 어투로, 시아버지를 후딱 묶어놓은 다음 안방으로 들어갔다. 며느리의 뜻을 아는 민 노인이, 그녀의 뒷모양을 쫓던 눈에 잔망스럽게도 웃음을 비죽이 내비치는 순간 하필이면 파출부가 자기를 훔쳐보고 있다는 사실을 깨닫고 얼른 무심한 얼굴로 되돌아갔을 때쯤, 송 여사는 나왔다.

"이거 가지고 가세요."

고무장갑을 벗은 오른손으로, 며느리는 오천 원짜리 한 장을 건네주었다. 그리고 민 노인의 놀라움이 실린 겸사가 뒤따랐다.

"너무 많아. 아직 남은 돈도 있는데."

"많기는요. 오늘 밤은 나가 계시는 시간이 길 텐데요."

되도록 천천히 돌아오라는 당부를 그런 식으로 휘감는 걸 뻔히 알면서도, 민 노인은 예의바른 대꾸를 다시 보탰다.

"그래도 그렇지."

"아니에요. 잘 다녀오세요."

"알았다."

민 노인이 주머니에 돈을 받아 넣고 현관문을 밀치고 나서자마자, 안에서는 이내 두 개의 자물쇠를 제각제각 잠그는 소리가 들렸다. 저 놈의 소리. 민 노인은 어제 오늘 겪는 일이 아니면서도, 벽의 한 부분인 양 자기를 축출하고는 숨소리조차 들여보내지 않을 완강한 거부의 몸짓을 보이고 있는 쇠문을 향해, 소리 없이 혀를 끌끌거렸다.

7층에서 바닥으로 내려가는 아파트의 엘리베이터를 혼자 타고 내려가면서야, 민 노인은 넉넉한 마음을 회복했다. 처음엔 혼자 타는 엘리베이터가 어쩐지 이상한 공포감을 몰아오는 것 같아, 동행이 나타날 때까지 엉거주춤하게 기다렸었는데, 길들여지고 보면 혼자 탈 때가 차라리 속편하게도 느껴졌다. 더구나 지금 모양 알맞게 술을 마실 정도의 돈을 지닌 데다, 단골 포장마차에서 성규 녀석과 만나기로 한 날이 그랬다. 마치 비밀 결사를 하는 사람들의 심정이 그럴까 싶은 두근거림으로, 아침에 녀석의 방에 들어가 시간과 장소를 일러주었을 때, 그는 석류의 신맛까지를 뿜어내는 하얀 이를 쪼르르 빛내며 웃었다.

"오늘 밤 손님이 온대죠."

"그렇다나 보더라. 며칠 전부터 늬 애비가 냄새를 풍기더라구."

"할아버지, 이번엔 나가시지 말고 집에서 버텨보시지 그래요."

"싫다. 그러다가 저지난 짝 나면 어쩌게."

"잠자코 계시면 되잖아요."

"왜 나하고 따로 만나는 게 싫으냐."

"무슨 말씀을요. 좋다마다요. 다만 이런 일이 있을 때마다, 할아버지께서 따돌림을 당하는 것이 언짢다 이 말입니다."

"천만에다. 방구석에 처박혀 술에 젖은 혀꼬부라진 소리나, 돼지 멱따는 노래를 듣고 있느니보다야 훨씬 낫지. 밤 외출을 해도 좋은 당당한 명분이 생긴 데다, 늬 에미가 군자금도 다수 쥐어줄 것이고. 흐흐."

최일남(1986)

교과서 : 고등학교 문학 교과서(문원각 외 1종)

노인의 긴 인생 어떻게 살아갈 것인가?

소외된 노인

여기에 제시된 두 작품 모두 1970~1980년대에 발표된 것으로 노인들의 문제와 세대 간의 갈등을 다루고 있는 작품들이다. 먼저 박완서의 작품 「황혼」의 줄거리를 살펴보자.

아파트에서 늙은 여자(시어머니)와 젊은 여자(며느리), 젊은 여자의 남편과 아이들이 살고 있는데 며느리는 시어머니에게 어머니란 칭호를 쓰지 않는다. 시어머니는 가슴앓이 병이 있다고 하면서 며느리와 아들에게 명치 부분을 문질러 달라고 청하지만 며느리는 소름끼친다는 듯이 행동한다. 병원에 가서 진찰을 받아도 뚜렷한 증세가 나타나지 않는다. 어느 날, 며느리의 전화 내용을 우연히 엿듣게 된 시어머니는 심한 모욕감을 느낀다. 시어머니는 기쁨과 슬픔을 나눌 대상이 그리워 명치 부분을 문질러 달라고 한 것인데 이를 오해하는 며느리가 미웠다. 늙은 여자는, 자기가 비록 혼자 살지는 않지만 자기 뜻대로 아무 것도 할 수 없는 무가치한 존재라고 생각한다.

이 작품은 시어머니와 며느리 사이의 감정 대립을 통해 강남 아파트 단지로 상징되는 대도시 중산층의 물질적 풍요의 공허함과 윤리 의식의 붕괴 상태를 잘 그려내고 있다. 작가는 이 소설에서 고부(姑婦) 간의 심리적 갈등과 함께 젊은 세대의 윤리 의식 마비와 늙은 세대의 소외감을 드러내고 있다. 또한, 성적 관점에서 모든 현상을 해석하려는 타락한 세태를 은근히 비판하고 있다.

아파트를 배경으로 하고 있는 것은 「흐르는 북」도 마찬가지이다. '아파트' 라는

지식검색

프로이트(Sigmund Freud, 1856~1939)

오스트리아의 정신과 의사로 정신분석학의 창시자이다. 1886년 빈에서 신경 병원을 개업하고 많은 임상 관찰을 통해 연구에 진력하여 인간의 마음에 본인이 의식하지 못하는 무의식의 존재를 설정하였다. 이후에는 꿈 · 착각 · 해학과 같은 정상 심리에도 연구를 확대하여 심층 심리학을 확립하였고, 이론 체계의 정립에 주력하여 인간의 인격 구조를 '이드(id)', '자아(ego)', '초자아(super ego)'의 셋으로 나누고, 사회적 양심이나 부모의 금지 등에 의하여 형성되는 초자아에 의해 성(性) 충동인 리비도(libido)가 억압되어 잠재의식을 형성한다고 보았다.

인간의 본성과 성격을 구조화한 정신 분석 이론을 정립하여 20세기 심리학 · 정신의학에서뿐만 아니라 예술 · 종교 · 도덕 · 문화의 여러 문제에 널리 적용되어 사회학 · 사회심리학 · 문화인류학 · 교육학 · 범죄학 · 문예비평 등 여러 영역에 깊은 영향을 끼쳤다.

공간의 의미가 무엇이기에 두 작품에서 주된 배경으로 다루어지는 것일까? 아파트는 산업화 과정에서 생긴 새로운 주거 형태로 도시의 상징물이다. 이전의 주택에 비해 획일적으로 생긴 모습과 회색빛의 거대한 시멘트 건물은 도시 속의 삭막한 생활을 상징적으로 드러낸다. 이러한 삭막함은 민 노인을 대하는 며느리의 태도와 매우 닮았다.

시아버지가 일찍 들어오는 일이 없도록 넌지시 당부하는 며느리의 모습은 예의바른 것처럼 보이지만 오히려 그러한 태도에서 더욱 정감 없음을 느끼게 한다. 여기에 민 노인도 예의바른 대꾸를 하고 있는 것으로 보아, 이들 사이가 가족의 끈끈한 정으로 맺어진 것이 아니라, 형식적으로 격식을 갖추는 데 그치고 있다는 것을 알 수 있다. 「흐르는 북」은 예술 정신과 전통 세계의 가치관을 중시하는 민 노인과, 실리적인 가치와 세속적인 명예를 중시하는 아들, 그리고, 새로운 세대의 가치관을 통해 세대를 넘어서는 화합을 시도하는 손자의 모습을 통해 서울의 한 중산층 가족의 삶의 모습을 상징적으로 보여주고자 하였다.

노인 인구가 많아지면 국가 경제에 해가 되는가?

의학의 발달과 소득 수준의 증가로 생활수준과 환경이 개선되면서 국민들의 평균 수명이 길어지고, 여성들의 경제 활동 증가로 인해 출산율이 낮아지면서 전체 국민의 평균 연령이 높아지고 있다. 고령화 사회는 정치, 경제, 사회적으로 다양한 문제점을 가져올 것으로 예상된다. 그래서 21세기에는 인류 고령화 현상이 가장 중요한 정치, 경제적인 사안이 될 것이라고 전문가들은 예측한다.

선진국의 경우, 노인 인구가 고령화 사회에서 고령 사회로 들어가는 시기가 프랑스는 115년, 미국이 65년, 독일이 45년, 그리고 일본이 24년이었다. 그런데 우리나라는 22년이 걸려 선진 경제권에서는 가장 급속하게 고령 사회로 진입할 것이라는데 문제의 심각성이 있다. OECD는 '한국은 급속한 고령화 진전으로 인해 국내총생산 대비 연금 지출 비율이 앞으로 50년 간 회원국들 가운데 가장 큰 규모로 증가할 것' 이라는 전망을 내놓기도 하였다.

고령화 사회는 앞에서 제시한 작품에서 볼 수 있듯이 개인적으로 빈곤과 질병, 고독의 문제를 발생시키고, 가족 차원에서는 동거 및 수발 비용을 둘러싼 갈등 및 가족 역할 재조정의 문제를 발생시킬 수 있다. 사회적으로는 공적 연금 보험료와 공적 부조의 증가, 의료비용 증가에 따른 보험료 인상 등 전반적인 조세 부담이 증대되고, 노인 관련 산업 증가와 부양 부담을 둘러싼 세대 간 갈등을 초래할 수 있다.

사회, 경제적 차원에서는, 생산 연령 인구가 줄어들어 노동 공급을 감소시키며, 저축이 줄어들어 투자가 위축되고 경제 성장을 둔화시키게 된다. 또한, 고령화로 인한 노동 및 자본 시장 구조 변화는 재정 수입 감소와 노인 복지 비용의 증가로 정부의 재정 수지가 악화된다. 그 외에도 미래에 대한 불안으로 사람들은 씀씀이를 줄이게 될 것이고, 결국은 소비 침체, 경영 악화, 실업 증가, 소비 축소 등의 연

지식검색

고령 사회, 고령화 사회

65세 이상 인구가 총인구를 차지하는 비율이 14퍼센트 이상을 고령 사회(aged society)라고 하고, 65세 이상 인구가 총인구를 차지하는 비율이 20퍼센트 이상을 후기 고령 사회(post-aged society) 혹은 초 고령 사회라고 한다.

고령이란 용어에 대한 정의는 보편적으로 일정한 것은 아니다. 한국의 고령자 고용촉진법시행령에서는 55세 이상을 고령자, 50~54세를 준 고령자(2조)로 규정하고 있으나 UN은 65세 이상의 인구가 총인구에서 차지하는 비율이 7퍼센트 이상일 때 고령화 사회라고 보고 있다. 인구의 고령화 요인은 출생율의 저하와 사망률의 저하에 있다. 평균 수명이 긴 나라가 선진국이고 평화롭고 안정된 사회를 상징하는 의미에서 장수(長壽)는 인간의 소망이기도 하지만, 반면 고령에 따르는 질병 · 빈곤 · 고독 · 무직업 등에 대응하는 사회 경제적 대책이 고령화 사회의 당면 과제이다.

쇄적 악순환이 나타나게 될 수 있다.

결국, 고령화 사회는 경제 활동 인구 감소로 인한 노동력 부족 현상의 심화와 그에 따른 경제 성장률의 둔화 가능성, 각종 연기금의 고갈 위험, 사회적인 노인 부양에 대한 부담 증가 등 각종 사회 문제들을 발생시킬 수 있고, 노인 복지를 위한 사회의 재정적 부담이 급속히 늘어날 수밖에 없다는 말이다.

후세를 위해 노인들은 산 속에 버려져야 하는가?

산업화 시대의 사회적 여건은 농촌 공동체 사회와는 많이 다르다. 농촌 공동체 사회에서는 노인들의 농업 지식이 후세들에게 살아있는 지혜가 되었지만, 산업화되면서 노인들의 농업 지식은 죽은 지혜가 되어 버렸다. 또한, 산업 구조가 근대화되면서 농촌의 젊은이들이 도시로 이주하였고, 노인 단독 세대가 많이 형성되었다. 가족이 함께 생활하는 비율이 감소하고 점차 세대별 분화가 이루어지면서 핵가족화가 진행된 것이다. 이런 구조 변화 속에서 노인들의 권위와 위상은 점점 약화될 수밖에 없다.

뿐만 아니라 서구의 수평적 문화가 유입되면서 노인을 공경하는 윤리적 가치관이 점점 희박해져 가는 현상 등에서도 노인 문제의 원인을 찾을 수 있다. 우리나라는 자식들 뒷바라지를 위해 모든 것을 희생하고, 노년기에 경제적으로 자식들에게 의존해야만 하는 노인 인구가 많은데, 자식 세대는 이것을 달가워할 리가 없다. 문제는 이러한 노인 세대가 너무 많다는 것이다. 한국노인문제 연구소의 조사에 따르면 혼자 사는 노인의 비율이 절반을 넘어선지 이미 오래다. 우리나라의 노인들은 정말 버려지고 있다는 것이 가장 적절한 표현일 것이다.

현재 우리 사회는 평균 수명 연장, 소득 수준 향상 등으로 건강한 노인들의 사회참여 욕구의 증대와 함께 노후를 보다 풍요롭고 안락하게 보낼 수 있는 각종 여가 및 주거 시설에 대한 욕구가 크게 증가하고 있다. 그러나 이러한 욕구를 충족시킬 수 있는 사회적 여건이 미흡하고 여가 및 주거 시설이 부족하다. 기존의 시설도 생활 보호 대상 노인이나 저소득층 위주로 운영되고 있다. 또한, 치매를 비롯한 각종 노인성 질환이 증가하고 있으나, 전문 치료 및 요양 시설이 턱없이 부족한 실정이다. 결국, 노령 인구의 증가는 사회의 근대적인 발전에 따른 역작용이라고 볼 수 있는데, 자녀 세대들의 노인 부양에 대한 부담은 더욱 커질 수밖에 없고 이는 노인 소외의 악순환을 낳게 되는 것이다.

고령화 사회에서 노인은 소외될 수밖에 없는가?

통계청 조사에 따르면, 65세 이상 노인 가구는 월수입의 절반 이상을 자식이나 친척 등에 의존하고 있는 것으로 나타났다. 10명 중 1명의 노인만이 현재 소득과 소비 수준에 만족하고 있고, 절반 이상이 취업을 희망하고 있지만, 일자리의 질이 매우 떨어지고, 취업자의 70퍼센트 이상이 임금을 받지 못하는 자영업주나 무급 가족 종사자였다.

한국개발연구원은 고령 사회에서도 지속적인 성장을 유지하려면 국민 연금의 수급 개시 연령을 연장하고 소득 대체율을 낮추는 등 조기 퇴직 유인을 약화시켜야 한다고 지적한다. 또한, 국민 연금 제도의 전환, 고용 구조의 개편, 자본 시장의 안정화, 재정 건전화 등 중장기적인 제도 개선이 필요하다며 이러한 조치들을 조속히 추진할수록 경제적 비용은 줄어든다고 말하고 있다.

해결 방안에 대해 좀 더 구체적으로 살펴보면, 첫째, 인구 문제라는 관점에서 인구의 양적인 확대와 질적인 향상이 필요하다. 인구의 양적인 확대를 통한 노동력의 확충 방안으로 출산 장려 정책, 여성 및 고령 인력의 활용 방안, 이민의 확대를 들 수 있고, 인구의 질적인 향상을 통한 생산성 향상 방안으로는 시장 원리에 따른 경제 운용과 교육의 질적 향상을 들 수 있다.

둘째, 노후 소득 보장 제도를 확립해야 한다. 다른 선진 국가에서 많이 시행하고 있듯이, 경제적으로 어려운 노인들에게 실질적인 혜택을 주기 위해 노령 수당 및 경로 연금 지급을 확대하는 방안이 있다. 또한, 노인들이 자신의 능력을 개발할 수 있도록 '노인 능력 은행'을 운영하고, 노인의 적성과 능력에 맞는 일거리를 마련하여 여가 선용 및 소득 기회를 제공할 수 있는 '노인 공동 작업장' 등을 설치할 수도 있다.

셋째, 개인이나 가정이 부담하고 있는 노인 의료비에 대한 사회적 합의가 필요하다. 노인 의료비 부담에 대해서는 일정 부분은 사회 보장 기능을 위한 공동 의료 부담으로 적립시키고, 나머지 부분은 의료 저축 계좌에 적립하는 방안을 생각할 수 있다. 또한, 의료비 절감을 위해서는 사후 치료와 더불어 사전 예방이 강조되어야 한다. 이를 위해 체계적인 건강 검진과 생활 습관의 변화가 필요하다.

넷째, 제도적 차원에서도 해결 방안을 찾아볼 수 있다. 개인연금 제도의 확대,

노인 복지 관련 시설의 확충, 실버산업의 육성, 노인들이 일할 수 있는 사회적 여건과 적합한 직종 개발, 노후 생활 기반 조성을 위한 공적 소득 보장 체계 강화 등의 방안을 들 수 있다.

그러나 무엇보다도 인식적 차원에서의 변화가 필요하다. 사회적으로 노인에 대한 인식이 변화되어야 한다. 건강하고 능력 있는 노인은 보호 대상이 아니라 인적 자원이라는 인식이 필요하다. 또한, 경험과 연륜을 갖춘 노인 인력을 활용하는데 인색하지 않은 사회적 인식 개선 노력이 절실하다. 또한, 우리나라의 전통적 미덕인 경로 효친 사상을 재확립해야 한다. 사회의 전반적 분위기를 그렇게 이끌고 간다면, 자연스럽게 노인 문제에 대한 대책들도 병행될 수 있을 것이다.

노인들의 인생은 길다 - 노풍 당당 실버 세대

앞에서 제시한 많은 방안들도 중요하지만 가장 중요한 것은 노인들 스스로의 인식의 변화이다. 식당에서 주문을 하면서나 계산서를 갖다 달라고 하고 점원이 누구와 눈을 맞추는지, 계산서는 누구 앞에 내려놓는지를 보면 그 테이블에서의 사회적 지위를 알 수 있다. 노인과 같이 가면 무조건 젊은 사람을 실세로 본다. 병원을 가도 치료, 수술 등에 대한 중요한 결정을 내릴 때는 자식과 같이 오라는 소리를 듣고, 쇼핑을 가면 돈을 들고 가도 점원이 으레 무시를 하거나 유치원생에게 말하듯 또박또박 천천히 크게 말하는 잔인한 친절을 마구 베푼다. 이것이 우리 사회가 바라보는 노인의 모습이다.

과거 그 사람이 고관대작이었건, 평범한 사람이었건, 부자였건, 넉넉하지 못했건 노인으로 인식되는 순간 이해력이 떨어지고 사리 판단 능력이 미약하며, 경제적으로 결정권이 없는 사람으로 격하된다. 고령화 사회가 될수록 노인들은 경제와 소비의 주체로 남아 있어야 사회적으로 존중받을 수 있다. 어느 광고에서 말하듯 노인의 인생은 길다. 노인들 스스로가 지하철에서 자리를 양보받기를 원하기보다는 사회의 당당한 구성원으로서의 존중과 대접을 받을 수 있도록 노력해야 한다. 노인들이 경제력을 가지고 있을 때 기업도 실버 서비스 사업에 투자하고, 식당에서도 점원이 눈을 맞추며 백화점에서도 대접받으며 자식들에게도 의존하지 않게 된다.

초 고령 사회의 도래를 경고하는 많은 전문가들은 이모작 인생을 준비하라고 강조한다. 전반부 인생에 기대어 후반부 인생을 엉거주춤 살아서는 안 된다는 말이다. 완전히 새롭게 인생 설계를 해야 한다. 일본에서는 퇴직 후에 해야 할 일을 젊어서부터 준비한다고 한다. 최근 일본엔 자기만의 취미에 몰두하는 '오타쿠'가 유난히 많다. 매주 토요일 최소한 4시간씩 꾸준히 자신이 좋아하는 일에 몰두하는데, 이렇게 10년을 계속하면 전문가가 되고, 20년이면 도가 트이고, 30년이면 일본 최고의 반열에 오를 수도 있다는 것이다. 이렇게 시작한 취미 생활이 직장을 그만두고서도 생계를 꾸려나갈 수 있을 정도라고 하는데, 일본 전체로 따지면 100만 명이 훨씬 넘는다고 한다.

어떤 씨를 뿌려, 어떤 열매를 거두느냐는 전적으로 개인의 판단과 준비에 달린 셈이다. 길게 보면 투기성 재테크를 기웃거리느라 시간 보내는 것보다는 이모작 준비를 하는 것이 훨씬 건전하고 투자 수익률이 높을 수 있다. 독서나 여행 등 단순한 여가형 취미보다는 분재, 사진 촬영, 카메라 수리, 수공예, 요리, 집수리 등 부가가치 생산형 취미를 키우기 위한 노력이 필요한 시점이다.

더 생각해 보기

다음 글을 읽고 노풍 당당 실버 세대를 위해 노인 스스로 할 수 있는 방안에는 구체적으로 어떤 것들이 더 있을까? 노인 문제 중 치매환자를 집에서 돌보는 것과 전문 기관에서 돌보는 것 중 어느 것이 바람직한가? 노인 문제의 책임은 해당 가족에게 있는 것인가, 아니면 국가에게 있는 것인가? 출산율 회복을 위해 우리 사회가 필요로 하는 인식의 변화에는 어떤 것이 있는가? 등의 문제에 대해 생각해 보자.

출산율 회복을 위해서는 우리 사회에 '차이' 를 수용하는 문화가 정착되어야 한다. 출산율이 회복된 나라들은 혼외 출산과 입양, 이민이 활발하다는 공통점을 갖고 있다. 우리나라와는 동떨어진 상황일 수 있다. 하지만 우리나라는 세계에서 출산율이 가장 낮으면서 낙태는 연간 100만 건이 넘으며, 세계 4위의 '아동 수출 국가' 다. 외국인 노동자에 대한 차별은 더욱 심하다. 이는 '표준' 에서 벗어난 모든 것을 '비정상' 으로 배척하며 '핏줄' 에 유난히 집착하고 나와 다른 남을 받아들이지 못하는 배타적 문화 때문이다. 차별이 없고 관용성이 높은 문화야말로 궁극적으로는 원하는 자녀를 낳아 키울 수 있는 건강한 사회의 선결 조건이다. '차이' 를 받아들이고 다양한 사람과 가족이 섞여 살아야 미래가 있다.

정부 이외에 우리 사회에서 저 출산 문제를 해결하기 위해 노력하고 있는 사례는 어떤 것이 있는가?

은행들이 저출산 문제에 소매를 걷어붙이고 나서고 있다. 시중 은행을 포함한 37개 금융사로 이뤄진 전국금융산업노동조합과 은행연합회는 최근 임금 단체 협상에서 '불임 휴직제' 를 도입키로 했다. 결혼한 뒤 이런저런 이유로 아이를 갖지 못해 정신적 고통을 겪는 여직원들이 임신할 기회를 가질 수 있도록 최대 1년 간 휴직할 기회를 준다는 것이다. 외한 은행은 불임 여직원이 진단서를 제출하면 병원 치료, 상담을 받게끔 1년까지 쉴 수 있도록 했고, 신한은행도 1년 단위로 최장 2년까지 휴가를 낼 수 있게 했다. 또 금융권 노사는 태아 검사를 받는 여직원의 검진 휴가를 보장키로 하는 등 여러 방면에서 출산 장려책이 마련되고 있다. 한편 기업은행, 신한은행, 우리은행 등은 올 들어 아이를 낳으면 이자를 더 주는 예금 상품을 경쟁적으로 내놓고 있다.

참고할 만한 책

스티븐 존슨, 이한은 옮김, 『굿바이 프로이트-인간 심리의 비밀을 탐사하는 뇌과학 이야기』, 웅진지식하우스, 2006.

최재천, 『당신의 인생을 이모작하라-생물학자가 진단하는 2020년 초고령 사회』, 삼성경제연구소, 2005.

동료의 비윤리적 행위를 고발하는 것은 과연 비윤리적인 행위인가?

『국물 있사옵니다』 이근삼

『우리들의 일그러진 영웅』 이문열

'동료의 비리' 어떻게 해야 할까?

'만약 상사가 비리에 관련된 일을 시킨다면 당신은 어떻게 하겠는가? 그리고, 당신은 그 비리에 깊이 연루되어 있고 그것이 잘못되었다는 사실을 알고 있다. 이러한 상황에서 당신의 선택은 무엇인가?' 최근 한 회사의 신규 직원 채용 면접 때 등장한 질문이다. 이 질문의 의도는 무엇이고 여러분이라면 어떻게 대답하겠는가?

이 질문은 단순히 권력자의 권위에 도전할 것인가 말 것인가의 문제가 아니다. 조직화된 사회 속에서 한 개인의 생각이 도덕적으로 옳더라도 조직의 분위기에 휩쓸려 갈 수밖에 없는 것이 현대 사회이다. 얼마 전 TV 광고에 "모두가 '예' 라고 대답할 때 '아니오' 라고 대답할 수 있는 사람이 되겠습니다"라는 광고가 등장했는데, 사람들에게 많은 호응을 불러 일으켰다. 이는 그렇게 하기가 결코 쉽지 않다는 것을 의미한다.

현대 사회가 보다 전문화되고 조직화되면서 내부의 비리나 불법 행위는 겉으로 잘 드러나지 않을 뿐만 아니라, 정보가 차단되어 있는 외부인들은 정보 자체에 대한 접근조차 어렵다. 결국, 조직 내부의 불법 행위나 사회적 물의를 빚는 행위에 대해 내부에서 깊숙이 관여하여 잘 아는 사람이 고발할 수밖에 없는 것이다. 조직이 투명하고 깨끗하게 운영되기 위해서는 무엇보다도 내부 고발자가 필요한 것이 현실이다.

그러나 우리나라에서 '내부 고발자' 에 대한 인식은 그다지 곱지 않다. '배신자', '혼자만 잘 살겠다고 모두를 죽이는 파렴치범' 등으로 인식되는 경향이 강하다. 함께 생활한 동료의 행위를 고자질하는 것은 도덕규범에 어긋난다는 유교적 사상이 깊이 뿌리박혀 있기 때문이다. 또한, 순수하게 사회 정의 실현의 차원에서가 아니라, 내부 고발자 자신의 이익을 위해서라거나, 타인에 비해 자신에게 돌아오는 혜택의 부족함에서 나오는 보복 심리에서 고발이라는 비겁한 방식을 선택했다는 인식이 많다.

여기에 제시한 작품에서도 내부 고발 행위가 출세를 위한 개인의 이기적인 행동으로 치부되고 비판당하고 있는데, 이는 내부 고발의 문제 속에 만만치 않은 사회, 문화적 장벽이 있음을 잘 보여 주고 있다. 이처럼 비윤리적인 행위를 고발하는 행위가 오히려 비윤리적인 행위인 것처럼 인식될 때 과연 우리는 어떤 선택을 해야 하는 것일까?

『국물 있사옵니다』 중에서

상학 : 나…… 이제 한 달 후에 결혼을 하게 될 것 같아.

상범 : (기쁜 표정으로) 네? 결혼이요. 아 축하해요. 벌써 장가를 들어야 했었는데…… 아닌게 아니라 나도 결혼을 할까 생각하고 있었던 참인데. 암만해도 형님보다 앞서 장가간다는 것이 좀 이상해서…… 참 잘됐어요!

상학 : 그러니 말이야 아버지 환갑에 손님을 좀 초대하고도 싶지만 한 달 후엔 내 결혼식이 있으니 같은 손님들을 두 번 청할 수도 없고…….

상범 : 거야. 그렇지…….

상학 : 암만해도 이번 아버지 환갑은 네가 좀 주동이 되서 도와주었으면 좋겠어.

상범 : 그렇기도 하군요. 사장님한테 직접 사정 말씀 드리면 될까?

상학 : 잘 알아서 해 주렴.

상범 : 근데 아주머니 될 사람은 누구예요?

상학 : 너도 잘 아는 여자지.

상범 : 저도요?

상학 : 요 위층에 있는 미스 박 말이야. 가정 주부로선 그만이기에…….

상범 : 아니? 박용자 씨 말입니까?

상학 : 그래. 아마 너도 반대는 안할게다.

상범 : 저요? 아니요…… 아니요…….

상학 : (팔목 시계를 보더니) 이런. 시간에 늦겠다. 그럼 내 2, 3일 내에 연락할게.

상범 : (믿기지 않는다는 듯이) 박용자 씨 하고는 얘기가 다 됐어요?

상학 : 그럼 인천에도 몇 번 놀러 왔었고. 약혼식은 생략하기로 했어. 결혼식도

간단히 하기로 하구. 그때 같이 영화구경 간 것이 인연이 돼서…… 그럼. 몸 조심해. (상학이 걸어 나간다. 상범은 움직이지를 못한다. 잠시 그대로 서 있다.)

상범 : (체념하기에는 너무나 억울하다는 태도로) 이거…… 결혼 상대자를 빼앗긴 데다가 아버지 환갑 잔치 비용도 내가 주선 해야만 하는 입장입니다. 이제 할 말이 없습니다. 저의 나이는 스물 일곱입니다. 앞으로 살아봤자 20년…… 나머지 20년 마저 밤낮 손해만 보는 세월일 것이라고 생각하니 앞이 캄캄합니다. 저는 여태까지의 모든 생활을 제가 아는 상식의 테두리 안에서 해 왔습니다. 그러나 제가 배우고 믿어 왔던 상식적인 생활은 저에게 손해만 끼쳐 왔습니다. 저는 결국 상식적인 생활(生活)태도란 늘 손해만 갖고 온다는 새 상식을 얻었습니다. 인천(仁川)에서 근무할 때의 일입니다. 여름에 하도 무덥기에 해수욕장에 나갔습니다. 벌거벗은 여자들의 알몸을 밀짚모자 밑으로 감상하고 있었는데 갑자기 저쪽 바위 밑에 옷을 입은 채 기어 들어가는 젊은 여자를 보았습니다. 물에서 나오질 않습니다. 틀림없는 자살입니다. 밀짚 모자를 내 던지고 달려가 그 여자를 끌어냈습니다. 얼굴도 예쁜데 왜 자살을 하려고 했는지. 모래 위에 끌어내서 살렸더니 그 여자는 고맙다는 말 대신에 저의 빰을 갈겼습니다. 그러니까 경찰은 저를 파출소로 연행하더군요. 이 사회에선 저의 상식이 통용되지 않는 것 같습니다. 저는 이제부터 새 상식을 배우렵니다. 물에 빠진 놈에겐 돌을 안겨 줘야 되겠습니다. 자리를 양보하느니 발로 걷어차 길을 터득해야 겠습니다. 즉 기존 상식을 거부하는 겁니다. 우선 새 상식을 회사에서 한번 실험해 보았습니다.

(문이 열리며 사장이 나온다. 상범은 총을 돌려 뜻하지 않게 이번에는 사장에게 총구를 들여댄다.)

사장 : 에이크. 이 사람아.

상범 : 아이, 미안합니다. 손질을 하고 났더니 갑자기 한 번 쏘구 싶어서…….

사장 : (총을 받으며) 응, 수고했어. 경리 과장은 어디 갔나?

상범 : 네 배 과장님은 돈 5천 원을 가지고 요 앞에 있는 바구니 다방으로 가셨습니다.

사장 : 5천 원? 회사 돈을? (중략)

사장 : 배 과장이 쓰는 돈을 잘 알아 두도록 해. (중략)

상범 : 배 과장님이 약주를 참 좋아 하십니다. 점심 때도 가끔 한 잔씩 하시긴 합니다.

사장 : 회사의 돈을 맡고 있는 사람이……!

상범 : 사장님 저…… 제가 이런 말씀을 올렸다고…… 저는 사장님을 존경하고 회사의 발전을 무엇보다고 기뻐하기 때문에…… 그래서 이런 말씀을 올렸습니다. 교회에서 사장님의 지도를 받고…….

사장 : 알았어. 자네의 심정은 이해할 수 있네. 잘 해 보도록 해.

영민 : 무슨 일 없었나?

상범 : 아뇨. (영민이 자기 주머니에 담배를 찾고 있음을 본 상범이 재빨리 티 테이블에 있는 담배를 집어 영민에게 주고 라이터를 켜 불을 붙여준다.)

영민 : 사장님은?

상범 : 계시는 모양입니다.

영민 : 아. 이거 여편네 성화에 못살겠군! 여편네 친구가 갑자기 맹장염에 걸려

입원했는데 5천 원을 좀 빌려 달라는 거야.

상범 : 아까 그럼 다방에서 전화하신 분이…… 사모님이신가요?

영민 : 그래. 여편네들이 자꾸 남편의 직장까지 찾아오면 곤란해. 재수가 없어. 재수가!

상범 : (관객에게) 네. 재수가 없죠. 재수가 없습니다. 그 후 한 달 있다가 경리 과장은 강원도 지사로 발령을 받아 전출했고 저는 경리 과장이 되었습니다 회사에서는 저의 출세가 이렇게 빠른 것을 보고 깜짝 놀랐습니다. 내가 아는 상식을 버리고 새 상식에 의해 행동한 첫 효과였습니다. 제가 할 일이 또 하나 있습니다. 사장의 며느리요, 과부요, 또한 비서인 성아미와 박 전무와의 관계를 적당히 이용하는 겁니다. 이리하여 모든 가능한 출세의 문을 내 손으로. 내 이 두발로 젖히고 차서 활짝 여는 겁니다.

이근삼(1966)

교과서 : 고등학교 문학 교과서(중앙 외 1종)

『우리들의 일그러진 영웅』 중에서

다음날 아침 나는 학교에 가기 바쁘게 교무실로 담임 선생을 찾아갔다. 그리고 별로 비겁한 짓을 하고 있다는 느낌 없이 윤병조의 일을 일러바침과 어울러 그 동안 내가 보고 들은 그 비슷한 사례들을 모조리 얘기했다. 서울서 온 아이의 똑똑함을 여지없이 보여 준 셈이었지만 담임선생의 반응은 뜻밖이었다.

"무슨 소리야? 너 분명히 알고 하는 말이야?"

그렇게 묻고 있는 담임선생의 표정에서 내가 먼저 읽을 수 있었던 것은 귀찮음이었다. 나는 그게 안타까워 그때까지 짐작일 뿐인 석대의 다른 잘못들까지 늘어놓기 시작했다. 그러나 담임선생은 귀담아 들으려고도 않고 짜증난 목소리로 나를 쫓아냈다.

"알았어. 돌아가. 내 이따가 알아보지."

나는 그런 담임 선생의 반응이 못 미덥긴 했지만, 어쨌든 조사해 보겠다는 말에 한가닥 기대를 가지고 수업 시작을 기다렸다.

(중략) 담임 선생이 여느 때보다 굳은 교실로 들어선 것은 그로부터 채 오 분도 안 돼서였다.

"엄석대."

담임 선생은 교탁에 올라서기 바쁘게 엄석대를 불렀다. 그리고 태연한 얼굴로 대답과 함께 일어난 그에게 손을 내밀며 말했다.

"라이터 이리 가져와."

"네?"

"윤병조 아버님 것 말이야."

그러자 엄석대는 안색 하나 변함없이 대꾸했다.

"벌써 윤병조에게 돌려줬습니다. 혹시 불장난이라도 할까 봐 맡아 두었다가."

"뭐라고?"

담임 선생이 힐끗 나를 쏘아보더니 그래도 확인한답시고 다시 윤병조를 불렀다.

"엄석대 말이 맞아? 라이터 어딨어?"

"네, 여기 있습니다."

윤병조가 얼른 그렇게 대답했다. 나는 그 말에 그저 아득했다. 어디서부터 어떻게 돌변한 그 상황을 설명해야 될지 몰라 멍청해 있는데 담임 선생이 내 이름을 부르는 소리가 들렸다.

"어떻게 된 거야?"

담임 선생은 이미 묻고 있다기보다는 나무라는 투였다.

"아침에 돌려줬습니다. 조금 전에……."

나는 펄쩍 뛰듯 일어나 그렇게 소리쳤다. 선생님이 나를 믿지 않고 있다고 생각하자 자신도 모르게 목소리가 떨렸다.

"시끄러워. 아무것도 아닌 걸 가지고."

담임 선생이 그렇게 내 말을 끊었다. 그 바람에 나는 급사 아이가 와서 석대에게 알려 줬다는 중요한 말을 덧붙일 수 없었다. 하기는 급사 아이가 석대에게 꼭 그 말을 일러 주었다는 증거도 없었지만.

(중략) 담임선생은 처음부터 그런 결과를 짐작했다는 듯이나 그렇게 일을 매듭짓고 출석부를 폈다. 나를 여럿 앞에 불러내 꾸중하지 않는 게 오히려 다행이다 싶을 만큼 석대 아이들 쪽만을 믿어 버리는 것이었다. 뒤이어 수업이 시작되었지만 그 어이없는 역전(逆轉)에 망연해져 있는 내 귀에 담임선생의 말소리가 들어올 리 없었다. 다만 전에 없이 의기양양해서 선생의 질문마다 도맡아 대답하고 있는 석대의 목소리만이 이상한 웅웅거림으로 머릿속을 울려 왔다. 그러다가 겨우 담임선생의 목소리를 알아듣게 된 것은 첫 시간 수업이 끝난 뒤였다.

"한병태, 잠깐 교무실로 와."

담임 선생은 애써 평온한 표정을 지으며 그렇게 말하고 나갔으나 뒷모습은 어딘가 성나 있는 듯했다. 기계적으로 자리에서 일어나 그 뒤를 따랐다.

"새끼, 알고 보니 순 고자질쟁이구나."

누군가의 적의에 찬 말이 후비듯 내 고막을 파고들었다.

"남의 잘못을 윗사람에게 일러바치는 것은 좋지 못한 짓이다. 거기다가 너는 거짓말까지 했어."

담임 선생은 화를 삭이느라 거푸 담배를 빨아들이고 있다가 내가 들어가자 그렇게 나무랐다. 그리고 내가 하도 기가 막혀 얼른 대꾸하지 못하는 걸 스스로의 잘못을 승인하는 것으로 알았는지 한 마디 덧붙였다.

"네가 서울에서 오고 공부도 잘한다기에 기대했는데 솔직히 실망했다. 나는 이 년째 이 반(班) 담임을 맡아 왔지만 아직 이런 일은 없었어. 순진한 아이들이 너를 닮을까 겁난다."

그러잖아도 교실을 나올 때 들은 적의에 찬 빈정거림도 은근히 악에 받쳐 있던 나는 담임 선생의 그 같은 단정적인 말에 하마터면 고함이라도 지를 뻔했다.

이문열(1987)

교과서 : 고등학교 문학 교과서(금성 외 2종)

내부 고발 제도의 진실은 무엇일까?

내부 고발의 문제 속에 내재한 사회, 문화적 장벽

『국물 있사옵니다』는 1960년대를 배경으로 산업화로 인해 고조되기 시작한 출세 지향주의와 배금주의 풍조의 부정적 속성을 비판하고 있다. 국물로 상징되는 자신만의 이익 추구가 결국엔 파멸로 종결된다는 사회 풍자적 성격의 작품이다. 이 작품이 창작되던 1960년대에는 '국물도 없다'는 말이 유행했는데, 이는 '돌아오는 몫이나 이득이 아무것도 없다'는 말이다. 결국 이 작품의 제목은 당시에 유행하던 비속어를 반어적으로 활용함으로써 욕망 충족을 위해 수단이나 방법을 가리지 않게 되면 이득이 생기는 당시의 사회상을 비판하고 있는 것이다.

이 작품에서 주인공 김상범은 자신이 직접 체험했던 다양한 사례를 통해 지금까지 살아왔던 선량하고 평범한 삶이 잘못된 것이었음을 말하고 있다. 이러한 부정적 현실 인식을 바탕으로, 잘못된 상식을 오히려 옳은 것으로 믿게 된다. 처음에는 이해심 많고 선량했으나, 출세에 눈을 뜬 후부터는 비열하고 냉혹한 인간으로 변한다. 자신의 목적을 달성하기 위해서는 수단과 방법을 가리지 않는 출세 지향주의자이자 황금만능주의자가 되고 만 것이다.

여기서 주의해 볼 점은 김상범의 출세 과정이다. 임시 사원으로 회사에 취직한 상범은 우연한 기회에 사장에게 신임을 얻어 정식 사원이 되고, 경리 과장의 비리를 고발하고 음해하는 내부 고발자의 역할을 통해 경리 과장이 된다. 또한, 사장의 며느리와 직장 상사의 부적절한 관계와 비리를 이용하여 자신의 의도대로 더 높은 자리로 출세를 한다. 출세를 위해서는 내부의 비리를 잘 이용하고 남을 희생시키는 일도 서슴지 않는 것이다.

다음 작품인 『우리들의 일그러진 영웅』에서도 한병태가 엄석대의 잘못을 알아차리고 담임선생님에게 그의 비리를 폭로하는 장면이 등장한다. 하지만 결과적으로 비리를 고발했던 병태는 담임선생님에게 자기의 이익을 위해 친구를 음해하는 고자질쟁이로 몰리고, 친구들에게도 왕따를 당하게 된다. 결국 한병태는 엄석대와 학교로 대표되는 거대한 조직 속에서 고군분투하다가 제풀에 지쳐서 백기를 들고 만다.

위 작품들에서도 알 수 있듯이 내부 고발의 문제 속에는 만만치 않은 사회, 문화적 장벽이 버티고 있다. 내부 고발 행위가 출세를 위한 개인의 이기적인 행동으로 치부되는가 하면, 기업의 내부 고발자에 대해 노조마저 외면한 사례들이 있고, 내부 고발로 인해 '왕따'를 당한 사람이 가정 파탄까지 맞으면서 자살을 한 경우도 있다. 내부 고발 활성화엔 제도 개혁만으론 돌파하기 어려운 사회, 문화적 문제가 도사리고 있는 것이다.

부정부패는 가족주의와 밀접한 관계를 맺고 있다. 가족주의가 매우 약한 스칸디나비아 국가들 청렴도 순위가 높은 것은 결코 우연이 아니다. 우리나라는 가족주의가 매우 강할 뿐만 아니라 그것이 혈연관계를 넘어서 관료 조직에서 기업 조직에 이르기까지 모든 조직에 깔려 있다. 이런 가족주의적 조직 문화에서 내부 고발은 '배신'으로 간주되기 십상이다.

내부 고발 제도(Whistle-blowing)란 무엇인가?

'Whistle-blowing'이란 내부 고발 제도, 내부 신고 제도, 공익 제보 제도 등으로 번역되고 있는데, 조직 또는 조직 내부 구성원의 불법, 비윤리적, 공공의 이익에 반하는 행위 등에 대한 정보를 신고하거나 공개하는 행위를 말한다. 내부 고발 제도는 신고 시기, 신고자의 신분 공개 여부, 신고 경로에 따라 다음과 같이 유형을 나누어 볼 수 있다.

첫째, 신고 시기에 따라 구분해 보면, 조직 구성원 신분으로 행했는가, 또는 사퇴나 해고된 뒤에 신고하였는가에 따라 재직형과 이직형으로 나눌 수 있다. 이직형의 경우 재직 중 목격한 내부의 비리를 조직을 떠나고 난 뒤 폭로하는 것으로, 주로 고백이나 체험기 또는 회고록의 형태를 띠게 되는데, 재직형에 비해서 동료나 상사에 대한 부담이 적어서 일반적으로 신고의 내용이나 범위가 넓은 특성을 지닌다.

둘째, 신고자의 신분 공개 여부에 따라서 익명형과 공개형으로 구분할 수 있다. 익명형은 조직 내부의 비리 사실을 공식적, 비공식적 경로를 통해 신분을 숨긴 채 관리층이나 언론, 외부 수사 기관, 감사 기관, 시민 단체에 알리는 형태이고, 공개형은 신고자의 신분을 밝히는 형태로서 주로 청문회나 기자 회견 등을 통하여 사회에 공개적으로 폭로하는 형태이다.

셋째, 신고 경로가 대내적인가 대외적인가에 따라 내부형과 외부형으로 나눌 수 있다. 전통적으로 내부 고발 제도는 조직 내부인이 조직 내부의 비윤리적, 불법적 행위 등을 언론, 정부 기구, 시민 단체 등 조직 외부 기관에 신고하는 제도로 알려져 있었지만, 최근에는 보다 광범위한 개념으로 조직 내부의 권한 계통이나 전담 조직을 통하여 문제를 제기하고 해결하는 것까지 포함되는 것으로 넓게 해석되고 있다.

내부형의 경우 조직의 울타리 내에서 해결이 가능하지만, 외부형의 경우 대중에 대한 폭로의 성격을 지니고 있어 조직의 평판이나 존립에 결정적인 영향을 끼칠 수 있다. 최근에는 내부 고발 제도가 조직의 문제를 폭로하기보다는 문제의 예방과 해결에 초점을 두는 경향을 지니고 있는 내부형에 대한 관심이 증대되고 있는

지식검색

워터게이트 사건

1972년 6월 대통령 닉슨(Richard Nixon, 1913~1994)의 재선을 획책하는 비밀 공작반이 워싱턴의 워터게이트 빌딩에 있는 민주당 전국 위원회 본부에 침입하여 도청 장치를 설치하려다 발각된 미국의 정치적 사건을 말한다. 이 사실을 폭로한 것은 「워싱턴 포스트」지의 두 명의 기자였다. 닉슨 정부는 이들을 협박했지만 이들은 굴하지 않고 신문 지상을 통해서 도청 사실을 미국 전역에 공개하였다. 당초 닉슨 대통령은 도청 사건과 백악관의 관계를 부인하였으나, 진상 조사 후 대통령 보좌관 등이 관계되었음이 드러났고, 대통령 자신도 무마 공작에 나섰던 사실이 폭로되어 국민 사이에 불신의 여론이 높아졌다. 1974년 하원 사법 위원회에서 대통령 탄핵 결의가 가결됨에 따라 닉슨은 대통령 직을 사임할 수밖에 없었다.

실정이다.

내부 고발 제도의 가장 대표적인 사례로는 닉슨 대통령의 하야를 몰고 온 워터게이트 사건을 꼽을 수 있다. 전통적으로 내부 고발 제도는 정부 기관이나 공익 단체에서부터 시작되었고, 우리나라의 경우에도 정부 주도의 부패방지위원회와 시민 단체가 주도하는 반부패국민연대 등 기업보다는 기업 외부 조직에서 시작되었다. 그러나 최근 서구 사례를 보면 이제는 신고의 대상이 정부 기관이나 공익 문제에서 기업 내부의 문제로 확대되고 있는 경향을 보이고 있다.

우리 사회에서 내부 고발자는 왜 비윤리적일 수밖에 없는가?

『흥부전』에 나오는 꾀쇠아비나 『장화홍련전』에 나오는 장쇠처럼 한국 고전 소설에서 악역은 고자질하는 자이기 마련이었다. 서로 아는 사람끼리 오순도순 살아야 하는 정착 사회를 금가게 하는 요인 중 으뜸이 고자질이기 때문일 것이다. 그래서 한국 전통 사회를 그물처럼 단단하게 얽어 놓은 일가 친인척이나 직장 상사, 같이 일하는 동료 사이를 해치는 내부 고발을 법을 어기는 일보다 더 큰 잘못으로 여겼다.

조선 인조 때 관은(官銀)을 훔친 혐의자가 잡혔는데, 포도청에서 이 혐의자의 열 살 난 아들을 잡아다 아버지가 은을 훔친 일을 두고 고발을 유도했다. 아들은 겁에 질려 자초지종을 고백했고, 포청에 가면 말하지 말라고 한 어머니의 당부까지 고백하고 말았다. 이에 임금은 '벽을 뚫고 은을 훔친 일은 작은 일이요, 아들로 하여금 아버지를 고발시킨 일은 큰일이다' 하고 포도대장을 잡아 가두었다. 삼강오륜을 정치 이념으로 세웠던 인조는 법을 지키기 위해 인륜을 해친 경우, 지위고하를 막론하고 문책, 파면했던 것으로 유명하다.

또, 조정을 뒤엎는 반역을 음모했다는 고발을 보고받은 인조는 음모 여부를 따지기 이전에 "나의 무슨 부덕으로 나라 안에 이런 일이 일어난단 말인가" 하고 통탄했다. 반역을 둔 통탄이 아니라 아내가 지아비를 고발한 것에 대한 통탄이었다고 한다. 아무리 대역 사건일지라도 인륜을 무너뜨림이 더 흉악하다 하여 고발한 아내를 잡아 가두게 했다는 것이다.

이처럼 유교적 사고방식이 뿌리 깊게 자리한 우리 사회에서 내부 고발자가 인정받기란 대단히 어렵다. 얼마 전 인권 존중을 위해 자백 강요의 관행적 수사 제도를 바꾸는 한 방편으로 내부 고발 제도를 합법화하고, 그로써 피해를 입지 않도록 하는 방안 등이 검토됐다는 보도가 있었다. 피의자성 참고인이 다른 사람의 범행을 고발할 경우 그 사람의 죄를 면해 주거나 감해 주고, 범죄나 비리의 내부 고발자에게 보상금을 주며, 고발로 인한 경제적 피해를 보상해 주는 등 제도 개선이 논의되었다고 한다. 이에 대해 인권을 위해 비윤리적 행위를 합법화한다는 논란이 일기도 했다.

내부 고발자는 이기적이고 부정적인 사람인가?

도둑에는 여러 가지 유형이 있다. 그 중에서도 외부 도둑과 내부 도둑이 있다.

말 그대로 외부 도둑은 외부에서 침입해 도둑질을 하는 자다. 내부 도둑은 내부에서 뭔가를 훔치는 자다. 두 도둑은 훔친다는 점에서 같다. 그러나 누군가 법에 따라 도둑을 고발해야 한다면 고발 결과가 극명하게 달라진다. 외부에서 침입한 도둑을 본 목격자는 '도둑이야' 라고 소리칠 수 있고, 경찰에 재빠르게 신고한 자는 찬사와 표창도 받는다.

반면 내부에서 공금을 몰래 훔친 도둑을 목격하면 사정상 '도둑' 이라고 소리치기 어렵다. 소리치면 매우 복잡한 문제들이 생기기 때문이다. 내부 고발자는 내부 도둑과 원수가 되어 일단 같이 생활하기 어려워진다. 내부 도둑과 연계된 그룹으로부터 고립당하고 박해도 받는다. 이른바 '왕따' 로 전락하는 것이 보통이다.

내부 고발자는 일반적으로 조직 부적응, 강한 과시욕, 부정적인 성격, 충성도 결여 등으로 알려져 있다. 그런데 최근 한 연구는 이를 뒤집는 결과를 보여주고 있어 흥미롭다. 미국 인디애나대학교에서 내부고발자의 개인적 특성 연구를 발표했는데, 보고서에 따르면 내부 고발자는 상대적으로 오랜 경력과 높은 교육 수준을 가지고 있고 연봉과 직위 및 업무 성취도가 높은 경우가 많다는 것이다. 또, 조직 만족도가 높을 뿐만 아니라 조직에 헌신적이며 자신이 속한 조직이 타 조직보다 더 공정하다고 인식하고 있는 것으로 나타났다. 이 보고서는 내부 고발자를 대체적으로 정상적이거나 건전한 구성원으로 평가하고 있다.

그럼에도 불구하고 내부 고발자가 겪는 보복과 후유증은 매우 심각하다. 한 연구 결과에 따르면 미국 내부 고발자의 90퍼센트가 해고 또는 강임, 26퍼센트는 정신 질환 등 후유증, 17퍼센트는 주택 상실, 15퍼센트는 이혼, 10퍼센트는 자살 기도, 8퍼센트는 파산한 것으로 분석되었다. 하지만 더 무서운 보복은 상사나 조직의 박해보다도 평소 가까이 지내던 동료들의 냉대였다고 한다. 가만히 있었으면 시간이 좀 걸리더라도 잘못이 바로 잡힐 텐데 공연히 나서서 조직을 불명예스럽게 만들고 혼란과 위기를 자초했다는 이유에서다. 두터운 신뢰와 애정을 쌓아 온 동료들이 내부 고발자를 고립시키는데 동참하고 있는 셈이다.

최근 '황우석 논문 조작'에 관한 제보를 어떻게 볼 것인가?

우리 사회에 '황우석 논문' 논란을 불러일으킨 '최초 제보자'는 황우석 교수팀의 전직 연구원으로 알려졌다. 그리고 그의 제보로 불거진 의혹들은 대부분 사실로 밝혀져서 우리 사회에 엄청난 충격을 주었다. 그런데 여기서 황우석 교수팀의 문제를 폭로한 곳은 과학계가 아니라 언론 기관이었다. 제보자가 연구과정 의혹을 고발하기 위해 서울대나 과학계 등 관련 단체를 찾지 않고 언론 단체를 찾은 이유가 무엇일까?

서울대에는 과학자의 연구 윤리를 감독하거나 연구 과정에서 부적절한 행위를 발견했을 때 이를 제보, 고발할 수 있는 창구가 전혀 없었다고 한다. 이 같은 내부 시스템 부재가 언론사에 제보를 할 수밖에 없었던 주요 원인이었던 것으로 보인다. 서울대에도 생명윤리심의위원회라는 기구가 있지만, 그 역할은 인간 대상 연구를 시작할 때, 혹은 연구가 진행되는 단계에서 연구 계획서의 윤리적, 법적 문제를 심사하는 것일 뿐, 내부 고발 자체에 대한 규정은 아니다. 서울대뿐 아니라 국내 다른 대학 중에서도 내부 고발자 관련 시스템을 갖춘 곳은 거의 없다.

그러나 외국의 유수 대학들은 해당 연구자가 속한 기관에서 직접 연구 부정행위를 감독, 조사하고 내부 고발자를 보호할 수 있는 제도적 장치를 갖추고 있는 경우가 많다. 미국 스탠포드 대학의 경우는 서울대와 좋은 대조를 이룬다. 스탠포드 대학은 과학적 부정 의혹을 인지한 사람은 반드시 해당 단과 대학의 학장에게 신고하도록 하는 신고의 책임제를 비롯하여, 과학과 연구의 신뢰성을 확보하기 위해 엄격한 조사 규정을 두고 있다.

이 대학에서 시행하고 있는 '과학적 부정 의혹과 조사 그리고 보고에 대한 규정'은 부정행위 발견자의 신고를 거의 '의무화' 하고 있다. 즉, 과학적 부정이 일어났거나 일어나고 있다고 생각하는 사람은 반드시 해당 단과 대학의 학장에 신고해야 하며, 학장은 즉각 예비 조사를 시작하고 연구 담당 학장에게 알려야 한다.

또한, 내부 고발자에 대한 보호와 배려에도 최대한의 신경을 쓰고 있다. 그래서 내부 고발자에 대한 보복도 '과학적 부정에 해당된다' 고 못을 박고 있다. 올바른 신념에서 과학적 부정행위에 대해 정보를 제공하거나 신고하는 행위는 대학과 나아가 학계에 대한 봉사이며 이런 일로 인해서 고용이 위태로워지는 일이 있어서는 안 된다는 것이다. 조사 도중 의혹이 제기된 당사자나 의혹을 제기한 신고자의 신원과 명예가 보호되도록 최대한 배려할 것도 규정하고 있다.

이러한 외국 사례는 학내에 내부 고발 시스템이 제도적으로 보장돼 있었거나, 학계와 정부 기관이 부정행위를 조사할 자체 정화 시스템이 이뤄져 있었다면, 황우석 교수팀 연구와 관련한 문제점을 인지한 제보자가 언론 단체를 끌어들일 필요도 없었을 것이라는 점을 보여준다. 이에 서울대 교수들은 내부 제보 창구 역할을 하며 과학자의 연구 윤리에 대한 감시 활동을 펼칠 '과학진실성위원회' 와 같은 시스템을 마련할 것을 촉구하였다.

결국, 합리적인 제도적 장치와 성숙한 사회 분위기가 중요하다.

조직에서 내부 고발은 한계가 있다. 그러므로 국가적 차원에서 강력한 고발자 보호 제도가 도입될 필요가 있다. 우리나라에서 최근 발효된 부패 방지법을 보면, 내부 고발자의 보상금 상한액이 종전보다 10배나 증가해 최고 20억 원에 이른다. 내부 고발로 직장을 잃더라도 평생 동안 경제생활이 보장되는 액수다. 수백억 원 이상의 입찰 비리, 수해 복구 장부 허위 기재, 공금 횡령, 예산 낭비 등의 사례가 수시로 터지는 현실을 감안하면 내부 고발 한 건이 로또 복권보다 당첨 확률이 높을 수 있다. 내부 고발이 공익에 현저히 기여했다면 포상금도 보너스로 지급된다.

130년 전통을 지닌 푸르덴셜 생명은 전 직원의 윤리 등급을 5등급으로 나눠 인사평가에 반영하고, 코카콜라의 경우 본사 직원들과 완전히 차단된 부서를 두어 익명성 제보를 해결하는 데 주력하고 있다. 물류 운송 회사인 유피에스(UPS) 역시 '헬프 라인' 이라는 내부 비리 신고 센터를 운영해 연간 5천 건에 이르는 비리 제보를 조사하고 있다. 이처럼 정부나 공공 기관뿐만 아니라, 미국의 주요 기업들이 대부분 핫라인과 같은 내부 고발 또는 신고 제도를 강화하는 데 1차적인 역점을 두고 있는 것이다.

또한, 내부 고발이 뿌리내리기 위해선 합리적 보호 제도 못지않게 성숙된 사회 분위기가 필요하다. 중요한 것은 내부 고발자들이 말하는 사실의 진실성 여부이다. 양심 고백의 본질적인 부분은 제쳐놓고 지엽적인 부분만을 보아서는 안 된다는 말이다. 특히, 내부 고발자들이 영웅 심리 때문에, 이기적이고 세속적인 욕심을 위해 고발한다는 사회적 편견은 바뀔 필요가 있다. 앞에서 살펴보았듯이 내부 고발자들이 불이익을 당한다는 사실을 알고 있는 상태에서 튀어보기 위해 모험을 하기는 쉽지 않다. 잘못을 신고하면 더욱 밝은 사회가 된다. 내부 고발이 어둡고 음모적인 행위가 아니라 밝고 투명한 사회로 가는데 유용한 도구라는 인식의 변화가 필요하다.

최근 들어 각종 신고 포상금 제도가 많아져 무려 60여 개가 넘고, 정부 책정 예산만 65억 원에 달한다고 한다. 이처럼 무분별하게 늘어나고 있는 신고 포상금 제도는 과연 바람직하다고 할 수 있는가?

신고 포상금 제도가 법 경시주의에 경종을 울리고 시민들의 적극적인 행정 참여 및 고발 정신을 높인다는 점에서 순기능이 없지 않다. 실제로 2001년부터 2년 정도 시행됐던 교통 법규 위반 차량 신고 포상금 제도는 교통사고를 줄이는 긍정적 효과를 냈다.

그러나 부작용 또한 매우 심각하다. 사회적으로 서로를 감시하고, 이웃을 불신하게 되는 풍조를 조장하는데다 일부 제도는 인권 침해 논란이 있고, 포상금을 노리는 직업적 '파파라치(~파라치)' 를 양산하고 있기 때문이다. 실제로 시골에서 흔히 일어나는 쓰레기 무단 방출 현장을 사진으로 찍어 포상금을 탄 사람이 평소 가깝게 지내던 이웃이었던 것으로 밝혀져 충격을 준 사건도 있었다.

특히 신고 포상금 제도 급증에는 공직 사회의 행정 편의주의와, 신고를 늘리기 위해 포상금 최고액을 높이는 바람에 신고 정신을 돈으로 바꾸고 있다는 지적도 있다. '국가청렴위' 는 지난해 부패 행위 신고 보상금 상한액을 2억 원에서 20억 원으로 올려 '포상금 로또' 라는 신조어를 만들었다. 돈만 되면 뭐든지 한다는 배금주의 사상이 확산될 수도 있는 것이다.

신고 포상금 제도는 시민의 공익적 참여를 확산시킨다는 면에서는 긍정적이지만, 공무원들이 해야 할 일을 시민들에게 돈을 대가로 떠넘기는 셈이어서 무조건 바람직한 제도라고는 할 수 없다. 따라서 꼭 필요한 부분에, 최소한으로 운용돼야 한다. 그러나 각 부처는 단속 실적을 높일 수 있다는 측면에서 신고 포상금 제도를 남발하고 있는 것이 현실이다. 또한, 경기 불황으로 일자리를 찾지 못한 시민들이 신고를 주업으로 하는 '포상금 사냥꾼' 으로 나서는 것은 오랫동안 지적된 문제지만, 이에 대한 정부의 대책은 매우 미미하다. 현재 인터넷에는 각종 포상금 부업 사이트가 성업 중이고, '파파라치' 전문학원에서는 인권 침해 우려가 있는 몰래 카메라 이용하기, 등기부 등본 확인하기 등을 단기 속성 코스로 가르치고 있다. 이는 부도덕한 사회를 바로잡기 위해 부도덕한 현실을 더욱 양산하는 결과가 되는 것이다.

외국에서는 오래전부터 우리나라의 신고 포상금 제도와 비슷한 제도를 운영해 오고 있지만 포상금 지급 방식에선 상당한 차이를 보이고 있다. 미국은 개인의 신고로 정부가 소송을 해 돈을 환수했을 때 신고자가 정부 환수금의 15퍼센트를 받도록 한다. 영국도 1999년 '공익제보보호법'을 만들어 신고자가 적법한 제보 행위로 불이익을 당했을 때 보상을 받도록 규정하고 있다. 반면 홍콩, 싱가포르, 말레이시아 등 아시아 국가는 부정부패 등에 대한 공익 신고자의 비밀은 지켜주지만 금전적 보상은 하지 않는다.

전문가들은 우리나라가 외국과는 달리 사회 거의 모든 영역에서 신고만 하면 포상금을 지급하는 제도가 무분별하게 도입돼 문제라고 지적한다. 또한, 포상금 제도가 어떤 효과를 거뒀는지에 대한 조사도 제대로 이루어지지 않았다고 한다. 신고 포상금 제도는 정부의 내부 공익 신고 활성화 지침에 따라 가장 손쉬운 시민 참여 수단으로 알려지며 우후죽순처럼 생겨났다. 하지만, 윤리적인 측면과 인권적 측면에서의 사회적 합의가 필요하고, 비슷한 유형의 포상금이 난립해 혼란을 일으키지 않도록 정부 차원에서의 제도적 정리와 규제가 필요하다고 하겠다.

참고할 만한 책

아르망 이스라엘, 이은진 옮김, 『다시 읽는 드레퓌스 사건-인권 정의 진실의 이름으로』, 자인, 2002.

원용진 외, 『신화의 추락, 국익의 유령-황우석, 'PD 수첩' 그리고 한국의 저널리즘』, 한나래, 2006.

이지문, 『공익의 호루라기, 내부 고발』, 행정DB, 2003.

최영주 엮음, 『세계의 교양을 읽는다 4-윤리학 편』, 휴머니스트, 2006.

생계를 위한 매춘은 정당화될 수 있는가?

「소낙비」 김유정

「서울길」 김지하

생존을 위한 매춘 어떻게 볼 것인가?

최근 성(性)매매 합법화 움직임이 거세다. 성매매 합법화를 주장하는 이들은 성매매 여성들에게 노동자성을 인정하고 노동권을 적용하라고 말한다. 세계적 빈곤의 최대 피해자가 여성이며 이로 인한 자발적 성매매 종사 여성들을 피해자의 측면으로 바라볼 것이 아니라 당당한 노동자로 바라봐야 한다는 것이 핵심이다. 이들은 2004년 시행된 성매매 방지 특별법이 그 성과도 극히 미미한데다 빈곤 여성을 더욱 더 힘든 생존의 고통으로 몰아가고 있다고 비판한다.

김유정의 「소낙비」에는 극도로 가난하고 참담한 삶을 살았던 한 여인의 모습이 나타나 있다. 그녀는 가난과 남편의 발길질을 이기지 못해 다른 남자에게 몸을 허락했다. 이러한 그녀의 행동은 많은 사람들에게서 서로 다른 반응을 불러일으켰다. 그 반응이란 크게 두 가지로 대별될 수 있을 것이다. 하나는 생존을 위한 불가피한 행동이었다는 이해고, 나머지 하나는 윤리를 저버린 인간 이하의 행동이라는 비판이다. 한 인간에 대해 윤리와 현실이라는 서로 다른 기준을 적용한 결과이다.

김지하의 「서울길」에도 1960~1970년대 고도의 산업화와 도시화로 인한 이농현상으로 많은 젊은 여성들이 서울길을 선택하게 되고 그 가운데 살아가기 위해서 매춘을 선택할 수밖에 없는 현실을 접할 수 있다. 그렇다면 윤리적인 문제와 현실적인 삶의 문제는 동전의 양면처럼 늘 부대끼며 함께할 수밖에 없는 것일까? 우리 사회에서 성매매 문제를 해결하기 위한 바람직한 방향은 무엇일까?

「소낙비」 중에서

"이봐, 그래 어떻게 돈 이 원만 안 해줄 테여?"

아내는 역시 대답이 없었다. 갓 잡아온 새댁 모양으로 씻는 감자나 씻을 뿐 잠자코 있었다. 되나 안 되나 좌우간 이렇다 말이 없으니 춘호는 울화가 터져 죽을 지경이었다. 그는 타곳에서 떠돌아 온 몸이라 자기를 믿고 장리를 주는 사람도 없고 또는 그 알량한 집을 팔려 해도 단 이삼 원의 작자도 내닫지 않으므로 앞뒤가 꼭 막혔다. 마는 그래도 아내는 나이 젊고 얼굴 똑똑하겠다, 돈 이 원쯤이야 어떻게라도 될 수 있겠기에 묻는 것인데 들은 체도 안 하니 괘씸한 듯싶었다.

그는 배를 튀기며 다시 한 번,

"돈 좀 안 해줄 테여?"하고 소리를 빽 질렀다.

그러나 대꾸는 역시 없었다.

춘호는 노기 충천하여 불현듯 문지방을 떠다밀며 벌떡 일어섰다. 눈을 홉뜨고 벽에 기대인 지게 막대기를 손에 잡자 아내의 옆으로 바람같이 달려들었다.

"이년아, 기집 좋다는 게 뭐여. 남편의 근심도 덜어 주어야지, 끼고 자자는 기집이여?"

지게 막대는 아내의 연한 허리를 모질게 후렸다. 까부라지는 비명은 모지락스레 찌그러진 울타리를 벗어 나간다. 잼처 지게 막대는 앉은 채 꼬꾸라진 아내의 발뒤축을 얼러 볼기를 내리갈겼다.

(중략) "쇠돌 엄마 기슈?"하고, 인기척을 내보았다.

물론 당자의 대답은 없었다. 그 대신 그 음성이 나자 안방에서 이 주사가 번개같이 머리를 내밀었다.

그는 몸을 솟치며 생긋하였다. 그런 모욕과 수치는 난생 처음 당하는 봉변으로, 지랄 중에도 몹쓸 지랄이었으나 성공은 성공이었다. 복을 받으려면 반드시 고생이 따르는 법이니 이까짓 거야 골백번 당한대도 남편에게 매나 안 맞고 의좋게 살 수만 있다면 그는 사양치 않을 것이다. 이 주사를 하늘같이, 은인같이 여겼다. 남편에게 부쳐먹을 농토를 줄 테니 자기의 첩이 되라는 그 말도 죄송하였으나 더욱이 돈 이 원을 줄게니 내일 이맘 때 쇠돌네 집으로 넌지시 만나자는 그 말은 무엇보다도 고맙고 벅찬 짐이나 풀은 듯 마음이 홀가분하였다. 다만 애키는 것은 자기의 행실이 만약 남편에게 발각되는 나절에는 대매에 맞아 죽을 것이다. 그는 일변 기뻐하며 일변 애를 태우며 자기 집을 향하여 세차게 쏟아지는 빗속을 가분가분 내려 달렸다.

(중략)“언제 서울 갈라유?”

남편의 왼팔을 베고 누웠던 아내가 남편을 향하여 응석 비슷이 물어 보았다. 그는 남편에게 서울의 화려한 거리며, 후한 인심에 대하여 여러 번 들은 바 있어 일상 안타까운 마음으로 몽상은 하여 보았으나 실지 구경은 못 하였다. 얼른 이 고생을 벗어나 살기 좋은 서울로 가고 싶은 생각이 간절하였다.

“곧 가게 되겠지, 빚만 좀 갚아도 가뜬하련만.”

“빚은 낭종 쳐더라도 얼핀 갑세다유.”

“염려 없어. 이 달 안으로 꼭 가게 될 거니까.”

남편은 썩 쾌히 승낙하였다. 딴은 그는 동리에서 일컬어 주는 질꾼으로 투전장의 가보쯤은 시루에서 콩나물 뽑듯하는 능수였다. 내일 밤 이 원을 가지고 벼락같이 노름판에 달려가서 있는 돈이란 깡그리 모집어 올 생각을 하니 그는 은근히 기뻤다. 그리고 교묘한 자기의 손재간을 홀로 뽐내었다.

“이번이 서울 첨이지?”하매, 그는 서울 바람 봄 한 번 쐬었다고 큰 체를 하며 팔로 아내의 머리를 흔들어 물어 보았다.

(중략) 밤새도록 줄기차게 내리던 빗소리가 아침에 이르러서야 겨우 그치고 점심때에는 생기로운 볕까지 들었다. 쿨렁쿨렁 눈물 나는 소리는 요란히 들린다. 시내에서 고기 잡는 아이들의 고함이며, 농부들의 희희낙락한 미나리도 기운차게 들린다. 비는 춘호의 근심도 씻어 간 듯 오늘은 그에게도 즐거운 빛이 보였다.

"저녁 제누리 때 되었을 걸, 얼른 빗고 가 봐……."

그는 갈증이 나서 아내를 대고 재촉하였다.

"아직 멀었어유."

"뭘!"

아내는 남편의 말대로 벌써부터 머리를 빗고 앉았으나 원래 달포나 아니 가리어 엉클은 머리가 시간이 꽤 걸린다. 그는 호랑이 같은 남편과 오랜만에 정다운 정을 바꾸어 보니 근래에 볼 수 없는 화색이 얼굴에 떠돌았다.

어느 때에는 매적하게 생글생글 웃어도 보았다.

아내가 꼼지락하는 것이 보기에 퍽으나 갑갑하였다. 남편은 아내 손에서 얼레빗을 쑥 뽑아 들고는 시원스레 쭉쭉 내려 빗긴다. 다 빗긴 뒤, 옆에 놓인 밥사발의 물을 손바닥에 연신 칠해 가며 머리에다 번지르하게 발라 놓았다. 그래 놓고 위서부터 머리칼을 재워 가며 맵시 있게 쪽을 딱 질러 주더니 오늘 아침에 한사코 공을 들여 삼아 놓았던 짚신을 아내의 발에 신기고 주먹으로 자근자근 골을 내주었다.

"인제 가 봐!" 하다가

"바루 곧 와, 응?" 하고 남편은 그 이 원을 고이 받고자 손색없도록, 실패 없도록 아내를 모양내 보냈다.

김유정(1935)

서울길

간다
울지 마라 간다
흰 고개 검은 고개 목마른 고개 넘어
팍팍한 서울길
몸팔러 간다

언제야 돌아오리란
언제야 웃음으로 화안히
꽃피어 돌아오리란
댕기 풀 안쓰러운 약속도 없이
간다
울지 마라 간다
모질고 모진 세상에 살아도
분꽃이 잊힐까 밀 냄새가 잊힐까
사뭇 사뭇 못 잊을 것을
꿈꾸다 눈물 젖어 돌아올 것을
밤이면 별빛 따라 돌아올 것을

간다
울지 마라 간다

하늘도 시름겨운 목마른 고개 넘어
팍팍한 서울길
몸팔러 간다.

김지하(1970)

윤리는 생존보다 중요한 가치인가?

빈곤에서의 마지막 선택

「소낙비」는 '따라지 목숨'이라는 원제목으로도 알 수 있듯이 고향을 버리고 타관으로 떠도는 1930년대 한국 유랑 농민의 서글픈 삶의 한 단면을 그린 작품이다. 1930년대 우리나라 농가의 경제 사정과 부채 문제는 매우 심각했으며 당시 토착 농민의 상당수가 궁핍과 고리 대금에 시달리고 있었다. 이런 상황을 생각할 때, 작중 인물의 경제적 궁핍은 당대의 빈궁하고 괴로웠던 현실을 반영한 것이라고 할 수 있다.

작중 인물들은 성실하게 살려고 노력한 선량한 사람들이었다. 그들은 생활의 보금자리를 갖겠다는 이상을 버리지 않는다. 그러나 그들은 극단적인 상황에 몰려 있다. 남편은 아내의 매음(賣淫)을 재촉하고 아내는 남편의 매가 무서워 매음을 행하게 된다. 돈에 대한 탐욕과 가난 때문에 아내에게 매음을 사주(使嗾)하거나 아내를 매매(賣買)하는 경우는 김유정의 작품에 자주 등장한다.

문제는 그들의 태도이다. 남편은 매질을 해서 아내를 매음(賣淫)길로 내보낸다. 그의 아내 역시 매음을 모욕과 수치로 여기면서도 남편에게 매를 맞지 않고 살 수 있다면 얼마든지 사양치 않겠다는 생각을 하게 된다. 아무리 빈곤하다지만 자기의 아내로 하여금 몸을 팔게 하는 행위나, 몸을 팔아서라도 살아 보려는 아내의 행위는 보편적인 우리의 윤리 의식에서 벗어나 있다. 하지만, 극도의 가난 속에서 윤리나 도덕은 아무 의미를 갖지 못한다. 춘호 내외에게 나타난 윤리 의식의 결여는 무지와 빈곤에서 빚어진 '도덕성 이전의 원형적 인간성'으로 본능적인 생존 욕구로도 볼 수 있다.

「서울길」은 이농 현상과 그로 인한 농촌 문화의 붕괴를 안타까운 눈으로 바라보는 시인의 서글픔을 형상화한 작품이다. 1960년대 이후 우리 농촌은 왜곡된 경제화 정책과 농촌이 안고 있는 구조적 모순으로 말미암아 서서히 쇠퇴의 길을 걷기 시작했다. 그로 인한 농민들의 대규모 이농(離農) 현상과 농촌의 공동화(空洞化) 현상은 심각한 사회 문제로 대두하게 되었다. 가족들의 생계를 위해 도시로 몰려간 농민들은 단순히 노동력만을 파는 것을 넘어, 여인들은 몸을 팔게 되었음은 물론, 결국에는 농촌의 삶 또는 그들의 정신마저 도시에 팔게 되는 비극적 결과를 초래하게 되었다. 삶의 원형으로써의 고향 공간은 사라져 버리고, 시멘트로 대표되는 획일적이고 비인간적인 도시 문화만이 남게 되었다.

화자는 서울에서 일용직 노동자로서 힘겨운 삶을 살아야 하는 자신의 처지를 '몸 팔러 가는' 상황으로 표현함으로써 더욱 비감한 분위기를 조성하는 한편, 수출 주도형의 경제 구조 지탱을 위한 저임금과, 농민들에 대한 정부의 저곡가 정책을 비판하고 있다. 언제 돌아온다는 약속도 할 수 없이, 사랑하는 여인에게 결혼을 맹세할 수도 없이 막막한 심정으로 고향을 떠나 '모질고 모진' 서울로 향해 가는 무거운 발걸음이지만, 결코 고향의 '분꽃'과 '밀냄새'는 잊을 수 없을 것이라는 고백 속에는 화자의 회한과 분노가 짙게 배어 있음을 알 수 있다.

성매매 여성들의 항의 시위를 어떻게 볼 것인가?

2002년 프랑스에서는 매춘부들이 국회 의사당 앞에서, 거리의 호객 행위에 6개월 징역과 1천만 원의 벌금을 매기도록 한 새 치안법이 생업을 위협한다며 항의 시위를 벌였다. 일찍이 매춘을 서비스업으로 합법화해 일자리를 잃으면 당국에 등록토록 하고 초과 근무 규정까지 만든 네덜란드뿐만 아니라 독일도 2001년부터 매춘을 서비스업으로 합법화해 매춘부에 대한 실업 수당과 건강 보험, 퇴직 후의 연금 제도 등을 도입하고 있다.

또한, 최근 영국 정부가 성매매 관련법을 개정해 소규모 매춘업소까지 합법화하기로 해 논란이 되고 있다. 영국에서는 기본적으로 성매매 자체는 합법이다. 개인 간의 사적인 계약이므로 정부가 간섭할 여지가 없다는 것이 영국법의 전통적인 입장이다. 다만 다수의 매춘부가 일하는 매춘업소를 운영해 주위를 소란하게 하거나 호객행위를 하는 것 등은 공공질서 위반 등으로 간주해 처벌을 해 왔다. 이에 따라 매춘부 1명이 한 곳에 거주하면서 자유 의지에 따라 성매매를 하는 것은 단속 대상이 아니었다.

영국 정부는 그러나 관련 법규를 개정해 3명까지의 매춘부가 함께 일하는 매춘업소를 합법화하겠다고 밝혔다. 근거 논리는 사회적 약자인 매춘부를 보호해야 한다는 것이다. 안전하지 않은 여건 속에 여성을 혼자 버려둘 수는 없다는 것이다. 영국에서는 약 8만 명의 여성이 성매매업에 종사하고 있는 것으로 추정된다. 대부분은 동유럽에서 인신 매매 조직에 팔려온 여성들이며 일부 영국인 매춘부들은 마약 등에 중독돼 약물 구입을 위해 성매매를 하고 있는 것으로 알려졌다.

이러한 일은 비단 외국에서만 일어나는 일은 아니다. 2004년에 집창촌(集娼村) 여성 400여 명이 성매매 방지 특별법 발효에 따른 일제 단속에 항의하여 집단 시위를 벌였다. 평소 떳떳하지 못한 직업 때문에 숨죽이고 살던 이들의 집단적 항의는 이례적인 일이었다. 2005년에도 경기도 평택 지역을 중심으로 한 성매매 여성 220여 명이 '민주 성 노동자 연대'란 명칭의 법외 노조를 결성하고 성매매 업주 80여 명과 단체 협약을 체결한 일이 있었다. 노동법 상 인정된 노조는 아니지만 성매매 여성이 국내에서 처음으로 노조를 표방한 단체를 만들어 노동권 보호를 주장하고 나선 것이다. 성매매를 불법으로 규정하고 성매매 방지법까지 제정한 정부,

지식검색

독일의 성매매 합법화 현황

독일 함부르크에서 성매매 업소를 운영하고 있는 성매매 업주는 양복을 깔끔하게 차려입고 직원들을 공개 모집한다. 이곳에서 일하는 여성들은 세금, 의료 보험비, 연금을 합법적으로 납부한다. 2002년부터 시행된 성매매 합법화 이후의 변화다. 각 지방자치단체들은 성매매 종사자를 새로운 세금 납부자로 인정한다. 독일 성매매업의 한 해 규모는 약 17조 원, 종사자 수는 약 20여만 명에 이르는 것으로 집계된다.

성매매 합법화 이후 두드러진 변화는 성매매 종사자의 노동 환경이 달라진 점이다. 합법화 법이 발효된 이후 많은 성매매 종사자들은 밀린 보수를 받기 위해 소송을 냈다. 또 상당수 종사자들이 자영업자로 독립했고, 독일 공공연합노조는 표본 고용 계약서를 만들었다. 성매매는 정해진 구역에서만 허용된다. 다만 베를린 등 일부 도시는 통제 구역을 없앤 곳도 있다.

매매춘의 합법화에도 불구하고 아직도 음성적인 거래가 없지 않다. 특히 매매춘 종사자의 50퍼센트를 차지하는 불법 체류 외국 여성들은 합법화의 혜택을 보지 못하고 있다. 매매춘업계는 독일 월드컵 특수를 기대하고 있다. 그러나 매매춘 반대자들은 그 뒤에서 인신매매와 강제 매춘이 덩달아 늘어날 것으로 우려하고 있다.

법 제정을 주도한 한국여성단체연합 등과 정면으로 충돌하는 양상이다.

'성매매'에 대한 현대인의 생각은?

최근 관동대학교에서 실시한 20대 남자 대학생들의 성매매 의식 수준에 관한 조사는 인간의 성욕 문제를 넘어서, 성을 기반으로 행해지는 권력과 사회적 불평등의 문제가 해결되지 못하는 최근 성매매 실태를 잘 보여주고 있다. 이 보고서는 남녀 차별적 의식을 가지고 있는 대학생일수록 성매매 경험이 더 많다는 내용을 담고 있다. 실제 남자 대학생들의 경우, 술자리를 통해 자연스럽게 집창촌 등으로 장소를 옮겨 성매매를 경험하는 경우가 많았는데, 이들은 성매매 경험 후 큰 죄책감을 느끼지 않는 것으로 조사됐다.

성매매 경험자의 절반 이상이 술자리의 친구들과 어울리다가 즉흥적으로 집창촌에서 성매매를 했다고 응답했다. 호기심과 성적 욕구를 해소하기 위해서라는 대답이 가장 많았다. 그 외에도 스트레스 해소를 위해서, 친구들의 압력 때문에 경험해 봤다는 응답이었다. 성매매 장소로 60퍼센트 이상이 집창촌을 꼽았다. 다음으로 안마 시술소와 룸살롱, 단란주점이 많았다. 최근에는 문제가 되고 있는 비디오방과 인터넷 채팅을 통해 직접적으로 성매매가 이루어지는 경우도 많았다.

또한, 춘천 성폭력 상담소에서 성인들을 대상으로 실시한 설문 조사에 따르면, 성매매 합법화에 대한 찬성과 반대 비율이 거의 팽팽했다. 남자 응답자의 경우는 찬성이 약간 높게 나타난 반면, 여자의 경우는 반대가 약간 우세했다.

성매매 합법화에 대한 찬성 이유로는 불법적 성매매 확산을 막을 수 있다는 의견이 가장 많았고, 다음으로 직업으로 인정돼 법적 보호를 받을 수 있다는 의견과, 성병의 확산을 막을 수 있다는 의견이 그 뒤를 이었다. 반면, 성매매 합법화에 반대하는 이유로는 성도덕이 더욱 문란해질 수 있다가 가장 많았고, 성매매가 더 늘어날 것이라는 의견과 성매매는 인권 유린적 행위이기 때문이라는 의견이 그 뒤를 이었다.

'성매매 합법화' 는 과연 바람직한 해결책인가?

성매매 합법화 움직임의 근거는 몇 가지로 요약할 수 있다. 첫째는 성매매가 엄연한 산업으로 우리 사회에 깊숙이 뿌리내리고 있다는 것이다. 한 연구 자료에 따르면 총 400만 명 이상이 성매매 관련 산업에 종사하고 있으며, 직접 성을 팔고 있는 여성은 150만 명에 이른다. 시장 규모는 약 24조 원으로 우리나라 GDP의 4퍼센트를 넘어선다. 연간 1회 이상 성을 구매하는 남성은 약 320만 명으로 이들의 성 구매 횟수는 월평균 4.5회에 달한다.

둘째는 이렇게 엄청난 숫자가 종사하는 산업임에도 불구하고, 금지법은 있으되 산업에 종사하는 이들의 권리를 보장해 줄 어떠한 제도적 장치도 없다는 것이다. 이로 인해 성매매 여성들의 인권 침해가 매우 심각하다. 매춘을 서비스업으로 합법화해 노동자로서의 권위를 보장받게 하고, 매춘부에 대한 실업 수당과 건강 보험, 퇴직 후의 연금 제도 등을 도입해야 한다는 것이다.

셋째는 가부장제 사회에서 사회적 권력과 부가 남성에 치중되어 있어 여성은 빈곤으로부터 자유롭지 못하다는 것이다. 자발적 성매매 여성은 이러한 빈곤의 문제가 만들어낸 사회 구조적 문제라는 것이다. 여성 노동자의 약 70퍼센트가 비정규직 노동자이고, 여성 노동자의 평균 임금은 남성 노동자의 60퍼센트 정도에 불과하다. 이러한 극심한 빈곤이 여성을 성매매의 영역으로 유인하고 있다는 것이다.

그러나 이런 현실적인 측면이 있다고 해서 성매매를 합법화할 수는 없다는 주장도 만만치 않다. '성의 상품화'는 성매매 합법화를 주장하는 이들의 주장대로 이미 '산업'의 수준으로 발달했다. 우리나라 GDP의 4퍼센트를 차지할 정도로 무시할 수 없는 산업이다. 그러나 GDP의 몇 퍼센트를 차지한다고 해서 무기 밀무역을 합법화하자고 주장하지는 않는다. 이러한 수치는 우리 사회가 얼마나 '성의 상품화'에 관대하며, 여성의 성을 침해하고 유린하는지를 보여주는 지표일 뿐이지 합법화의 근거는 될 수 없다는 것이다.

또한, 빈곤 때문에 생계유지를 위해서는 성매매가 타당하다고 볼 수만도 없다. 빈곤의 문제가 심각한 나라에서는 아직도 아동에 대한 노동 착취가 공공연히 이루어지고 있다. 이런 상황에서, 아동의 노동자성 인정과 노동권 확보를 요구하지는 않는다. 아동은 자본의 착취로부터 자유로워야 한다는 아동 인권적 시각이다. 성매매는 경제적 수준에서 결정될 문제가 아니다. 성매매가 여성의 성 상품화를 극도로 밀어붙이고 가부장제 사회를 유지하는 남성중심사회의 수단이며 여성의 인권을 심각하게 훼손하는 도구이기 때문이라는 것이다.

그렇다면 '성매매 특별법'은 합리적인 해결책인가?

성매매 방지 특별법이 시행된 지 2년이 넘었다. 성매매 특별법은 성매매를 바라보는 법의 시각을 획기적으로 바꾼 사건이었다. 몸을 파는 여성을 처벌이 아니라 재활 지원 대상으로 보고, 대신 그들을 고용해 돈을 버는 업주와 성을 사는 남성을 처벌하도록 했기 때문이다.

경기가 침체되고 성범죄가 늘어날 것이라는 등의 예상 속에서 여성부와 경찰이 이 법을 집행한 결과는 크게 세 가지로 요약해 볼 수 있다. 첫째, 서울 청량리, 대구 자갈 마당, 부산 완월동 등 성매매 집결지가 된서리를 맞고 종사 여성도 반 이하로 줄었다는 점이다. 둘째, 이른바 집창촌은 위축됐지만 단속을 피한 인터넷 성매매, 안마시술소, 비디오방 등의 변칙 성매매가 기승을 부리고 있다는 사실이다. 셋째, 일부 재활에 성공한 여성도 생겨났으나 많은 수의 피해 여성을 돕기에 정부의 지원 대책은 미약하기 짝이 없다는 것이다.

집창촌 성매매 여성의 상당수가 집창촌이 아닌 다른 곳에서 은밀히 성을 매매하고 있으며 심지어는 주택가까지로 그 범위가 확대되고 있는 것은 부인할 수 없어 보인다. 뿐만 아니라 성매매 여성의 평균적 임금과 생존, 가족 부양을 대체할 타 직종 전환 유인책도 턱없이 부족하다. 특히, 자발적 성매매 여성의 경우는 성매매 이유가 '자발적'이라는 데 문제가 더 심각하다. 빈곤을 해소할 정책적, 경제적 지원이 부족한 상태에서 타 직업 전환이 강요되고 있기 때문이다.

그러나, 1천여 명의 성인을 대상으로 여성가족부가 최근 벌인 '성 문화 및 의식에 대한 조사'에서는 성 구매 경험이 있는 남성의 대다수가 특별법 시행 후 성 구매 횟수가 줄었다고 대답했다. 긍정적인 변화로 볼 수 있는 통계이다. 하지만 응답자의 절반 이상이 이 법의 시행으로 성매매 자체가 줄지는 않을 것이라고 전망했다. 성매매의 만연이 우리 사회에 깊이 뿌리박고 있음을 보여준다.

성매매 특별법이 성공을 거두기 위해서는 앞으로 남은 과제가 매우 많다. 기승을 부리는 변칙 성매매를 잡아야 하고, 성매매 여성들의 보호 시설과 지원 시스템 마련, 직업 훈련 등의 재활 대책이 보완돼 장기적으로 시행되어야 한다. 그리고 성매매의 한 배경이 되는 우리 사회의 접대 문화를 바꾸는 사회적 풍토 조성이 매우 절실하다. 또한, 근본적으로 성매매 근절과 성매매 감소를 위해 남녀 모두에게 올바른 성교육과 양성 평등에 대한 직접적이고 구체적인 성윤리 의식 교육이 선행되어야 한다.

배경 지식

성매매 특별법

성매매 특별법은 성매매 행위에 대하여 기존의 '윤락행위 방지법'보다 강력하게 처벌하고 피해 여성을 보호하기 위한 목적에서 제정되었다. 기존에는 성매매에 종사했던 여성도 성매매 알선 업주와 함께 처벌하고, 성매매 남성은 가벼운 벌금형에 그쳤다. 하지만, 특별법은 성매매 강요 행위에 대한 처벌 규정을 크게 강화해 성매매 업주들의 불법적 착취 구조를 근절하고, 성매매 여성의 피해를 최소화하는 데 초점을 맞추고 있다. 또한 성매매 남성에게 실형을 선고하거나 사회봉사 및 보호 관찰 등의 처분을 내리는 등 성매수자 처벌이 대폭 강화되었다.

청소년 대상 성범죄자의 구체적인 신상을 공개하는 것은 성범죄 예방을 위해 필요한 것일까, 아니면 성범죄자에 대한 인권 침해일까?

이 문제는 사회적 쟁점에 대한 가치 갈등 문제이다. 청소년 대상 성범죄자의 명단 공개는 청소년 대상 성범죄의 확산에 따른 피해를 막자는 측면에서 사회적 다수의 찬성에 의해 추진되고 있는데, 이 경우 범죄 혐의자(피의자)에 대한 인권 문제가 제기될 수 있다. 최근에 청소년보호위원회가 준비해 온 청소년 성범죄자의 신상 공개 범위 확대 방안에 대해, 국가인권위원회가 인권 침해 가능성이 있다며 도입을 자제해 달라고 권고하였다.

청소년보호위원회는 그동안 유사 범죄 예방 등을 위해 청소년 성범죄자의 신상 공개 범위에 범죄자의 사진과 주소까지 포함시키는 방안을 담은 법률 개정안을 준비해 왔다. 지금까지 허용된 청소년 대상 성범죄자의 신상 공개 내역은 이름, 생년월일, 범죄 요지 등으로 제한돼 있다. 이에 대해 국가인권위원회는 주소와 사진처럼 자세한 신상을 공개하는 것은 범죄자의 개인 정보를 지나치게 노출시키는 동시에 범죄자의 재사회화를 가로막는 조치라며 제동을 건 것이다.

신상 공개 제도는 청소년 대상 성범죄 예방을 위해 도입되었다. 성범죄자에 대한 신상의 일부를 공개하여 경각심을 높이고 의식을 전환하여 청소년 대상 성범죄를 근절하겠다는 확고한 의지가 기반이 된 것이다. 2002년 UN 아동권리협약 하에서 국제법적 효력을 가지고 있는 '아동 매매, 아동 성매매 및 아동 포르노에 관한 선택 의정서' 가 발효되었다. 이 의정서는 상업적 아동 성 착취 범죄 근절과 피해 아동의 보호를 위한 정부의 주도적 역할을 권고하고 있다. 청소년보호위원회가 현재 실시하고 있는 우리나라의 신상 공개 제도는 아동, 청소년에 대한 성범죄 근절에 국가가 앞장서는 세계적인 흐름에 동참하자는 취지이다.

그러나 법원은 청소년 대상 성범죄자의 신상 공개 조치가 헌법에 위배된다는 입장이다.

첫째, 신상 공개 제도가 '모든 국민은 동일한 범죄에 대해 거듭 처벌되지 않는다' 고 규정한 헌법상 '이중 처벌 금지의 원칙' 에 위배된다는 것이다. 이 원칙은 동일한 범죄 행위에 대해 국가가 형벌권을 거듭 행사할 수 없도록 함으로써 국민의 기본권을 보장하기 위한 것인데, 이미 형사처벌을 받은 성범죄자의 신상을 공개할 경우 이중 처벌을 하는 셈이 된다는 것이 법원의 판단이다.

둘째, 신상 공개 제도가 구성 요건과 효과에 있어서 형사 제재의 일종으로서 '처벌' 에 해당한다고 전제할 때, 법관에 의해 재판을 받을 권리를 침해한다는 것이다. 청소년보호위원회가 자체적인 판단 기준으로 대상자를 결정, 신상을 공개하는 것은 헌법상 보장된 적법 절차를 벗어난 조치라는 판단이다.

결국, 청소년을 보호한다는 목적 때문에 청소년 대상 성범죄자들의 기본권이 침해돼서는 안 된다는 것이 법원과 국가인권위원회의 판단이므로 성범죄자 신상 공개 제도가 확대되기는 어려워 보인다. 이미 세 차례나 신상을 공개했음에도 불구하고 청소년 대상 성범죄가 줄어드는 효과가 없었다는 점은 고려해 볼 필요가 있다. 또한 인터넷 등을 통해 불특정 다수인에게 범죄자의 얼굴을 공개한다는 것은 잘못한 행위에 관한 반성의 기회를 주지 않는 것이며, 청소년 대상 성범죄보다 더 흉악한 범죄를 저지른 자들의 경우 신상이 공개되지 않는다는 점에서도 형평성에 어긋난다. 목적이 아무리 정당하더라도 그 절차나 방법이 적법하지 못한 상태에서 제도를 확대 시행할 수는 없다.

참고할 만한 책

박영희 외, 김윤섭 사진, 『길에서 만난 세상-대한민국 인권의 현주소를 찾아』, 우리교육, 2006.

서울대 BK21 법학연구단 공익인권법센터 기획, 조국 엮음, 『공익과 인권 7 성매매-새로운 법적 대책의 모색』, 사람생각, 2004.

정희진, 『저는 오늘 꽃을 받았어요-가정 폭력과 여성 인권』, 또 하나의 문화, 2001.

조정옥, 『성의 눈으로 철학 보기, 철학의 눈으로 성 보기-여성적 사유를 위한 철학 오디세이』, 서광사, 2004.

6

인간의 허황된 꿈의 끝은 어디인가?

「복덕방」 이태준

「금 따는 콩밭」 김유정

궁핍한 현실 속에서 허황된 꿈을 꾸다

인간의 역사는 욕망의 추구와 더불어 그 좌절의 연속이라고 볼 수 있다. 인간의 모든 생활은 욕망을 빼놓고는 설명할 수 없으며, 욕망이 없는 사람은 죽은 것이나 다름이 없다. 조금 더 맛있는 음식을 먹고자 하는 욕망이 다양한 음식 문화를 형성했으며, 조금 더 편해지려는 욕망이 최신형 비행기와 같은 현재의 교통수단을 가능하게 했다. 소유욕이나 지배욕, 출세욕 등의 세속적인 욕망을 비롯해서 창작욕, 지식욕과 같은 고차원적인 욕망에 이르기까지 욕망은 어떠한 방식으로건 인간의 생활과 깊은 관련을 맺어 왔다. 이중에서 소유욕, 즉 물질에 대한 욕망이 인간에게 미치는 영향은 특히 크다.

탈무드에는 "사람을 해치는 세 가지 원인이 있다. 근심, 말다툼, 빈 지갑이다. 그중에서 빈 지갑이 가장 크게 상처를 입힌다"라는 구절이 있다. 인간이 살아가는 데 돈이 얼마나 중요한지를 강조하는 표현이다. 인간이라면 누구나 풍족하게 살고 싶어 한다. 보다 많은 돈을 가지고 물질적인 풍요를 누리며 살고 싶은 것은 인간의 보편적인 욕망일 것이다. 억압받던 일제 강점기에도 자유보다는 풍족하게 살아가고자 하는 욕망이 더 크게 자리하고 있었다.

아무리 노력해도 가난에서 벗어날 수 없었던 사회 구조에서 풍족하게 살고 싶어 하는 욕망은, 일확천금을 바라는 마음으로 왜곡되곤 한다. 지금 사회에서도 감당할 수 없는 카드빚을 진 사람이 복권을 한 뭉치씩 사거나 도박, 혹은 주식에 빠져 한탕을 꿈꾸는 것이 가장 쉽게 생각할 수 있는 사례일 것이다.

일제 강점기 우리 민족들 가운데도 가난을 면하기 어려웠던 많은 사람들이 이와 비슷한 허황된 꿈에 빠져 들어갔다.

강심호 외, 『21가지 유형으로 작품 이해의 눈을 활짝 틔워주는 한국 단편 소설 1』 중에서

이태준의 「복덕방」은 당시에도 부동산 투기의 문제가 매우 심각했음을 잘 보여주고 있고, 김유정의 「금 따는 콩밭」은 성실하고 우직한 농사꾼이 허황된 유혹에 빠지는 과정을 통해 1930년대 농촌 생활의 궁핍한 현실을 우회적으로 보여주고 있는데, 오늘날의 상황을 되씹어볼 수 있게 하는 작품이기에 여기서 함께 다루어 보고자 한다.

「복덕방」 중에서

그러다가 박희완 영감에게서 들은 말이었다. 관변에 있는 모 유력자를 통해 비밀리에 나온 말인데 황해 연변(黃海沿邊)에 제 이의 나진(羅津)이 생긴다는 말이다. 지금은 관청에서만 알뿐이나 축항 용지(築港用地)는 비밀리에 매수되었으므로 불원하여 당국자로부터 공표(公表)가 있으리라는 것이다.

"그럼 거기가 황무진가? 전답들인가?"

초시는 눈이 뻘개 물었다.

"밭이라데."

"밭? 그럼 매 평 얼마나 간다나?"

"좀 올랐대. 관청에서 사는 바람에 아무리 시골 사람들이기루 그만 눈치 없겠나. 그래두 무슨 일루 관청서 사는 진 모르거던……."

"그래?"

"그래 그리 오르진 않었구……. 아마 평당 이십 오륙 전씩이면 살 수 있다나 보데. 그러니 화중지병이지 뭘 허나 우리가……."

"음……?"

초시는 관자놀이가 욱신거렸다. 정말이기만 하면 한 시각이라도 먼저 덤비는 놈이 더 남는 판이다. 나진도 오륙 전 하던 땅이 한번 개항된다는 소문이 나자 당년으로 오륙 전의 백배 이상이 올랐고 삼사 년 뒤에는, 땅 나름이지만 어떤 요지(要地)는 천 배 이상이 오른 데가 많다.

"다 산 나이에 오래 끌건 뭐 있나. 당년으로 넘겨두 최소한도 오 원씩야 무려할(염려 없을) 테지……?"

혼자 생각한 초시는

"대관절 어디란 말야 거기가?"

하고 나앉으며 물었다.

"그걸 낸들 아나?"

"그럼?"

"그 모 씨라는 이만 알지. 그러게 날더러 단 만 원이라도 자본을 운동하면 자기는 거기서도 어디어디가 요지라는 걸 설계도를 복사해 낸 사람이니까 그 요지만 산단 말이지. 그리구 많이두 바라진 않어. 비용 죄다 제치구 순이익의 이 할만 달라는 거야?"

"그럴 테지……. 누가 그런 자국을 일러 주구 구경만 하자겠나……. 이 할이라…… 이할……?"

초시는 생각할수록 이것이 훌륭한, 그 무슨 그루터기가 될 것 같았다. 나진의 선례도 있거니와 박희완 영감 말이 만주국이 되는 바람에 중국과의 관계가 미묘해지므로 황해 연변에도 으레 나진과 같은 사명을 갖는, 큰 항구가 필요할 것은 우리 상식으로도 추측할 바이라 하였다. 초시의 상식에도 그것을 믿을 수 있었다.

초시는 이날 저녁에 박희완 영감에게서 들은 이야기를 딸에게서 하였다. 실패는 했을지라도 그래도 십 수 년을 상업계에서 논 안 초시라 출자(出資)를 권유하는 수작만은 딸이 듣기에도 딴사람같이 놀라웠다. 딸은 즉석에서는 가부를 말하지 않았으나 그의 머릿속에서도 이내 잊혀지지는 않았던지 다음날 아침에는, 딸 편이 먼저 이 이야기를 다시 꺼내었고, 초시가 박희완 영감에게 묻던 이상으로 시시콜콜히 캐어물었다. 그러면 초시는 또 박희완 영감 이상으로 손가락으로 가리키듯 소상히 설명하였고, 일 년 안에 청장(淸帳, 빚 따위를 깨끗이 갚음)을 하더라도 최소한도로 오십 배 이상의 순이익이 날 것이라고 장담하였다.

딸은 솔깃했다. 사흘 안에 연구소 집을 어느 신탁 회사(信託會社)에 넣고 삼천 원(三千圓)을 돌리기로 하였다. 초시는 금시발복(發福, 운이 틔어 복이 닥침)이나 된 듯 뛰고 싶게 기뻤다.

"서 참의 이놈, 날 은근히 멸시했것다. 내 굳이 널 시켜 네 집보다 난 집을 살 테다. 네깟 놈이 천생 가쾌지 별 거냐……?"

일 년이 지났다.

모두 꿈이었다. 꿈이라도 아주 악한 꿈이었다. 삼천 원어치 땅을 사 놓고 날마다 신문을 들여다보며 수소문을 하여도 거기는 축항이 된단 말이 신문에도, 소문에도 나지 않았다. 용당포(龍塘浦)와 다사도(多獅島)에는 땅 값이 삼십 배가 올랐느니 오십 배가 올랐느니 하고 졸부들이 생겼다는 소문이 있어도 여기는 감감소식일 뿐 아니라 나중에, 역시, 이것도 박희완 영감을 통해서 알고 보니 그 관변 모 씨에게 박희완 영감부터 속아 떨어진 것이었다. 축항 후보지로 측량까지 하기는 하였으나 무슨 결점으로인지 중지되고 마는 바람에 너무 기민하게 거기다 땅을 샀던, 그 모 씨가 그 땅 처치에 곤란하여 꾸민 연극이었다.

돈을 쓸 때는 일 원짜리 한 장 만져도 못 봤지만 벼락은 초시에게 떨어졌다. 서너 끼씩 굶어도 밥 먹을 정신이 나지도 않았거니와 밥을 먹으러 들어갈 수도 없었다.

재물이란 친자간의 의리도 배추 밑 도리듯 하는 건가. 탄식할 뿐이었다. 밥보다는 술과 담배가 그리웠다. 물론 안경다리는 그저 못 고쳤다. 그러나 이제는 오십 전 짜리는커녕 단 십 전짜리도 얻어 볼 길이 없었다.

이태준(1937)

교과서 : 고등학교 문학 교과서(교학사 외 3종)

「금 따는 콩밭」 중에서

가을은 논으로 밭으로 누렇게 내리었다. 농군들은 기꺼운 낯을 하고 서로 만나면 흥겨운 농담, 그러나 남편은 앰한 밭만 망치고 논조차 건살 못하였으니 이 가을에는 뭘 거둬들이고 뭘 즐겨할는지 그는 동네 사람의 이목이 부끄러워 산길로 돌았다.

솔숲을 나서서 멀리 밖에를 바라보니 둘이 다 나와 있다. 오늘도 또 싸운 모양. 하나는 이 쪽 흙더미에 앉았고 하나는 저 쪽에 앉았고 서로들 외면하여 담배만 빽빽 피운다.

"점심들 잡숫게유?"

남편 앞에 바가지를 내려놓으며 가만히 맥을 보았다. 남편은 적삼이 찢어지고 얼굴에 생채기를 내었다. 그리고 두 팔을 걷고 먼 산을 향하여 묵묵히 앉았다.

수재는 흙에 박혔다 나왔는지 얼굴은커녕 귓속드리 흙투성이다. 코 밑에는 피딱지가 말라붙었고 아직도 조금씩 흘러내린다. 영식이 처를 보더니 열적은 모양 고개를 돌리어 모로 떨어지며 입맛만 쩍쩍 다신다.

금을 캐라니까 밤낮 피만 내다 말라는가. 빚에 졸리어 남은 속을 볶는데 무슨 호강에 이지랄들인구. 아내는 못마땅하여 눈가에 살을 모았다.

"산제 지낸다구 꿔 온 것은 은제나 갚는다지유우?"

뚱하고 있는 남편을 향하여 말끝을 꼬부린다. 그러나 남편은 눈썹하나 까딱하지 않는다. 이번에는 어조를 좀 돋우며,

"갚지도 못할 걸 왜 꿔오라 했지유?"하고 얼추 호령이었다.

이 말은 남편의 채 가라 앉지도 못한 분통을 다시 건드린다. 그는 벌떡 일어서며 황밤주먹을 쥐어 창망할 만큼 아내의 골통을 후렸다.

"계집년이 방정맞게!"

다른 것은 모르나 주먹에는 아찔이었다. 멋없게 덤비다간 골통이 부서진다. 암상을 참고 바르르 하다가 이윽고 아내는 등에 업은 어린아이를 끌러 들었다. 남편에게로 그대로 밀어 던지니 아이는 까르르 하고 숨 모으는 소리를 친다.

그리고 아내는 돌아서서 혼잣말로,

"콩밭에서 금을 딴다는 숭맥도 있담?"하고 빗대 놓고 비양거린다.

"이년아 뭐?"

남편은 대뜸 달겨들며 그 볼치에다 다시 울찬 황밤을 주었다. 적이나하면 계집이니 위로도 하여 주련만 요건 분만 폭폭 질러 놓려나, 예이 빌어 먹을 거 이판사판이다.

"너허구 안 산다. 오늘루 가거라."

아내를 와락 떠다 밀어 논둑에 젖혀 놓고 그 허구리를 발길로 퍽 질렀다. 아내는 입을 헉하고 벌린다.

"네가 허라구 옆구리를 쿡쿡 찌를 제는 은제냐? 요 집안 망할 년."

그리고 다시 퍽 질렀다. 연하여 또 퍽.

이 꼴을 보니 수재는 조바심이 일었다. 저러다가 그 분풀이가 다시 제게로 슬그머니 옮아올 것을 지레 채었다. 인제 걸리면 죽는다. 그는 비슬비슬하다 어느 틈엔가 구덩이 속으로 시나브로 없어져 버린다.

볕은 다사로운 가을 향취를 풍긴다. 주인을 잃고 콩은 무거운 열매를 둥글둥글 흙에 굴린다. 맞은쪽 산 밑에서 벼들을 베며 기뻐하는 농군의 노래.

"터졌네, 터져!"

수재는 눈이 휘둥그렇게 굿문을 뛰어나오며 소리를 친다. 손에는 흙 한 줌이 잔뜩 쥐였다.

"뭐?" 하다가,

"금줄 잡았어, 금줄!"

"응?"

하고, 외마디를 뒤남기자 영식이는 수재 앞으로 살같이 달려들었다. 허겁지겁 그 흙을 받아 들고 샅샅이 헤쳐 보니 딴은 재래에 보지 못하던 불그죽죽한 황토였다. 그는 눈에 눈물이 핑 돌며,

"이게 원 줄인가?"

"그럼 이것이 곱색줄이라네. 한 포에 댓 돈씩은 넉넉 잡히지?"

영식이는 기쁨보다 먼저 기가 탁 막혔다. 웃어야 옳을지 울어야 옳을지. 다만 입을 반쯤 벌린 채 수재의 얼굴만 멍하니 바라본다.

"이리 와 봐. 이게 금이래."

이윽고 남편은 아내를 부른다. 그리고 내 뭐랬어. 그러게 해 보라고 그랬지 하고 설면설면 덤벼 오는 아내가 한결 예뻤다. 그는 엄지가락으로 아내의 눈물을 지워 주고 그리고 나서 껑충거리며 구덩이로 들어간다.

"그 흙 속에 금이 있지요?"

영식이 처가 너무 기뻐서 코다리에 고래 등 같은 집까지 연상할 제,

수재는 시원스러이,

"네, 한 포대에 오십 원씩 나와유."

하고, 오늘밤에는 정녕코 꼭 달아나리라 생각하였다. 거짓말이란 오래 못 간다. 뽕이 나서 뼈다귀도 못 추리기 전에 훨훨 벗어나는 게 상책이겠다.

김유정(1935)

교과서 : 고등학교 문학 교과서(중앙)

돈의 가치가 사람의 가치보다 우선시 될 수 있을까?

궁핍한 현실에서 일장춘몽을 꾸다

이태준의 「복덕방」은 1937년에 발표된 작품으로, 생활의 기반을 상실한 세 노인이 복덕방에서 소일하면서, 뚜렷한 미래도 보이지 않지만 그렇다고 인생을 포기할 수도 없는 그들의 꿈과 좌절을 담담하게 그린 단편 소설이다. 1930년대에 이미 부동산 투기의 문제가 있었음을 알 수 있는 작품이기도 한 이 작품은 세 노인을 통해 궁핍한 사회상을 드러냄은 물론, 이기적인 딸과 소심한 아버지를 통해 무너져 가는 가족 관계도 보여 주고 있다.

하는 일마다 모두 실패를 보고 생활의 낙오자가 되어, 서 참의의 복덕방에서 소일하는 안 초시는 현실이 매우 불만족스럽다. 돈이 최고라고 생각하는 그는 현실 속에서 남들처럼 호화롭게 살기를 바라며 일확천금을 꿈꾸는 몽상가이다. 그래서 박희완 영감이 일러준 소문을 믿고 딸을 부추겨 부동산에 투자하게 한다. 이른바 신 항구 건설 계획을 관청에서 빼내어 그곳의 부동산을 미리 사 두면 큰돈을 벌 수 있다는 것이다.

물론, 그 일은 실패로 끝난다. 50전이 없어서 안경다리를 고치지 못했던 안 초시가 딸의 돈 삼천 원을 잃고 취할 행동은 자살밖에 없었다. 안 초시의 자살은 허황된 꿈을 좇던 인물의 서글픈 결말이다. 반면에, 물질주의와 자신의 출세에 사로잡혀 있는 딸은 아버지의 죽음과는 관계없이 자신의 명예를 지키고자 호사스런 장례식을 치른다. 서 참의와 박희완 영감은 안 초시의 딸과 조문객들의 인간적 허세(虛勢)를 역겨워하며 울분을 토해낸다.

김유정의 「금 따는 콩밭」은 돈을 무모하게 획득하려고 콩밭은 통째로 갈아엎는 주인공의 어리석은 탐욕과 헛된 망상을 우스꽝스럽게 그리고 있다. 제목에서 볼 수 있는 것처럼 콩밭에서 금을 따겠다고 일을 저지른다는 발상 자체가 우습다. 이 작품에는 당시의 궁핍한 현실과 절망적인 가난을 벗어나기 위해 일확천금을 꿈꾸던 사람들의 심리가 잘 드러나 있는데, 도박에 빠져 전 재산을 날려버리는 지금의 현실과 너무나 흡사해서 무섭기까지 하다.

가난한 소작인에 불과한 영식은 금을 찾아다니는 수재의 감언이설과 아내의 부추김에 빠져 콩이 한창 자라가는 콩밭을 파기 시작하지만 소득이 없자 절망한다. 주위 사람들에게 모진 소리도 참아내며 영식 부부는 금이 나오면 집도 새로 짓고, 옷도 사고, 맛있는 코다리도 먹으면서 살아갈 꿈에 부풀어 있었다. 하지만 깊이 파도 금이 나올 기미를 보이지 않자 영식은 초조해지고 아내에게 공연히 화풀이를 한다. 결국, 수재는 금이 나왔다고 거짓말을 하고, 기뻐하는 영식 부부를 보면서, 몰래 달아날 생각을 한다.

부동산 투기는 과연 다른 사람에게 피해를 주는 나쁜 행동인가?

흔히 부동산 투기를 망국병이라고 표현한다. 부동산 투기란 어떤 매매 거래를 행하는 목적이 단순히 가격 변동으로 인한 양도차액을 획득하는 것을 말한다. 따라서 상품의 사용 가치의 획득을 목적으로 하는 실수요 투자와는 다르다고 할 수 있다. 건전한 부동산 투자는 권장되어야 하지만, 무분별한 부동산 투기는 규제되어야 한다고 할 수 있다. 이처럼, 투기는 잘만 활용하면 경제의 급격한 변동을 완화하고, 경제 활동의 위험을 줄이는 데 기여할 수 있다. 그러나 투기가 공정하고 경쟁적인 상황에서 이루어지지 않고 일부 세력에 의하여 가격을 임의로 조작하는 등의 불공정 행위가 성행하게 되면 경제 활동에 큰 혼란과 위험을 줄 수 있다.

부동산 투기가 초래하는 문제점을 구체적으로 살펴보면, 먼저 엄청난 자원의 낭비를 초래한다는 것이다. 거액의 자금을 부동산 투기에 쏟는다고 하여 흙으로 된 땅이 금으로 된 땅으로는 변하지 않는다. 단지 땅 값만을 상승시킬 뿐이다. 따라서 부동산 투기는 생산적 투자에 돌려져야 할 자원을 땅에 묻는 것과 마찬가지다.

둘째, 소득의 불평등을 심화시킨다. 투기의 바람이 거세게 불수록 땅 값이 치솟고 그에 따라 집값 또한 뛰어오르기 마련이다. 마침내 집값의 상승은 최종적으로 전월세 값을 폭등시키고 만다. 현재 도시 지역에 사는 사람들 중 절반 이상이 셋방살이를 하고 있는 실정이다. 즉, 부동산 투기의 최종적 피해는 서민들이 고스란히 뒤집어쓰게 된다.

셋째, 서민들의 세금 부담을 증가시킨다. 국가에서 도로를 닦고 항만을 건설하거나 공공 시설을 세우려고 해도 땅값이 치솟은 상태에서는 그만큼 공사비가 많이 든다. 쓸데없이 예산 지출이 늘어나게 되는 것이다. 이는 곧 세금 부담의 증가로 이어질 수밖에 없다.

넷째, 사치 산업의 팽창을 가져오면서 서민들의 일할 의욕을 감소시킨다. 아무리 이를 악물고 일해 보았자 집 한 칸 장만하기가 어렵다. 인생의 희망이 사라져 버린 것이다. 그 와중에서도 치솟는 전월세 값 쫓아가느라 피 말리는 싸움을 하지 않으면 안 된다. 결국, 서민들은 복권과 카지노 같은 한탕주의에 빠지는 것이다. 반면, 일부 특권층은 부동산 투기 덕분에 순식간에 수억의 투기 이익을 챙기게 되므로 '부익부 빈익빈' 현상은 더욱 심화된다.

투자와 투기는 어떻게 다른가?

자산의 증식을 위한 개인적인 투자 가운데에는 실제로 '투자(投資)'가 아니라 '투기(投機)'의 성격을 띠고 있는 것이 많다. 투기란 '가격의 차이를 통해 이득을

지식검색

부동산의 개념

경제 활동의 대상이 되는 물건은 동산과 부동산으로 나뉘는데 '부동산'은 토지와 그 정착물을 말하며, '동산'은 부동산이 아닌 모든 물건을 말한다. 여기서 그 정착물이라고 하면 주택과 같은 건물이 대표적이지만 토지에는 자라는 나무나 교량과 같은 구축물도 포함된다. 부동산은 글자 그대로 이동이 불가능하다. 따라서 물건을 소유하는 방법이 사과나 볼펜과 같은 동산과는 다르다. 사과나 볼펜 같은 동산은 가격을 지불하고 난 후 물건을 넘겨받아 소유하지만 부동산의 경우 동산과 같이 물건 자체를 매수인에게 넘겨줄 수는 없다. 따라서 법은 부동산 자체를 넘겨주기보다는 부동산에 대한 권리를 넘겨주는 형식으로 물건에 대한 권리, 즉 소유권이 변동되도록 했다.

집과 땅을 생각해 보면 부동산은 움직일 수 없다는 것 말고도 쉽게 없어지거나 닳아 버리지 않는다는 성질이 있다. 땅의 경우 자연적으로 역사적으로 주어진 국토 면적 이상으로 증가하지 않는다는 중요한 성질도 있다. 또 부동산은 마음대로 늘릴 수 없기 때문에 그 값이 매우 비싼 것이 일반적이다. 오랜 세월 동안 열심히 일하고 저축해서 집을 장만하고, 많은 돈이 필요할 때 집을 팔아 조달하는 것은 주변에서 흔히 볼 수 있는 것이다. 즉, 부동산은 경제적 가치가 축적되어 있는 자산이며, 실물 자산의 대표적인 유형이다.

얻기 위해 물건을 사고파는 행위'를 말한다. 즉, 재화를 구입하는 동기가 효용을 얻기 위해서라면 그것은 소비가 되지만, 값이 오른 다음에 되팔아서 이득을 얻기 위해 구입한다면 그것은 투기적 구매가 된다.

따라서 자신과 가족이 살기 위하여 아파트를 구입한 것이 아니고 추후에 가격이 올랐을 때 팔아서 이익을 얻을 목적으로 구입했다면 이는 아파트에 투기를 한 것이다. 어떤 행위이든 그것이 투자인지 투기인지, 아니면 소비인지를 알기 위해서는 그것을 구입하는 동기나 목적, 용도를 생각해 보면 된다. 일반적으로 어떤 재화를 구입했을 때, 그것이 다른 재화의 생산에 사용되면 투자, 효용을 얻기 위한 것이면 소비, 그리고 되팔아서 이득을 얻기 위한 것이면 투기가 된다.

그렇다면 투기는 과연 다른 사람에게 피해를 주는 나쁜 행동인가? 주식 시장에서 주식을 사고파는 사람들은 모두 '투기판' 에서 나쁜 짓을 하고 있는 사람들인가? 하지만 우리는 주식 시장이나 외환 시장에 종사하는 사람들을 투기꾼이라고 비하하지 않는다. 이득을 얻고 싶어 하는 것은 누구나 원하는 자연스러운 현상이며, 따라서 투기도 자연스러운 경제 활동 중의 하나일 뿐이다.

그러면 사람들은 왜 투기에 대해 부정적인 인상을 가지고 있을까? 그것은 투기의 와중에서 종종 일부 세력이 독점력을 행사함으로써 가격을 비정상적으로 조작하여 선의의 피해자를 만들어 내기 때문이다. 여기서 독점력이란, 특정 재화의 가격을 임의로 조작할 수 있는 힘을 말한다. 독점력을 가지기 위해서는 한 재화를 독점적으로 공급하거나, 그 재화의 수급량을 자기 마음대로 움직일 수 있을 만큼의 막강한 구매력이 있어야 한다.

투기가 가져오는 또 다른 문제점은 투기적 거래의 와중에서 이른바 '거품' 이라는 비이성적인 과잉 기대 현상이 나타나 사람들의 합리적 판단에 혼란을 가져옴으로써 많은 사람에게 막대한 피해를 입힐 수 있다는 점이다. 또, 투기는 성실한 사람들에게 일확천금의 허황된 꿈을 심어 주어 근로 의욕을 떨어뜨리는 부작용을 낳기도 한다. 그런가하면, 투기적 거래가 성행하여 가격이 상승하면, 그 재화를 꼭 필요로 하는 실수요자의 부담이 커질 뿐만 아니라 자원의 정상적인 흐름도 왜곡시켜 자원의 효율적 활용을 저해한다.

부동산 투기를 근절하려면 어떻게 해야 하는가?

어떻게 하면 부동산 투기를 해결하여 국가가 안정된 경제 활동을 할 수 있을까? 정부는 2005년 '8.31 부동산 대책' 을 내놓으면서 강력한 규제를 통해 부동산 시장을 안정시키겠다고 발표했다. 그 핵심은 투기를 통한 부동산 불로소득을 세금으로 환수하여, 사회에 환원하겠다는 것이다. 쉽게 말해 투기를 억제할 그물망의 코를 촘촘히 짜서, 투기를 통한 편법적 이득이 세금이라는 그물을 통과하고 나면 이득이 거의 사라지도록 하려는 것이다. 하지만, 강력한 정부의 규제가 오히려 많은 문제점을 가져올 수도 있다는 지적이 제기되고 있다.

우선, 강북보다 강남의 집값이 더 높게 오르는 이유는 강남에 사는 것이 강북보다 집값이 비싸더라도 실제적인 이득이 더 크기 때문이다. 교육 문제, 직장 문제, 생활 편의 시설 문제 등 누릴 수 있는 혜택이 크고, 시간에 따른 손실이 적기 때문이다. 결국, 강북 지역을 효과적으로 개발하면 지역 특수에 따른 투기 활동이 없어지지는 않겠지만 줄어들 수 있다. 마찬가지로, 서울로 집중되는 투기 수요를 막으려면 새로운 신도시를 개발하여 공급을 늘리는 것이 효과적인 방법이라 할 수 있다. 더 나아가, 수도권에 집중되어 있는 각종 공공 기관이나 기업들의 본사를 지방으로 이전함으로 지방 경제를 살리는 것이 좋은 방법이다. 이에 따라 정부는 공공기관을 지방으로 이전할 계획을 추진하고 있고, 행정 도시 및 기업 도시를 지방에

지식검색

8.31 부동산 정책의 기본 방향

이번 부동산 정책의 기본 방향은 서민의 주거 안정, 부동산 거래의 투명화, 부동산에 대한 투기 수요 억제, 주택 및 토지 공급 확대 등 네 가지로 볼 수 있다. 우선, 주택 공급 확대책으로 미니 신도시를 건설하고 기존 택지를 개발하겠다는 것이다. 둘째, 수요 억제책으로 종합 부동산세를 통해 거래세를 인하하고, 보유세와 양도세를 강화하겠다는 것이다. 셋째, 서민 주거 안정 대책으로 모기지 보험을 도입하고, 임대 주택을 활성화하겠다는 것이다. 넷째, 토지 시장 안정책으로 농지 및 임야에 대한 토지 거래 허가 요건을 강화하고 과세 기준을 하향 조정하겠다는 것이다. 이러한 정책들을 통해 국민들에게 '부동산 투기는 필패'라는 인식을 심어주어 투기가 억제되도록 하겠다는 것이 정부의 방침이다.

건설하기 위한 정책을 실시하고 있다.

둘째, 부동산 투기는 오로지 부동산에만 있는 것이 아니다. 진행 중인 7차 교육 과정을 보면 부모의 재력이 곧 학생의 성적이라고 할 정도로 사교육을 받지 않으면 학습을 제대로 따라가기가 힘들다. OECD 국가 중 가장 많은 사교육비를 지출하는 나라가 우리나라라는 통계도 있다. 그러니 돈이 있건 없건 자녀가 질 좋은 사교육을 받을 수 있도록 부모들은 서울로 몰려든다. 값비싼 사교육을 받지 않고도 본인의 노력과 능력에 의해 평가될 수 있도록 교육 정책과 교육 환경이 바뀌어야 한다.

셋째, 부동산은 부동산 자체의 문제가 아니라 자유 시장 경제 체제에 있다고 할 수 있다. 경제학자인 아담 스미스가 말하듯, 인간은 이기적인 방법을 사용하더라도 자신의 이익이 되는 방향으로 사고와 행동을 결정하게 되어 있다. 그것과 맞물려 우리가 살고 있는 사회 전체의 시스템 자체가 자유 시장 경제를 지향하기에 투기사업을 통한 이익 획득은 아주 자연스러운 결과일 수밖에 없다. 자유 경제 체제 하에서 정부는 각종 규제를 통하여 문제들을 해결하려고 하지만, 이 사회의 시스템 자체의 근본적인 모순이므로 해결책을 내어 놓는다는 것이 어쩌면 우스운 일이 될 수도 있다. 그래서 현재 우리 주변의 각종 문제들을 해결하는 방안은 자유 경제 체제가 아닌 근본적인 사회 시스템의 변화가 아닐까 주장하는 경제학자들도 있다.

과연 인간의 허황된 꿈의 끝은 어디인가?

얼마 전에 부하 경찰관들과 일반인들에게 도박 자금으로 10억 가까운 돈을 뜯거나 빌려 쓴 경찰 서장이 구속되는 사건이 있었다. 그는 경찰서장 재임 기간 중 절반 이상을 카지노에서 보냈다고 한다. 무단결근을 하고 카지노에서 도박을 하면서 부하에게 돈을 빌려달라고 독촉하기도 했으며, 경찰서장 취임식을 마치자마자 카지노로 달려갔다고 하여 엄청난 충격을 주었다. 최근에 터진 '바다 이야기' 또한 우리 사회에 도박 열풍이 개인의 사행심 때문만이 아니라 정권의 비호까지 받았다는 사실이 알려지면서 큰 사회적 물의를 일으켰다.

또, 길을 가다 보면 어렵지 않게 볼 수 있는 광고 문구가 있다. '오후 18시 현재 1등 누적 당첨금 ○○억 원'이란 광고다. 한 달에 80만 원씩 10년을 모으면 1억 원이다. 어쩌면 죽을 때까지 1억을 만져보지 못하고 죽는 사람이 그렇지 않은 사람보다 많을 지도 모른다. 그런데, 언젠가 400억 원에 당첨된 사람이 월요일 출근하자마자 사직서를 제출했고, 초등학교에 다니는 두 자녀는 학교에 가지 않았으며, 주변과 모든 연락을 두절하고 잠적한 일이 있었다. 대박의 주인공이 되지 못한 사람들은 허탈함과 부러움의 눈초리로 아쉬움을 달랠 수밖에 없었다.

뿐만 아니라, 미래 사회의 주역이 될 청소년들의 연예계 열병은 생각 이상으로 심각하다. 어느 사회에서나 연예인은 대체로 청소년층의 지지를 받게 마련이지만, 현재 우리 청소년들의 연예계 경도 현상은 지나치다. 극소수의 특수 집단일 수밖에 없는 연예인이 청소년들의 압도적인 선호 직업이 되고, 그들의 일거수일투족에 청소년들은 촉각을 곤두세운다. 연예인의 드라마 1회 출연료가 얼마라느니, 광고료가 얼마라느니 하는 이야기들은 청소년들에게 허망한 꿈을 꾸게 한다. 이런 현상은 성장기 청소년들의 다양한 발전 가능성을 차단하고 가치를 획일화함으로써, 다른 미래에 대한 선택의 여지마저 박탈된 패배자들을 양산해낼 수 있다. 청소년 연예 열풍은 환경과 학력으로 성공이 결정되는 사회 체제에 대한 그들 나름의 대안일 수 있다지만 연예계를 돈과 명예로 가는 초고속 엘리베이터로 여긴다는 것은 지나치게 가볍고 위험한 발상이다.

이렇듯, 부동산 투기만이 아니라, 카지노와 로또 대박, 연예계 열풍 등의 도박성 사업들이 어느새 무척이나 가까이 다가와 있다. 과연 현대를 사는 우리들에게 대박의 의미는 무엇일까? 정상적인 방법으로 계층 이동이 쉽지 않은 사회 구조적인 모순에 대한 탈출구인가? 그렇지 않다면 서민들을 한탕주의에 빠뜨리는 마약에 불과한 것인가?

왜 사람들은 돈과 물질에 구속당할 수밖에 없는가?

우리 삶에서 소유한다는 것은 어떤 의미를 갖는 것일까? 내 집 마련에, 새 차 살 생각에 쫓기듯 살다보면 한걸음 쉬어가며 삶을 돌아볼 시간의 여유조차 없는 것이 현대인들의 자화상이다. 인도의 간디는 소유한다는 것은 죄악이라고 했다. 단순히 뭘 갖는 것 자체가 죄악이라기보다 남들이 못 갖고 있는 것을 자기만 갖고 있는 것이 죄악이라는 뜻이다. 하지만 우리 사회는 우리에게 더 많이 갖기를 요구하고, 더 갖지 못하는 건 무능한 것처럼 몰아친다.

외국에서 생활하던 사람들이 우리나라에 살면서 놀라는 일 중의 하나가 '부자 되세요!' 라는 말이 최고의 광고 문구가 되고, '당신이 사는 곳이 당신이 누구인지 말해줍니다' 라는 문구에 고개를 끄덕이는 사람들이 많다는 사실이라고 한다. 우리나라는 어느덧 소유(당신이 사는 곳)가 존재(당신이 누구인지)를 규정하는 것을 당연한 듯 받아들이는 사회가 되었다. 이런 사회에서 무엇보다 필요한 것은 새로운 가치관의 형성이다. 이 사회를 지배하는 물신주의를 경계하면서 공공성과 연대 의식에 기초한 새로운 가치관이 사회에 뿌리내리도록 모색하고 제도화해야 한다. 부자가 되기 전에 먼저 사람이 되어야 한다는 말이다.

그렇다면 왜 사람들은 돈과 물질에 구속당할 수밖에 없는가? 우선, 사람들마다 내면에 지니고 있는 두려움 때문이다. 사람들이 가진 내면의 두려움은 다양하다. 그것은 미래에 대한 불안감일 수도 있고, 생존의 위협일 수 있으며, 추락에의 공포일 수도 있고, 다른 사람으로부터 사랑과 인정을 받지 못할까 봐 갖는 두려움일 수도 있다. 이렇게 예측할 수 없고 다양한, 삶의 불확실성을 극복하려는 시도가 바로 물질의 축적으로 나타나게 되는 것이다. 특히 다른 물질보다 돈은 간단명료하며 단순하고 정확하다. 그래서 돈이 힘을 얻게 되었고 마침내 자본주의적 사고가 힘을 얻게 된 것이다.

또한, 돈에는 중독성이 있기 때문이다. 사람들이 삶의 문제를 돈으로 해결하려 하는 한, 돈의 중독성에서 벗어나기 힘들다. 사람이 돈을 벌기 시작하면 처음에는 적은 돈에도 기쁨을 느낀다. 그런데 갈수록 그 신선한 기쁨의 약효는 떨어진다. 이제 더 많은 돈을 벌어야 새로운 기쁨이 느껴진다. 또한, 우리 사회의 분위기는 지위가 어떤지, 재물을 얼마나 가졌는지를 가지고 사람을 평가한다. 이 같은 문화적 풍토가 사람들로 하여금 점점 더 많은 것을 소유하도록 요구하고, 가지면 가질수록 더 갖고 싶은 욕망을 부르며, 항상 뭔가 더 가져야 한다고 쫓기면서 사는 분위기를 형성하게 되는 것이다.

'부자 되세요' 에서 '사람 되세요' 로

이러한 자본주의 사회에서의 문제점을 해결하기 위해서는 돈과 바꿔치기한 삶의 생동하는 관계들을 되찾아야만 한다. 그러기 위해서는 삶에 대한 깊은 성찰과 더불어 삶의 많은 부분들을 상품으로 보려는 시각에서 벗어나려는 노력이 있어야 하고, 산산조각 분열된 사람과 사람 사이의 관계, 사람과 자연과의 관계성을 회복해야 한다.

인간관계는 그 자체가 목적이다. 즉 가족, 친구, 이웃 등 그 사람과의 만남 자체에서 보람을 느끼고 그와 같은 사람들과 같이 있게 된 순간을 고맙게 생각하는 인간관계는 상대방을 목적으로 보는 것이다. 산업 혁명 이전에, 물질적으로 지금 현대인들이 누리고 있는 광범위한 물질적 편리함이 향유되기 전에는 인간관계를 목적으로 대하는 것이 일상생활에 중요한 부분이었다. 하지만 산업화 이후 자본주의 체제가 발달하면서 사람 사이의 관계가 이익을 얻기 위한 수단으로 변질되었다. 그래서 철학자 칸트는 '인간을 목적으로 대해야지 수단으로 대하면 안 된다' 고 지적했다.

또한, 더 많이 갖기 위해서 자연을 파괴하는 행위는 인간과 땅의 관계성을 파괴하는 것이다. 이는 이웃에 대한 배려나 공동체에 대한 연대 정신이 전혀 없는 것이다. 자신만 좀 더 행복하기 위해 자연을 파괴하는 행위이다. 결국 소유 자체가 나쁜 것이 아니라 더 많은 것을 소유하기 위해서 인간관계를 해치고 자연을 파괴하는 행위가 나쁜 것이다.

한 정신분석학자는 생명의 가치가 사라진 현 상황을 극복하기 위해 '사회적 정신 분열' 을 치유하는 것이 급선무라고 지적한다. 우리 사회 일각은 지금 극도의 정신 분열 증세를 보이고 있는데, 이는 급격한 사회 변동 과정에서 수많은 가치들이 충돌하면서 가치 판단의 혼란이 나타났기 때문이다. 경제 논리에만 치중하지 말고 생명 존중, 환경 보호와 같은 인성에 대한 인식을 높여야 한다. 생명이나 원칙보다는 돈과 자신의 안위가 우선이라는 잘못된 가치관이 문제이며, 인성 교육과 생명 존중 교육이 경제 교육보다 중요하다는 것을 인식해야 한다.

나눈다는 것은 그리 쉬운 일은 아니다. 대부분 우리는 모금을 하던지 불우 이웃 돕기를 하면 옷가지 같은 것과 집에서 안 쓰는 것을 좀 가져다주는 식으로 하는데, 진정한 나눔이라는 것은 자신이 가장 중요하게 여기고 아끼는 것을 내어주는 것이다. 많이 하느냐 적게 하느냐가 중요한 것이 아니라 도움을 필요로 하는 사람의 욕구를 정확히 알고 충족시키기 위해 나눔을 가진다면 소유욕도 극복될 수 있고 또 나쁜 바이러스가 사회를 좀먹는 것을 막을 수 있다. 소유가 아닌 진정한 나눔을 실천한다면 우리 사회는 욕망의 굴레로부터 자유로워질 수 있지 않을까?

로또 복권 열풍이 한국을 강타하고 있다. 사회 전반적인 복권 열기가 사회, 경제에 미치는 영향에 대하여 어떻게 생각하는가?

세계적인 도박의 도시 미국의 라스베이거스. 이곳 카지노에는 시계와 창문이 없다고 한다. 룰렛, 블랙잭, 포커 등 여러 게임을 밤낮 없이 즐길 수 있게 하기 위해서이다. 이러한 '초(超)시간 상태' 에 빠지다 보면 지갑 정도 비우는 것은 아무 일도 아니다. 끝내 자동차와 집, 가족까지 잃게 되어 있다는 것이다.

'조용한 아침의 나라' 한국이 복권 열풍에 휩싸여 있다. 사회적으로 일반 국민 누구나 대박의 환각에 빠지다 보면 정치나 사회에 대해 무관심해진다. 복권의 대중화는 대중의 우민화와 직결되어 있다고도 볼 수 있다. 경제적으로도 사행심을 조장하고 근로 의욕을 떨어뜨려 한탕주의를 만연시킨다.

우선, 복권 열풍이 가져온 사회적 폐단을 살펴볼 수 있다. 기부 문화의 바탕이 없는 복권의 상품화는 배금주의와 물질주의를 양산한다. 건전한 삶의 질서를 파괴하여, '일하기 위해 노는 것이 아니라 그 반대로 놀기 위해 일한다' 는 말 그대로 근로 가치와 여가 생활의 왜곡이 나타난다.

둘째, 복권 열풍이 가져온 경제적 폐단을 살펴볼 수 있다. 경마, 경륜, 카지노와 같은 도박성 오락으로 인해 패가망신한 경우는 흔하지만 복권은 비교적 위험 부담이 적다. 당첨 확률이 낮은 대신 적게 투자하고 수익을 단번에 손쉽게 많이 올릴 수 있다는 이점 때문에 사행심을 부추겨 근로 의욕을 꺾고 한탕주의를 부르게 된다.

셋째, 정부의 복권 정책의 문제점도 지적할 수 있다. 로또 복권은 판매액의 절반을 당첨금으로 주고 30퍼센트는 10개 정부 기관이 나눠 쓰게 된다. 20퍼센트는 운영 수수료와 판매 경비로 지급된다. 하지만 그 수익금을 받아 사용할 정부 기관들이 어디에 사용할지 마땅한 대책도 마련하지 않은 채 복권 팔기에 급급하기 때문에 문제가 되는 것이다.

이에 대한 해결 방안으로는 복권 당첨금에 대한 종합 과세 부과나, 수익금에 대한 투명한 관리, 명목성 사업에의 재투자 등을 들 수 있다. 더 나아가, 복권 구입을 손쉬운 돈벌이 수단으로 생각하는 사회 풍조를 탈피하여, 기부로 생각할 수 있는 자선 문화의 확립과 문화 인프라의 확충이 병행될 때 복권 열풍도 잠잠할 수 있다.

참고할 만한 책

강심호 외, 『21가지 유형으로 작품 이해의 눈을 활짝 틔워주는 한국 단편 소설 1』, 살림출판사, 2005.

거다 리스, 김영선 옮김, 『도박-로마제국에서 라스베가스까지 우연과 확률 그리고 기회의 역사』, 꿈엔들, 2006.

매일경제 편집국 부동산취재팀, 『매경 기자들의 족집게 해설-8.31 부동산 대책』, 매일경제신문사, 2005.

유시민, 『유시민의 경제학 카페』, 돌베개, 2002.

7

정상인과 다르면 비정상적인 사람인가?

「인간단지」 김정한

「전라도 길」 한하운

「문둥이」 서정주

현실보다 오해와 편견이 더 아프다

일본 도쿄지방법원이 최근 소록도 한센인 117명의 피해 보상 청구를 기각해서 물의를 일으켰다. 한센인들이 반드시 돈을 보상받자고 소송을 낸 건 아닐 것이다. 그동안 한센인이 겪은 차별과 냉대에 대해 우리 사회의 관심을 환기시키고자 했는지 모른다. 이후 일본 정부는 법원에 항소한 뒤 정부 차원에서 보상을 하는 방향으로 방침을 정했다. 이는 한국 정부가 한 · 일 간 해결해야 할 주요 외교 현안으로 한센인 문제를 내세웠기 때문으로 보인다.

사회적 약자와 소수자에 대한 편견과 차별 의식은 우리 사회 곳곳에 내재한다. 한센인이 그러하듯, 동네 근처에 장애인 시설이 들어설 양이면 주민들은 어김없이 '결사반대' 현수막을 내건다. 성적 소수자와 에이즈 감염자는 그들이 '변태'인 게 문제이고, 이주 노동자들은 웬만큼 홀대해도 괜찮은 것 아니냐고 여긴다. 예비역들한테는 신념이건 뭐건 군대를 거부하는 젊은이들이 얄미울 뿐이다.

다음 질문에 당신은 어떻게 대답하겠는가? '만약 가족 중 에이즈에 걸린 사람이 있다면 당신은 에이즈 환자와 일상생활을 같이 할 수 있는가?' 최근 에이즈 예방 협회가 대학생 2000여 명을 대상으로 한 설문 조사에서 응답자 중 절반 가까이가 '할 수 없다' 고 대답했다. 또한, '감염인이 사용하던 물 잔을 함께 사용하면 에이즈에 감염될 수 있을까?' 라는 질문에 많은 사람들이 오답을 냈다.

일상적인 신체 접촉이나 소변, 땀, 침 등으로 에이즈가 전염될 확률은 거의 없다. 에이즈에 대한 근거 없는 오해와 편견이 감염인들의 사회 적응을 더욱 힘들게 하고 있는 것이다. 국내에서 에이즈가 처음 발견된 것은 1985년이다. 그러나

20여 년이 흐르는 동안 국내에서는 에이즈에 대한 편견과 오해로 인해 감염인들의 인권은 철저히 무시당해 왔다.

김정한의 「인간단지」, 한하운의 「전라도 길」, 서정주의 「문둥이」는 모두 '문둥병' 환자들의 이야기를 다루고 있다. 앞에서도 소록도 한센인 보상 문제를 언급했지만, 오랜 시간이 흐른 지금까지도 정상인과 다른 비정상인으로 낙인찍혀 살아갈 수밖에 없는 이들의 삶은 이들 자신의 문제가 아니라 사회적 편견의 문제이다. 근거 없는 오해와 편견으로 인권이 유린당하는 사회적 약자들의 삶을 살펴보면서 건전하고 합리적인 대안을 모색해 보자.

「인간단지」 중에서

가까운 부락들에는 안 갔었지만 먼 데 동냥을 나갔던 사람들은 계속 수상한 소문들을 듣고 왔다. 그만큼 했음 떠날 줄 알았던 문둥이들이 내처 버티고 있으니까 이번에는 아주 밖으로 내쫓는다, 정 안 들으면 모조리 강에다 밀어 넣어 버리겠다고까지 벼른다는 것이었다.

"미친놈들! 즈그만 살라는 땅인가? 어데 해보라지……?"

우중신 노인은 모두 들으란 듯이 일부러 큰 소리로써 구두덜거렸다.

밤에는 늦게까지 모닥불을 피워 놓고 놀았다. 그러면서 습격을 당한 이야기와, 또 그런 일이 있으면 어쩌겠느냐는 이야기들이 으레 나왔다. 속담에 문둥이가 풍은 대풍이라고, 모두 큰소리들을 쳤다.

맞서 싸우자는 정도가 아니었다. 정말 또 내쫓으러 온다면 놈들하고만 싸울 게 아니라 놈들이 사는 동네까지 마구 덮치자는 놈도 있었다. 나라가, 법이 못 지켜 줄 바에는 자기들의 힘으로써 그러한 불법을 막는 수밖에 도리가 있겠느냐는 주장들이었다.

그들은 의논한 결과 향토 예비군처럼 반을 나누고, 밤에는 제법 보초까지 다 세웠다. 그와 동시에 부근 주민들의 동정을 살피는 정보 활동까지 개시했다.

하루는 동냥을 나갔던 한 패가 지레 돌아왔다. 온다는 것이었다.

"한 집에서 한 사람씩 꼭 나오게 대 있담더!"

"응……."

우중신 노인은 무슨 계책이라도 서 있는 듯이 심각한 표정을 지어 보였다. 곧 '인간단지'에 비상소집이 내렸다. 모두 보통 때와 같이 일을 하다가 부락민들이 또 몽둥이를 들고 올 때는 곧 한곳에 모이기로 했다.

"먼저 손을 대서는 안 댄데잇! 저쪽에서 기어이 덤빌 때는, 그때는 한번 해 보자 말이다. 알겠나? 이기고 지고는 이번이 마지막이다."

우중신 노인은 이렇게 당부를 하고 치구를 시켜 몇 사람의, 손가락 없는 불구자만을 천막 안으로 불러들였다. 힘으로는 못 당할 테니 악으로써 대결을 하자는 것이었다. 그는 손가락이 없는 팔뚝들에 낫을 한 자루씩 동여매었다. 그러니까 한 사람이 두 자루씩 가진 셈이었다. 이것이 그날의 소위 특공대와 같은 것이었다.

"놈들이 간대로 때리 쥑이지는 몬할 끼다. 이래서 우리들의 결심을 비이자 말이다."

"멋하면 한 놈 쥑이고 나도 죽을라요!"

이마가 몹시 까진 '소신랑'이 역시 표독스런 소릴 했다.

결국 올 것은 왔다.

2백여 명의 장정들이 백주에 괭이며 삽, 몽둥이들을 들고 몰이꾼처럼 몰려왔다. 어느 얼굴을 보나 인간 백정이다. 50명 남짓한 '인간단지'의 식구들은 우선 손에 쥔 것 없이 그들의 천막 앞에 앉아 있었다.

부락민들은 천막들을 죽 에워쌌다. 구장인지 뭔지 얼굴이 넓적하고 입이 메기처럼 커다란 사람이 겁에 질려 있는 듯한 단지의 사람들을 보고 명령을 하듯 했다.

"여러 말 할 것도 들을 것도 없으니 곧 이곳을 떠나시오!"

목소리도 입 따라 우렁찼다.

경기까투리가 일동을 대표해서 따지려 들었다. 그러나 그는 두 마디도 못하고 구장인 듯한 사내의 발길에 채여 넘어졌다. 단지민들은 우끈하려다 말고 천막 안을 돌아보았다. 흰 수염을 덜덜 떨며 우중신 노인이 예의 긴 지팡이를 짚고 경기까투리가 섰던 자리에 나타났다.

"자네 말마따나 여러 말 할 것 없네. 우릴 죽이라. 우선 나부터!"

우중신 노인은 누더기 같은 윗도리를 확 찢어 젖히며 뼈만 남은 가슴을 쑥 내밀었다.

그러나 구장깨나 해 먹을 만한 사람같이 보이는 메기아가리에겐 그까짓 거러지들의 불평이나 위협 따위에 왼 눈도 깜짝할 필요가 없다.

"자네? 이 자식이 머 이런 기 있노!"

메기아가리의 넓적한 손바닥이 우노인의 얼굴을 몰강스럽게 냅다 갈겼다. 쓰러질 듯하다가 일어나는 우노인의 수염에 피가 벌겋게 흘러내렸다.

김정한(1970)

전라도 길-소록도로 가는 길

가도 가도 붉은 황톳길
숨막히는 더위뿐이더라.

낯선 친구 만나면
우리들 문둥이끼리 반갑다.

천안(天安) 삼거리를 지나도

수세미 같은 해는 서산에 남는데

가도 가도 붉은 황톳길
숨막히는 더위 속으로 절름거리며
가는 길.

신을 벗으면
버드나무 밑에서 지까다비를 벗으면
발가락이 또 한 개 없어졌다.

앞으로 남은 두 개의 발가락이 잘릴 때까지
가도 가도 천리(千里), 먼 전라도 길.

한하운(1949)

교과서 : 고등학교 문학 교과서(문원각)

문둥이

해와 하늘 빛이
문둥이는 서러워

보리밭에 달 뜨면
애기 하나 먹고

꽃처럼 붉은 울음을 밤새 울었다.

서정주(1936)

문둥병은 천형(하늘이 내리는 벌)이므로 함께 살 수 없는가?

김정한의 「인간단지」는 일제 식민지 시대를 거쳐 남한에 단독 정부가 세워진 뒤의 상황을 배경으로 한다. 작품의 주인공 우중신 노인이 일본 유학 중 독립 운동에 가담하는 동안 아내는 문둥병 환자인 시할아버지를 간호하다 문둥병에 걸리게 되고 시집에서 쫓겨난다. 가족을 보살피던 그녀의 정성과 사랑은 전혀 인정받지 못한다. 8·15 해방 후 조국으로 돌아온 우중신 노인은 문둥병 수용소를 뒤진 끝에 아내를 만나 산비탈에 오두막을 세우고 함께 산다. 그러나 결국 아내는 죽고 오히려 우중신 노인이 문둥병에 걸려 문둥병 수용소에 들어가게 된다.

그런데, 수용소 책임자 박원장은 수용소를 자신의 돈벌이 수단으로 이용하고 환자들의 인권을 유린한다. 박원장에 저항하던 우중신 노인은 환자들과 함께 몰래 수용소를 탈출하여 외진 산골에다 문둥이의 마을인 인간단지를 만든다. 하지만, 문둥이와는 같이 살 수 없다는 동네 사람들의 습격으로 우중신 노인은 죽고 문둥이들은 정처 없이 달아나 결국 인간단지는 사라지고 만다. 이 작품은 인간이 자신과 다르다는 이유만으로 같은 인간을 얼마나 잔인하게 학대할 수 있는지를 잘 보여 준다.

「전라도 길」의 작가 한하운은 나병의 저주와 비통함을 온몸으로 껴안고 살다간 시인이다. 부제 '소록도로 가는 길'에서도 알 수 있듯이 이 시는 전라남도 고흥군 소록도의 수용소를 찾아가는 나병 환자인 화자의 고달픈 삶을 잘 나타내고 있다. 천형이라는 운명적 삶을 살아가는 그의 무거운 발걸음은 '가도 가도 천리, 먼 전라도 길' 이라는 마지막 구절에 제시되어 있다. 따라서 '천리' 는 시인의 고향 함경남도 함주에서 전라도 소록도까지의 공간적 거리만을 의미하는 것이 아니라, 모든 희망을 포기하고 살아가는 화자의 절망적 삶의 모습이자, 정상인들과는 결코 동화할 수 없는 정신적, 육체적 삶의 거리감을 뜻한다.

나병에 대한 인식이 희박했던 시절만 하더라도, '문둥이가 온다' 고 하면 아이들은 길에서 놀다가 고방에 숨거나, 이불을 뒤집어쓰거나, 뒷산으로 도망을 가거나, 엄마를 찾아서 들로 뛰어가는 등 정신없이 도망을 쳤다. 문둥이가 문둥병을 낫기 위해서 어린 아이의 간을 일곱 개 빼먹어야 한다고 믿었기 때문이다. 그래서 아이들은 간을 지키기 위하여 줄행랑을 쳤던 것이다.

서정주의 「문둥이」는 바로 이런 이야기를 근거로 한다. 문둥병은 천형이어서 문둥이는 늘 '하늘 빛' 이 서러웠다. 그래서 보리밭에 달이 뜨는 날, 애기 간을 파내어 먹었다. 문둥병은 나아야겠고, 애기의 간을 빼먹고 나니 그렇게 마음이 아플 수가 없었다. 결국 문둥이는 피를 철철 흘리며 밤새 '붉은 울음' 즉 가슴을 쥐어뜯는 아픔의 울음을 울었다는 내용이다.

문둥병 환자가 한 마을에 살고 있다면 당신의 선택은?

"사람들이 징과 꽹과리를 치며 몰려왔다. 천막 안으로 도망치니까 죽창을 마구 찔러댔다. 귀가 잘려 나가고 피가 나고 난리였다. 휘발유를 뿌리고 불을 붙였다. 나가도 죽을 것 같아서 구석에서 죽은 척하고 숨어 있었다."

1957년 경남 사천의 작은 섬 '비토리' 에서 농지를 일구려던 한센인 28명이 죽창에 찔리고 불에 타 숨졌다. 학살의 주범은 '문둥이와 같이 살 수 없다' 는 이웃 주민들이었다. 50년 가까운 세월이 흘렀지만, 생존자들의 증언과 기억은 끔찍하리만큼 생생하다. 김정한의 「인간단지」에 나오는 문둥이 이야기는 소설이 아니라 현실에서 실제로 일어나고 있었던 것이다.

한센인들은 1963년 전염병 예방법이 개정돼 법적 격리가 해제된 뒤에도 정착촌을 벗어날 수 없었다. 일제 단속에 걸리면 영락없이 소록도 등 정착촌으로 끌려갔다. 아이를 잡아먹는다는 속설 때문에 툭하면 유괴범으로 지목됐고, 감염 우려가 없는 한센 병력자와 2세들도 일반 학교에 다니는 건 불가능했다. 1980년대 후반까지도 결혼을 하기 위해서는 결혼 전 단종 수술을 받아야만 했다.

지금도 사정은 별로 다르지 않다. 약물 치료로 거의 완치될 뿐 아니라 유전성이 없다는 사실은 그리 중요하지 않아 보인다. 실제 동네 목욕탕이나 이발소를 함께 이용하기 꺼리는 이가 대부분이다. 정착촌에 격리하는 건 불가피한 조치이고, 한센인 2세와의 결혼은 생각할 수 없는 일이라는 것이 국가 인권위원회 설문 조사 결과이다.

에이즈에 감염된 사람은 격리되어야만 하는가?

대기업에 다니는 두 아들과 부인이 있는 한 에이즈 감염인은 감염 사실을 가족들에게 알렸다가 홀로 속병을 앓을 때보다 더한 고통을 겪었다. 아들들은 아버지에게 '부끄러워 자살하는 에이즈 환자가 많다' 느니 '빨래는 직접 하라' 는 등의 모욕적인 말을 했다. 가족의 눈총을 견디지 못한 감염인은 집을 나와 혼자 거주하고 있다. 또, 회사에서 건강 검진을 받다가 바이러스 감염 사실을 알게 된 한 환자는 회사를 그만둘 수밖에 없었다고 한다. 동료 직원들이 식사를 같이 하거나 심지어 악수조차도 하지 않으려고 하는 등 따돌림 속에서 직장 생활을 계속할 수 없었던 것이다.

에이즈(후천성면역결핍증)는 HIV(인간면역결핍바이러스)에 감염되어 나타나는 진행성 증후군이다. 인체 내에서는 질병에 대해 스스로 저항하고 통제하는 면역 기능이 있지만 HIV에 감염되면 몸의 면역 체계가 손상되고 기능을 상실해 에이즈로 진행된다. 에이즈가 공포의 대상인 것은 정상적인 면역 기능을 감소시켜 어떠한 질환이 발생해도 이를 막아낼 수 없는 상태로 만들어 사망에 이르게 하는 질병이기 때문이다.

에이즈 감염자가 발견된 지 20여 년이 지난 현재 우리나라 에이즈 감염자는 3,657명으로 공식 집계됐다. 하지만 전문가들은 실제 감염자수가 1만여 명을 넘을 것으로 추정하고 있다. 이렇게 추정하는 이유는 감염인들이 그들에 대한 사회적 편견으로 인해 감염 사실을 숨기고 있기 때문이다. 감염인은 몸이 아픈 사람이지 죄지은 사람이 아니다. 그러나 우리 사회는 에이즈가 동성애자들이나 걸리는 질병이라는 왜곡된 인식과 침이나 눈물을 통해서도 감염될 수 있다는 잘못된 상식으로 그들을 사회와 격리시키려고 한다.

심지어 병원에서조차도 문제가 심각하다. 감염인들은 원칙적으로 모든 병원에서 입원과 치료가 가능하지만 병원으로부터 치료를 거부당하기 일쑤다. 소규모 병원에서 진료받는 것은 거의 불가능하고 대형 병원 가운데서도 감염인을 받아주는 곳은 전국적으로 10곳도 안 된다. 어렵사리 입원하더라도 다른 환자들과 병실을 함께 쓸 수 없다는 병원 내부 규정으로 비싼 1인실을 사용하거나, 병실이 날 때까지 응급실에서 며칠씩 대기해야 한다. 이 때문에 감염 사실을 숨기고 진료받는 경우가 있어 의사나 간호사들의 2차 감염이 우려되고 있다.

에이즈는 이제 개인의 변태적이거나 문란한 성생활 문제로 치부할 사안이 아니다. 성관계에 의한 감염 외에도 수혈 등으로 인한 감염이 적지 않다. 또한, 에이즈는 독감이나 결핵과 같이 법정 전염병 3군에 해당하는데, 격리하지 않고도 조심스럽게 치료할 수 있는 질병이다. 환자에 대한 차별과 편견, 환자 관리의 낙후성 등이 오히려 에이즈를 확산시키고 있는 것이다. 국가와 사회적 차원에서 에이즈 문제에 접근해야 할 필요가 여기에 있다.

에이즈 환자들은 영화 〈너는 내 운명〉의 남자 주인공 '석중'이 보여준 것처럼 편견과 차별 없이 감염인을 대하는 세상이 오기를 소망하고 있다. 순수한 농촌 총각과 에이즈에 감염된 다방 아가씨의 운명적인 사랑을 그린 이 영화는 전국 관객 300만이라는 흥행을 기록했고, 각종 시상식을 휩쓸었다. 그러면 이런 일은 과연 영화에서만 일어나는 일일까? 아니다. 이 영화는 2002년 여수에서 발생했던 실화를 바탕으로 하고 있다고 한다.

영화 〈웰컴 투 동막골〉에서 '여일'이 죽지 않고 살았다면 어떤 모습일까?

영화 〈필라델피아〉는 에이즈에 걸린 환자에 대한 편견을 잘 보여 준다. '엔드류'(톰 행크스)는 동성애자이고, 에이즈 환자이기 때문에 회사가 부당 해고를 하지만 동료들의 시선은 싸늘하기만 하다. 영화 〈너는 내 운명〉에서 동네 사람들이 보이는 태도는 일견 합리적이다. 하지만 합리적인 것으로 보일 뿐이지 매우 미개한 모습이다. 영화에서 에이즈가 동성애를 하면 걸리고, 손만 잡아도 걸린다는 '미신'에 동네 사람들이 떨고 소금을 뿌리는 행위는 우리 사회의 편협한 단면을 여지없이 보여 준다.

그렇다면 영화 〈웰컴 투 동막골〉에서 '여일(강혜정)'이 죽지 않고 살았으면 지금 어떤 모습일까? 여일은 아마 왕따가 되지 않았을까? 오히려 여일의 순수함이 모자람으로, 또는 비정상과 광기로 치부되기 쉬웠을 것이다. 그 당시만 해도 그런 사람들이 이웃으로 함께 있었는데 어느 샌가 모두 사라졌다. 정신 병원 같은 각종 수용시설로 다 들어간 것이다. 17세기 프랑스 파리에서 구빈원을 만들면서 6천 명이나 되는 부랑아와 범죄자, 동성애자, 광인을 함께 다 묶어서 수감했다. 이것이 정신병원의 시작이다. 정상과 비정상을 가르고 구분하고 격리하면서 근대 사회가 탄생한 셈이다.

프랑스 철학자 미셸 푸코가 쓴 『광기의 역사』대로 우리도 그런 근대화 과정을 밟은 것이다. 이런 '비정상'에 대해 사회가 인내심을 발휘하지 못하는 이유는 무엇일까? 이는 정상인들이 집단적 분노와 광기를 소수의 '비정상인'에게 퍼부어서 사회 문제를 임시방편으로 해결하려고 하기 때문이다. 히틀러의 유대인과 집시 학살도 넓게 보면 '여일'이나 '은하 부부'의 왕따 확대판이라고 할 수 있다. 이처럼 사회는 사회 유지를 위해 왕따 같은 희생양을 계속 필요로 한다.

또 다른 이유로 경제적인 문제도 있다. 사실 '은하 부부'의 동네 사람들이 재수없다고 소금뿌리는 건 혐오 시설이 동네에 들어오면 집값 떨어진다고 반대하는 님비(Nimby-not in my back yard)현상과 비슷하다. 국가적으로 확대하면 올림픽에 찾아오는 손님들 외관에 보기 좋지 않다고 난민촌을 갑자기 철거하는 1980년대 소련이나 1988년 한국 사회와 유사하다. 영화 〈홀리데이〉는 앞 장면에서 잠깐 그때의 난민촌 철거를 다루고 있다. 이처럼 우리 사회가 누구를 내쫓고 누구를 비정상으로 분류하는지에 대한 날카로운 관찰이 필요하다.

'광기의 역사'에서 '화해와 이해의 역사'로

"국가의 무관심과 한센인들에 대한 편견 등으로 한센인들을 국민의 한사람으로 대하지 못한 국가의 무책임함에 국가 기관의 한 책임자로서 진심으로 사죄드립니다. 일본 총리의 사과가 있기 전 우리 정부가 먼저 사과를 해야 하는 것이 올바른 순서였는데 그렇지 못한 것에 대해 전국 1만 6천여 한센인 가족들에게 몹시 부끄럽습니다."

이는 2005년 소록도를 방문한 국가인권위 위원장의 사죄의 말이다. 그는 한센인 역시 우리 사회의 소외 계층으로 보호되어야 한다는 생각에서 인권 유린 실태 조

지식검색

미셸 푸코의 『광기의 역사』

미셸 푸코(Michel Foucault, 1926~1984)는 이성에 대한 확신 위에 구축되어 온 서양 근대 사상을 근저에서부터 뒤흔들어버리고, 전혀 새로운 시각으로 인간의 역사를 재구성한 프랑스의 철학자이다. 철학, 역사학을 비롯해 문학 비평, 언어학, 정신병리학, 임상의학, 경제학사에 이르기까지 광범위한 영역을 포괄하는 미셸 푸코는 20세기 지성 중에서 가장 독보적인 존재로 추앙받고 있다. 국내에서도 거의 모든 저서가 번역되었다. 1984년 에이즈로 사망했다

원제 '고전주의 시대의 광기의 역사'라는 제목의 이 책은 고전주의 시대의 광기의 문제를 집중적으로 검토하고 있지만, 저자의 광기에 대한 시각은 16세기부터 20세기까지의 광범위한 자료를 관통하고 있다. 푸코는 광기의 역사에 대한 지식의 고고학을 통해, 르네상스 시대와 고전주의 시대를 거쳐 근대적 정신 병원이 탄생되는 과정에서 광기가 어떻게 억압되고, 광인이 어떻게 침묵 속에서 자신의 진실을 상실하게 되었는지를 명확하게 보여준다. 프랑스에 있어서 감금되는 사람들은 보통 사람이 아닌 즉 특이한 사람들이다. 미치지 않았던 문둥병 환자→배에 실려 항해→수용소에 가고→문둥병이 사라지고→이 수용소가 감옥 혹은 병원이 된다. 이런 역사적 상황에서 푸코가 찾고자 했던 것은 바로 광기와 권력의 상관관계이다.

사에 나서게 됐다며 그들의 인권 향상을 위해 최선을 다하겠다고 말했다. 같은 인간으로서 차별과 편견을 가지고 한센인들을 대해 왔던 점을 인정하고 국가를 대신해 마음으로 사죄를 한 것이다.

또, 인권위가 과거에는 자유권적 기본권에 치중해 왔다면, 이제는 사회적 약자와 소외 계층에 대해 중점을 두고 있다고 전제한 뒤, 인권의 사각 지대인 북한 인권, 군대와 이주 노동자, 한센인, 에이즈 환자 문제에 대해 집중적인 실태 조사에 나설 것이라고 말했다. 특히, 권고 기관으로서 인권 침해 사례에 대한 시정 권고와 더불어 예방할 수 있는 방법도 법적, 제도적으로 고려할 것이라고 밝혔다.

이러한 약속은 2006년 1월 국가인권위원회가 정부에 국가 인권 정책 기본 계획(인권 NAP)에 대한 권고안을 제시함으로써 지켜졌다. 권고안은 장애인, 비정규직

노동자, 여성, 성적 소수자 등 사회적 약자와 소수자에 대한 보호 방안을 제시하고 있어 주목된다. 정부는 이 권고안에 따라 인권 정책 기본 계획 세부 실천 계획을 수립해 2007년부터 5년간 시행하게 된다.

특히, 인권위는 에이즈 환자와 한센병 환자(한센인)의 인권 침해가 심하다고 지적하고, 대책으로 에이즈 환자에 대한 강제 검진과 취업 제한, 실명 신고 규정을 담은 '후천성면역결핍증예방법'을 개정하도록 권고했다. 또 직장 건강 검진 뒤 에이즈 감염 사실을 본인에게만 알리도록 관련 법령을 개정해 에이즈 감염자가 고용상 불이익을 받지 않도록 했다. 또, 한센인과 관련해서는 과거 국가 기관이 한센인에게 행한 인권 침해의 진상 규명, 한센인 명예 회복, 적절한 보상책 마련, 전국 89개 한센인 정착촌의 생활환경 개선을 요청했다.

흑인 인권 운동가 마틴 루터 킹 목사는 "비극은 악한 사람의 거친 아우성이 아니라, 선한 사람의 소름 끼치는 침묵"이라며 사회 전체의 자성을 촉구했다. 상대방을 향해 돌을 던지는 사람보다도, 말하지 않고 묵인하는 일반인들이 더 큰 문제라는 것이다. 우리 안의 소록도는 여전히 많은 셈이다.

지식검색

국가 인권 정책 기본 계획[인권 NAP(National Action Plan)]

한 국가의 인권 보호 및 신장을 위한 법 제도 정책을 총괄하는 종합적 실행 계획이다. 1993년 오스트리아 빈에서 열린 세계 인권 회의에서 참가국들이 만장일치로 국가 인권 기구 설립과 인권 NAP 수립을 결의했다. 유엔 경제적, 사회적, 문화적 권리위원회는 2001년 5월 한국에 인권 NAP 수립을 권고했다. 한국은 2006년 6월 30일까지 유엔에 인권 NAP를 보고해야 하며, 2007년부터 향후 5년간 시행해야 한다.

'비정상'이 아니야 단지 조금 '불편'할 뿐이야!

개성을 중시한다고 말하는 우리 사회가 오히려 다양성과 자유의 목을 졸라 여기저기에 족쇄를 채워서 '다르다'를 '틀렸다'로 만들고, '차이'를 '차별'로 키우며 모든 걸 '정상'과 '비정상'으로 나누어 힘의 서열을 매기는 것은 아닌지 생각해 볼 필요가 있다. 이런 현실에서 자신이 익숙하게 보아 온 것만을 진실이라 믿고 그 바깥으로 눈 돌리는 것조차 거부한다면 우리는 진리에 다가설 수 없고 정의로워질 수도 없으며 더 현명해지지도 못할 것이다. 이런 의미에서 〈똘레랑스, 차이 혹은 다름〉이란 TV 프로그램은 참신한 느낌과 해결의 실마리를 함께 준다.

2005년 여름, 공주에 있는 이인 초등학교 학생들과 관내 특수학교인 정명학교 학생들은 100미터 달리기에서부터 큰 공굴리기 등의 각종 경기에 함께 참여했다. 정명학교 학생들은 단지 몸이 불편할 뿐이지 마음은 누구에게 뒤질 것이 없다며 땀을 뻘뻘 흘리는 등 기량을 맘껏 발휘해 많은 박수를 받았다. 아이들과 학부모들은 이런 활동을 계기로 그동안 사회적 약자라고 할 수 있는 장애인에 대한 편견을 많이 씻어낼 수 있었다고 한다. 이처럼 서로 함께 할 때 차이는 줄어들 수 있다.

또, 최근 장애인과 사회적 약자들이 스크린 속으로 들어가고 있다는 점도 주목할 만하다. 정신 지체인을 내세운 〈제8요일〉에서 자폐 증세를 보인 주인공을 내세우는 〈레인맨〉, 청각 장애인을 소재로 한 〈작은 신의 아이들〉, 에이즈 문제를 다룬 〈필라델피아〉, 정신병 환자들의 이야기를 다룬 〈뻐꾸기 둥지 위로 날아간 새〉에 이르기까지 할리우드에선 꾸준히 사회적 약자들을 주인공으로 내세우거나 소재로 한 영화들이 제작되고 흥행이 된다.

반면에, 우리의 영화계는 그동안 장애인을 전면에 내세운 영화들이 적었다. 이것은 지극히 상업적인 논리가 지배했기 때문이다. 하지만, 2002년 이창동 감독의 영화 〈오아시스〉는 중증 뇌성마비 장애인 '공주'와 사회로부터 소외된 남자 '종

두' 의 사랑을 둘러싼 인간과 사회의 관계를 사실적으로 그려 호평을 받았다. 이후 자폐 증세를 보이는 실제 주인공 배형진 씨를 모델로 한 〈말아톤〉은 흥행 성적을 거두며 많은 이들에게 감동과 함께 우리 사회의 자폐증에 대한 관심을 촉발시켰다. 곧이어 개봉된 영화 〈너는 내 운명〉은 흥행뿐만 아니라, 사람들에게 에이즈에 대한 새로운 인식을 심어줌으로써 사회적 약자에 대한 편견의 문제를 생각해 보게 하는 사회적 분위기를 조성했다는 점에서 의미가 크다.

장애인이나 사회적 약자들을 소재로 하거나 주인공으로 내세운 영화가 활성화되는 것은 우리 사회의 잘못된 인식을 개선할 뿐만 아니라, 인간의 다양한 측면을 보여줄 수 있는 영화 영역의 확대로 이어진다는 점에서 긍정적인 측면이 높다. '당신의 정치적, 종교적, 사회적 신념과 행동이 존중받기를 바란다면 우선 남의 정치적, 종교적, 사회적 신념과 행동을 존중하라는 것이 바로 '똘레랑스' 정신이다. 대립과 갈등, 나와 너를 나누는 게 일상이 돼버린 우리 사회에서 '똘레랑스' 는 가장 필요한 요소라고 할 수 있다.

동성끼리 서로 사랑하는 동성애는 신의 저주인가? 그리고, 수술을 통해 성을 바꾸기까지 하는 트랜스젠더들의 행위는 자연의 섭리를 스스로 거역하는 죄악인가?

영화 〈브로크백 마운틴〉이 베니스 국제 영화제에서 황금사자상을 타고 미국 내에서도 비평가협회, 골든글러브 작품상, 감독상을 휩쓸고 있다. 〈패왕별희〉, 〈결혼피로연〉, 〈해피투게더〉 등이 해외 영화제에서 상을 받고, 국내에서는 〈왕의 남자〉가 관객 1,000만을 넘어서는 등 대히트를 치고 비평가와 관객의 사랑을 받는 상황에서, 새로운 동성애 영화의 등장이 새삼스러울 건 없다. 하지만 분명한 것은 이 영화가 동성애에 대한 진지한 시각을 지니고 있다는 것이다.

초등학교에서 미술 시간에 하늘색 크레파스를 잃어버린 한 아이가 울고 있었다. 선생님이 물어보니 하늘색이 없어서 하늘을 칠할 수 없다는 이유였다고 한다. 웃고 넘어갈 일 같지만 그렇지가 않다. 우리 아이들은 '살색' 크레파스가 없으면 사람도 그릴 수가 없다. 비가 오거나 흐린 날의 하늘은 하얗거나 잿빛을 띠고, 노을에 물든 저녁 하늘은 붉게 빛나며, 해가 기울수록 조금씩 짙어지는 하늘은 어느새 짙은 남빛의 밤하늘이 된다. 이 사실을 우리는 모르고 있는 것도 아니면서, 하늘이 무슨 색이냐고 물으면 당연히 파란색을 떠올리지 않는가?

다양한 색을 지닌 하늘은 하나만이 옳다는 논리 속에 가려졌다. 적어도 아이들의 창의력을 높이려면 빨간 하늘, 노란 하늘도 그리게 해줘야 한다는 교육론이 나오고, 살색 크레파스가 인종 차별을 불러일으킬 소지가 있다는 문제가 제기될 때까지는. 어쩌면 '성적 소수자' 에 대한 지금 우리 사회의 태도도 이와 같은 건 아닐까.

근래 들어 '성적 소수자' 란 용어가 점차 널리 쓰이는 추세이긴 하지만, 누구나 그 의미를 쉽게 알아들을 만한 상용어는 아니다. 동성애자와 트랜스젠더를 통칭하는 용어로 쓰는 일이 가장 흔한데, 연예인 홍석천의 커밍아웃과 하리수의 등장으로 인해 사회적 관심이 매우 높아졌다. 그동안 우리 사회가 소외하고 차별해온 사회적 소수자들에 대한 인권 문제가 제기되면서 이와 함께 동성애자, 양성애자, 트랜스젠더의 인권도 이주노동자나 장애인과 같이 사회적 소수자의 범주로 포함시켜 이해하려는 움직임이 활발해졌다.

오랫동안 동성애는 금기와 터부, 그리고 비정상적이란 낙인이 찍혀 있었다. 동성애자는 범죄자가 되었다가, 정신병자로 되었다가, 에이즈 확산의 주범이란 오명까지 덮어써야 했다. 심지어 동성애는 성적으로 타락한 서구 사회의 산물이 잘못 수입되어 우리나라 사람들을 흉측하게 물들인 것으로 주장하는 이들도 있다.

그러나 동성 간의 사랑이나 성행위는 인류 역사와 그 궤를 같이한다고 할 수 있을 정도로 어느 시대 어느 문화권에서나 있었다. 구석기 시대 동굴 벽화에도 동성 간의 성행위가 묘사되어 있고, 고대 그리스처럼 남성간의 사랑이 더 칭송받던 때도 있었다. 또한 플라톤은 『향연』이란 저서에서 동성애를 인간이 할 수 있는 가장 고귀한 사랑으로 표현하기도 했다. 고대 중국의 역사를 보아도 '동성에게 사랑을 느끼는 일' 은 지금과 다른 의미였음을 알 수 있다. 지금도 아프리카, 폴리네시아 및 멜라네시아 문화권에서는 여성끼리 혹은 남성끼리 정서적이고 육체적인 친밀함을 나누는 것이 자연스럽고 평범한 일상으로 받아들여짐을 발견할 수 있다.

한국 역사에서 동성애자는 그동안 안개 속에 가려진 존재였다. 그 실체가 사회적으로 드러나기 시작한 것은 지금으로부터 10여 년 전에 불과하며, 언론에서 '호모' 나 '변태' 와 같은 비하어가 아닌 '동성애자' 라는 단어를 쓰기 시작한 것도 최근의 일이다. 하지만, 이제는 스스로 동성애자 혹은 트랜스젠더임을 당당히 밝히고 활동하는 연예인들도 나오게 되었고, 이들의 인권을 존중해야 한다는 사회 각계각층의 목소리 역시 점점 커지고 있다. 물론, 동성애자를 규제와 치료, 선도와 회개의 대상으로 보는 이들에겐 이러한 사회적 변화가 위험하게 보일 수도 있다. 사회 일각에서는 동성애를 도덕과 윤리의 차원으로 규정하고 단죄하고 싶어 하지만, 동성애자들은 이것이 인간의 존엄성과 인권의 문제임을 분명히 하고 있다.

동성애자들을 가장 힘들게 하는 것은 동성애에 대한 사회적 비난과 차별, 그리고 주변 사람들이 가진 혐오감에 의한 심리적, 정신적 고통이다. 동성애자임이 밝혀지면 가장 가까운 가족에게조차 매질이나 감금과 같은 폭력적인 냉대나 정신 치료 강요 등에 시달릴 수 있다. 또한 친구나 동료들에게 왕따나 멸시 등을 당하거나 직장에서 쫓겨날 수도 있다는 두려움을 느낀다. 자신의 모습을 있는 그대로 솔직하게 드러낼 수 없다는 것은 거짓된 이중적 삶을 살아야 한다는 점에서 괴로운 일이 아닐 수 없다.

서로 사랑하고 수년 이상을 함께 정서적, 경제적 공유 관계를 맺어 인생의 반려자로 함께 살아가는 커플이라고 해도 동성애자라는 이유로 주택 자금 대출, 세금 감면 등의 혜택을 받지 못한다. 가족 수당, 결혼기념일 휴가, 본인 및 배우자 경조금, 의료 보험 적용, 출산 휴가, 연말정산시 배우자 공제 등도 불가능하며, 위급한 순간에 수술 동의서를 쓸 수 있는 보호자 자격이나, 유산 상속, 재산 분할권도 인정받지 못한다. 이런 사회적, 법적 권리의 부재는 인간의 존엄성과 국민으로서 응당 존중받아야 할 권리를 침해당하는 차별이 아닐 수 없다.

심리학에서는 이미 동성애자에 대한 무조건적인 거부감과 비합리적인 혐오와 공포를 '호모포비아(Homophobia)'라고 명명했다. 쉽게 말하자면, 동성애란 말만 들어도 왠지 소름이 끼치고 역겹다는 생각이 들면서 동성애자가 자신의 곁에 있는 것조차 싫어하는 감정이나 그러한 행동을 하는 사람을 지칭한다. 이러한 호모포비아는 단지 동성애자라는 이유만으로 상대를 괴롭히고 때리거나 심지어 죽이는 '혐오범죄(Hate Crime)'로 표현되기도 한다. 그 극단적인 예가 바로 나치가 제2차 세계대전 당시 유대인뿐만 아니라 수만 명의 동성애자들까지 국력 강화를 명분으로 수용소에 감금하고 강제 노역을 시키고 목숨을 빼앗은 역사적 사건이다.

우리나라에서도 지금까지 학교와 가정, 텔레비전 드라마와 소설들, 모든 것이 이성애만을 보여 주고 가르칠 뿐 동성애에 대해서는 올바른 정보와 지식을 주지 않았다. 이런 상황에서 청소년들이 동성 친구에게 사랑의 감정을 느끼는 자신을 혐오하고 비관해 학교생활에 적응하지 못하고, 학업 성적 저하와 가출, 방황 등을 겪어도 달리 해결할 방법이 없다. 이런 현실에서 마침내 자살을 선택한 것이라면 그것은 사회가 구조적으로 만들어 내는 비극이며 곧 사회적 타살이라 아니할 수 없다.

다양성을 존중한다는 뜻이 이것도 괜찮고 저것도 괜찮다는 나열식 인정은 아닐 것이다. 가령, 비장애인의 시각에서 장애인이 있을 수 있고, 이성애자의 시각에서 동성을 사랑하는 사람이 있다고 하는 것은 그럴싸하게 보일지 모르지만, 역으로 장애인이 '그래, 세상엔 장애가 없는 사람도 있어' 라고 배려하고 동성애자가 '이성을 사랑하는 사람도 이해해 주자' 고 존중해 주는 것으로 대치시켰을 때는 어떤가. 코미디가 되어 버린다.

동성애는 이성애의 반대말이 아니다. 동성애이건 이성애이건 '사랑하는 대상의 성별을 표시' 하는 것 이상의 의미가 과연 있을까. 사랑의 여러 가지 모습들을 일컬을 뿐이니 오히려 '비슷한 말' 이라고 해야 더 적절하지 않을까. 이젠 다양성을 존중하는 법을 배우자. 일곱 가지 색깔이 어울린 무지개처럼 다양함이 빚어내는 아름다움을 우리의 삶 속으로 옮기고 싶다면 말이다.

국가인권위원회가 발간하는 월간 『인권』에 실린 글을 저자가 편집

참고할 만한 책

미셸 푸코, 이규현 옮김, 『광기의 역사』, 나남출판, 2003.

박영희 외 글, 김윤섭 사진, 『길에서 만난 세상-대한민국 인권의 현주소를 찾아』, 우리교육, 2006.

전국사회교사모임 인권교육분과, 『땅콩 선생, 드디어 인권교육하다』, 우리교육, 2003.

3부

다양한 주제로 한 작품 살펴보기

『그 여자네 집』 박완서

1. 진정 국가는 개인을 위해 존재하는가?

2. 행복의 파랑새는 어디에 있는가?

3. 우리의 역사 '서술' 되고 있는가, '왜곡' 되고 있는가?

문학을 감상하면서 독자는 끊임없이 사고하고, 느끼고, 깨닫고, 체험한다. 그런데 문학은 감상하는 주체에 따라 얼마든지 다르게 해석될 수 있기 때문에 동일한 작품을 읽었다고 해도 감상 후 반응은 사뭇 다를 수 있다. 이는 저마다의 소설적 취향이 다르고, 배경지식이 다르고, 감수성에서도 상당한 차이를 보이기 때문일 것이다. 어쨌든 훌륭한 독자라면 적극적이고 창의적인 문학 감상을 통해 나름의 의미를 발견해 냄으로써 색다른 경험을 하게 되는 것은 물론 정서적인 고양을 경험하게 될 것이다.

그렇다면 문학작품 감상을 통해 우리가 함께 공론화할 만한 것들로는 어떤 것들이 있을까? 아무리 독자들이 저마다의 방식으로 문학에 접근한다고 해도, 모두가 공감할 수 있는, 또는 한번쯤은 공론화할 만한 가치들이 문학 속에는 담겨있다. 이 가치들을 발견하는 것이 또한 문학 감상의 즐거움일 것이다. 우리가 함께 살펴볼 박완서의 『그 여자네 집』에는 우리가 함께 고민하고, 생각해 보아야 할 다양한 삶의 문제들이 담겨 있다.

우선 『그 여자네 집』은 시대나 사회가 개인의 삶을 규정하는 양상을 보여준다. 주인공 만득이와 곱단이의 삶이 그들의 뜻과는 상관없이 전개되는 것을 보며 우리는 시대나 국가, 환경이 개인의 삶에 얼마나 지대한 영향력을 발휘할 수 있는가에 대해 생각하게 될 것이다. 또 한편으론 순애라는 여인의 삶을 통해 행복의 조건이 무엇인가에 대해 진지하게 고민해 보기도 할 것이다. 그런가 하면 만득이의 진심이 우리로 하여금 그간 잊고 지내왔던 우리 조상들의 고단했던 삶의 역사들을 다시금 되짚어보게 함으로써 무뎌진 역사의식에 경종을 울리기도 할 것이다. 물론 이외에도 독자들은 이 작품을 통해 다양한 가치들을 발견하고, 깨달을 테지만 우리는 이 세 가지 문제들에 대해 보다 깊이 있게 다루어 보기로 하자.

『그 여자네 집』 이야기

서술자 '나'는 김용택의 시를 통해 곱단이와 만득이를 떠올린다. '나'의 어린 시절, 곱단이와 만득이는 마을의 마스코트였다. 당시 젊은 남녀의 연애에 대해 곱지 않은 시선을 보이던 마을 어른들까지도 만득이와 곱단이의 연애에 대해서는 기대를 가지고 지켜볼 정도였다. 곱단이는 꽃처럼 예뻤고, 만득이 역시 늠름하고 똑똑한 청년이었다. 게다가 둘은 서로 차지도 모자라지도 않는 집안에서 태어난 귀한 자식들이었다. 그래서인지 이들을 지켜보는 마을사람들은 누구나 이들이 연결되기를 기대하였다. 이들 역시 그런 사람들의 기대에 부응이나 하듯 예쁘게 사랑을 키워갔다.

그러나 이들의 사랑은 순탄하게 지속되지 못했다. 1945년 봄 행촌리의 다른 젊은이들과 마찬가지로 만득이에게도 일제의 징집영장이 날아든다. 징병되어 떠나는 많은 젊은이들이 집안의 대를 잇기 위해 결혼을 서둘렀지만 만득이는 곱단이와의 혼사를 한사코 거절하며 미루었다. 살아 돌아올 기약도 없는 사지(死地)로 떠나면서 곱단이와의 결혼을 서두를 수 없었기 때문이다. 이렇듯 사랑하는 곱단이를 과부로 만들지 않으려는 만득이의 기특하고 대견한 마음 씀씀이가 보는 이들을 더 안타깝게 하였다. 징병으로 떠난 젊은이들에 대한 안타까움과 그리움이 채 사그라지기도 전에 정신대 문제가 온 마을을 술렁이게 했다. 곱단이 역시 정신대 문제로

부터 자유로울 수 없었고, 결국 곱단이의 부모는 곱단이 오빠가 골라온 사윗감의 재취자리로 부랴부랴 곱단이를 시집보낸다.

그러나 곱단이가 시집을 간 후 첫 근친도 오기 전에 해방이 되었고, 만득이는 살아서 고향으로 돌아온다. 그리고 얼마 후 같은 마을 처녀 순애와 결혼하여 누나가 있는 서울로 일자리를 구해 올라간다. 6·25 전쟁 후 휴전선이 그어져 행촌리는 이북 땅이 되었고, 곱단이와 만득이, 순애의 이야기가 기억 속에서 희미해질 무렵, 삼촌을 모시고 나간 고향 군민회에서 '나'는 우연히 만득이와 순애 부부를 만나게 된다. 이후 순애의 연락으로 친분을 맺은 순애와 '나'는 자주 연락하여 형님, 아우 하는 사이가 된다. 순애는 만득이가 아직도 곱단이를 잊지 못하고 있다며 만날 때마다 넋두리를 늘어놓는다. 몇 가지 반복되는 뻔한 레퍼토리에 내가 지쳐갈 즈음 순애는 심장마비로 세상을 떠난다. 이후 만득이와는 소식이 끊어지게 되지만, 정신대 할머니 돕기 모임에서 우연히 다시 만나게 된다. 정신대하면 곱단이가 떠오르기도 하고, 이미 순애의 푸념을 귀에 못이 박히도록 들은 '나'는 순애가 가여운 생각에 다짜고짜 만득이를 추궁한다. 하지만 비로소 만득이의 심경을 직접 듣게 되고, 그를 이해할 수 있게 된다.

진정 국가는 개인을 위해 존재하는가?

개인과 국가로 읽는 『그 여자네 집』

국가란 무엇인가?

인간은 누구나 태어나면서부터 어느 집단에 소속된다. 가족집단에서부터 사회집단 그리고 민족과 국가, 인류에 이르기까지 인간은 어느 집단의 구성원으로서 살아간다. 우리는 대한민국 국민으로 태어났다. 부모를 가려 태어날 수 없듯, 나라 또한 선택해서 태어날 수 없다. 우리와 마찬가지로 오늘날 지구상의 많은 사람들이 그 어느 국가의 국민으로 태어난다. 이것은 개인의 의사나 자연의 법칙과는 전혀 무관하다.

그렇다면 국가는 왜 생겨난 것이며, 어떤 기능을 하는 것일까? 그리고 국가가 없다면, 혹은 국가를 잃는다면 개인들은 어떻게 될까? 우리는 일제 강점기 국가를 잃고, 이민족의 지배를 받아야 했다. 당시 우리 민족은 개인의 이익은 물론, 신변의 안전이나 평화를 전혀 보장받을 수 없었다. 한 국민으로서의 자격을 상실하였을 뿐만 아니라, 그에 따른 권리도 상실했기 때문이다. 우리는 이 시기를 통해 국가에 대해 가져본 여러 의문점들에 대한 단서를 제공받을 수 있다.

박완서의 『그 여자네 집』은 이 시기를 배경으로 하고 있다. 우리 민족의 삶이 일제에 의해 무참히 짓밟히고 좌우되던 시대, 개인의 어떠한 의사도 존중되지 못하고, 권리는 없이 의무만 부과되던 이 시대에 개인들의 삶이 어떠했는지 작품을 통해 살펴보고, 국가란 무엇이며 개인의 삶에 어떻게 작용하는지 알아보기로 하자.

『그 여자네 집』 첫 번째 이야기

1940년대 일제 말기에 접어들 즈음 보수적인 시골 마을을 배경으로 만득이와 곱단이는 마을 사람들의 애정과 관심 속에서 지고지순한 사랑을 키워간다. 그러나 그들에게, 그리고 당시 많은 사람들에게 뜻하지 않은 시련이 찾아온다.

〈그들을 슬프게 한 것들!〉

시련 1. 만득이가 전쟁터로!

1945년 봄에도 행촌리에 살구꽃 피고, 꽈리꽃, 오랑캐꽃, 자운영이 피었을까. 그럴 리 없건만 괜히 안 피고 말았을 거 같다. 그 꽃들이 피어나기 전에 만득이와 곱단이의 연애도 끝나고 말았을까. 만학이었던 만득이는 읍내의 사 년제 중학교를 졸업하자마자 징병으로 끌려 나갔다. 며칠간의 여유는 있었고, 양가에서는 그 사이에 혼사를 치르려고 했다. 연애 못 걸어 본 총각도 씨라도 남기려고 서둘러 혼처를 구해 혼사를 치르는 일이 흔할 때였다. 더군다나 만득이는 외아들이었고, 사주단자는 건네지 않았어도 서로 연애 건다는 걸 온 동네가 다 아는 각싯감이 있었다. 그러난 그는 한사코 혼사 치르기를 거부했다. 그건 그의 사랑법이었을 것이다.

시련 2. 곱단이가 시집을

전에도 여자 정신대에 대해서 아주 모르고 있었던 것은 아니다. 일본 본토나 남양군도에 가서 일하고 싶은 처녀들은 지원하면 보내 주고 나중에 집에 송금도 할 수 있다는 면사무소의 공문이 한바탕 돈 후였지만 그럴 생각이 있는 집은 한 집도 없었고, 설마 돈벌이를 강제로 보내리라고는 아무도 짐작을 못 했다. 그러나 들려오는 소문은 그게 아니어서 몇 사람씩 배당을 받은 면사무소 노무과 서기들과 순사들이 과년한 딸 가진 집을 위협도 하고 다짜고짜 끌어가는 일까지 있다고 했다.

(중략) 아무튼 그 소문의 파문은 온 면 내의 딸 가진 집을 주야로 가위눌리게 했다. 끔찍한 일이었다. 도시에서 군수 공장에 다니는 곱단이 오빠가 종아리에 각반을 차고 징 달린 구두를 신은 남자를 데리고 내려왔다. 신의주에 있는 중요한 공사판에서 측량 기사로 있는, 한 번 장가 갔던 남자라고 했다. 곱단이 부모로부터 그 흉흉한 소문을 듣고 급하게 구해 온 곱단이 신랑감이었다.

시련 3. 한반도 가운데 휴전선이!

멀고 먼 신의주로 시집가 첫 근친도 오기 전에 해방이 되었다. 그녀는 열아홉에 떠난 지붕 노란 집에 다시 돌아오지 못했다. 우리 고장은 아슬아슬하게 38선 이남이 되어 북조선의 신의주와는 길이 막히고 말았다. 만득이는 살아서 돌아왔다. 그 이듬해 봄 만득이는 같은 행촌리 처녀인 순애와 혼사를 치렀다.

(중략) 6·25 전쟁 후 38선 대신 그어진 휴전선은 행촌리를 휴전선 이북 땅으로 만들어 놓았다.

국가는 우리에게 어떤 의미인가?

만득이와 곱단이의 이별, 누구의 탓인가?

이야기 속의 세 가지 커다란 사건은 만득이와 곱단이의 삶을 완전히 바꾸어 놓았다. 이들은 더 이상 함께할 수 없으며, 사랑할 수 없고, 마주할 수조차 없게 되었다. 이렇듯 갑자기 찾아온 이별은 이들 자신의 의지와는 전혀 상관없이 이루어졌다. 그들이 살았던 시대와 사회가 그들에게 어쩔 수 없는 선택을 강요하였고, 그들에게는 이에 저항할 힘이 없었다.

작품 속 배경이 되는 1940년대 우리는 나라를 잃고 식민지 백성으로 살아야 했다. 특히 일제의 침략 말기에 해당하는 이 시기에는 일본의 식민지 수탈정책과 억압이 가장 극심했던 때이다. 나라가 없었기 때문에 만득이나 곱단이와 같은 수많은 우리의 젊은이들이 일제의 징병이나 종군 위안부 강제 징집 요구에 응해야 했고, 희생당해야 했다. 이것은 개인이 선택할 수 있는 문제가 아니었다. 마치 부모를 잃은 아이처럼 당시 나라 잃은 우리 민족은 일제의 부당한 요구에 순순히 응할 수밖에 없었다.

곱단이나 만득이 같은 젊은이들뿐 아니라 그 누구도 이러한 당대 현실로부터 자유로울 수 없었다. 무력을 앞세운 일제의 부당한 요구 앞에 힘없는 개인들이 할 수 있는 것이라곤, 불행을 최소화하기 위해 노력하는 것뿐이었다. 만득이가 사지(死地)로 가면서 곱단이와 혼사를 치르지 않았던 것이나, 딸이 종군위안부가 되는 것을 막기 위해 결국 그 곱디고운 딸을 중늙은이의 재취로 시집보내야 했던 곱단이 부모의 결정은 그 시대에, 그들이 할 수 있는 최선의 선택이었다.

개인의 자유와 이익은 물론 사회의 안정과 평화를 보장하는 것이 국가이다. 그러나 일제 강점기 우리 민족에게는 이러한 역할을 담당할 국가가 없었다. 물론 지배국인 일본은 우리 민족의 자유를 보장하지 않았을 뿐더러, 구성원 개개인의 이익이나 행복 따위에는 전혀 관심이 없었다. 그저 우리 민족을 수탈과 착취의 대상으로 여겼을 뿐이다.

이러한 일본 제국주의의 침략과 통치에 뒤이은 6·25라는 근현대사의 암울했던 시대상황과 사회적 분위기가 '만득이'와 '곱단이'로 대표되는 당대 우리 민족의 삶을 규정하는 배경이었다. 한때는 국가를 잃었기 때문에, 국가를 찾은 다음에는 그 국가가 안정되지 못하고, 혼란을 겪었기 때문에 우리 민족의 삶은 심하게 타격을 받을 수밖에 없었다. 우리 근현대사의 비극은 그대로 우리 민족 구성원들의 비극으로 이어졌다. 개인의 삶이 국가적 상황과 밀접하게 연관되기 때문이다. 이처럼 국가는 개인의 삶에 적극 관여하기도 하고, 더 나아가 절대적일 수도 있다. 특히 어려운 시대에는 더욱더 말이다.

만득이와 곱단이의 삶은 특별한 경우이긴 하지만 또한 당시 사람들 중 누구나 경험했을 법한 일반적이고 보편적인 삶의 문제였다. 만득이와 곱단이는 비록 실존하지 않았다 하더라도 그들의 삶은 우리 민족사의 일부이다. 그리고 그들의 이별은 우리가 국가를 상실했던 시대에 피할 수 없는 불가항력적인 것이었다.

개인들은 왜 국가를 조직하였을까?

사전적 의미로 국가란 일정한 영토에 정착하여 사는 사람들로 구성된 집단으로, 주권에 의한 통치조직을 가지고 있는 가장 커다란 사회집단이다. 따라서 국가가 국가로 인정받기 위해서는 기본적으로 영토, 국민, 주권의 3가지 요소를 필수적으로 갖추고 있어야 한다. 이 중 어떤 한 요소만 없어도 국가는 성립될 수 없다. 일제 강점기 시대 우리 민족이 일제에 주권과 국토를 상실했기 때문에 결국 식민지 백성으로서 그들의 지배 하에서 굴욕적인 삶을 살아야 하지 않았던가?

그렇다면 이러한 국가는 어떻게 형성된 것일까? 국가의 성립 배경에 대해서는 여러 엇갈린 견해가 있지만 그래도 현대 다수의 민주주의 국가들이 시민들 사이의 계약을 통해 국가가 성립되었다는 입장을 받아들이고 있다. 이에 따르면 인간은 국가 이전의 자연 상태에서 진일보하여 평화와 안전을 보장받고 더 나은 생활을 영유하기 위하여 자발적인 합의에 의해 사회를 이루고, 국가를 조직하였다. 인간이 필요에 의해 국가를 조직하였고, 국가는 인간에게 이로운 사회조직으로서의 성격을 가진다는 것이다.

이렇게 성립된 국가의 형태나 모습은 한결같지 않았다. 고대에서 현대에 이르기까지 끊임없는 변천을 거듭하며 변화, 발전해 왔다. 씨족국가가 있었는가 하면, 정복국가가 있었고, 도시국가가 형성되었는가 하면, 봉건왕국이나 절대군주국가도 있었다. 그래서 오늘날과 같은 민주국가도 등장하게 된 것이다. 물론 오늘날의 국가형태도 민주국가만 있는 것은 아니다. 훨씬 더 다양하다.

오늘날 다양한 형태의 국가가 존재하는 것은 각 민족의 상황이 저마다 다르기 때문이다. 따라서 어떤 형태의 국가가 가장 바람직하다고 단정하기란 쉽지 않다. 다만 현재 우리의 상황에서는 민주국가가 가장 이상적인 국가형태라고 볼 수 있을 것이다. 그러나 상황이 바뀌고, 시대가 변하면 사람들은 또 다른 어떤 이상적인 국가형태를 바라게 될 지도 모르고, 또 그에 따라 국가의 형태는 변화, 발전해 갈 것이다. 어찌 되었든 국가는 인간을 위해, 인간에 의해 형성되었고, 또 유지되는 집단이기 때문이다. 또한 국가가 인간의 삶에 이롭다고 판단되는 이상 국가는 존재할 것이다.

땅이 없으면 국가도 없다! 그렇다면 국가가 없으면 민족도 없는가?

국가가 성립되기 위한 3가지 조건은 모두가 그 나름대로 당위성을 지닌다. 앞서 살펴보았듯이 국가는 그 존재 이유가 개인을 위함이다. 따라서 그 어떤 요소보다 가장 기본이 되는 요소인 인간, 즉 국민이 없다면 국가는 그 성립부터 불가능하다. 이처럼 인간은 그 어떠한 가치보다도 상위에 있는 것으로 국가는 바로 국민에 의해, 국민을 위해 존재한다.

그런데 국가가 없는 사람들이 있다. 오늘날 집시족이나 티베트족, 쿠르드족과 팔레스타인 사람들이 그러하다. 이들에게는 주권이 없고, 이들을 보호해 줄 어떠한 통치 권력도 없다. 국가가 없는 것은 이들이 국가를 필요로 하지 않았기 때문이 아니다. 이들은 아무리 국가를 건설하고자 해도 사실상 불가능하다. 국가가 성립되기 위해서는 일정한 영토가 있어야 하는데, 이들 민족에게는 국가를 건설할 기반이 되는 영토가 없기 때문이다.

그렇다면 이들이 영토를 가질 수는 없는가? 이것은 현실적으로 매우 어렵다. 이들이 국가를 건설하기 위해서는 전쟁을 통해 무력으로 다른 국가를 정복하는 수밖에 없기 때문이다. 세계 어느 국가도 자신들의 영토를 이들을 위해 내놓는 자비를 베풀지 않을 것이 분명하니 말이다. 과거 유대인들이 자신들의 땅을 잃었다가 되찾은 사례가 있다. 그러나 저들이 영토를 회복하는 과정에서 반대로 팔레스타인 민족은 영토를 상실할 수밖에 없었고, 국가 없는 민족으로 전락하고 말았다. 지금도 이들 간의 분쟁은 끊이지 않고 있으며, 팔레스타인 민족에 대한 유대인들의 대접은 냉혹하기 이를 데 없다. 한 국가가 온전히 자신의 이권을 지키기 위해 양보나 타협이 사실상 어렵다는 것을 여실히 드러내는 사례가 바로 유대인들과 팔레스타인 민족의 사례일 것이다. 그 자신들이 2,000여 년의 유랑 생활을 하면서 그 설움을 누구보다 잘 알 텐데도, 유대인들은 팔레스타인 사람들에 대해 단 한 치의 양보

지식검색

주권이란?

주권이란 국제법상 국가가 가지는 기본적인 권리로서 그 영토 내에서는 다른 권력에 종속되지 않는 최고의 통치 권력을 의미한다. 따라서 모든 주권국가는 대외적으로 독립성을 가지고, 다른 나라에 종속되지 않는다. 오늘날 세계의 모든 나라들은 주권을 가지고 있고 법적으로 서로 평등한 지위를 갖는다. 그러나 어떤 이유에서든 이러한 주권을 상실하게 된다면 독립된 국가로 존립할 수 없게 된다.

도 없이 냉혹하다. 사정이 이러한데 그 어느 국가가 자신들의 땅을 떼어 이 가여운 민족들에게 국가를 건설할 기회를 제공하겠는가?

국가는 개인에게 어떻게 작용하는가?

고대 그리스 철학자 아리스토텔레스는 인간을 '사회적인 동물'로 보았다. 인간은 홀로 살 수 없고 여럿이 어울려서 함께 살아간다는 것이다. 이러한 인간의 특성 때문에 비록 인간 개개인의 힘은 부족하지만, 개인들이 모여 집단을 이루고 사회를 조직함으로써 당당하게 자연환경에 맞서 삶을 유지해 올 수 있었다. 그리고 개인들이 모여 만든 가장 커다란 사회조직이 바로 국가이다. 그런데 개인들은 단순히 삶을 유지하기 위해 국가를 조직한 것이 아니다. 더욱 평화롭고 행복한 삶을 보장받기 위해 국가를 조직하였다. 따라서 국가는 개인들의 이러한 요구에 부합하는 역할을 수행할 의무를 가지고 있다.

국가가 개인에 대한 의무를 충실히 이행하기 위해서는 그에 상응하는 막강한 권력을 필요로 한다. 따라서 개인들은 안정된 삶과 사회평화를 보장받는 대신 국가에 막강한 권력을 이양해 주었다. 그리고 국가는 이를 독점함으로써 개인의 삶에 강제력을 행사할 수 있게 되었다. 이로써 국가는 국가 영역 안의 안정을 유지하고,

대외적 자주성을 확보하기 위해 사회 구성원들이나 조직에 일정한 제재를 가할 수 있게 되었고, 개인은 국가의 지배와 제재로부터 자유로울 수 없게 된 것이다. 개인들의 이익이 상충되는 경우나 개인의 이익이 공동체의 이익과 상충되는 경우 국가는 이에 제재를 가함으로써 조정하고자 한다. 따라서 개인은 국가로 인해 자유를 보장받는 대신 국가의 간섭으로부터 자유로울 수 없게 된 것이다.

우리는 앞에서 만득이와 곱단이가 왜 이별해야 했는지 살펴보았다. 그들은 국가가 없는 시대에 태어나고 살았기 때문에 이별해야 했다. 당시 우리가 나라를 빼앗기지 않았더라면, 만득이는 징병을 당할 이유가 없었고, 곱단이 역시 정신대에 끌려가는 것을 피하기 위해 중늙은이의 재취로 시집을 갈 이유가 없었다. 국가를 잃은 상황이었기 때문에 그들이 불행에 노출될 수밖에 없었다고 볼 수 있다.

이처럼 국가의 부재가 개인들의 삶을 불행하게 할 수 있다면, 국가를 되찾은 후에는 어떠했을까? 주권을 회복하고 일제의 부당한 권력으로부터 벗어난 이후에는 개인들의 삶이 마냥 행복했을까? 아니다. 해방 이후에도 개인의 삶은 완전히 평화로워지지 않았다. 해방 이후 우리 사회는 곧바로 안정기에 접어들지 못했고, 이데올로기의 대립이 극대화되면서 남과 북으로 분열하여 결국 6·25라는 최악의 비극을 경험하게 되었다. 전쟁 이후 38선은 휴전선이 되어 남과 북을 가르고 수많은 사람들은 고향과 친지들을 잃게 되었다.

가족과 친지, 그리고 정든 고향과 사람들을 잃는 것만큼 큰 불행이 또 있을 수 있을까? 전쟁도 휴전도, 그리고 분단도 개인들의 의지에 의한 것은 없었고, 국가의 혼란에 기인한 것이었다. 또다시 힘없는 개인들은 어쩔 수 없는 상황에 직면할 수밖에 없게 되었다. 개인은 자신을 둘러싼 가장 막강한 환경인 국가와 떼려야 뗄 수 없는 관계에 있기 때문에 개인의 삶은 국가적 상황과 맥을 같이 할 수밖에 없었던 것이다. 비록 국가가 있었다고는 하나 사회의 평화를 유지하지 못했던 시기에

지식점검

우리 헌법이 규정하고 있는 국가의 의무

① 국가는 법률이 정하는 바에 의하여 재외국민을 보호할 의무를 진다.(제2조 2항)

② 모든 국민은 인간으로서의 존엄과 가치를 가지며, 행복을 추구할 권리를 가진다. 국가는 개인이 가지는 불가침의 기본적 인권을 확인하고 이를 보장할 의무를 진다.(제10조)

③ 국가는 청원에 대하여 심사할 의무를 진다.(제26조 2항)

④ 국가는 사회보장 · 사회복지의 증진에 노력할 의무를 진다.(제34조 2항)

⑤ 국가는 노인과 청소년의 복지 향상을 위한 정책을 실시할 의무를 진다.(제34조 4항)

⑥ 국가는 지역 간의 균형 있는 발전을 위하여 지역경제를 육성할 의무를 진다.(제123조 2항)

국민들은 개인의 안전을 보장받을 수 없었다. 즉 국가는 존재하는 것만으로는 국민의 평화와 행복을 보장해 줄 수 없다는 것이다.

국가가 개인의 이익을 침해한다면, 당신의 선택은?

개인은 생존과 평화를 위해 국가에 권력을 이양했고, 국가는 사회적 평화를 위해 개인들의 삶에 제재를 가할 수 있는 독점적 권력을 행사할 수 있게 되었다. 그런데 국가가 개인의 삶에 지나치게 간섭하게 되는 경우 개인은 스스로 만든 국가로 인해 자유롭지 못하게 되는 아이러니에 빠지게 된다. 또, 한술 더 떠 국익을 위해 국가의 이름으로 개인에게 희생을 강요하는 경우도 발생할 수 있다.

우리는 일제 강점기, 국가의 이름으로 스스로 희생을 자청한 수많은 민족지도자들을 알고 있다. 우리는 이들의 희생이 결코 헛된 것이 아닌 고귀하고 숭고한 가치를 지닌다고 평가한다. 오늘날 일본인들에게 있어 일본의 가미카제가 이타적 희생의 대표적 사례로 추앙받고 있는 것도 같은 맥락에서이다. 이것은 개인들 스스로가 국가와 사회를 위해, 그리고 올바른 신념 하에 선택한 것이었기에 그러한 평가

지식검색

가미카제란?

1281년 거대 제국을 꿈꾸던 몽고는 배를 몰고 일본 정벌에 나섰다. 육지에서는 어떠한 적을 만나도 초토화시키는 천하무적의 몽고였지만, 바다를 가로질러 일본으로 가는 길은 그리 순탄치 않았다. 특히 일본에 거의 다다랐을 무렵 엄청난 태풍에 몽고 함대는 휘청거렸고, 결국 퇴각하고 만다. 일본인들은 이 태풍을 신풍(神風, divine wind), 즉 일본을 지키는 수호신이 만든 바람이라고 불렀는데, 이것이 가미카제(kamikaze)이다.

제2차 세계대전에서 일본은, 그 옛날 몽고를 격퇴시킨 것처럼 신풍을 불게 하여 연합군 함대를 격침시키기를 원했는데, 이런 이유로 가미카제 특공대가 구성되었다. 수천에 달하는 가미카제 특공대는 전투기를 몰고 연합군 함대에 바로 돌진한 것으로 알려져 있다. 제2차 세계대전이 끝난 후, 가미카제(kamikaze)라는 단어는 자살 공격 또는 자살 테러(suicide attack)라는 의미로 널리 사용되었다. 최근 지구촌 곳곳에서 발생하는 자살 폭탄 테러 역시, 가미카제가 그 원조라고 한다. 가미카제 특공대는 일본 천왕을 위해 죽는 것을 최고의 명예로 생각했고, 일본인은 가미카제 공격을 저항의 상징으로 받아들였다. 자신의 생명을 폭탄을 운반하는 도구로 활용하는 자폭 테러범들 역시, 자폭 공격을 신에게 바치는 최대의 헌신이라 여기는 극단적인 이슬람교라고 한다. 차이점이 있다면, 가미카제가 정규군에 대한 공격이었던 반면 요즘 테러범들의 대상은 무고한 일반 시민들이라는 점이다.

를 받는 것이다.

그러나 국가가 개인에게 희생을 강요하는 경우엔 어떨까? 그것은 선택이 아닌 강요이기에 결코 숭고할 수 없으며 정당화되기 어렵다. 공권력이 개인 삶의 자유를 침해하고 국익이 사익에 무조건적으로 선행하는 사회에서 개인이 과연 행복할 수 있을까?

우리는 이쯤에서 국가와 개인의 관계에 대해 다시금 생각해 보게 된다. 국가와 개인은 우리가 둘 가운데 어느 쪽에 중점을 두느냐에 따라 그 관계가 달라질 수 있다. 기본적으로 국가의 존재를 부정적으로 바라보는 무정부주의와 마르크스주의에 의하면, 국가는 대다수의 개인에게 부정적으로 작용하며, 개인의 자유를 억압하는 수단일 뿐이다. 따라서 국가는 해체되어야 할 대상이 되고 만다.

그러나 반대로 국가의 존재를 긍정하고, 그 존재의 필연성을 인정하는 자유주의 국가관이나 국가주의 국가관에 의하면 국가란 적어도 반드시 존재해야 하는 집단이다. 물론 그 입장은 사뭇 다르다.

우선 국가주의 국가관에 따르면 개인의 자유는 국가 속에서만 실현되며, 국가 없는 자유는 무의미하다. 국가의 권력은 절대적이며, 국가의 존재는 필연적이다. 이때 당연히 국익은 개인의 이익에 선행하며, 개인의 자유는 국가의 이익 다음으로 밀리게 된다. 개인은 국민의 협동체인 국가에 복종할 의무를 가진다. 절대적 국가권력 앞에 개인의 자유는 무참히 짓밟힐 수 있게 되는 것이다.

이러한 국가주의가 극단에 치닫게 될 때 발생할 수 있는 가장 커다란 비극은 개인들이 전쟁의 도구로 전락할 수 있다는 점이다. 몇몇 지도자들의 의지에 의해 국가 정책이 결정되고, 이에 의해 전쟁이 발생하게 되면 결국 그 피해는 고스란히 개인들이 떠안아야 한다. 세계의 많은 독재정권의 공통점이 바로 국가의 이름으로 개인의 인권과 자유를 침해하고, 억압했다는 데 있다. 사실 그들이 말하는 국가란 독재자 자신에 의해 주도되는 정책의 집행 도구에 지나지 않아 보이지만 어쨌든 개인들은 이러한 국가의 정책에 따를 수밖에 없었고, 개인적 신념이나, 정의는 내팽개쳐지곤 했다.

그러나 자유주의 국가관에 의하면 국가는 개인의 자유와 권리의 보장을 위해 존재하는 것이며, '최소한의 정부가 최선의 정부' 가 된다. 국가권력이 최소화되어야 하며, 국가권력은 절대적일 수 없다. 다만 평화로운 삶을 위한 최소한의 장치로서 기능할 뿐이다. 케네디의 "국가(國家)는 시민(市民)의 하인(下人)이지 주인(主人)이 아니다" 라는 말이 바로 자유주의 국가관을 가장 잘 대변해 준다고 볼 수 있겠다.

국가란 다수 개인들의 합의에 기초하여 정책을 결정하고, 이를 집행함으로써 공동체의 질서를 유지하고, 평화와 안정을 보장해 주어야 한다. 그러나 국가권력이 개인에 의해, 또는 특정 집단에 의해 장악될 때 구성원들의 삶은 보호되기는커녕 파괴될 우려가 있다. 여기서 국익이라고 하면 공익이라고 보아야 할 것이다. 정당한 공익은 사익을 짓밟으며 추구되어서는 안 되며, 그것이 우리가 살고 있는 민주주의 사회의 원리가 되어야 하지 않을까?

우리는 국가에 무엇을 기대하는가?

국가는 기본적으로 개인의 삶과 개인을 둘러싼 사회를 보호할 의무를 가진다. 따라서 대내적으로는 정의를 실현하고, 대외적으로는 자주성을 지킴으로써 사회의 평화와 안전을 보장해 주어야 한다.

한 국가의 국민들이 자유와 권리 수호를 위해 책임과 의무에 충실하듯이 국가는 국민에게서 이양 받은 막강한 권력을 바탕으로 사회적 갈등을 원만히 해결하여 사회 구성원들의 불만을 최소화하기 위해 힘써야 한다. 그리고 건전한 통치 질서 확립을 통해 공동체의 평화와 안정을 보장해야 할 의무에 충실해야만 한다. 이러한 국내적 의무 외에도 국가는 일체의 불온한 외부세력으로부터 국민의 안전을 보장해야 할 의무에도 충실해야 한다. 타국의 침입으로부터 국가의 독립을 보장하는 일은 국가가 존속하기 위한 가장 중요하면서도 기본이 되는 의무이기 때문이다.

따라서 국가가 막강한 국가권력을 어떻게 활용하는가는 개인과 국가의 안위에 매우 중요하다. 구성원들이 자신의 자유와 권익을 보장받기 위해 국가에 양도한 권력이 남용되면 결국 그 피해는 고스란히 개인의 몫으로 돌아올 수 있기 때문이다.

자유민주국가에서 국가권력의 정당성은 국민의 지지와 동의로부터 나온다. 따라서 국가의 권력은 국민의 기본권을 존중하는 방향으로 행사되어야만 한다. 국민의 기본권을 침해하는 권력은 결코 정당성을 부여받을 수 없다. 기본권은 국민의 가장 기본이 되는 권리이면서 막강한 국가권력의 한계를 정해 주는 기능을 발휘하여 올바른 국가권력 행사의 기준이 된다.

국민들이 헌법이 정하는 바 국가 구성원으로서 의무 이행에 충실하듯, 국가는 국가의 의무에 철저히 임해야 한다. 이것이 국가 공동체가 조화롭고 평화롭게 유지되기 위한 첫 번째 조건이다. 저마다 개인적인 자유와 권리만을 강조하고 의무를 경시하거나 소홀히 할 때 국가는 평화롭게 유지되기 어려우며, 극단적으로는 자유와 권리를 상실할 수도 있다. 우리는 역사적 경험을 통해 국가의 역할이 얼마나 중요한지, 국가가 어떠한 구실을 담당해야 하는지 알고 있다. 국가가 제 구실을 다하지 못할 때 국가의 존립은 물론 국가 구성원의 삶도 온전할 수 없다.

용산 미군기지의 평택 이전으로 인해 정부와 주민들 간에 충돌 사태가 벌어지고 있다. 이는 국익과 사익이 정면으로 충돌하고 있는 예라고 할 수 있다. 여러분이 대추리 주민이라면 이 상황에 어떻게 대처하겠는가? 다음 글을 참고하여 여러분의 생각을 자유롭게 기술해 봅시다.

용산 미군기지를 평택 대추리로 이동하는 사안을 놓고 정부와 대추리 주민, 그리고 범대위의 입장차가 현저하게 드러나 물의를 빚고 있다. 정부는 강행 입장을 고수하는 반면 평택 주민들, 특히 당장 땅을 내놓아야 하는 주민들은 반대의 입장을 완강하게 드러내고 있다.

당장 삶의 터전을 잃을 위기에 처한 주민들 입장에선 미군기지 이전 문제는 생존권의 문제가 된다. 물론 이에 대한 협상을 놓고 정부가 고심하고 있는 것은 사실이지만, 삶의 터전을 놓고 협상하는 문제가 쉽게 해결될 리 없다.

현재 미군의 평택기지 이전 문제에 대한 각계의 입장은 상당한 차이를 보인다. 찬반의 차원을 넘어서 본질적인 문제에 대해 우려하는 목소리도 높다. 또한 이전 비용이나, 이전 방식, 그리고 미군의 주둔 규모 등 일체의 문제들이 모두 평택 미군기지 이전을 둘러싸고 끊임없는 논쟁이 벌어지고 있다. 그런데 일부 언론에서는 평택 주민들과 범대위, 그리고 정부 간의 몸싸움이나 시위 사태만을 집중 보도하는 면이 있는 듯하다. 정부가 말하는 보상 차원의 대책마련과 주민들이 말하는 미군기지 이전에 대한 전면적 재고, 그리고 또 다른 한편에서 들리는 확장 이전하는 것에 대한 반대 등 평택문제는 다양한 각도에서 심도 있게 다루어져야 한다.

국익을 위해 평택 주민들에게 무조건적인 희생과 양보를 강요하는 것은 타당하지 않다. 특히 공권력까지 투입해 평택 시위를 진압한 것에 대해서는 정치권에서조차 그 정당성에 대해 반대하는 사람들이 많다. 이 문제가 어떻게 해결될지 지켜봐야 할 일이지만 주민들의 찬성 없이 공권력을 투입해 이 문제를 해결하고자 하는 것은 바람직한지 진지하게 고민하고 판단할 필요가 있겠다.

다음 참고자료에서 일본의 '가미카제'는 이타적 자살의 대표적 예로 꼽히고 있다. 그러나 실상 가미카제는 전쟁을 미화하려는 일본에 의해 과장된 면이 없지 않다는 것이 많은 사람들의 견해이다. 절대주의 국가관이 지배했던 당시, 천황의 이름으로 국가의 이름으로 무수한 일본인들이 전쟁의 도구로 전락하였다. 그들 중 일부가 가미카제 특공대였다는 것이다. 다시 말해 많은 사람들이 실은 자원이 아닌 강제로 가미카제에 동원되었다는 것이다. 단 10퍼센트의 성공 확률을 붙들고 100퍼센트 죽음의 길을 선택해야했던 가미카제 특공대, 과연 이들의 죽음을 이타적 자살이라는 측면에서만 볼 수 있을까?

뒤르켐의 『자살론』은 개인과 사회의 관계에 대해 탐구한 고전 중의 하나이다. 인간은 자유의지를 가진 개별적인 존재이지만, 인간의 행위는 종종 사회적으로 유형화되고 구조화되어 있다. 뒤르켐의 연구는, 매우 개인적인 것으로 보이는 자살과 같은 행위가 사회적 영향을 받고 있음을 보여 주고 있다.

자살에 대한 사회학적 설명은 그가 처음으로 시도하였다. 이전의 저서들은, 자살에 대한 사회적 요인의 영향을 인식하기는 하였지만, 정신적 장애나 인종 혹은 기후 등을 통해 자살(또는 자살의 가능성)을 설명하고자 하였다. 뒤르켐에 따르면, 자살은 개인적 행위의 총합으로만 이루어지는 것이 아니라, 사회적으로 유형화된 어떤 속성을 가지고 있는 현상이다.

뒤르켐은 프랑스에서 집계된 자살의 공식적 기록을 조사하여 특정한 범주의 사람들이 다른 사람들에 비해 자살할 가능성이 높다는 것을 알아냈다. 예를 들어 여성보다 남성이, 가톨릭 신자보다 개신교 신자가, 가난한 사람들보다는 부자들이, 결혼한 사람들보다는 혼자인 사람들이 자살할 가능성이 높았다. 뒤르켐은 또한 자살률이 전쟁 시에 낮아지고 경제적 격변기나 불안정한 시기에 높아진다는 것을 알아냈다.

이러한 발견을 통해 그는 사회적 압력이 자살률에 영향을 준다고 보았다. 그는 이것을 인간 사회에 존재하는 두 가지 결속의 형태인 '사회적 통합'과 '사회적 규제'에 연결시켜 설명한다. 이를테면 사회적 집단에 강하게 결속되어 있고, 욕망과 야심이 사회적 통념에 더 부합되는 사람들이 자살할 가능성이 적다고 보았다. 그는 자살의 유형을 통합과 규제의 정도에 따라 다음과 같이 네 가지로 나누었다.

이기주의적 자살은 사회적 통합 정도가 낮고, 개인이 속한 집단의 결속이 약하거나 깨져서 고립되어 있을 때 많이 나타난다. 예를 들어, 가톨릭 신자들은 개신교 신자들에 비해 상대적으로 강한 사회적 공동체를 이루고 있기 때문에 자살률이 낮다. 전쟁 기간에 자살률이 낮은 것은 그 기간 중에 사회적 통합 정도가 높아졌다는 것을 의미한다고 보았다.

아노미적 자살은 사회적 규제가 부족할 때 많이 나타난다. 이는 이상적 표준이나 소망에 대한 고정된 기준이 없어지는 경제적 격변의 시기나, 사람들이 속한 환경과 그들이 원하는 것 사이의 균형이 깨지는, 이혼과 같은 개인적 갈등상태에서 흔히 나타난다는 것이다.

이타적 자살은 개인이 과도하게 사회에 통합되어 사회적 결속이 너무 강하고 사회의 가치가 개인의 가치보다 클 때 나타난다. 이런 경우 자살은 '위대한 선(善)'을 위한 희생이 된다. 일본의 가미카제 비행사들은 이타적 자살의 한 예이다. 뒤르켐은 이것을 기계적 연대가 우세한 사회의 특징이라고 보았다.

자살의 네 번째 유형은 숙명론적 자살이다. 뒤르켐은 이러한 유형의 자살은 개인이 사회에 의해 과도하게 규제될 때 나타난다고 보았다. 사회가 가해 오는 억압으로 인해 개인은 사회 앞에 무력감을 느끼고, 자살을 운명적인 것으로 받아들이게 된다는 것이다.

한 사회 내에서의 자살률은 시대에 따라 일정한 유형을 띠고 있다. 이를 두고 뒤르켐은 사회적 압력이 자살률에 영향을 주는 증거라고 보았다. 자살률에 대한 연구는 사회적 통합과 규제의 유형들이 개인의 행위에 어떻게 작용하는지를 보여 주고 있다.

2004학년도 경인교육대학교 입학 논술 고사 문제 중에서(정시)

참고할 만한 책

제7차 고등학교 정치 교과서.

강정인, 『민주주의의 이해』, 문학과지성사, 1997.

플라톤, 『국가론』,박영사, 2006.

2

행복의 파랑새는 어디에 있는가?

개인과 행복으로 읽는 『그 여자네 집』

들어가기

진정한 행복은 무엇인가?

인간은 누구나 행복한 삶을 추구한다. 현재의 행복을 위해, 또는 먼 미래의 행복을 위해 인내하고 절제하고 노력한다. 고대 철학자 아리스토텔레스는 행복을 가리켜 '인간의 최고 선'이라고 정의한 바 있다. 그만큼 인간의 삶에 있어서 목적이자, 이유가 되는 것이 행복이다. 인간의 행복에 대한 욕구는 돈이나 성공, 명예와 아름다움, 완전한 육체는 물론이요, 심지어는 완벽한 배우자에 대한 갈망까지 다양한 측면에서 나타난다.

당연히 행복이란 무엇인가라는 질문에 대해서도 저마다 다른 답을 가지고 있다. 각자가 중시하는 가치가 다르고, 추구하는 이상이 다르기 때문이다. 잠을 참아가며 꿈을 이루기 위해 학문에 정진하는 사람들이 있는가 하면 배고픔을 달래가며 다이어트에 몰두하는 사람들이 있다. 그런가 하면 허리띠를 졸라매며 집을 사기 위해 저축을 하는 주부들이 있고, 아무것도 바라는 것 없이 익명으로 소외된 이웃을 위해 성금을 기탁하는 사람도 있다. 이들은 저마다 현재 혹은 미래의 행복을 추구하는 사람들이다.

그렇다면 진정한 행복은 어디에 있는 것일까? 행복의 파랑새를 찾아서 어디론가 향하고 있는 우리에게 다음 시는 매우 의미 있게 다가온다.

한 번은 밖에서 오고
한 번은 안에서 오는 행복이다.

우리의 행복의 문은
밖에서도 열리지만
안에서도 열리게 되어 있다.

김현승, 「지각」 중

이제 스스로 불행했다고 말하는 한 여인의 말에 집중하여 그녀가 불행했던 원인은 무엇이었으며, 진정한 행복이란 무엇인지, 또 어디에서 찾을 수 있는 것인지 함께 고민해 보기로 하자.

『그 여자네 집』 두 번째 이야기

『그 여자네 집』의 화자 '나'는 매년 열리는 군민회에 삼촌을 모시고 갔다가 우연히 만득이와 순애 부부를 만나게 된다. 특별히 그들과 교분이 있었던 사이는 아니었으나 군민회에서의 조우를 인연으로 순애와 교분을 맺게 된 나는 순애를 통해 만득이와 순애의 지나온 삶의 이야기를 듣게 된다. 순애의 말에 따르면 그녀는 남편 장만득 씨와 사는 내내 여자로서 불행한 삶을 살아야만 했다. 만득이가 남편으로서, 아버지로서는 노력을 아끼지 않는 더할 나위 없이 훌륭한 사람이었지만, 한평생 옛 정인이었던 곱단이를 잊지 못하고 그리워했기 때문이다. 한 평생 남편에 대한 원망과 만날 수도 없는 연적 곱단이에 대한 질투심에서 자유롭지 못했던 순애로서는 풍족하고 안정된 삶 속에서도 행복을 느끼기 어려웠던 것이다.

이렇게 만날 때마다 하소연으로 일관하던 순애가 갑작스런 죽음을 맞이한 후, 나는 정신대 할머니 돕기 모임에서 만득이를 우연히 만나게 된다. 곱단이와 정신대의 연관성을 생각하지 않을 수 없었던 나는 순애에 대한 동정심으로 만득이에게 적의를 품고 추궁하던 끝에 그의 진짜 속내를 듣게 된다. 만득이의 이야기는 순애의 이야기와 전혀 다른 것이었다. 그는 이미 곱단이를 잊은 지 오래며, 순애가 의심을 품고 있었던 일들은 곱단이에 대한 끊임없는 연정의 표현이 아닌 일본 제국주의의 횡포에 대한 분노와 민족 분단의 현실에 대한 아픔 때문이었다는 것이다.

진정한 행복은 어디에서 찾을 수 있을까?

순애는 왜 불행했다고 말하는가?

순애는 서술자에게 자신이 불행했노라고 말한다. 그러나 작품 속 순애의 말을 들어보면 그녀는 사람들이 말하는 행복의 조건을 모두 갖추고 있다. 경제적으로 풍요로웠으며, 가정적으로도 화목했다. 보편적이고 일반적인 잣대로 순애는 행복해야 마땅하다. 실제로 다음과 같은 순애의 하소연은 우리를 당황하게 만든다.

> "아우님, 다들 나더러 팔자 좋다고 하지만 나 같은 빛 좋은 개살구도 없다우. 아우님이니까 얘기야. 딴 사람들한테 아무리 얘기해봤댔자 나만 이상한 사람 되지 누가 내 속을 알겠수. 돈 잘 벌고 생전 외도라곤 모르고, 애들한테 잘 하고, 나한테도 죄지은 것 없이 죽는 시늉도 하라면 하는 남편이 어디 있냐고들 하지만……"

순애 자신도 인정하듯 남편은 건실한 가장이었고, 아이들에게나 아내에게 최선을 다했다. 그럼에도 그녀는 전혀 행복하지 못했다. 경제적인 풍요도, 지극한 남편의 노력도 순애에게는 행복의 조건이 되지 못한 것일까?

순애의 하소연에 따르면 아이러니하게도 그녀를 불행하게 만든 것은 그녀에게 그렇게 잘한다는 남편 만득이었다. 더 정확히 말하면 남편의 첫사랑 곱단이라고 보아야 할 것이다. 순애는 평생 젊은 시절의 고운 모습으로만 기억되는 연적 곱단이에 대한 질투심과 시기심으로 남편을 의심하며 살아왔고, 그로 인해 스스로도 행복할 수 없었다. 늙어서까지 남편을 의심하고 원망하는 순애를 보며, 또 영정사진으로 섬뜩하리만치 젊어 보이는 사진을 미리 마련해 둔 것을 보며 우리도 그녀의 삶이 평화로웠다거나 화목했을 것이라고 상상하기 어렵다. 서술자가 말하듯 그녀는 젊은 시절 곱단이의 아름다운 모습으로부터 자유롭지 못했으며, 또한 거기서 발생하는 열등감으로부터 헤어나지 못해 괴로웠을 것이다.

이렇다보니 그녀는 남편의 말이나 자상한 행동을 곧이곧대로 받아들이기보다 몇 가지 행동들을 트집 잡아 의심할 수밖에 없었던 것이다. 그래서인지 남편에 대한 그녀의 의심은 그다지 논리적이지도 또 공감을 형성할 만하지도 못하다. 단순한 선후 관계를 필연적인 인과 관계로 추리해 버리거나, 만득이의 평소 행동들을 총체적으로 이해하기 보다는 몇 가지 에피소드에 국한된 근거를 가지고 자신의 의심을 확신해 버리곤 했기 때문이다. 이렇듯 현상을 있는 그대로 보지 않고 자신의 관점에서 해석하고, 단정 지어 버리고는 그 생각으로부터 자신이 자유롭지 못했기 때문에 결국 그녀는 불행할 수밖에 없었던 것이다.

순애의 불행, 누구의 탓인가?

일체유심조(一切唯心造)라는 말이 있다. 세상만사가 본인이 마음먹기에 달려 있다는 말이다. 결국 순애가 불행했던 원인은 그녀 스스로의 마음가짐에 있었다. 그랬기 때문에 그 어떤 훌륭한 외적 요인도 그녀의 불행을 막을 수가 없었다. 본인이 그것을 알았더라면 좋았을 테지만 순애는 결국 마지막까지 남편을 원망하며 생을 마감했으니 안타까울 따름이다. 물론 곱단이와 만득이의 사랑 이야기를 아는 사람이라면 순애의 의심에 어느 정도 수긍할 수도 있겠다.

그러나 작품의 결말부에서 만득이의 속내를 듣고 난 후, 서술자나 우리의 반응은 어떠한가? 독자마다 차이는 있을 수 있으나, 가슴 속에 안타까운 마음이 일 것이다. 허무하게도 순애의 불행은 결국 남편의 탓도, 남편의 첫사랑 곱단이 때문도 아니었다. 오히려 남편에 대한 불신과 의심으로 일관한 그녀 자신의 탓이었다고 보아야 할 것이다.

이 작품을 읽은 사람이라면 순애가 진중하다거나 사려 깊은 사람이라고 판단하기 어렵다. 딱한 면도 있지만 왠지 경박스럽기도 하고, 집요한 성격의 인물로 파악된다. 그러니 순애가 얼마나 남편을 집요하게 추궁했을지 충분히 짐작해 볼 수 있다. 의심을 받는 만득이도 괴롭고 힘들었을 것이다. 자신의 진심을 알아주지 않고 끊임없이 불평하고, 의심하는 아내가 야속하기도 했을 것이다.

그러나 만득이는 아내의 의심과 추궁에, 그리고 그녀의 불만에 보다 적극적으로 관심을 가져주었더라면 하는 아쉬움이 남는다. 만득이는 그 긴 세월을 함께 보내며 아내를 안심시켜주었어야 했다. 그리고 서술자에게 해명했던 말들을 아내가 납득할 수 있을 때까지 했어야 한다. 그가 보다 따뜻하게 순애를 감싸 주고, 다독여 주었다면 그녀의 삶은 그렇게까지 불행하지 않았을지도 모른다. 분명 순애에게서는 무언가 결핍이 느껴진다. 아마도 그것은 만득이의 따뜻한 배려와 사랑이었을 것이다.

진정한 행복이란 무엇일까?

과연 행복이란 무엇일까? 인간의 감정이나 정서, 심리와 관련된 개념이기도 하고, 인간이 추구하는 이상이 되기도 하는 '행복'에 대한 명확한 정의는 사실상 어려워 보인다. 이러한 행복에 대해 달라이 라마는 다음과 같이 말한 바 있다.

> 삶의 목표는 행복에 있다. 종교를 믿든 안 믿든 우리 모두는 언제나 더 나은 삶을 추구하고 있다. 따라서 우리의 삶은 근본적으로 행복을 향해 나아가고 있는 것이다. 그 행복은 각자의 마음 안에 있다는 것이 나의 변함없는 믿음이다.

지식검색

달라이 라마(Dalai Lama, 1935~)

달라이 라마는 티베트불교의 종파인 겔루크파의 수장인 법왕의 호칭으로 티베트의 정신적 지도자이다. 달라이는 몽골어로 '큰 바다'라는 뜻이고 라마는 티베트어로 '스승'이라는 의미이다. 따라서 '넓은 바다와 같이 넓고 큰 덕의 소유자인 스승'이란 뜻이다. 티베트인들은 달라이 라마는 환생한다고 믿기 때문에 후대 달라이 라마를 결정하는 과정이 특이하다.

달라이 라마는 자신이 입적하기 전에 환생할 장소를 예시하거나 신탁에 의해 환생할 달라이 라마에 대해 예시하기도 한다. 예시의 내용을 가지고 고승들은 후대 달라이 라마가 될 아이를 찾게 된다. 전대 달라이 라마가 환생했다고 여겨지는 아이는 그것을 확인할 시험을 치르게 된다. 전대 달라이 라마가 입적하기 전에 사용하던 염주와 유품들을 섞어 놓고 물건을 고르게 하는 것이다.

최종 결정은 라싸의 조캉사원에서 행하는 의식을 통하여 한다. 이렇게 선택된 아이는 달라이 라마로서의 자질을 갖출 교육을 받고 18세가 되면 정식으로 달라이 라마에 즉위한다.

전대 달라이 라마 입적 후와 다음 달라이 라마가 즉위하기까지의 기간에는 티베트 승려 중에서 가장 덕이 높은 사람이 섭정이 되어 달라이 라마의 역할을 대행하게 된다.

그의 이러한 입장은 '행복은 삶의 목표이고, 인간이 추구하는 최고의 선이다'라고 한 아리스토텔레스의 입장과도 상통한다. 이들이 공통적으로 말하는 행복은 이미 주어진 완벽한 그 무언가가 아니다. 우리 인간들의 삶이 지향하는 최종적인 도달점이자 목표이다.

우리는 끊임없이 이상을 추구하며 살아간다. 그리고 이상을 실현하기 위한 노력을 게을리하지 않는다. 그러나 행복의 최종 도달점에 도달한 자는 극히 드물다. 독일의 시인 카를 부세는 그의 가장 유명한 시 「산 너머 저쪽」에서 "산 너머 저쪽 하늘 먼 곳에 행복이 있다고 사람들이 말하기에 난 벗과 더불어 찾아갔지만 눈물만 흘리고 돌아왔노라"고 노래한 바 있다. 요한 베리도 그의 책 『하얀 까마귀 비행』에서 "천국의 손은 붙잡지 않는 손 위에만 내려앉는다"고 했고, 베이컨은 "행복의 신은 늘 여자 같아서 너무 조르면 멀어진다"고 했다. 이처럼 사람들은 누구나 행복해지고 싶어 하지만 행복은 소망하는 사람들의 가슴에 쉽게 와 닿아 주지 않는다.

그렇다면 행복을 추구하는 것이 무의미한 일이란 말인가? 행복을 추구하는 사람 중에 '당신은 행복합니까?' 라는 질문에 선뜻 그렇다고 대답할 수 있는 사람이 몇이나 되겠는가? 우리는 누구나 행복을 추구하는 존재이지 달성한 존재가 아니다. 행복을 추구하는 과정에서 우리가 느끼는 행복은 누군가 가져다 줄 수 있는 성질의 것이 아니다. 지극히 내적인 것이기 때문일 것이다.

이렇게 볼 때 결국 행복에 대한 일반적 정의는 별 의미가 없어 보인다. 행복 자체가 어떠한 실체라기보다는 각자의 마음속에 그런 하나의 이상이니 말이다. 사람들은 각자의 이상에 도달하기 위해 노력하며 그 이상에 한 발짝 다가설 때마다 만족을 느낀다. 그러면서 행복을 느끼고, 행복을 맛본 사람은 다시금 되풀이해서 이상을 추구하며 살아가게 되는 것이다. 이처럼 행복은 사람들 저마다의 마음속에 존재하는 것이기 때문에 '진정한 행복이란 무엇인가?' 라는 질문에는 정답이 없다고 보아야 할 것이다.

무엇이 사람을 행복하게 하는가?

어떤 사람들이 행복할까? 어떤 조건이 충족되면 사람은 행복하다고 느끼는 것일까? 앞서 사람은 누구나 행복에 대한 욕구를 가지고 있고, 이 욕구를 충족하기 위해 노력한다고 지적한 바 있다. 그런데 행복의 조건이 누구에게나 같은 것은 아니다. 누구나 추구하는 행복의 기준이 다르다.

솔로몬은 마음의 평화가 곧 행복이라고 했다. 행복에 대한 간단하고도 명확한 정의인 듯 보이지만, 실상 마음의 평화란 얼마나 개인적이며, 감정적인 것인가. 사람마다 마음의 평화를 느끼는 정도와 상황에 차이가 있다. 그렇다면 어떤 외부적 요인들이 인간의 마음을 평화롭게 하는데 기여하여 사람이 행복하다고 느끼게 만들 수 있을까?

일반적으로 많은 사람들이 행복해지기 위해 중요한 조건으로 물질적 풍요를 떠올린다. 그러나 지난 1998년 영국 런던 정경대의 로버트 우스터 교수의 조사 결과는 물질과 행복이 비례하지 않는다는 사실을 입증했다. 세계 54개국을 대상으로 한 '국민행복도' 조사에서 미국을 비롯한 일본, 독일 등 이른바 G7 국가 중 한 나라도 40위 안에 포함되지 못했다. 반면 놀랍게도 방글라데시, 아제르바이잔, 나이지리아 등 제3세계의 가난한 나라들이 행복지수의 상위를 차지했다. 전문가들은 이 결과에 대해 잘사는 나라의 사람들이 더 잘살기 위한 경쟁에서 이기기 위해 정신없이 달리는 동안 오히려 자신이 원래 추구했던 행복과는 다른 삶을 사는 경우가 많았기 때문이라고 분석한다. 즉 경제적 풍요가 사람을 평화롭게 하는 것이 아니며, 행복을 결정짓는 절대적 기준이 되지 못한다는 것이다.

비단 이러한 수치적인 자료를 토대로 하지 않고서도 경제적으로 풍요한 삶이 곧바로 행복과 연결되지 않는 예는 우리 주변에서도 얼마든지 찾아볼 수 있다. 얼마 전 우리는 세계적인 기업으로 꼽히는 국내 재벌가 2세의 자살 소식에 충격을 받았다. 또한 대중매체의 막강한 영향력 아래 문화콘텐츠 부문의 핵심에 서 있는 인기 연예인의 자살 문제도 우리에게 충격을 가져다주기에 충분하였다. 또 로또에 당첨되어 한순간에 벼락부자가 된 사람들의 불행이 매스컴에서 특집으로 다루어지기도 하는 걸 보면 돈은 행복의 필요조건이긴 하지만 충분조건이 될 수는 없음을 알 수 있다. 경제적 풍요가 작품 속 순애의 삶을 충족시켜 줄 수 없었던 것도 바로 이러한 맥락에서일 것이다.

고대에도 행복의 조건에 대한 고민들이 있었다. 대표적으로 플라톤이 제시한 행복의 조건을 살펴보면 다음과 같다.

1. 먹고 입고 살기에 조금은 부족한 듯한 재산

2. 모든 사람이 칭찬하기에는 약간 부족한 외모

3. 자신이 생각하는 것의 반밖에 인정받지 못하는 명예

4. 남과 겨루어 한 사람은 이겨도 두 사람에게는 질 정도의 체력

5. 연설했을 때 듣는 사람의 반 정도만 박수를 치는 말솜씨

보면 알겠지만 플라톤 시대에도 경제력은 행복의 첫 번째 조건으로 여겨진 듯하다. 그러나 이것은 차고 넘치는 부가 아닌 일상적인 삶을 유지할 수 있을 정도의 경제력을 의미한다. 그리고 차례대로 외모, 명예, 체력과 말솜씨를 각기 꼽으며 모두에서 조금씩 부족한 면이 있는 조건들을 제시했다. 이 부분이 어쩌면 인간으로 하여금 노력하게 만드는 요인일 것이다. 완벽에 도달했을 때 즉 부족함이 더 이상 없을 때 인간은 인간미를 상실하는 것은 물론, 스스로도 오히려 무기력해 질 수 있다. 경쟁자 없는 게임이 즐거울 리 없고, 더 이상 도달할 이상이 없을 때 인간은 삶의 의욕을 상실하게 되는 법이니 말이다. 플라톤은 이러한 면을 간파한 것이 아닐까?

어느 시대이건 인간은 그 시대에 인정되는 고귀한 가치들을 추구하기 위해 노력해 왔다. 이때 도달점에 누가 먼저 이를 수 있는가는 무의미한 질문이 된다. 행복이란 도달점에 이르렀을 때 성취할 수 있는 것이 아니라, 도달하기 위해 노력하는 과정에서 느끼는 것이기 때문이다. 이렇게 볼 때 사람이 행복할 수 있는 것은 도달할 그 무언가가 있고, 스스로의 부족함을 채우기 위해 끊임없이 노력할 수 있는 여지가 있기 때문일 것이다. 완전하고 완벽한 사람은 더 이상 도달할 이상이 없어 채우는 행복을 맛볼 수 없을 테니 말이다.

지식검색

플라톤(Platon, B.C 429?~B.C 347)

고대 그리스의 철학자, 형이상학의 수립자이다.

기원전 427년에 아테네에서 태어나서 기원전 347년에 80세로 생애를 마감했다. 아테네의 상류가문 출신으로, 아리스톤을 아버지로 페리크티오네를 어머니로 하여 태어난 플라톤은 위로는 두 형이 있었고, 『국가』에 등장하는 아데이만터스와 글라우콘이 각각 그의 맏형, 중형이다. 아래로는 포토네라는 누이동생이 있었다. 플라톤은 결혼을 하지 않고 일생을 지냈다. 그가 성장한 시기는 아테네와 스파르타가 그리스의 패권을 다툰 펠로폰네서스전쟁 기간 이었다. 페리클레스 시대에 절정을 이룬 아테네제국은 펠로폰네서스 전쟁의 발발과 더불어 퇴조의 길에 빠져들었으며, 이 전쟁에서의 패배로 인하여 아테네의 몰락이 재촉되게 된다. 플라톤은 그의 정신적 스승인 소크라테스를 기원전 407년경 만나게 되는데, 이때 소크라테스의 나이는 62세, 플라톤은 20세였다. 플라톤이 소크라테스의 문하생이 되어 그의 가르침을 받고, 그의 행적을 보고, 또한 문하생들의 입을 통하여 소크라테스의 과거의 행적을 듣고 배운 기간은 약 8년 간에 불과하다.

기원전 399년에 아테네 시민으로 구성된 법정에서 소크라테스가 사형판결을 받고 독배를 들며 죽는 것을 플라톤이 보았을 때, 그는 철학적 진리가 무지한 편견과 잘못된 의견에 의하여 유린되는 정치적 현실에 혐오감을 느끼게 된다. 플라톤은 소크라테스의 죽음에서 왔던 충격을 잊어버리기 위해 여행을 떠난다. 그는 메가라, 이집트, 키레네 등을 여행하면서 많은 학자와 교우하고 새로운 사상을 흡수한다.

행복은 어디에서 찾을 수 있을까?

행복을 논함에 있어 앞서 말했던 '일체유심조' 만큼 적절한 표현이 또 있을까? 아마도 없을 듯싶다. 행복은 마음먹기에 따라 있기도 하고 없기도 하다. 그렇다면 도대체 언제, 어떤 상황에서 우리는 행복을 마음속에 담게 되는 것일까? 도대체 그렇게 바라는 행복은 어디에 가야 찾을 수 있단 말인가? 이 질문에 솔로몬은 "먹고 마시고 일하는 일상 속에 행복이 있다"는 답을 제시하였다.

최근 헝가리 태생의 미국인 심리학자가 40년 넘게 '인간의 삶의 질' 을 연구해

온 결과를 토대로 수천 명의 사람들을 만나 가장 행복하고 즐거웠던 때를 조사하여 행복하기 위한 자기계발 서적을 출간하였다. 그에 따르면 어떤 행위에 몰두하여 자신에 대한 생각까지도 잊어버리게 된 상태를 플로(flow 번역하자면 '몰입' 이나 '삼매경' 이라고 할 수 있다)라고 하는데, 이 플로가 바로 행복과 아름다움의 원천이며 일상의 삶 속에서 이루어질 수 있다는 것이다. 그리고 저자는 플로의 상태를 만들기 위한 비결로 "목표를 설정할 것, 현재의 일에 집중하기, 바로 피드백을 받을 것, 스스로 통제력을 발휘할 수 있을 것" 등을 제시했다.

저명한 학자들의 말을 인용할 것도 없이 오늘날 많은 사람들이 행복에는 특별한 기준이 없으며, 본인 마음먹기에 달렸다는 생각에 동의할 것이다. 특히 행복의 조건을 외부에서 찾지 않고, 내적인 충만함에서 찾을 때 우리의 삶은 풍요로워질 수 있다. 남의 눈을 지나치게 의식하거나 남과 비교하면서 행복을 느끼기란 사실 쉽지 않다. 나보다 못한 이를 의식할 때 상대적인 만족감에 행복할 수 있지만, 반대로 나보다 나은 이를 의식할 때 우리의 삶은 그야말로 하루아침에 비참하고 궁색한 것으로 돌변할 수 있다. 물론 생계가 보장되고, 기본적인 삶의 토대가 형성되지 않고서 행복을 논하기 어려울 것이다. 그러나 우리는 도저히 행복할 수 없을 것 같은 상황에서 행복을 말하는 사례를 적지 않게 접하곤 한다.

생계유지가 어려울 정도로 가난한 속에서도 가족 간의 따뜻한 사랑만으로도 행복해 하는 사람들이 있고, 선천적인 장애에도 불구하고 자신에게 주어진 삶에 감사하며 행복해 하는 사람들이 있다. 김밥을 팔아가며 외롭고 쓸쓸하게 평생을 살다가 자신의 전 재산을 사회에 기부하며 행복하다고 말하는 사람이 있는가 하면, 막노동으로 고달픈 하루하루를 살아가면서도 일이 있다는 것 자체에 감사하는 사람이 있다. 어디 이뿐이겠는가? 사고로 전신에 3도 화상을 입고, 보기 어려울 정도의 얼굴을 하고도 종교의 힘으로 극복하고 자신의 삶이 행복하다고 말하는 사람도 있다. 이처럼 행복에는 정해진 조건이란 있을 수 없다. 그리고 행복은 어디 가서 찾을 수 있는 것도 아니다. 행복은 느끼는 것이지 찾아야 할 그 무언가가 아니기 때문이다. 행복의 파랑새는 바로 우리들 마음속에 있다. 우리가 살아가는 내내 행복은 늘 우리 곁에서 우리가 발견해 주기를 기다리고 있다. 등잔 밑이 어두운 법이다. 모두가 자신의 몸에, 자신의 정신에, 가족들에, 그리고 숨 쉬는 공기 속에 조용히 숨죽이면서 기다리는 행복을 발견하기만 하면 된다. 행복한 사람들은 바로 이러한 행복 찾기에 능통한 사람들이다.

행복

눈이랑 손이랑
깨끗이 씻고

자알 찾아보면 있을 거야.

깜짝 놀랄 만큼
신바람 나는 일이
어딘가 어딘가에 꼭 있을 거야.

아이들이 보물찾기 놀일 할 때
보물을 감춰 두는

바위 틈새 같은 데에

나뭇구멍 같은 데에

행복은 아기자기
숨겨져 있을 거야.

허영자(1988)

2003년 KBS 〈인간극장〉에서 소개된 엄기봉 씨의 이야기는 얼마 후 영화 〈맨발의 기봉이〉로 많은 사람들에게 알려졌다. 엄기봉 씨의 행복은 어디에서 오는 것일까?

충청남도 서산시 고북면 정자리에는 마흔을 넘긴 아들과 팔순을 넘긴 노모가 단둘이 살고 있는 외딴집이 있다. 아들의 이름은 '엄기봉'. 여덟 살의 지능을 가진 정신지체 1급 장애인인 그는 '맨발의 마라토너'로 고북면은 물론 전국적으로 유명하다.

가난한 살림에 노환으로 거동도 불편한 팔순 노모를 모시고 사는 기봉 씨는 엄마가 있어서, 그리고 고향에 살고 있어서 너무나 행복하다고 이야기한다. 세상에 미운 사람이란 없고, 그중에서도 엄마가 가장 좋고, 더 잘 살아보겠다는 욕심도 없는 착하디착한 아들 기봉 씨. 그의 트레이드마크인 환한 미소는 주변의 사람들에게 착한 마음을 전염시키는 힘이 있다.

우리 마을 일등 효자, 순진한 노총각 기봉 씨는 '세상에서 제일 이쁜 엄마'를 위해 오늘도 달립니다.

어릴 때부터 맨발로 달리던 아이가 있었다. 그 아이는 심부름을 무척 좋아했다. 심부름을 하고 있으면 자신이 사람들에게 꼭 필요한 사람인 것 같은 생각이 들었기 때문이다. 비록 운동화 살 돈이 없고, 고무신은 닳아질까 겁이 나서 맨발로 달리긴 했지만, 달리기 하나만은 누구에게도 뒤지지 않을 자신이 있었다.

이 소년이 바로 마흔 셋의 기봉 씨가 되었다. 그는 여든 셋의 노모와 단 둘이 살고 있다. '못생긴 나무가 산을 지킨다'는 말처럼, 큰형은 일찍 죽고, 누이들은 결혼을 했으나 살림이 어려워, 정신지체 1급의 기봉 씨가 거동도 불편한 노모를 모시고 있는 것이다. 가난한 살림, 노환으로 편찮으신 어머니, 게다가 본인도 성치 않은 몸…… 누가 보더라도 자신의 운명을 한탄하며 좌절할 만도 한데, 기봉 씨는 지금이 행복하다고 한다. 바로 어머니가 옆에 계시기 때문에.

기봉 씨의 어머니에 대한 사랑은 각별하다. 아침에 세숫물을 데워드리는 일부터 시작해서 집안 살림을 꼼꼼하게 도맡아 하고, 엄마가 기분이 안 좋을 때는 마흔의 아들이 아기같이 재롱을 피워서 웃겨드리곤 한다. 그리고 기봉 씨는 마을에서 소문난 성실한 일꾼이다. 손재주도 좋아서 나무를 깎고, 철사를 두들겨서 별의별 물건들을 다 만들어낸다. 혼자 일기 예보를 중얼거리는 취미가 있고, 아무리 힘든 일이라도 즐겁게 해내는 재주도 있다. 그리고 무엇보다도 네 번이나 마라톤 대회에 출전해서 완주를 한 마라토너이다.

요즘 노환으로 나날이 기력이 쇠해지시는 엄마가 가장 걱정인 착한 남자, 기봉 씨. 기봉 씨에게는 새로운 목표가 생겼다. 바로 다음 마라톤 대회에서 1등하여 사랑하는 엄마의 틀니를 꼭 해드리겠다는 것이다.

김서영 작, 포토 에세이 『맨발의 기봉이』 책 소개 중

참고할 만한 책

달라이 라마 외, 류시화 옮김, 『달라이 라마의 행복론』, 김영사, 2001.

리즈 호가드, 이경아 옮김, 『행복』, 예담, 2006.

모리스 마테를링크, 민유빈 옮김, 『파랑새』, 느낌표, 2003.

우리의 역사 '서술' 되고 있는가, '왜곡' 되고 있는가?

개인과 역사로 읽는 『그 여자네 집』

역사는 과거와 현재의 끊임없는 대화이다

역사학자 E. H. 카(Edward Hallett Carr, 1892~1982)는 "역사는 과거와 현재의 끊임없는 대화이다"라고 정의한 바 있다. 역사가 단순히 과거 속에 머문다면 그것은 오늘날에 아무런 가치도 가지지 못한다. 오늘을 살아가는 우리들에게 거울이 되어주고, 앞으로 다가올 미래를 예측할 수 있는 단서를 제공해 줄 때 비로소 가치를 부여받게 되며, 생명력을 이어갈 수 있다.

이렇게 볼 때 "우리는 죽어도 역사는 살아있다"며 700회째 '정신대 할머니 수요 집회'에 참가했던 위안부 피해 할머니의 말은 역사에 대한 그 어떤 접근보다 탁월하다고 할 것이다. 70세를 훌쩍 넘긴 인생의 황혼기에 아직도 남은 일이 많다며 여생을 편안히 쉬기보다는, 왜곡된 역사 바로 세우기에 적극 나선 할머니의 모습은 우리의 부족한 역사의식에 경종을 울린다.

요즘 주변국들의 역사왜곡에 많은 사람들이 흥분한다. 왜곡된 역사가 진실로 굳어질 때 우리의 정체성은 물론 자긍심 또한 크게 훼손될 것이기 때문이다. 그러나 제대로 된 인식 없이 가해지는 비판은 공허한 울림에 불과하다. 그만큼 역사를 제대로 알고, 바로 잡는 일은 중요하다. 뿌리가 상한 식물은 잘 자랄 수 없으며, 초석이 굳건하지 못하면 건축물이 바로 설 수 없듯이 오늘의 근본이 되는 역사가 왜곡되고는 밝고, 건강한 미래를 기약하기 어렵다.

『그 여자네 집』은 우리들의 잠자고 있는 역사의식을 일깨운다. 우리는 비록 역사적 비극으로부터 한 발짝 물러나 있지만 역사가 오늘날 우리들의 문제로 직접 다가오는 경우를 종종 경험하게 된다. 역사는 결코 우리를 비껴가지 않으며, 오늘날과 분리될 수 없기 때문이다. 이제 작품 속 주인공이 말하는 잊지 말아야 할 역사란 무엇이며, 왜 그러한가에 대해 진지하게 고민해 보도록 하자.

『그 여자네 집』 세 번째 이야기

순애의 죽음 이후, 정신대 할머니 돕기 모임에서 우연히 만득이를 다시 만나게 된 '나'는 순애가 생전에 그토록 하소연했듯이 아직도 만득이가 젊은 시절의 연인 곱단이를 잊지 못해 늙은 나이에 주책을 부리는 것이라고 생각한다. '정신대'와 곱단이를 떼어놓고 생각할 수 없었기 때문이다. 그래서 다짜고짜 만득이를 추궁한다. 그리고 다음과 같은 만득이의 속내를 듣게 된다.

"나는 정신대 할머니처럼 직접 당한 사람들의 원한에다 그걸 면한 사람들의 한까지 보태고 싶었어요. 당한 사람이나 면한 사람이나 똑같이 그 제국주의적 폭력의 희생자였다고 생각해요.

(중략) 삼천리 강산 방방곡곡에서 사랑의 기쁨, 그 향기로운 숨결을 모조리 질식시켜 버리니 그 천인공노할 범죄를 잊어버린다면 우리는 사람도 아니죠. 당한 자의 한에다가 면한 자의 분노까지 보태고 싶은 내 마음 알겠어요?"

올바른 역사 인식이 필요한 이유는?

무엇이 그토록 만득이를 슬프게 했는가?

시간이 흘러도 잊을 수 없는 일들이 있다. 젊은 날 만득이와의 약속을 지킬 수 없었던 곱단이나, 그렇게 사랑하는 사람을 떠나보내야 했던 만득이가 가슴 깊이 묻어둔 젊은 시절의 기억들을 어찌 없었던 일처럼 지우고 살 수 있을 것이라고 상상할 수 있겠는가.

역사도 개인들의 기억과 마찬가지이다. 아무리 시간이 흘러 시대를 달리한다 할지라도 잊지 못할 역사, 잊어서는 안 될 역사가 있다. 그리고 지금 주인공 만득이는 자신의 슬픔의 원인이 바로 여기에 있다고 말한다.

"남의 나라에서 바라보니 이렇게 지척인데 내 나라에선 왜 그렇게 멀었을까? 그게 서럽고 부끄러워 나도 모르게 눈물이 복받친 거지."

"삼천 리 강산 방방곡곡에서 사랑의 기쁨, 그 향기로운 숨결을 모조리 질식시켜 버리니 그 천인공노할 범죄를 잊어버린다면 우리는 사람도 아니죠. 당한 자의 한에다가 면한 자의 분노까지 보태고 싶은 내 마음 알겠어요?"

여기서 우리는 만득이가 눈물을 흘리면서까지 슬퍼했던 이유가 아내의 의심처럼 곱단이에 대한 연정이 남아있어서가 아니라는 것을 알 수 있다. 다만 그의 젊은 날이 비극적 역사와 맞물려 있었기 때문이고, 그 비극이 아직까지도 이어지고 있기 때문이라는 것도 말이다.

작품 속 만득이와 곱단이의 이야기는 우리 근현대사의 비극을 생생하게 보여준다. 어쩌면 만득이나 곱단이는 비극을 면한 자에 해당한다고 볼 수 있다. 비록 그들이 뜻밖의 이별을 감수해야 하긴 했지만, 만득이는 징병 가서 목숨을 잃지 않았으며, 곱단이는 정신대로 끌려가지 않았으니 말이다. 그러나 그 시절 직접적으로 비극적 역사에 희생당하지 않은 사람들이라고 해서, 그들이 지켜보는 가운데 가족이나 친지, 이웃들이 당한 원한을 어찌 외면할 수 있으며, 잊을 수 있겠는가.

우리는 만득이와 곱단이의 이야기를 통해 당시 우리 민족이 겪었을 고통을 짐작해 볼 수 있다. 결국 만득이의 눈물은 우리 민족 전체가 겪어야 했던 아픔에 대한 회한(悔恨)의 눈물이었으며, 너무도 쉽게 역사를 망각하고 살아가는 현대 우리들의 모습에 대한 안타까움의 눈물이었을 것이다. 절대로 잊어서는 안 될 것, 반드시 기억하고 바로 잡아야 할 것들조차 과거 속에 묻어 버리는 오늘날 우리들의 모습이 만득이를 가슴 아프게 했을 것이다. 그리고 바로 이러한 마음으로, 정신대 할머니들처럼 역사적 비극을 직접적으로 경험할 수밖에 없었던 자들의 고통에 조금이나마 정성을 보태고 싶어 정신대 할머니 돕기 모임에 참석했을 것이다.

우리 역사를 둘러싼 주변국들의 횡포! 도대체 왜?

매스컴을 통해 우리나라를 둘러싸고 일어나는 역사적 분쟁들이 집중 보도되면서 사회적으로 커다란 이슈가 되었었다. 우리의 국토와 역사를 둘러싼 주변국들의 횡포에 우리 국민들은 경악할 수밖에 없었고, 어이없는 저들의 억측에 분통을 터뜨리지 않을 수 없었다. 중국의 '동북공정' 프로젝트에 따른 고구려사 왜곡, 일본의 역사 교과서 왜곡과 왜곡된 교과서 채택, 일본 총리의 신사참배, 일부 극우파 의원들의 정치적 망언, 그리고 가장 핵심 논제인 독도 분쟁까지 하나같이 우리를 아연실색하게 하는 이슈들이다.

지나온 역사에 대한 일본의 무책임한 태도에 대해서는 작품 속 주인공 만득이의 대사를 통해 공감한 바 있다.

> "오늘 여기 오게 된 것도, 글쎄요, 내가 한 짓도 내가 설명할 수 있을 것 같지 않지만 …… 아마 얼마 전 우연히 일본 잡지에서 정신대 문제를 애써 대수롭게 여기지 않으려는 일본 사람들의 생각을 읽고 분통(憤痛)이 터진 것과 관계가 있겠죠. 강제였다는 증거가 있느냐? 수적으로 한국에서 너무 부풀려 말한다. 뭐 이런 투였어요. 범죄 의식이 전혀 없더군요. 그걸 참을 수가 없었어요."

비록 소설 속 주인공의 말이지만 우리가 이 말에 귀 기울이게 되고, 공감하게 되는 것은 바로 오늘날 우리가 현실 속에서 느끼는 울분이 바로 이러하기 때문이다. 역사에 대한 일본의 비양심적이고 무책임한 태도, 그리고 자신들의 과오를 인정하지 않는 염치없고, 죄책감 없는 저들의 태도가 우리로 하여금 더욱더 분노하게 만든다. 그리고 이러한 태도로 역사를 왜곡하고, 침략을 미화하여 버젓이 교육현장에서까지 다음 세대에 전달하는 저들을 우리가 어찌 용서할 수 있겠는가?

그런데 오늘날 우리의 근현대사는 물론 고대사까지 주변 강대국들에 의해 무참히 훼손되고 있다. 저들은 왜 굳이 뻔한 거짓으로 이미 지난 과거의 역사를 바꾸려는 것이며, 우리는 왜 이를 묵과할 수 없는 것일까? 이는 역사가 비단 과거의 이야기가 아니라 오늘날 우리들의 삶과 밀접하게 관련을 맺기 때문일 것이다. 그렇다면 과연 역사는 오늘날에 어떻게 관여하는 것일까?

끊임없는 쟁점으로 떠오르는 인류의 화두! 역사가 무엇이기에

역사란 인간이 거쳐 온 삶의 모습이나 인간의 행위로 일어난 사실들에 대한 기록이다. 역사 속에는 정치, 경제, 사회, 문화, 종교 등 인간 생활의 전 영역에 걸쳐 광범위한 지식들이 담겨 있다. 한마디로 방대한 인류 지식의 총체라고 할 수 있다.

그러나 역사는 단지 과거의 사건이나 기록에 머물지 않고, 오늘날과 끊임없이 교류하고 소통한다. 우리가 역사상 자칫 대수롭지 않게 여기고 잊게 되는 많은 일들이 실은 알게 모르게 서로 연관되어 현재 우리의 삶에 강력한 영향력을 행사하는 경우가 종종 있다. 이는 역사가 단순히 과거에 있었던 일로서 화석화하는 것이 아니라 오늘날로 이어지고 있음을 의미한다. 오늘날 우리가 일본에 대해 무조건적인 적대감을 갖는 것도 과거 우리가 일본의 식민지였기 때문이지 않은가? 과거의 역사는 현재 어떤 현상의 원인으로 작용하는 셈이다. 그렇다면 오늘날에 직면한 사태에 현명하게 대처하기 위해서, 그 문제의 원인을 명확히 규명하고자 한다면 과거에 어떤 일들이 있었는지를 조사해 볼 필요가 있겠다.

우리는 건설적인 미래를 설계하기 위해 역사적인 맥락에서 현실을 올바로 이해하고, 그에 따라 현명하게 대처해야 한다. 가장 지혜로운 현실 대응 방법은 역사적 이해를 바탕으로 현재를 통찰함으로써, 적극적으로 미래 상황을 예측하고 대비하는 것이다. 이렇게 할 때 비로소 역사는 생명력을 부여받고, 오늘날 우리들의 삶에 적극 관여하여 그 기능을 제대로 발휘할 수 있게 된다. 결국 역사는 만들어가는 자의 몫이기도 하지만 이를 다시금 재해석하고, 재평가하여 가치를 창출하는 사람들의 몫이기도 한 셈이다.

실제로 최근 우리나라를 둘러싸고 일어나는 일련의 분쟁들은 이러한 역사의 속성에 기인한다. 역사가 오늘날의 상황에서 새롭게 해석될 수 있기 때문에, 모든 나라들이 현재 자신들의 처지와 입장에서 역사를 재해석하다보니 이러한 마찰을 피

지식검색

"모든 진정한 역사는 현재의 역사이다." – 베네데토 크로체
크로체에 따르면 역사가 단지 기록된 사실로서만 존재한다면 그것은 연대기에 지나지 않는다. 역사는 기록된 사실들에 대해 한 번 더 생각해 봄으로써 현재의 누군가가 의미를 발견하고, 재해석할 때 생명력을 가질 수 있는 것이기 때문이다. 역사가 생명력을 가지기 위해서는 현재에 관여할 수 있어야 하며, 그것은 역사를 대하는 사람들에 의해서만 가능하다는 의미라고 할 수 있겠다.

할 수 없는 것이다. 철저한 인과성에 입각하여 전개되는 역사적 맥락 안에서 각국이 어떠한 미래를 맞이하는가는 바로 과거를 어떻게 이해하고, 해석하느냐에 달렸다. 특히 오늘날 각종 이권이 달린 역사적 분쟁이 끊이지 않는 것은 결국 이러한 역사의 특성 때문이다. 오늘날 우리 주변국들이 애써 우리의 역사를 왜곡하려는 주된 이유도 바로 여기에 있다. 그리고 우리가 이를 묵과할 수 없는 이유도 말이다.

오늘날 각종 역사적 분쟁들이 말해주듯 역사는 항상 현재의 화두로서 과거에 갇혀 있지 않고, 오늘날까지 살아 숨 쉬며 우리의 삶에 적극 관여하고 있다. 크로체(Benedettto Croce, 1866~1952)가 "모든 진정한 역사는 현재의 역사"라고 한 것도 이러한 맥락에서일 것이다.

일본과 중국이 다시 쓰는 역사! - '저들에게 역사는 픽션인가?'

역사는 픽션이 될 수도 없고, 절대로 그렇게 되어서도 안 된다. 역사를 '서술'의 관점으로 정의할 때 필연적으로 역사가의 주견이 개입되게 마련이라지만, 이것은 어디까지나 철저한 학문적 검증과 역사가의 과학적 인식, 그리고 역사가다운 자질과 태도를 기반으로 학문적인 연구 자세에 의한 타당한 역사 서술이지 개인적 상상력을 토대로 한 허구적 이야기가 아니다. 일본과 중국이 이를 모를 리 없을진대, 최근 이들 양국의 역사 왜곡의 수위는 이미 정도를 넘어서 국제적 분쟁으로 확대

지식검색

'사실'로서의 역사, '서술'로서의 역사

지식의 총체로서의 역사는 기록에 의해 오늘에 기억되고 전해왔다. 때문에 기록된 역사를 '서술'로서 바라보는 입장과 있는 그대로의 '사실'로 바라보는 다소 상반된 두 입장이 공존한다. 전자가 말 그대로 역사가의 주관을 극도로 자제하고 실재했던 사실 자체의 기술에 역점을 둔다면, 후자는 과거의 사실을 토대로 역사가가 과학적 인식을 토대로 학문적 검증을 통해 그 사건에 의미를 부여하거나 평가를 덧붙이기도 한다. 역사는 픽션이 아니기 때문에 개인적 주관은 최대한 배제하는 것은 물론이다. 사실 전자의 경우처럼 있는 그대로의 사실, 즉 역사가의 주관이 완전히 배제된 역사란 존재하기 어렵다. 따라서 역사란 역사가와 사실 간의 끊임없는 상호작용이라고 보는 것이 타당할 것이다.

될 우려까지 낳고 있다.

이제 역사 왜곡 논란에 휩싸인 핵심 논제들에는 어떤 것들이 있는지, 그리고 각 논제들에 대한 각국의 입장이 어떻게 다른지 함께 살펴보기로 하자.

진실은 왜곡될 수 있는 것인가? - 한반도를 둘러싼 주요 분쟁들

일본이 서술하는 역사! 과연 진실인가?

우리는 일본의 역사 왜곡 교과서 문제를 접하면서 저들의 어이없는 태도에 분노해야 했다. 저들은 역사를 왜곡하는 것에 그치지 않고, 이를 다음 세대에까지 전달함으로써 진실을 전면적으로 부정하고자 하는 의도를 드러내고 있다. 실제로 지난 2005년 일본 도치기현 오타와라시 교육위원회가 일본의 과거 침략역사를 미화하는 내용의 후소샤[扶桑社] 역사 교과서를 정식으로 채택한 바 있다. 오타와라시 교육위는 기초 자치단체 차원에서는 처음으로 후소샤 역사 · 공민 교과서를 채택했으며 이에 따라 시립중학 등 12개교(학생 2,300명)가 내년부터 4년간 이 교과서로 교육받게 되었다. 이 교과서로 역사 수업을 받은 일본의 수많은 학생들은 왜곡된 역사를 진실로 받아들일 것이다. 일본은 참으로 무서운 일을 저지르고 있는 것이다. 이 후소샤 역사 교과서의 왜곡된 내용을 살펴보면 다음과 같다.

우선 이 교과서는 식민사관에 의한 '임나일본부설(任那日本府說)'을 기초로 하고 있으며, 고대부터 현대까지 일본사의 우월성을 입증하기 위해 주변국, 특히 한국사를 폄하하여 기술하였다. 이를테면 한국사를 언급할 때 조공, 종속, 복속국, 속국, 종주권 등의 용어를 자주 사용한다거나 조선이라는 국호 대신 일제 강점기에 사용되었던 부적절한 용어인 '이씨조선'이라는 국명을 사용하여 조선을 얕잡아 보는 시각을 드러내기도 하였다.

또한 일본군에 의한 군대위안부 강제동원 사실을 고의로 누락하여 태평양 전쟁 당시의 반인륜적 잔혹행위의 실체를 은폐하였고, 양국 간에 발생한 사건에 대한 설명에 있어 일본에게 불리하거나 부정적인 사건의 원인 등에 대해서는 제대로 기술조차 하지 않았다.

일본이 침략전쟁을 수행하면서 저지른 만행이나 식민지 지배과정에서 다른 나라 사람들에게 입힌 피해상은 서술하지 않거나 축소하여 기술하였고, 식민지 지배 자체에 대한 반성 없이 오히려 시혜를 베푼 듯이 서술하였다. 예를 들어 조선에서 철도와 관개시설 등의 수탈시설을 마련한 것이 마치 조선을 개발하기 위한 것처럼 시혜적인 입장에서 서술하였다.

그리고 한국에서의 역사연구 성과는 물론이고 일본에서의 연구 성과도 제대로 수용하지 않았다. 특히, 일본에게 불리하거나 부정적인 내용을 담고 있는 연구 성과는 거의 무시하여 사실의 서술이나 해석 면에서 객관성이 결여되었다.

지식검색

임나일본부설

'임나일본부설'은 일제 치하에서의 대표적인 왜곡사례이다. 이는 일제가 우리에 대한 침략과 지배를 정당화하기 위해 조작해 낸 식민사관으로, 우리 역사의 전개 과정이 고대부터 외세의 간섭과 압제 속에서 이루어졌다고 설명하는 대표적인 타율성 이론의 하나이다.

일본은 왜 독도를 자기네 땅이라고 우기는가?

일본이 독도의 영유권을 주장한 것은 매우 오래 전부터이다. 일본은 1905년 독도를 시마네현에 편입시킨 이래 '다케시마(죽도, 독도)는 일본의 고유영토'라고 끊임없이 주장해 왔다. 우리 정부가 광복과 함께 독도에 대한 영유권을 회복한 이후에도 일본정부는 이 같은 주장을 되풀이하는 한편 학교교육을 통해 국민들에게 독도가 일본의 고유영토라고 가르쳐 왔다. 이후 일본은 1965년 한·일 기본조약 체결 이후에도 기회가 있을 때마다 한국정부가 독도에 경비대를 상주시켜 일본함선의 접근을 저지하고 있는데 항의해 왔다. 그리고 최근 일본의 집권당은 선거공약과 정책지침에까지 공공연히 독도 영유권주장을 포함시키는 등 독도문제를 수면위로 부상시키고 있다.

얼마 전 일본이 일본 해양보안청소속 탐사선이 독도 인근의 배타적 경제수역(EEZ: Exlusive Economic Zone)에서 해저 수로탐사를 시도하기까지 했다. 다른 나라의 배타적 경제수역 안에서 해로측량을 하려면 해당국의 허가를 받아야 하는데 일본은 한국정부의 강력한 항의에도 불구하고 우리 배타적 경제수역이 포함된 구역에서 측량을 하겠다고 탐사선을 출항시켰다. 일부에서는 일본의 행위가 예견된 것이었다며 울분을 감추지 못한다. 이미 일본은 독도의 영유권 주장을 위한 한국사 왜곡 작업을 상당 수준까지 진행한 상태이고, 이번 수로탐사 사태도 다분히 의도적이고 계산된 행위라는 것이다.

실제로 일본의 시마네현 의회는 독도를 '다케시마현'이라 명명하고 저들 나름의 입장에서 해석한 역사적 사료들을 근거로 하여 강경한 목소리로 독도의 영유권을 주장하고 있다. 그러나 저들이 학술적 근거자료로 활용하고 있는 역사적 사료들에 대한 해석은 우리의 입장에서 보면 왜곡과 곡해로밖에 볼 수 없다.

일본이 독도의 영유권을 주장하는 근거는 무엇인가?

일본이 이렇듯 끊임없이 독도의 영유권을 주장하는 근거는 첫째로, 근세초기 이래 독도는 일본영토였고, 영토편입 직전까지 오랫동안 일본이 '실효적 경영'을 했다는 것이다. 둘째로, 영토편입 당시 독도는 주인 없는 돌섬이었기 때문에 정당한 '무주물선점(無主物先占)'이라는 것이다. 그리고 제2차 세계대전을 마무리 지으면서 연합국과 일본 사이에 맺어진 '대일평화조약(Treaty of Peace with Japan)'에 실려 있는 제2조 (a)항 일본은 한국의 독립을 인정하고 제주도, 거문도 그리고 울릉도를 포함하는 "한국에 대한 모든 권리(right), 권원(title)과 청구권(claim)을 포기한다"의 세 섬에 대해 자의적인 해석을 덧붙이고 있다. 요는 여기서 지적한 세 섬이란 한국 영토의 가장 바깥쪽에 있는 외곽선을 표시하는 섬들이며, 독도는 울릉도 바깥쪽에 위치하기 때문에 한국 영토에서 제외된다는 것이다.

물론 이에 대한 우리의 해석은 다르다. 세 섬이란 한국의 영토에 포함되는 중요한 섬의 예로서 언급된 것이기 때문에 울릉도에 딸린 섬인 독도는 마땅히 한국의 영토가 되어야 한다는 것이다.

같은 사료에 대한 일본 측과 우리 측의 엇갈린 해석은 이외에도 여러 가지이다. 일본은 자신들의 현재 상황에 유리하도록 역사를 새로 재단하고 있다. 필요한 것은 남겨두어 확대 해석하고, 필요 없는 것은 과감히 삭제하거나 부정하는 것이 저

지식검색

배타적 경제수역(Exclusive Economic Zone)

자국 연안으로부터 200해리까지의 모든 자원에 대해 독점적 권리를 행사할 수 있는 유엔 국제해양법상의 수역을 이른다. 이 수역에 대해서는 천연자원의 탐사·개발 및 보존, 해양환경의 보존과 과학적 조사활동 등 모든 주권적 권리를 인정받게 된다.

독도 문제 관련 참고사이트

http://www.truthofdokdo.or.kr (독도의 진실)

http://www.tokdo.co.kr (독도 수호대)

http://www.president.go.kr (청와대브리핑)

들의 역사서술 방식이다.

중국 땅에서 일어났던 일들은 모두 중국사가 되어야 한단 말인가

중국의 역사 왜곡 문제는 '동북공정' 프로젝트로 집약된다. '동북공정'은 중국 국경 안에서 전개된 모든 역사를 자국의 역사로 편입하려는 중국 정부 주도의 거대 프로젝트이다. 이에 따르면 현재의 중국 국경 안에서 전개되었던 고조선과 발해, 그리고 고구려 등의 우리 고대사가 고스란히 중국의 역사로 편입된다. 이 과정에서 중국이 우리의 역사를 심각하게 훼손한 것은 물론이다.

이 같은 중국의 '동북공정'은 특히 고구려 연구에 핵심을 두고 있다. 고구려인들은 숙신(肅愼)의 후대인 여진족이 세운 부여에서 왔기 때문에 여진족과 같은 족속이며, 따라서 이들이 세운 고구려가 중국 소수민족에 의해 세워진 지방정권이었다는 것이 저들의 주장이다. 이는 물론 고구려사를 자신들의 역사에 편입시키려는 의도에서이다. 그렇다면 중국은 왜 저토록 고구려사 왜곡에 집중하는 것일까?

가장 유력한 추측이 다(多)민족 다(多)종교 국가인 중국이 향후 발생할 수 있는

자국 내 분열의 가능성을 사전에 차단하기 위해 소수민족의 동화 내지는 중국화를 시도하는 과정에서 그 첫 번째 타켓으로 동북지방의 조선족을 겨냥하기 때문이라는 견해이다.

다음으로 한반도 통일 후 만주 지방을 두고 통일한국과 생길 수 있는 분쟁에 대비한 포석이라는 주장도 있다. 현재 중국령인 두만강 북쪽에 위치한 간도는 한국인들이 다수 진출하였던 지역이고, 과거 조선의 관리가 파견되기도 했다. 1909년 일제와 청나라 간 '간도협약'에 의해 중국의 영토로 귀속되었지만, 당시 일본이 우리의 외교권을 침탈했던 때라 이것은 우리의 의지와는 전혀 무관했다. 이렇게 볼 때 만주지역을 중국이 차지한 과정은 국제법적으로 인정받기 어렵다. 따라서 향후 남북이 통일된 이후, 우리 측에서 '간도협약'의 무효와 간도에 대한 영유권을 주장할 가능성에 대해 중국은 미리 대비하고 있는 것이라는 견해는 상당히 설득력 있어 보인다.

지식검색

동북공정(東北工程)

중국 국경 안에서 전개된 모든 역사를 중국 역사로 만들기 위해 2002년부터 중국이 추진하고 있는 동북쪽 변경지역의 역사와 현상에 관한 연구 프로젝트로 '동북변강사여현상계열연구공정(東北邊疆史與現狀系列硏究工程)'의 줄임말이다. 우리말로는 '동북 변경지역의 역사와 현상에 관한 체계적인 연구 과제(공정)'인데, 간단히 말하면 중국의 국경 안에서 전개된 모든 역사를 중국의 역사로 편입하려는 연구 프로젝트이다.

주요 연구과제는 동북지방사 연구, 동북민족사 연구, 고조선사 · 고구려사 · 발해사 연구, 중국과 한반도 관계사 연구, 한반도 정세 및 변화와 그에 따른 중국 동북 변경지역의 안정에 관한 영향 연구 등이다.

진실이 사라져 버린 교육 현장! 중국도 일본의 뒤를 밟고 있다.

중국은 일본의 근현대사 왜곡과 신사참배에 맹렬한 비난을 가하였으면서도 정작 그들 자신은 철저한 '중화주의'에 입각하여 주변국들의 역사를 무참히 훼손하고 있어 이중적인 역사 기술 태도를 보이고 있다. 「뉴욕타임스」는 중국 상하이발 기사를 통해 중국 학생들의 역사 교과서와 교사들의 수업내용이 왜곡과 생략으로 점철돼 있어 역사적 왜곡이 심각하다고 보도한 바 있다. 특히 「뉴욕타임스」가 중국 교과서에서 구체적으로 지적한 역사 왜곡 사례 중 우리의 주목을 끄는 점은 한국전쟁에 관한 부분이다. 중국은 한국전쟁이 남한의 북한에 대한 침공에서 시작되었다고 왜곡 기술함으로써 우리의 명예를 실추시켰는가 하면, 우리의 역사를 기술함에 있어 중국은 시혜자, 한국은 수혜자라는 식의 입장을 보임으로써 자국을 우리나라의 우위에 두는 태도를 취하여 우리를 경악케 하고 있다.

이에 더하여 한국학중앙연구원의 분석에 따르면 중국의 새 역사 교과서에서는 고조선과 고구려에 대한 기술을 완전히 삭제하거나 발해를 당나라의 지방정부로 서술하는 등 우리 고대사를 자국 역사에 편입시켜 기술했다고 한다. 동북공정이 교과서에 그대로 반영된 결과라고 볼 것이다. 그런데 2005년 9월부터 중국의 모든 초급중학교(한국의 중학교)가 의무적으로 사용할 새 역사 교과서 18종이 예외 없이 한국사를 크게 축소 · 왜곡하고 있다고 한다.

특이한 점은 중국의 새 역사 교과서가 신라 부분에 대해서만큼은 비교적 상세하게 서술하고 있다는 것이다. 이에 대해 국내 학자들은 한국의 역사를 신라시대부터 인정하고, 한국 영토를 한반도 내로 국한시키려는 중국학자들의 입장이 반영되었을 것이라고 추측한다. 또한 다민족통일국가론에 입각해 과거 중국사로 다루지 않았던 몽골과 한국 역사까지 중국사로 편입하고 있는 이유는 개방화 정책 이후 불거지고 있는 여러 민족들의 자결(自決) 요구를 무마하기 위한 의도도 숨어있다고 판단한다.

사실 중국의 역사 교과서 왜곡 문제는 학술 연구 프로젝트인 동북공정보다 상징성이나 사회구성원들의 역사인식에 미치는 영향력의 정도로 볼 때 훨씬 더 심각하다. 중국 역사 교과서의 시혜적 관점이 중국 학생들로 하여금 한반도가 독립된 국가로서가 아닌 중국의 지속적 영향 아래 있었던 국가로 인식하게 할 수 있다는 점이 무엇보다도 우려되는 부분이다. 앞서 일본의 경우는 검정을 통과한 교과서 중 후소샤 등 일부가 역사를 왜곡하였기 때문에 채택의 문제가 남아 있다. 그러나 중국의 경우는 검인정 교과서 모두가 왜곡되어 있어 보다 심각한 문제가 되고 있다.

우리가 중국의 고구려사 왜곡을 묵과할 수 없는 이유는?

중국의 고구려사 왜곡에 따른 파장은 여러 면에서 생각해 볼 수 있다. 무엇보다 왜곡된 고구려 역사가 세계적으로 인정을 받게 될 경우, 고조선사 및 발해사까지도 중국사에 편입되어 결국 우리 민족은 '뿌리 없는' 민족으로 전락하게 된다. 그런데 최근 중국의 역사 왜곡실태를 보면 옛 발해(渤海) 왕궁을 중국식으로 복원하고, 유네스코(UNESCO) 세계문화유산에 등재하려는 등 발해를 중국사에 편입하는 작업을 본격화하고 있다. 발해는 고구려를 계승한 나라라는 점에서 큰 의미가 있다. 멸망한 고구려의 영토와 주민, 그리고 역사의식까지도 이어받았다. 발해의 왕은 스스로 '고려왕'이라 칭하고 국호를 '고려(국)'라고도 했으며, 나라가 망한 뒤 발해의 유민들은 또 다른 고구려 계승국인 고려로 망명했다.

사적 전개상으로 발해는 엄연히 한국사에 속한다. 우리 역사는 고조선부터 시작해 삼국→남북국→고려→조선으로 이어졌다. 여기서 발해는 통일신라와 함께 남북국시대를 이뤘다.

그런데 중국의 주장대로 발해가 우리 역사가 아니라면 고구려 이후 압록강과 두

지식검색

중국의 역사왜곡 관련 참고사이트

http://cafe.daum.net/Goguryeoguard (고구려 지킴이 사이트)

http://www.historyworld.org (우리 역사 바로 알기 시민연대)

만강 건너 북쪽 지역은 우리와 관련이 없게 된다. 게다가 고구려가 자기네 역사라고 우기는 중국의 주장을 반박할 수 없고, 고구려 이전의 부여나 고조선 등도 우리의 역사라고 주장하기 어렵게 된다. 결국 한반도 이남만 우리 역사의 영역으로 남게 되는 것이다. 우리의 유구한 반만년의 역사가 순식간에 2,000~3,000년의 역사로 축소되는 것은 물론, 우리의 역사적 무대가 만주와 연해주를 아우르는 광활한 지역에서 대동강 또는 한강 이남으로 축소되어 한반도 북부 지역의 역사를 모조리 빼앗기게 되는 셈이다.

이는 우리 민족의 역사적 우월성과 자부심에도 큰 타격이 될 것이다. 대륙을 경영하던 강인한 민족이 아니라 한반도 남부에서 주변 강대국의 기대 짧은 역사를 이어 온 열등민족으로 전락하게 된다. 학계에서는 "우리의 역사를 통째로 흔들고 우리 민족의 존재 근거 자체를 없애버리는 무서운 작업"이라며 우려하고 있다.

역사 왜곡에 대응하는 우리의 자세, 이대로 좋은가?

잘못된 역사를 되풀이하는 민족에게 밝은 미래란 있을 수 없다. 우리는 우리의 지난 역사를 바로 세우기 위해 주변국들의 역사 왜곡에 보다 적극적으로 대처해야 한다. 정부나 학계, 시민단체들 모두가 나서서 대응하되 일방적인 비난이나, 감정적 차원의 대응보다는 긴 안목을 가지고 체계적으로 대안을 모색해야 한다.

무엇보다 우선되어야 하는 것이 우리들 자신의 부족한 역사의식을 바로 세우는 일이다. 물론 역사의식을 올바로 세우기 위해서는 먼저 우리의 역사를 제대로 알아야 한다. 중국이나 일본의 역사 왜곡 사태에 직면하여 많은 사람들이 역사적 진실이 무엇인지에 대해서 정확히 인식하고 있지 못하고, 감정적으로만 흥분하고 있는 것이 현실이다. 자국의 역사가 왜곡되고 있다는 데 대해 분개하면서도 정작 무엇이 왜곡되었는지에 대해서는 알지 못하는 웃지 못 할 일이 벌어지고 있는 것이다.

많은 전문가들이 올바른 역사의식 형성을 위해 역사 교육을 바로 세워야 한다는 데 의견을 모은다. 자라나는 세대들의 역사 교육이 우리의 역사를 바로 세우기 위한 가장 기본이 된다는 것이다. 일본이나 중국이 교과서 왜곡에 적극 나서는 이유도 각자의 입장에서 보면 결국 자국의 역사를 바로 세우기 위함일 것이다.

올바른 역사 교육을 위해서는 무엇보다 먼저 우리 역사에 대한 광범하고도 세밀한 연구가 이루어져야 한다. 논란이 되고 있는 역사들을 점검하여 재해석하고, 확실한 사료를 발굴하여 학술적인 뒷받침을 통해 역사를 바로 세워야 한다. 이를 바탕으로 체계적이고 실질적인 역사교육이 이루어질 수 있도록 교육 여건을 조성해야 한다. 교육 현장에서 국사는 선택이 아닌 필수가 되어야 한다. 단지 시험을 위해 어려운 암기과목으로 취급받아서는 안 된다. 역사 연구를 통해 정확하고 풍부한 역사교육 자료를 충분히 개발하고, 이를 통해 체계적이고 실질적인 역사교육이 이루어질 수 있도록 함으로써 우리의 학생들이 올바른 역사관과 역사의식을 확립할 수 있도록 해야 한다.

그러나 현재 우리를 둘러싼 역사적 분쟁들은 비단 우리의 내부적 노력만으로는 해결되기 어렵다. 우리와 비슷한 문제에 직면했던 독일과 폴란드, 독일과 오스트리아 · 스위스 그리고 독일과 프랑스 등이 공동 연구를 통해 역사적 문제들을 해결했던 것처럼 중국과 일본, 그리고 우리나라가 공동으로 문제 해결을 위해 협력해야 한다. 역사적으로 논란이 있는 부분들에 대해 공동으로 역사 연구를 진행함으로써 서로의 이견을 좁혀 나감으로써 왜곡 시비를 해결하려는 노력이 필요하다. 또 우리와 입장이 같은 입장에 처한 여러 다른 나라들과의 학술적 교류와 협력도 진행하여, 공동으로 대응하는 방안도 제기된다. 그 어느 국가보다 북한과의 학술적 협력과 교류가 가장 좋은 연구 성과를 거둘 수 있는 방안이 될 것이다.

우리가 이렇듯 역사 바로 세우기에 다각적이고, 적극적인 노력을 아끼지 않아야 하는 이유는 우리가 우리의 역사를 중시하지 않는다면 결국 역사적 진실은 왜곡된 채 다음, 그 다음 세대로 전달되어 거짓이 진실이 되어 버리는 역리현상이 발생할 수밖에 없기 때문이다. 그릇된 역사는 먼 훗날 우리 후손들에게 엄청난 분쟁의 소지가 될 수 있다. 오늘의 분쟁들이 또 다시 역사라는 이름으로 우리의 미래에 관여할 것이 분명할 테니 말이다.

다음은 책 소개의 일부분을 발췌하였다. 도서의 제목에서 알 수 있듯이 우리도 역사를 왜곡하고 있다는 것을 한국인 스스로가 진단한 글이다. 역사는 해석하기에 따라 달라 질 수 있다는 것이다. 과연 우리의 역사 왜곡 어떻게 받아들여야 할까?

중국의 동북공정, 일본의 역사 교과서 왜곡과 매한가지로 한국 역시 역사를 왜곡하고 있다는 비판을 담은 『역사를 왜곡하는 한국인』(반디)이 출간됐다.

「일간스포츠」와 「한국일보」 기자로 일한 저자 김병훈 씨는 현재 고교에서 사용되고 있는 국정 국사 교과서와 신문 방송에 등장하는 한국인의 역사인식이 상식에 벗어난 왜곡된 역사를 담고 있다고 비판한다.

대체로 한국의 역사가 주로 일본 깎아내리기, 위대한 단일민족의 역사 만들기, 비극적인 현대사 모른 체 하기라는 왜곡된 내용도 포함하고 있다는 것. 저자는 하인즈 워드의 방한을 맞아 도마에 오른 '단일민족론' 이 역사적 근거가 전혀 없다며 기존의 인식에 반론을 펼친다. 중국의 망명인이 왕의 자리에 올랐던 위만조선에서 보듯 역사는 고대부터 중국 등 여러 나라 사람들이 건너와 한민족을 구성했음을 보여준다는 것이다. 국제적인 교역이 두드러졌던 고려 시대에 중국 송나라, 거란, 위구르, 아랍인 등이 한민족의 일원이 됐고, 조선시대에는 여진족과 함께 일본인, 네덜란드인(박연)까지 한국인이 됐다는 사실도 지적한다.

또한 교과서에는 없지만 신문, 방송에 자주 등장하는 '일본 천황이 백제인의 후손' 이라는 주장에 대해서도 "그렇다면 노무현 대통령은 중국인" 이라고 반박한다. 백제 혈통임이 유력하다는 일본 천황들이 모두 6세기 이전 인물인데 반해, 노대통령의 선조는 877년 한국에 건너온 중국인이기 때문이라는 것이다.

또한 국사 교과서가 1945년 해방 후 100만 명 이상이 희생된 양민 학살과 같은 현대사의 비극을 모른 체 한다고 주장하기도 한다. 일제 36년 동안 우리 민족이 겪은 고통은 자세히 열거하면서 그보다 짧은 시간에 더 많은 사람이 학살된 역사에는 눈을 감고 있다는 비판이다. 이외에도 신라 화랑, 고려시대 민중과 삼별초의 항쟁도 '역사 꾸미기' 라고 비판하며, 객관적인 역사인식의 필요성을 역설한다.

「연합뉴스」, 『역사를 왜곡하는 한국인』 소개 중에서, 2006. 05. 19.

참고할 만한 책

제7차 고등학교 국사 교과서, 대한교과서 .

전국역사교과서 모임, 『살아있는 한국사 교과서』, 휴머니스트, 2002.

한국근현대사연구회, 『한국 근현대사 강의』, 한울, 1997.

한국학중앙연구원 한국문화교류센터, 『동아시아 역사 교과서는 어떻게 쓰여 있을까?』, 에디터, 2006.

「레디메이드 인생」 채만식

4. 일하고 싶어도 일할 수 없는 사람들 무엇이 문제인가?

5. 학력 제일주의 무엇이 문제인가?

우리는 누구나 '되어가는 나', '성장하는 나'로 살아간다. 지금의 나를 이미 '된 나' 혹은 '완성된 자아'로 인식하는 사람은 아마도 없을 것이다. 길고 긴 인생의 여정에서 인간은 끊임없이 배우고, 익혀 스스로 갈고 닦기를 거듭하며, 보다 성숙한 자아에 도달하고자 노력한다.

'레디메이드(ready-made)'란 기성품을 뜻한다. 이미 만들어진 제품을 뜻하는 이 단어는 진부하여 개성이 없다는 의미로도 사용된다. 이렇게 볼 때 채만식의 '레디메이드 인생'이란 이미 만들어져 개성이 없는 진부한 인생이라 할 수 있겠다. 앞서 인간은 누구나 되어가는 삶을 살고 있다고 했다. 그렇다면 작가가 말하려는 '레디메이드 인생'이란 도대체 어떤 인생일까?

문학작품을 감상할 때 가장 먼저 접하게 되는 것이 제목이다. 제목은 때로는 매우 큰 상징성을 가지고 독자들에게 충격을 주기도 하고, 가공할 만한 상상력을 불러일으켜 작품에 대한 기대감을 높이기도 한다. 채만식의 '레디메이드 인생'이란 제목이 우리의 기대감과 궁금증을 유발하는 것도 이러한 맥락에서이다. 이는 물론 작가가 의도하는 바이고, 우리는 작가가 도대체 왜 이러한 제목을 사용했는지, 또 제목과 이야기 간에는 어떠한 상관관계가 있는지 궁금증을 가지고 작품을 대하게 된다. 이제 이러한 궁금증을 가지고 레디메이드 인생에 등장하는 가난한 지식인

'P' 의 삶을 들여다보면서 그 해답에 도달해 보도록 하자.

가난한 지식인 'P' 의 이야기

삼청동 꼭대기에 사글세로 든 행랑방에 살고 있는 P는 전기세며, 방세가 두 달 치나 밀린 가난한 실직자이다. 고등교육을 받고도 일자리를 구하지 못해 만년 실직자로 지내던 인텔리인 그는 어느 날 일자리를 얻기 위해 마치 동냥이나 하듯 신문사 사장 K를 찾아간다. 그러나 구직에는 실패하고, K사장의 위선적일 뿐 현실성이 전혀 없는 훈화에 반감만 품은 채 신문사를 나서 힘없이 집으로 향한다.

집에 온 그에게 고향에 있는 형이 보내온 편지가 도착한다. P에게는 이혼한 아내와의 사이에 어린 아들이 하나 있다. 이혼하면서 본인이 기르마하던 아내에게서 한사코 아들을 떼어와 보통학교 입학할 때 데려가겠다는 다짐을 하며 극빈층에 해당하는 형에게 맡겨 두었었다. 그러나 아들이 보통학교에 들어갈 나이가 되어서도 그는 실직을 면할 수 없었고, 하는 수 없이 형에게 그대로 맡겨 두었었다. 그러나 너무도 가난한 형은 조카를 교육시킬 형편도, 또 잘 먹이고 입힐 형편도 못되었고, 안타까운 마음에 조카 창선이를 무작정 서울로 올려 보낸다는 전갈을 해 온 것이다. 가난한 실직자 P로서는 아들이 올라온다는 소식이 반가울 리 만무하였고, 오히려 심란해진 마음에 그와 같이 취업에서 낙오하여 룸펜생활을 하고 있는 M과 H를 만나 실없는 농담이나 주고받으며 위안을 삼아 본다.

그러다 H를 졸라 그의 법률 책을 저당 잡혀 육 원을 만들어 술을 마시러 간다. 그곳에서 P는 단돈 이십 전에 매춘을 서슴지 않는 18세 작부에게 어설픈 동정심을 느껴 가진 돈을 모두 던져 주고는 뛰쳐나와 버린다. 물론 돈을 두고 악착스럽게 으르렁거리는 세상임을 모르는 바는 아니었지만 정조의 대가로 일금 이십 전을 요구하는 것을 처음 겪은 P로서는 심한 충격이 아닐 수 없었고, 눈물까지 흘리며 돌아온다. 그의 내면에는 아직도 어줍지 않은 지식인으로서의 인도주의가 내재되어 있었던 것이다. 하지만 집에 돌아와 시대의 사조에 대해 생각하던 끝에 작부의 매춘 행위는 오히려 정당한 노동이며, 직업도 없는 그의 당치 않은 동정에 오히려 혀를 차며 잠을 청한다.

P는 고향친구 편에 서울로 올라온 창선이를 위해 얼마의 돈을 변통해 음식을 장만하고, 잘 먹인 후에 잡지사에 근무할 때 알고 지내던 인쇄소 문선과장을 찾아가 취직을 부탁한다. 모두가 자식 교육에 매진하던 시대에 아들만큼은 자신과 같은 인텔리를 만들지 않겠다고 다짐한 것이다. 그 다음날로 바로 아들을 인쇄소에 맡기고 나서 안 내키는 발걸음을 돌이켜 돌아오며 P는 중얼거린다. "레디메이드 인생이 비로소 겨우 임자를 만나 팔리었구나" 하고 말이다.

일하고 싶어도 일할 수 없는 사람들 무엇이 문제인가?

고학력과 실업으로 읽는 「레디메이드 인생」

실업, 그들만의 문제인가?

언제부터인가 취업시즌이 되면 매스컴을 통해 어김없이 접하게 되는 것이 고개 숙인 청년들의 한숨 섞인 인터뷰 장면이다. 청운의 꿈을 안고 도시로 상경한 지방대 졸업생이 구직난으로 인해 겪은 좌절담이나, 취업 전선에서 수없이 낙오하여 백 번이 넘게 이력서를 제출하고 면접만이라도 한 번 보았으면 좋겠다는 청년의 힘없는 고백, 그리고 낙방을 거듭하다 결국 부모님께 죄송한 마음에 집으로 돌아가지 못하고 노숙자로 전락한 젊은 부랑자 이야기, 고시에 매달리다 정신이상으로 고시촌의 유명인사가 되어버린 만년 고시생의 안타까운 사연 등은 우리 시대 일부 청년들에 국한된 이야기가 아니다. 우리 사회 많은 젊은이들이 대학을 졸업하고도 마땅한 일자리를 구하지 못해 취직자리를 찾아 헤매고, 각종 고시에 매달려 재수, 삼수를 거듭하며 도서관이나 고시원에서 밤이 새도록 불을 밝히고 있다.

이미 고학력 사회로 진입한 우리 시대 많은 젊은이들은 높은 학력과 피나는 노력에도 불구하고 완전하게 취업을 보장받기 어렵다. 물론 오늘날의 실업난이 청년층만의 문제는 아니다. 그러나 전체실업률 대비 청년실업률이 2배를(2006년 8월 현재) 넘어선다는 통계청의 발표는 우리로 하여금 청년실업의 심각성에 관심을 집중하게 한다.

이처럼 오늘날 사회에 첫 발을 내딛는 수많은 젊은이들이 시작부터 좌절과 절망을 경험하고 있으며, 심지어는 취업에 대한 막연한 불안함 때문에 소화불량이나 불면증, 탈모와 대인기피증 등 일명 '취업병'에 시달리고 있다고 한다. 높은 학력에 토익 고득점은 물론 여러 개의 자격증을 어렵사리 취득하고도 그토록 많은 젊은이들이 취업에서 좌절을 경험하는 원인은 어디에 있는 것일까?

채만식의 「레디메이드 인생」은 1930년대를 배경으로 하고 있어 오늘날의 현실과는 상당한 거리가 있다. 그러나 작품의 초점이 실업 지식인의 비애에 맞추어져 있다는 점에서 오늘날의 고학력 청년실업 문제와 일정부분 통하는 면이 있다고 할 것이다. 이제 작품 속 주인공 P의 삶을 통해 당대 지식인이 실업에 처했던 원인이 무엇이었는지, 그리고 그들이 느꼈던 삶의 비애는 어떠한 것이었는지 살펴보기로 하자. 그리고 일하고 싶어도 일할 수 없는 사람들이 넘쳐나는 우리 시대에 대해서도 진단해 보고, 함께 고민해 보기로 하자.

작품소개

「레디메이드 인생」 첫 번째 이야기

취직운동에서 백전백패의 노졸인 P는 모 신문사 사장 K를 상대로 직업 동냥에 나서보지만 실패하고 K사장의 마음에도 없는 걱정만 듣게 된다. K사장은 도시의 인텔리 실직 청년들이 구직을 위해 시간을 허비하는 대신 농촌사업에 투신할 것을 권장한다. 물론 구체적 계획이나 비전은 전혀 없다. 그저 구직을 청하는 청년들을 물리치는 방편으로 '농촌에 가서 문맹퇴치운동이나 농민의 생활개선운동에 헌신하라' 는 그럴듯한 충고를 마련한 것에 불과하다. K사장의 허울 좋은 충고에 P는 농촌사업의 허상에 대해 반박하고 신문사를 나와 버린다.

K는 일을 하고 싶지만 일자리를 마련하지 못해 가난하고 구차한 삶을 살 수 밖에 없다. 그런 그는 자신의 처지를 개밥의 도토리로 인식한다. 그의 스스로에 대한 인식은 다음의 자조어린 독백을 통해 잘 알 수 있다.

> '인테리가 아니었으면 차라리……. 노동자가 되었을 것인데 인테리인지라 그 속에는 들어갔다가도 도로 달아나오는 것이 99프로다. 그 나머지는 모두 어깨가 축 쳐진 무직 인테리요, 무기력한 문화 예비군 속에서 푸른 한숨만 쉬는 초상집의 주인 없는 개들이다. 레디메이드 인생이다.'

실직 인텔리는 P뿐이 아니었다. 당시 수많은 인텔리들이 일자리를 얻지 못해 실업상태에서 가난하고 무기력한 룸펜생활을 해야만 했다. P의 동무 M과 H 역시 취직 전선의 낙오자들이었다. 가산을 조금씩 팔아 생계를 이어가는 이들의 삶을 통해 당시 고등 학력자들의 실업난과 더불어 그들의 경제적 궁핍상을 발견하게 된다.

20대 고학력 실업자의 증가, 문제는 무엇인가?

엘리트였던 P는 왜 스스로를 '레디메이드 인생'이라 하는가?

P는 고등 학력의 소유자이며, 엘리트 계층에 속하는 1920~1930년대의 지식인이다. 철없던 열네 살 소년시절에 장가를 들었고, 비록 현재는 이혼한 상태지만 아내와의 사이에는 아홉 살 된 아들 창선이도 있다. 그도 한때는 촉망받는 인텔리로서 잡지사에 근무도 하고, 열렬한 사랑에 모든 것을 걸 정도로 혈기왕성한 젊은이였다.

근대 자유주의 사조의 영향으로 민족 전체가 향학열에 불타 너나 할 것 없이 신학문에 매진하던 시대, P는 동경 유학까지 다녀온 소위 '고급 인텔리'이다. 그러나 아무런 기술도 없이 보통 상식만을 갖춘 그는 결국 고등실업자로 전락하고 만다. 그가 할 수 있는 것이라고는 그저 실업 지식인을 과잉 양산하는 시대에 대해 비판하는 일뿐이다. 그리고 그에게는 그 자신의 실업과 가난을 해결할 수 있는 능력이 없다. 그런 그였기에 차라리 자신이 인텔리이기보다 노동자였다면 좋았을 것이라

지식검색

룸펜이란?

부랑자, 실업자를 뜻하는 '룸펜'은 독일어 'Lumpen'에서 온 외래어이다. 정확하게 말하면 'Lumpen'은 '넝마', '누더기'라는 뜻으로, '부랑자'라는 의미는 없었는데 '건달'이라는 뜻의 '룸펜 헌드(Lumpenhund)'나 마르크스가 부랑자 등을 포함한 최하층 노동자 계급을 가리킬 때 사용한 '룸펜프롤레타리아트(Lumpenproletariat)' 등의 표현이 있기 때문에 우리말에서는 '부랑자', '직업 없이 빈둥빈둥 노는 남자'의 형태로 정착되었다. '놈팡이' 또는 '놈팽이'라는 말이 여기에서 비롯되었다.

고 생각한다. 그리고 잉여인력으로 아무 곳에도 쓰일 곳 없이 일자리를 찾아 전전하는 자신의 삶을 '레디메이드 인생'이라고도 생각한다. 그 바탕에는 수요는 일정한데 무작정 공급되는 물량처럼 '찾는 이가 없어 시세가 없는 존재'라는 자신의 처지에 대한 인식이 깔려 있다.

P에게 있어 일자리를 구한다는 것은 사람으로서의 구실을 하는 것이다. 따라서 실직자인 그는 기본적으로 사람의 구실을 제대로 못하고 있는 셈이다. 그런 그가 아들 창선이를 위해 할 수 있는 일이라곤 자신과 같은 레디메이드 인생이 되지 않도록 하는 것뿐이다. 그래서 그는 어리디어린 창선이를 교육시키는 대신 인쇄소 직공으로 취직시켜 버린다. 이것이 '레디메이드 인생'의 비애를 처절하게 절감한 그가 자식을 위해 할 수 있는 최선의 선택이라고 생각하면서 말이다.

1930년대, 왜 고학력 실업자들이 양산될 수밖에 없었던 것일까?

P와 M, 그리고 H는 1920~1930년대를 살아갔던 수많은 실업 지식인들을 대표한다. 무엇이 이들을 '레디메이드 인생'으로 몰아 간 것일까? 가장 단순하고, 쉽게 접근하여 원인을 분석하면 인텔리의 과잉공급이 직접적인 원인으로 작용한다. 인력수요가 일정한데 공급만 증가한다면, 잉여인력의 가치는 평가 절하되어 남아돌 수밖에 없는 것이 당연한 이치일 것이다.

이제 작품 속 주인공 P가 분석하는 당시 실업의 원인을 살펴보자. 그는 당시 대규모 실업의 원인을 역사, 사회적인 배경 속에서 찾고 있다. 우리나라는 한말 대원군의 폐쇄정책으로 인해 뒤늦게 개화가 이루어진 데다, 곧 이은 일제의 침략으로 인해 급격한 역사적 변천을 겪게 된다. 이 과정에서 자연스레 근대적 산업의 발달은 지연되었고, 그만큼 일자리 창출도 활발하지 못했다. 반면 근대 자유주의 사조에 힘입은 시민들은 법률 앞에서 만인은 평등하며, '돈'만 있으면 무엇이든 할 수 있다는 인식에 이르게 되었고, 돈을 벌기 위해서는 교육을 받아야 한다고 생각했다. 올바른 시민의식이 성장하기도 이전에 자유와 권리, 그리고 개인의 이익에 몰두하게 된 당시 민중들은 개인적 욕구 충족과 성공에 절대적 가치를 두게 되었고, 서서히 '돈'이 힘이 되는 기형적인 사회 분위기가 형성되었다.

이러한 분위기는 산업화 이후 새롭게 등장한 신흥 부르주아지들에 의해 더욱 조장되었다. 이들은 자신들의 이익을 극대화하기 위해 노동자나 농민들을 이용하고, 유력한 봉건귀족 세력과 결탁하였으며, 신교육을 받은 새로운 지식계급을 대거 주문하였다. 이에 우매한 민중들은 너나 할 것 없이 교육에 몰두하기 시작하였다. 교육을 통해 지식을 쌓고, 일자리를 얻어 부를 축적할 수 있다는 믿음이, 돈만 있으면 무엇이든 할 수도, 될 수도 있다는 당시의 논리와 결합하여 순진한 민중들의 교육에 대한 열의는 절대적이고 광적으로 번져나갔다. 물론 당시 우리나라의 경제현실에 대해서는 전혀 고려하지 않은 단순하기 이를 데 없는 향학열이었다. 이렇듯 순진한 희망과 근거 없는 확신에 찬 가난한 농민들은 논을 팔고 밭을 팔아 자식 교육에 매진하였고, 거기에 온 열정을 다해 그들의 미래를 걸었다. 그들이 일할 수 있는 일자리는 있는지, 있다면 그곳에 취직이 될 수는 있는지, 취직한다면 어떠한 능력이 필요한지 등의 구체적이고 현실적인 고민은 모두 무시한 채 말이다.

그러나 1930년대에 이르면 이미 주요 기관의 인력 공급은 포화상태에 이르게 되었고, 수많은 고등학력의 인텔리들이 전문학교를 졸업하고도 일자리를 구하지 못하는 상황에 처하게 된다. 일제 강점기 국내 자본이 온전히 확립되기 어려웠고, 공정한 경쟁을 바라기도 어려운 상황에서 고급 인텔리의 양산은 자연히 값싼 인력의 과잉 공급으로 이어졌고, 이는 고스란히 일제나 신흥 부르주아지들의 이익으로 돌아갔다. 이러한 사회에서 일반 상식을 갖춘 정도의 지식인들은 P처럼 설 자리를 잃고, 개밥의 도토리 신세로 전락해 '레디메이드 인생'이 될 수밖에 없었던 것이다.

지식검색

신흥 부르주아지(bourgeoisie)

본래는 중세부터 도시에 거주하던 프랑스 시민을 가리켰으나 근대 민주주의혁명, 즉 부르주아 혁명의 담당 계급을 뜻한다. 이들의 투쟁은 시민적 자유인 기본적 인권과 시민적 국가인 주권재민(主權在民)의 확립을 요구하는 것이었으며, 사제 및 귀족과 대치(對置)된 의미에서 '제3신분' 임을 자처하였다. 이들이 봉건사회를 타도하고 봉건적 토지소유를 폐기하여 시민사회가 발전하고 자본제 생산양식에 입각한 근대사회가 형성되자, 자본가 계급을 형성하게 되었으며, 오늘날에는 이 자본가 계급을 부르주아지라 한다. 자본가 계급이란 노동자계급에 대비되는 용어이다.

일제 강점기 경제상황과 실업자 양산과는 어떤 관련이 있는 것일까?

이 작품은 1930년대 우리나라의 경제현실을 잘 보여준다. 당시 우리나라는 비록 근대화 과정에 있었다고는 하나 일제 치하라는 상황과 맞물려 대규모 실업 사태가 빚어졌다. 이 작품에 등장하는 P가 룸펜 생활을 하는 것은 그가 말하듯 당시 시대와 관련이 깊다.

일제의 식민지 경제정책은 수탈과 억압으로 일관한다. 일제 초기부터 '토지조사사업' 을 단행한 일본은 소유권이 분명하지 않다는 구실로 우리 농토의 상당 부분을 일시에 자신들의 소유로 만들었다. 이렇게 강탈한 토지와 산림은 일본의 주요 재원이 되었으며, 일부는 자국민들에게 헐값으로 공급함으로써 그들의 경제활동 기반을 마련해 주기도 하였다.

그리고 일제는 지주제를 강화하여 보호하는 대신 자작농 및 자소작농을 몰락시켜 소작인으로, 더 나아가 이농민으로 전락시키는 식민지 농업정책을 단행하였다. 또한 농촌에서 중간층이 성장하는 것을 저지하고, 농민운동을 탄압하였으며 지주들과 결탁하여 그들의 권익을 보호하였다. 이렇듯 일제가 지주제 강화를 통해 자작농을 몰락시키는 정책을 단행한 것은 이를 통해 값싼 노동력을 확보하고, 높은 소작료를 부과할 수 있도록 함으로써 당시 일본인 지주들의 수입을 안정적으로 보장하는 것은 물론, 토지조사 사업을 통해 일본이 강제로 수탈한 토지의 수익률 또한 극대화할 수 있었기 때문이다.

실제로 당시 수많은 소작농들이 높은 소작료를 지불해야 하는 상황에서 결국 농사를 포기할 수밖에 없는 상황에 이르기도 하였다. 이를 잘 보여주는 작품이 김유정의 「만무방」이다. 작품 속 주인공 응오는 모범적인 농군임에도 벼를 수확해 봤자 남는 것은 빚뿐이라는 절망감으로 벼 수확을 포기한다. 그러던 중 응오네 논의 벼가 도둑을 맞게 되자 많은 사람들이 형 응칠을 범인으로 의심한다. 이에 응칠은 범인을 잡으려고 밤에 몰래 논을 지킨다. 그러나 범인을 잡고 보니 다름 아닌 동생 응오였다. 제 논에서 제 벼를 훔치는 아이러니를 통해 일 년 농사를 짓고도 남는 것이 없는 당시 소작농들의 상황을 잘 드러낸 김유정은 1930년대 농촌 사회의 모순을 잘 간파하여 작품 속에 담아냈던 것이다.

이러한 비극은 농촌에서만 벌어진 것이 아니다. 높은 소작료를 감당할 수 없었던 수많은 농민들이 결국 국외로 혹은 도시로 일자리를 찾아 몰리기 시작했고, 이들은 빈곤한 도시 노동자 신세로 전락한다. 그러나 일제 초기 우리의 주요 산업은 농업이었고, 이후 서서히 산업이 발달하였다고는 하나 1910년에 공포된 '조선 회사령'에 의해 우리의 근대공업은 크게 발전하기 어려웠다. 또한 일본의 자본이 우리나라 상공업 분야에 유입되었다고는 하나 이 역시 활발하지는 못했다. 따라서 당시 우리나라의 근대공장공업 분야는 부실하기 짝이 없었다. 그만큼 노동자들이 일자리를 구하기 어려웠다는 의미이기도 하다. 당연히 도시 노동자들의 삶은 피폐하기 이를 데 없었고 1920년대 이러한 도시 빈민들의 참상을 다룬 문학작품들이 대거 출현하게 된 배경이 되었다. 특히 당시 도시 빈민의 삶을 매우 사실적으로 그린 작가가 현진건이다. 현진건은 「운수 좋은 날」에서 도시 빈민의 전형인 인력거

꾼 김첨지의 하루 일과와 그의 아내의 비참한 죽음을 통해 식민지 시대 하층민의 궁핍한 생활을 예리한 관찰력으로 부각시켰다.

이렇듯 식민지 산업의 부실로 인한 노동력 수용의 한계성 때문에 결국 많은 사람들이 날품팔이꾼이 되어야 했다. 또한 취직을 했다고 해도 같은 일에 종사하는 일본인에 비해 턱없이 낮은 임금과 차별대우, 그리고 열악한 근무조건에서 생계를 유지하기 위해 참고 견뎌야 했다. 특히 1929년 미국에서 시작된 경제공황이 세계적 추세로 번지면서 세계경제대공황으로부터 자유로울 수 없었던 일제는 식민지 수탈 정책을 강화하였고, 본격적인 병참기지화 정책에 따라 군수공업 위주의 중화학공업을 발전시키기 시작했다. 이는 물론 전쟁수행을 위한 식민지 공업화 정책에 따른 것이었으며, 그 목적은 수탈에 있었다. 실제로 당시 일제의 공업화 정책은 우리나라의 값싼 노동력과 수자원 및 지하자원을 겨냥하고 있었으며, 비교적 지하자원이 풍부한 북쪽의 중화학공업이 집중 육성되었다. 이처럼 미국에서 시작된 경제공황은 결국 세계경제대공황으로 그리고 일제의 우리나라에 대한 수탈정책 강화로 이어졌으며, 결국 1930년대 우리나라의 실업률을 극대화하는 결과를 가져왔다.

이렇듯 취약한 산업 구조 속에서 앞서 지적한 근거 없는 민중들의 기대와 확신에 찬 교육열에 의해 양산된 엘리트계층의 실업은 미리 예견할 수 있었던 문제였다. 그러나 우매한 민중들이 어찌 이러한 시대적, 사회적 상황을 간파할 수 있었겠으며, 미리 예견할 수 있었겠는가?

이렇게 볼 때 레디메이드 인생에 등장하는 지식인 룸펜의 등장은 식민지 시대상황과 경제 구조에 맞물려 필연적으로 발생할 수밖에 없었던 사회적 문제였다. 세계적인 경제 대공황, 일제의 식민지 수탈정책 강화, 그리고 취약한 식민지 산업구조, 그리고 이에 더한 우리 민중들의 교육에 대한 근거 없는 맹신과 기대가 수많은 레디메이드 인생을 만들어 냈던 것이다.

'이태백' 이 넘쳐나는 우리시대, 무엇이 문제인가?

고학력 실업문제는 비단 식민지시대에 국한한 문제가 아니다. 현재 우리나라의 고학력 실업사태 역시 심각한 사회문제로 지적되고 있다. 특히 '이태백(이십대 태반이 백수)' 이라는 신조어가 탄생할 정도로 청년실업률은 전체 실업률의 2배에 가깝고 잠재된 실업까지 합하면 (대학 졸업자의 경우) 4명당 1명꼴로 백수생활을 하는 등 타 연령대에 비해 매우 심각한 수준이다. 이러한 고학력 청년실업문제에 대해서는 각종 매체를 통해 그 심각성이 보도된 바 있다. 우리 젊은이들이 대학 졸업 후 일자리를 찾지 못해 몇 년씩 취업에서 낙방을 거듭하다 결국 집으로 돌아가지 못하고 노숙자로 전락하거나, 일일 막노동을 통해 어렵사리 생계를 이어가는가 하면 실업을 비관하여 자살이라는 극단적인 방법을 택하는 등 더 이상 고학력 청년실업은 그들만의 문제로 치부할 수 없는 수준에 이르렀다.

우리나라의 경우 예로부터 높은 교육열로 인하여 대학 진학률이 꾸준히 상승하여 교육 정도가 이미 선진국 수준에 이르러 이미 고학력 사회로 진입한 지 오래다. 사실 우리의 교육열은 극성스러우리만치 과열되어 이젠 교육적 수준을 넘어서 사회적 문제로 부상하였다.

이 시대 부모들은 왜 이다지도 교육에 매달리는 것일까? 이것은 단순히 교육 자체에 대한 열의나 열정이라 보기 어렵다. 우리 사회의 학벌주의와 학력에 따른 소득격차가 부른 피할 수 없는 생존 경쟁이라고 보아야 한다. 학벌이나 학력에 따라 취업 및 승진이 좌우되고, 소득의 격차가 생겨나고, 더 나아가 인생이 좌우되는 사회에서 살아남기 위해서는, 혹은 성공하기 위해서는 필연적으로 교육에 매달릴 수밖에 없고 고학력자의 양산은 필연적인 귀결이다. 고학력 사회에서는 대졸자는 기본이요, 석 · 박사 학위 소지자나 해외유학파들도 실업을 면하기 어렵다. 사정이 이렇다보니 우리 사회의 고학력 청년실업문제는 청년들만의 문제가 아니며, 비단 경제가 좋아진다고 해서 단기간에 해결될 성질의 문제도 아니다.

학교를 졸업하고 직장을 갖는 것은 사회생활의 첫출발로 인생에서 매우 중요하다. 그런데 일자리가 없어 첫출발부터 좌절을 겪게 된다면 그것은 실직 청년 개인적으로도 그리고 국가적으로도 엄청난 손실이다. 청년실업이 지금처럼 지속될 경우 건전한 근로의욕의 상실로 사회적 일탈행동과 범죄가 발생하는 등 사회적 불안 요인으로 작용할 수 있기 때문이다.

오늘날 고학력 실업자들이 넘쳐나게 된 이유는?

우리 사회의 청년실업률은 1997년 경제위기 이후 급격히 증가하였다. 당시 외환위기와 경기침체로 인해 심각한 구직난을 겪으면서 이른바 '취업 재수, 삼수생' 들이 대거 양산되었다. 이후 경기 회복세에 따라 일시적으로 취업난은 해소되는 듯도 하였으나 2003년을 기준으로 실업률은 다시 증가하고 있다. 우리나라의 경우 사회에 첫발을 내딛는 사람의 80퍼센트 이상이 대졸 이상의 고학력자들이다. 이렇게 볼 때 우리의 청년실업문제는 고학력 실업의 문제로 보아야 할 것이다.

여기서 주목할 것은 지금처럼 많은 대졸 이상의 고학력자들이 직장을 잡지 못하면 제대로 된 직업훈련을 받을 기회를 놓치게 되고 이는 결국 장기적으로 우리나라의 국가경쟁력 하락으로 이어질 수밖에 없다는 점이다. 그래서 고학력 실업의 문제가 개인적 차원의 문제가 아닌 우리 사회가 시급히 해결해야 할 국가적 차원의 문제라고 하는 것이다.

그렇다면 오늘날 고학력자들이 실업에 허덕이게 된 주요 원인에는 어떤 것들이 있을까? 오늘날 고학력 청년실업의 원인은 1930년대와는 상당한 차이가 있다. 도대체 그토록 많은 고학력자들이 실업을 면할 수 없는 원인이 어디에 있는 것일까?

전문가들은 오늘날의 고학력 청년실업의 원인으로 정부의 경제 및 교육 정책의 실패와 현실적이지 못한 대학교육을 지적한다. 한국노동연구원의 보고에 따르면 1980년대 초 대학정원 자율화 이후 대졸자 공급이 크게 늘어난데 반해 고학력자에 대한 노동수요는 줄어 1987년 이후 인력 과잉공급이 누적되고 있다고 한다. 이에 더해 1996년 대학 설립 자율화 정책 이후 해마다 늘어나는 대학의 수도 고학력 청년실업률 상승에 주된 요인으로 작용하였다.

그러나 정작 우리 대학들이 양적으로만 엄청나게 팽창했을 뿐 질적 수준은 전혀 그에 상응하지 못하고 있다는 데 문제가 있다. 2006년 영국의 「더 타임스」지가 발표한 세계 대학의 순위를 보면 서울대가 63위로 100위권에 진입했을 뿐이고, 고려대가 150위, KAIST가 198위로 200위권에도 이들 두 대학만이 진입했다. 이는 우리의 경제 규모에 비해 대학들의 세계 경쟁력이 얼마나 형편없는 수준인가를 여실히 보여주는 결과라고 할 수 있다. 오늘날 많은 기업들이 대졸 신입 사원을 채용해도 다시 훈련하지 않고서는 쓸 수 없다고 불평한다. 대졸인력의 질적 수준이 기업의 요구 수준에 미치지 못하고 있다는 것이다. 이렇듯 수많은 대졸자들이 대학교육을 통해 전문 인력으로 거듭나지 못한 채 고급 아닌 고급인력으로 우리 사회에서 설 자리를 잃고 있다. 결국 대학은 현실성 없는 교육으로 수많은 '레디메이드 인생'들을 쉼 없이 배출하고 있는 셈이다.

청년들의 취업에 대한 생각 역시 실업률을 높이는데 큰 역할을 하고 있다. 많은 사람들이 고학력실업의 원인으로 입을 모아 지적하는 것이 바로 청년들의 3D 업종 기피현상이다. 청년실업률이 사상 최고를 기록하고 있다고는 하지만 중소기업의 인력난은 여전히 해소될 기미를 보이지 않는 모순도 결국 고학력자들이 강도 높은 노동에 비해 저임금을 감당해야 하는 중소기업에 취직하기를 기피하기 때문이다. 결국 높은 구직 눈높이 때문에 취업 재수, 삼수를 거듭하여 그들 스스로 백수 생활을 자초하게 되는 셈이다.

우리나라의 경우 사회적 분업이 제대로 이루어지지 않고 있는 것도 또한 커다란 문제라는 지적을 받는다. 예를 들어 일본만 해도 100년이 넘게 이어져온 우동 · 라면 가게를 이어받아 운영할 후계자가 있고 유럽에서는 고등학교만 졸업하고 패션 소품 등 특정분야에서 전문가가 되려고 노력하는 사람이 많지만 한국은 그렇지 않다는 것이다. 대다수의 학생들이 소위 유망 직종에만 대거 몰리는 현상이 거듭되고 있다.

산업 구조의 변화에 따른 우리나라 산업유형도 청년실업률 증가에 영향을 미치고 있다. 우리나라의 산업 유형이 과거 고용효과가 큰 섬유, 건설, 공업 등에서 고용 인원수가 적은 반도체와 같은 IT 첨단업종으로 변화하면서 결국 청년들의 일자리가 줄어들게 되었기 때문이다.

기업들의 고용경직성과 높은 임금도 또한 큰 문제점으로 지적된다. 해마다 고학력 인재들이 노동시장으로 대거 유입되는데 비해 기업의 신규채용은 일정하거나 오히려 날이 갈수록 줄어들고 있다. 신규인력보다는 경력직을 선호하는 기업의 채용 관행이나 소극적인 신규투자로 인한 일자리 창출의 실패, 그리고 날로 높아지는 임금도 청년들의 취업을 어렵게 만드는 요인으로 작용한다.

이에 더하여 취업 정보 부족도 청년실업을 부추기는 요인이다. 청년들의 경우 취직을 못하는 것보다 이직률이 높아 실업률이 높다는 특징을 보이기도 한다. 노동시장에 처음 진입하는 청년들이 대부분 일자리에 대한 완벽한 정보를 얻지 못한 상태에서 취업을 하기 때문에 이직률이 높아지게 된다. 이렇듯 많은 청년들이 자신에게 적합한 일자리를 탐색하는 데 있어 시행착오를 겪고 있어 다른 연령층보다 이직률은 높고, 이것이 잠정적 실업률로 이어져 청년실업률을 높이는 데 일조하고 있다.

힘겨워하는 '이태백'을 위하여

청년은 국가 발전의 원동력이요, 미래 가능성이다. 그런데 우리 시대 청년들이 일자리를 구하지 못해 사회에 첫발을 내딛는 순간부터 좌절과 패배감을 맛보아야 한다는 것은 우리나라의 밝은 미래에 먹구름을 드리우는 일이다. 무한 경쟁 시대에 살아남기 위한 청년들의 노력은 필사적이다. '먹고 대학생'이란 말은 이제 과거의 이야기이다. 그러나 고학력 실업문제는 이 같은 개인들의 필사적인 노력만으로 해결되기는 어렵다는 데 문제가 있다. 앞서 살펴본 것처럼 고학력 청년실업 문제의 원인은 매우 다양하다. 그만큼 해결책 마련도 단순하지 않다는 것이다. 그렇다면 '이태백'을 면하기 위해서는 어떠한 노력들이 있어야 하는 것일까?

가장 먼저 이루어져야 할 것이 청년들 스스로의 노력과 의식개선이다. 철저한 시장분석과 자기 관리를 통해 강한 자기 경쟁력을 갖추어야 한다. 앞서 지적했듯이 대학학위만으로 사회가 요구하는 경쟁력을 갖추었다고 인정받을 수 없는 것이 현실이다. 그렇다보니 많은 젊은이들이 미래에 대한 막연한 불안함으로 토익 고득점을 위해, 또는 자격증 취득을 위해 도서관에서 불을 밝히고 있지만 이것은 실제적이고 실질적인 자기계발이 될 수 없다. 누구나 하는 공부, 누구나 따는 자격증은 차별성을 가지기 어렵기 때문이다. 대학생활을 통해 다양한 경험과 적극적인 진로 탐색을 통해 자기적성과 능력 계발에 힘써 자기가 헌신해야 할 직업을 찾고, 구체적으로 그 분야의 실력을 향상시켜 가야 한다. 우리 시대 많은 젊은이들이 각종 고시나 공무원 시험에 대거 집중되는 현상이나, 일부 유망 직종으로만 몰리는 현상은 결국 잠재적 실업률만 높이는 결과를 가져온다. 이제 우리 젊은이들의 의식 개선이 필요하다. 학력에 연연하거나 안정적이고 유망한 직종에만 마음을 둘 것이 아니라, 나의 능력과 소질, 그리고 적성과 흥미를 고려한 진로 선택이 중요하며, 이에 앞서 대학 생활을 하는 동안 영어나 컴퓨터는 물론 이와 더불어 조직사회에

원만하게 적응하고 자신을 이끌 수 있는 자신만의 이미지와 능력을 길러야 한다. 철저한 자기계발 및 관리능력이 오늘날의 취업 예비생들에게는 필수가 되어야 할 것이다.

이에 더하여 대학 교육의 질적 향상이 이루어져야 한다. 세계 유수의 대학들과 어깨를 나란히 할 수 있는 질 좋은 교육이 이루어지기 위해서는 교육적 투자가 무엇보다 급선무라는 것이 전문가들의 지적이다. 우리나라의 경우 OECD 가입국 중 교육적 투자가 최하위권에 머문다고 한다. 당연히 교육 여건이 열악할 수밖에 없다. 또한 교수의 연구 환경 개선과 지원은 물론 교원 수의 확충과 더불어 실질적인 교수 평가제를 도입함으로써 교수의 질을 높이는 일 또한 중요하다. 그리고 다양한 학습 프로그램 계발과 실질적인 교육과정 운영 등이 필요한데, 기업과의 연계를 통한 전문 인력 양성 프로그램을 계발하여 대학교육의 실질적인 측면을 강화할 필요가 있다. 또한 학생들에 대한 직업교육 및 훈련 사업을 육성함으로써 학생들이 대학을 통해 다양한 취업 정보를 제공 받을 수 있음은 물론 대학에서 실질적이고도 구체적으로 미래를 대비할 수 있는 기반을 제공해 주는 것도 필요하다.

다음으로 정부와 기업은 고학력자들의 수준에 맞는 고기능, 고급 일자리 창출을 위한 중 · 장기적인 계획을 수립하고, 대책을 마련해야 한다. 기업들의 신규 투자를 활성화하고, 세계적으로 국가경쟁력을 갖춘 분야의 창업을 확대하여 인력 수요를 점진적으로 늘려가야 한다. 장기적이고, 구조적인 고학력 청년실업 문제의 해결을 위해서는 단기적인 성과에 집착하거나 일부 이익집단의 반발에 이끌려 다닐 것이 아니라, 장기적인 안목의 해결방안 마련을 시도해야 한다.

근본적으로 높은 대학 진학률에 따른 고학력자들의 양산 문제도 검토해야 할 문제이다. 고학력 인력이 지금의 수준으로 계속 배출된다면 어떠한 정책으로도 이들의 실업을 막기 어렵다. 대학들의 통폐합을 비롯한 강도 높은 구조조정 노력이 있어야 할 것이다. 고학력 실업자의 양산을 막기 위해 대학의 수와 정원을 줄이는 방향의 중장기적인 대안도 마련되어야 할 일이다.

더 생각해 보기

과연 P의 선택은 아들을 위한 올바른 대안이 될 수 있는가?

작품 속 주인공 P는 자신과 같은 인텔리 계층을 양산하고, 결국 레디메이드 인생이 될 수밖에 없도록 만든 세상을 원망하며 아들만큼은 자신과 같이 만들지 않으리라는 각오를 하게 된다. 그리고 아버지로서 차마 떨어지지 않는 발걸음을 옮겨 아들 창선이를 인쇄소 직공으로 취직시켜 버리고는 돌아온다. 돌아오는 그의 마음이 편했을 리 없지만, 그는 그것이 아들을 위한 최선의 방안이라 생각했을 것이다. 과연 아버지 P의 선택을 진정으로 아들을 위한 현명한 선택이라고 할 수 있을까? 다음에 나오는 「레디메이드 인생」을 읽고 생각해 보자.

> 일찍 맛보지 못한 새살림을 P는 시작하였다.
>
> 창선이가 도착한 날 밤.
>
> 창선이는 아랫목에서 색색 잠을 자고 있다. 외롭게 꿈을 꾸고 있으려니 생각하매 전에 없던 애정이 솟아오르는 듯하였다.
>
> 이튿날 아침 일찍 창선이를 데리고 ××인쇄소에 가서 A에게 맡기고 안 내키는 발길을 돌이켜 나오는 P는 혼자 중얼거렸다.
>
> "레디메이드 인생이 비로소 겨우 임자를 만나 팔리었구나."

참고할 만한 책

강만길, 『고쳐 쓴 한국 현대사』, 창작과 비평사, 2006.

강만길, 『한국사 13-식민지 시기의 사회경제』, 한길사, 1995.

박천욱, 『교과서보다 쉬운 독학국사-근현대사 편』, 일빛, 2004.

학력 제일주의 무엇이 문제인가?

교육과 계층으로 읽는 「레디메이드 인생」

들어가기

공부만 잘 하면 모든 일이 잘 풀릴까?

우리는 매일 아침 눈을 뜨고, 씻고, 밥을 먹으면 학교에 간다. 왜 학교에 가야 하는지 진지하게 고민하면서 학교에 가는 사람이 몇이나 될까? 우리는 그저 밥을 먹듯, 학교에 가는 것을 당연히 여긴다. 왜 학교에 가느냐는 질문은 자연스럽게 왜 공부하지라는 질문과 이어질 수 있다. 그것도 왜 그렇게 오랜 기간 열심히 공부해야 하는가에 대한 질문을 접하면 많은 사람들이 좋은 대학을 가기 위해서라고 말한다. 좋은 대학을 가고, 좋은 직장을 얻고, 훌륭한 배우자를 만나고, 성공한 삶을 살기 위해서는 열심히 공부해야 한다고 들어왔기 때문이다. 그렇다면 우리 사회에서 공부를 잘하면 이 모든 일들이 가능한 것일까?

「레디메이드 인생」의 배경이 되는 1930년대에는 이러한 질문에 대한 명확한 답이 있었다. 많은 사람들이 교육만이 살 길이라고 믿었고, 모든 일이 가능하리라 믿었다. 그래서 그 어떤 일보다 자식 교육을 중요하게 여겼고, 이에 헌신했다. 그들에게 지식은 성공의 가장 확실한 열쇠이자, 희망 그 자체였다.

과연 정말 그럴까? 교육은 성공을 보장해 주는 보증수표로서 구실할 수 있을까? 이제 작품에 드러난 현실을 통해, 이 질문에 대한 답을 찾아보고, 오늘날의 교육에 대해서도 함께 고민해 보기로 하자.

「레디메이드 인생」 두 번째 이야기

1920년대 우리나라 사람들의 생각을 단적으로 보여주는 말을 작품 속에서 찾아보면 '돈……. 돈이 있으면 무어든지 할 수 있다' 이다. 그리고 '배워라, 글을 배워라……. 지식만 있으면 누구나 양반이 되고 잘 살 수가 있다' 라는 외침을 통해서는 물질의 위력을 맹신하던 당대 분위기를 짐작할 수 있다. 돈만 있으면 무엇이든 할 수 있는 시대, 지식이 있으면 신분상승은 물론 그 돈을 가질 수 있었던 시대, 이것이 당시 사람들이 인식한 1920년대였다. 이러한 생각은 1930년대에 접어들어서도 크게 바뀌지 않았고, 사람들은 누구나 할 것 없이 교육에 몰두하였다. 아무리 돈이 없어도 자식 교육을 위해서라면 생활의 터전인 논밭을 팔았고, 그도 안 되면 빚이라도 얻어 자식 교육에 열을 올렸다. 극빈 축에 들면서도 조카 교육을 시켜보겠다고 창선이를 보통학교에 입학시킨 P의 형이나, 인쇄소에서 궂은일을 하면서도 자식만은 교육을 시키겠다는 일념으로 애쓰는 인쇄소 문선과장을 통해 당시 사람들이 교육을 얼마나 당위적이고 필연적인 것으로 생각했는지 알 수 있다. 그리고 그 저변에 자리한 '교육만 받으면 잘 살 수 있을 것' 이라는 그들의 막연한 믿음을 읽어낼 수 있다.

학력제일주의 이대로 괜찮은가?

1930년대 사람들은 왜 그토록 교육에 집착한 것일까?

근대화는 사람들의 삶에 엄청난 변화를 요구했다. 과거 봉건 시대의 엄격한 신분질서가 해체되고, 사람들의 사고방식이 바뀌었다. 사회는 수많은 새로운 인력을 요구했고, 사람들은 새로운 시대에 적응하기 위해 새로운 삶의 방식을 채택했다. 새로운 시대가 요구하는 신학문을 습득하기 시작했고, 돈을 삶의 절대적 기준으로 인식하게 되었다. 이에 따라 돈을 가진 새로운 계층인 신흥 부르주아지(작품 속 K 사장)들이 등장하게 되었고, 돈을 가지기 위해 수단과 방법을 가리지 않고 몸부림치는 계층(작품 속 매춘부)도 생겨나게 되었다. 돈에 대한 사람들의 집착은 사회 전반에 물신화 현상으로 나타나게 되었고, 결국 돈은 그 자체로서 힘이 되고, 목적이 되었다. 채만식의 「레디메이드 인생」은 바로 이러한 사회를 배경으로 하였다.

당시 많은 사람들이 돈이 자신들의 삶을 바꿀 수 있다고 믿었고, 교육을 받아 지식을 얻게 되면 돈을 잘 벌 수 있다고 믿었다. 더 나아가 돈만 있으면 양반도 될 수 있다는 단순한 논리에 논을 팔고 밭을 팔아가며 자식 교육에 헌신했다. 이들은 신분이 세습되듯, 부모들의 삶의 양상이 자식대로 대물림된다는 것을 너무도 잘 알고 있었다. 과거 신분제를 경험했던 당시 부모 세대들에게 '양반'이 된다는 것은 곧 잘 먹고, 잘 사는 것을 의미하였고, 더 나아가 인간다운 삶을 의미했다. 그들에게 교육은 대물림되는 궁색한 삶의 고리를 끊을 수 있는 수직적 신분상승의 가장 확실한 수단이었다. 이미 신분질서가 해체되었음에도 불구하고 교육을 통해 양반이 될 수 있다는 말이 당시 사람들에게 받아들여질 수 있었던 것도 이 때문이다.

물론 오늘날의 관점에서는 여전히 신분에 얽매이는 그들의 사고가 낡고 구태의연한 구시대의 유물로밖에는 보이지 않는다. 그러나 1930년대에는 많은 사람들이 이러한 사고방식을 가지고 있었다. 시대와 사회가 근대화되었다고 해서 그 시대, 사회를 살아가는 모든 사람들이 근대화하는 것은 아니지 않은가. 비슷한 시기를 배경으로 한 염상섭의 『삼대』에는 근대를 살았던 사람들의 다양한 삶의 모습과 현실 대응 방식이 잘 드러나 있다.

『삼대』는 서울 중산층 가정을 배경으로, 각 세대를 대표하는 삼대가 벌이는 심리적 갈등과 가치관의 차이를 사실적으로 그려낸 작품이다. 각 세대를 대표하는 인물 중 1대 조의관은 조선 말기에 중인 계층으로 태어나 자수성가한 만석꾼으로 돈과 실리를 가장 중시하는 인물이다. 이미 구시대 신분질서가 붕괴된 지 오래임에도 불구하고 족보를 사들여 얼굴도 모르는 남의 조상에게 제사 지내는 일에 열을 올리는가 하면, 체면과 권위를 그 무엇보다 중시하며 양반행세를 하는 이중적인 모습을 보인다. 이렇듯 허위로 가득 찬 그의 모습은 아직 근대화하지 못하고 구시대적인 발상과 행동양식을 고수하는 전형적인 구세대의 모습을 보여준다.

'조의관' 은 봉건적인 의식의 수호자로 새 시대의 분위기와는 왠지 어울리지 않는 모습을 하고 있는 듯 보이지만, 당시 많은 사람들이 조의관과 유사한 의식을 가지고 있었다. 그들에게 있어 조의관은 자신들이 그렇게도 간절히 바랐던 삶을 현실 속에서 이루어낸 인물로 보였을지도 모른다. 물질적 가치가 중시되는 사회에서 물질적 부를 축적하고, 이를 바탕으로 양반이라는 신분을 사 떵떵거리며 사는 조의관의 삶이 바로 당시 일반 사람들이 교육을 통해서 이루고자 열망하던 바로 그 삶이니 말이다.

이미 산업화가 진행된 1930년대 현실 속에서 소규모 농사를 지어 부를 축적한다는 것은 사실상 불가능했다. 그랬기 때문에 가난하고 우매한 일반 민중들에게 교

지식검색

물신화 현상

재화를 절대시하는 풍조로서 재화의 축적을 위해서 수단과 방법을 가리지 않는 것을 말하는 것이다. '물신화', '물화'는, 한자로 '物神化', '物化'라고 쓰며, '사물화'라고 번역하기도 한다. 이 말은 독일어 verdinglichung을 한자어로 번역한 말이다. 영어로는 reification이라고 번역하는데, 독일어 어원을 그대로 번역해 옮기면 '사물이 됨', '물건이 됨'이라는 뜻이다. 이 개념은 본래 마르크스가 주로 쓴 용어인데, 루카치 같은 현대 사회철학자들도 즐겨 쓰는 중요한 개념이다. 이 개념은, 사람들의 모든 삶의 활동, 그 중에서도 가장 기본적인 활동인 인간의 노동이, 자본주의 사회에서 돈(임금)으로 상품처럼 사고파는 물건(노동력)으로 변했다는 점을 지칭하기 위해 사용하는 용어이다.

육은 현실적 어려움을 해결하고, 희망적인 미래로 가는 가장 확실한 열쇠로 맹신되었다. 가난했던 그들이 교육에 모든 것을 걸었던 가장 큰 이유이기도 하다. 사실 사람들의 이러한 믿음이 전혀 근거 없는 것만은 아니었다. 실제로 당시 교육을 통해 엘리트계층이 양산되었고, 그들의 삶은 우매한 민중들의 삶과는 분명 달랐다. 일부 지식인들은 양반까지는 아니더라도 좋은 직장을 얻을 수 있었고, 이를 통해 일정 정도의 부를 축적하기도 했다. 그들은 부모들처럼 궂은일을 하지 않아도 되었으며, 고급인력으로서 그에 상응하는 대우를 받을 수도 있었다. 힘겨운 삶을 살아야 했던 민중들이 자식들에게만은 가난과 그에 따른 설움을 대물림하지 않으려 치열하게 몸부림친 것이 바로 교육에 대한 집착으로 이어진 것이다.

식을 줄 모르는 교육열기가 오늘날까지 이어지고 있는 이유는?

향학열과 교육열은 차이가 있다. 향학열이 학문을 하는 당사자가 학문에 대하여 가지는 열의라면, 교육열은 교육을 시키려는 주체 즉 오늘날의 관점에서 본다면 학부모가 가지는 교육에 대한 열의를 의미한다. 향학열이 무엇이 문제가 되겠는가? 사실 오늘날의 교육문제라고 하면 향학열에 의한 것이라기보다는 과도한 교육열에 의한 것이라고 보아야 마땅할 것이다.

교육열은 1930년대 근대화의 물결 속에 신분제에서 해방된 일반 민중들의 신분상승 의지에 기인한 일시적인 열기가 아니었다. 최첨단 정보화 시대인 오늘날 우리나라의 교육열은 세계 1위를 달리고 있으며, '교육을 위한 전쟁, 교육전쟁' 등의 극단적인 용어로 표현되기까지 한다. 이러한 지나친 교육열은 사회적으로 많은 문제를 낳고 있다. 입시위주의 교육 문제, 과도한 사교육비 지출에 따른 폐해, 교육기회의 확대에 따른 고학력자 양산의 문제 등이 모두 이에 해당하는 사례이다.

그렇다면 이처럼 교육열이 과도한 양상을 띠게 된 원인은 어디에 있는가? 교육학자들은 우리의 교육 열기를 역사적, 사회제도적, 정치적 이유와 더불어 개인들의 강력한 지위 획득 의지에서 비롯되었다고 본다. 학력 간 높은 임금격차와 정치력 획득의 가능성, 취업이나 결혼에 있어서의 기회 확대 등이 개인들의 교육열을 부추긴다는 것이다.

오늘날 학부모들의 교육 기대 수준은 당사자인 자녀들보다 훨씬 더 높은 것으로 조사되고 있으며, 특히 중산층이나 고학력 부모에게서 더 강하게 드러난다고 한다. 이는 학부모들이 이미 우리 사회에서 학력의 사회, 경제적 가치를 체감했기 때문으로 분석된다. 그들이 살면서 학력이 주는 혜택과 불이익을 경험했기 때문에 자녀교육에 더욱더 열의를 가지게 된 것이다. 이러한 현상은 오늘날에도 교육이 지위 획득의 가장 유력한 수단으로 자리매김하고 있음을 드러내주는 실례라고 할 수 있다.

교육의 막강한 위력에 대한 이러한 인식이 우리 사회에서 '학력 대물림' 현상을 빚어내고 있다. K대 교수의 「한국사회 교육격차의 실태 및 원인」이라는 논문에 따르면 부모의 학력에 따라 자녀들의 성적이 큰 격차를 보이는 것으로 나타났다. 부모들의 학력 수준과 학생들의 수능 점수가 정비례한다는 것이다. 또 부모의 소득과 사는 지역에 따라서도 학생들의 수능 점수는 매우 큰 차이를 보였다. 우리 사회에서 부모의 학력이나 경제력이 자식의 학력에 막강한 영향력을 발휘할 수 있다는 것이다. 그리고 더 이상 학생 개인의 학력은 그 자신의 능력만으로 결정되지 않음을 의미하기도 한다.

그렇다면 이렇듯 대를 이어가며 학력향상에 매진하는 우리 사회의 교육에 대한 맹신이 과연 근거가 있는 것인지 살펴볼 필요가 있겠다.

정말로 학력은 우리 사회의 만병통치약인가?

어느 신문 기사의 표제인데 우리 시대의 학력제일주의를 꼬집은 말이다. 우리나라의 경우 고등학생들의 대학진학률이 80퍼센트를 넘어서고 있는 것으로 알려진다. 전통적으로 학력을 신분 상승의 매개체로 인식하는 사회적 풍토에 기인한 결과이다.

사실상 학력주의 사회에서 학력은 경제적 부와 사회적 지위를 보장해 주는 가장 유력한 수단임에 틀림이 없다. 그래서 학력주의 사회에서는 과도한 교육경쟁이 발생하기 쉽다. 개인을 평가 · 처우하는 기준으로, 개인의 실력이나 능력 또는 노력보다도 형식적인 학력을 과도하게 중시하다보니 자칫 학력이 개인의 종합적인 능력을 의미하는 것인 양 잘못 인식되는 경우가 있기 때문이다. 이러한 인식은 사람들로 하여금 다른 가치들은 모두 접어둔 채, 오로지 보다 높은 학력을 획득하는 데에만 집중하도록 만든다. 그런데 우리 사회에서 높은 학력을 가지기 위해서는 좋은 대학에 진학해야 하고, 그러기 위해서는 입시교육에 집착할 수밖에 없다. 결국 학력주의 사회가 입시경쟁을 부추기고 과도한 교육열을 조장하는 셈이다.

이렇듯 오늘날 우리 사회의 과도한 교육열의 실체는 교육자체에 대한 열의라기보다 사실상 일부 명문대 진학경쟁이라 해도 과언이 아닐 것이다. 사회적 지위 향상을 위해 보다 유리한 학력을 가지려는 사람들의 욕구가 명문대 진학을 위한 과열 경쟁으로 이어진 것이다. 물론 여기서 유리한 학력이란 초·중·고·대졸의 단순한 수직적 학력차를 의미한다기보다는 동일 단계의 학력을 가졌더라도 학교 이름이나 과정, 종류에 따라 격을 부여하고, 격에 따라 다른 가치를 부여하는 수평적 학력차를 의미한다. 누구나 본인이 원하고 경제적인 사정만 허락된다면 대학에 진학할 수 있는 고학력사회에서 수직적 학력 차는 사실상 그 의미를 상실했다고 보아야 할 것이다.

그런데 수평적 학력 차는 출신별 파벌을 조성함으로써 학벌주의를 부추길 수 있다는 점이 커다란 문제로 지적된다. 학벌주의를 부추기는 요인으로는 학력에 따른 높은 지위 획득의 기회와 가능성, 일류대 위주의 취업구조, 학벌중심의 평가 관행과 학력 간 소득격차, 학벌에 따른 인맥형성 등을 들 수 있다. 사정이 이렇다보니 우리 사회에서 학벌은 그대로 개인의 힘이 되고, 능력이 되어버리고 마는 폐해를 낳기에 이르렀다.

이미 우리 사회에서는 '입시성적-우수학생-명문대생-엘리트'로 이어지는 사회적 연결고리가 학벌을 형성하여 부와 명예와 권력을 독점하는 매개체 역할을 충실히 하고 있다. 한 조사기관의 조사에 따르면 이미 많은 사람들이 학력에 따른 차별의 심각성을 인식하고 있으며, 또한 20세 이상 남녀 3명 중 1명이 학벌에 따른 차별을 경험한 적이 있다고 대답해 우리 사회에 학벌주의가 고착화되고 있음을 드러내었다. 이렇게 볼 때 우리 사회에서 좋은 학벌이 일정 부분 만병통치약으로 구실하는 현상을 부정할 수만은 없지 않을까?

지식쌤

학력주의

학력사회 · 학력주의사회와 거의 같은 말이며, 고학력사회를 의미할 경우도 있다. 이는 능력주의(meritocracy)나 업적주의(achievement)와 같은 원리에 대응하는 개념으로 두 종류가 있다.

하나는 졸업한 학교의 단계, 즉 수업한 학교 교육의 연수에 의한 수직적 학력주의이다. 중졸보다는 고졸, 고졸보다는 전문대졸, 전문대졸보다는 대졸로 학력만을 높이 평가하는 것이다.

다른 하나는 수평적 학력주의로서, 동일 단계의 학교를 졸업하였더라도 종류, 학교 이름, 과정(課程) 등의 사회적 위신, 즉 격(格)에 따라 다른 가치를 부여하는 것이다. 일류대학 · 엘리트학교 출신자를 다른 학교 출신자보다 높이 평가하는 것이다.

학력 제일주의 사회, 무엇이 문제인가?

학력 제일주의 사회는 지나친 교육열을 부추긴다고 앞서 지적하였다. 실제로 오늘날 교육 현장은 과도한 경쟁으로 공교육의 붕괴 위기에 직면했으며, 사교육비 지출 문제는 심각한 수준에 이르렀다. 명문대 위주의 입시 과열경쟁으로 지식교육에만 몰두한 나머지 인성 교육은 뒷전으로 밀려난 지 오래며, 전인교육의 실현은 현실적으로 매우 어렵다. 이외에도 대학의 서열화로 인한 지방대의 위기, 특정 대학 출신들의 사회적 가치 독점, 고학력 실업 등 다양한 사회문제를 발생시키고 있다. 학력 제일주의 사회에서 발생할 수 있는 문제점들을 몇 가지 구체적으로 짚어보면 다음과 같다.

첫째, 최고 학벌이 아니면 찬밥신세!

오늘날 고학력 청년실업 문제는 학벌주의와 직접적으로 연관된다. 우리 사회에서 어느 정도의 학벌이 받쳐주지 않고서는 제대로 대접받기 어렵다. 흔한 말로 '가진 것 없고 백도 없는' 사람이 대학 졸업장마저 없다면 어디 가서 명함도 못 내미는 것이 현실이다. 이렇다보니 너나 할 것 없이 대학에 진학해 대졸자가 넘쳐나는 우리 사회의 고학력화가 급속하게 진행되었다. 취업에 있어 이제 대졸자라는 것만으로는 유리한 위치를 점할 수 없다. 소위 최고 학벌을 가지고 있어야 한다. 4년제 대학을 졸업한 고학력자라 해도 유리한 학벌을 가지고 있지 못하면 웬만한 회사에 이력서조차 낼 수 없는 것이 바로 우리의 현실이다.

이제 우리 사회에서 높은 학력, 훌륭한 학벌은 그 자체로서 능력이요, 막강한 경쟁력으로 인정받는다. 실제로 우리 사회의 고위 공직자나 지도층들이 대개 소수 명문대 출신으로 구성된 점이나, 특정 기업이나 직종에 특정대학 출신들이 몰려있는 현상이 이를 뒷받침하는 예라고 할 수 있다.

둘째, 학벌주의가 사교육을 부추긴다

학력은 기본적으로 교육에 의해 결정된다. 양질의 교육만이 학력을 높일 수 있다는 믿음은 학부모들로 하여금 사교육에 집착하게 했다. 사실 학벌이 신봉되는 사회에서 사교육시장의 팽창은 필연적이다. 학벌주의 사회에서 이미 아이들은 어릴 적부터 성공적인 입시를 목표로 부모들의 손에 이끌려 사교육 시장에 첫 발을 내딛게 되고, 과열경쟁 속에 내몰린다.

이때 가장 문제가 되고 있는 것이 바로 과도한 사교육비 지출이다. 요즘 부모들이 아이를 키우면서 가장 어려움을 느끼는 것이 각종 사교육비 부담이라고 한다. 또 젊은 부부들의 경우 사교육비에 대한 부담을 이유로 출산을 꺼리거나, 심지어는 포기하기까지 한다고 한다. 실제로 '2006년 판 OECD 통계연보'에 따르면 우리나라의 사교육비 지출(2002년 기준)은 GDP대비 2.9퍼센트로 OECD 평균치인 0.7퍼센트를 크게 웃돌며 전체 회원국 가운데 1위를 차지했다고 하니 사교육이 저출산율을 조장하는 커다란 요인으로 작용한다는 주장이 과장이라고 보기는 어려울 것이다.

셋째, 학벌이 계층을 형성한다

오늘날 우리는 혈통에 의한 세습적 신분 제도가 아닌 사회 성원이 가지고 있는 직업이나 교육 또는 소득 수준을 기준으로 사회적 지위가 서열화되는 계층화 사회에 살고 있다. 이러한 사회에서는 계층에 따라 사회에서 향유할 수 있는 명성이나 권력에 차이가 발생한다. 따라서 계층에 따른 삶의 질적 수준차가 발생할 수밖에 없다.

오늘날처럼 학력이 중시되는 사회에서는 학벌이 계층을 형성하고 이를 공고히 하는데 적극 기여한다. 앞서 살펴본 바와 같이 그동안 우리 사회에서 학벌은 개인의 사회적 지위 향상의 매개체 역할을 충실히 수행해 왔다. 이러한 사회에서 보다 유리한 학력을 가지기 위한 치열한 경쟁은 필연적이다. 소위 일부 명문대에 들어가는 것이 사회적 지위 향상의 지름길이라고 여겨지고 있으니 말이다.

그런데 우리 사회에서는 부모의 자본력과 자녀의 학력이 밀접하게 연관되어 있다고 앞서 지적한 바 있다. 즉 사회의 기득권 집단이 반대의 집단보다 대입 경쟁에서 유리한 입장에 서 있다는 것이다. 그리고 이처럼 유리한 입장에 있는 사람들이 사회적으로 한정된 몇몇 가치들을 독점하게 되면 필연적으로 부와 권력의 세습구조가 정착되어 계층이 공고해 질 수밖에 없고, 그만큼 계층 간의 격차는 점점 벌어질 수밖에 없다.

이렇듯 자본주의 사회에서 부와 학력의 세습으로 인해 사회계층간의 이동이 경직되고, 계층 간의 격차가 심해져 빈익빈 부익부 현상이 심화되는 것은 한정된 희소가치를 특정계층, 결국 상위계층이 독점함으로써 발생되는 현상이라고 볼 수 있다.

지식검색

학벌이란?

사전적으로 학벌은 대체로 넓은 의미에서 학력에 속하지만 '학문을 닦은 지위 또는 출신학교의 지위' 혹은 '같은 학교 출신이나 같은 학파의 학자들끼리 만들어지는 배타적 파벌'로 정의된다. 사람들이 흔히 '학벌이 좋다'라고 할 때, 이는 봉건시대 문벌 집안의 자손쯤 된다는 말과 통한다고 볼 수 있다. 학벌은 그 사람의 배경이 될 수 있다는 말이다. 우리 사회에서 좋은 학벌을 가진 사람이라면, 그 사람의 현재 능력과는 무관하게 일정수준 이상의 지위와 권리를 획득할 수 있는 기회를 가졌다고 할 수 있다. 좋은 학벌의 소유는 개인으로 하여금 권력이나 금력 확보를 보다 쉽게 하고, 신분이나 사회적 계층 향상을 수월하게 할 수 있다.

학력 제일주의 어떻게 극복할 것인가?

누구나 인정하듯 교육은 백년지대계(百年之大計)이다. 100년 후를 바라보며 잡아야 할 큰 계획이 되어야 한다는 뜻이다. 교육은 자라나는 세대들의 미래요, 국가의 미래 경쟁력을 좌우하는 가장 강력한 힘이자, 가능성이다. 이렇듯 교육이 교육수혜 당사자는 물론 국가 전체의 미래와 직결되기 때문에 교육의 중요성은 아무리 강조해도 지나침이 없다. 그만큼 교육에 대해 논하거나, 정책을 결정할 때에는 신중을 기하게 된다.

그런데 앞서 살펴보았듯 오늘날의 우리 교육은 수많은 문제점들을 안고 있으며, 그 저변에는 학벌주의가 뿌리 깊게 자리하고 있다. 고질적 학벌주의체제가 공고하게 유지되는 한 우리 사회가 당면한 다양한 교육 문제들은 쉽사리 해결되지 않을 것이다. 실제로 소위 일부 명문대 출신들로 입사 범위를 제한하는 기업 내 채용 관행이 존재하고, 많은 사람들이 기업 내 인사 및 채용 시에 학벌에 따른 유 · 불리를 경험한 바 있다고 한다. 이처럼 학력이 곧 능력으로 인정되는 학벌주의사회에서 어느 누가 감히 학력의 힘으로부터 자유로울 수 있을 것이며, 학벌에 대한 맹신을 거둘 수 있겠는가?

사실 학력 제일주의 사회에서 학벌, 그것도 높은 학벌의 위력을 체감한 사람이라면 누구나 교육에 강하게 집착할 수밖에 없다. 그리고 이런 강한 집착이 교육을 파행으로 몰아갈 수 있음은 앞서 지적한 바 있다. 그렇다면 이를 극복할 수 있는 방안으로는 어떤 것들이 있을까? 사실 교육 문제는 어떤 정권도, 어떠한 정책도 완벽한 해법을 제시하지 못했다. 원인이 복잡한 만큼 교육문제는 해결도 쉽지 않다. 그렇다고 우리가 이를 간과할 수도 없지 않은가.

무엇보다 교육문제 해결의 실마리는 교육 자체에서 찾아야 할 것이다. 우리의 왜곡된 교육 현실을 바로 잡는 일부터 시작해야 한다. 입시위주의 지식교육은 고질적인 공교육 파행의 원인으로 꼽히고 있다. 교육의 목표를 훌륭한 대입 성적에 둘 때 참다운 의미의 교육이 불가능하다. 학생 개개인의 적성이나 흥미, 다양한 소질이나 저마다의 가능성이 고려되지 않은 채 천편일률적으로 동일한 교육과정 하에 지식일변도의 교육을 하는 것이 오늘날의 학교현장이다. 다원화된 사회가 필요로 하는 인재가 학교교육을 통해 양성되고 있지 못하다는 것이다. 이제 학교는 학생들의 다양한 능력과 소질을 계발할 수 있는 장이 되어야 한다. 또한 교과위주의 활동에서 벗어나 진로 탐색 교육을 통해 본인의 진로 결정에 도움을 주는 것은 물론 이에 적합한 본인의 특점, 장점을 발견할 수 있는 기회를 제공해야 한다. 이에 더하여 각종 특별 활동을 통해 각 개인의 능력을 최대로 끌어내 줄 수 있어야 한다.

사회적인 인식의 전환도 필수적이다. 학벌이 곧 능력이라는 고질적인 편견에서 벗어나, 실무능력과 성실성으로 인재를 평가하고, 그에 상응하는 합리적인 처우가 이루어져야 한다. 또한 기업들의 명문대생 위주의 고용 및 인사 관행도 바뀌어야 한다. 불합리한 차별이 존재하는 기업은 경쟁력을 갖추기 어렵다. 능력과 노력이 아닌 학벌에 의해 부당한 차별을 일삼는 기업의 인재활용도는 결코 높아질 수 없다.

학부모들의 올바른 자녀 교육관도 절실히 요구된다. 맹목적으로 교육열에 도취되지 말고 내 아이에 대해 정확히 파악하고 이에 의해 적절한 교육을 실시해야 한다. 부모들의 심리가 아이들의 교육을 크게 좌우하고 인생을 바꾼다. 진정 무엇이 중요한 것인지 진지하게 고려하고 나름의 확고한 자녀교육관을 확립할 필요가 있다.

이 모든 일들이 가능하기 위해서는 정책적이고 제도적인 지원도 필요하다. 국가적 차원의 정책이 뒷받침 되지 않고서는 학벌주의를 극복하기 어렵다. 사실상 인재를 선발할 특별한 기준이 없는 상태에서 기업이 보다 용이한 인재 채용을 위해 학벌에 의존하게 되는 것은 어쩔 수 없는 노릇이라고 항변한다. 따라서 범국가 차원의 적극적인 인재 선별 장치 마련이 필요하다. 이에 따른 방안으로 현재 학벌주의 극복 방안에 대한 다각적인 연구가 이루어지고 있다. 이러한 노력들과 더불어 장기적인 안목으로 우리의 교육을 시정해 나간다면 백 년 뒤, 아니면 더 먼 장래에는 바람직한 교육풍토가 조성될 것이다. 그리고 올바른 교육을 통해 지금 우리 사회에 파생된 여러 사회적 병리현상들을 해결함으로써 경쟁력 신장에도 크게 기여할 수 있을 것이다.

다음에 나온 「레디메이드 인생」의 일부분을 읽고 정조를 잃고 자살하는 여인과 정조의 대가로 생계를 꾸려가는 여인의 문제에 대해 생각해 보자.

방세 독촉을 받던 P에게 그와 같은 처지에 있는 동무 M과 H가 찾아온다. 그들은 실없는 농담을 지껄이기도 하고, 공상에 빠져 보기도 하며 할 일 없이 시간을 보낸다. 그러다 P와 M은 H를 졸라 그의 법률 책을 잡힌 돈으로 술을 마시러 간다. 술집에서 처음으로 만난 18세의 작부는 P에게 자고 가라고 조른다. 물론 작부가 P에게 애정이라든가, 호감이 있어서 조른다기보다는 그저 앉아있는 내내 이따금씩 들리는 P의 주머니 속 동전 소리 때문이다. 팔십 원에 술집에 팔려온 술집 작부는 단돈 이십 전을 받기위해 서슴지 않고 자신의 정조를 낯선 남자에게 못 팔아 안달이다. P는 주머니 속의 돈을 모두 작부에게 내던지고는 눈물을 머금고 술집을 나와 버린다. 그날 밤 P는 시대사조에 대해 생각한다.

"정조 대가로 일금 이십 전을 부르는 여자……. 방금 세상에는 한 번 정조를 빼앗긴 것으로 목숨을 버려 자살하는 여자도 있다. 그러는 한편 '이십 전도 좋소' 하는 여자가 있다."

이를 어떻게 설명해야 할지 P는 고민한다. 그러다 P는 이들은 모두 건전한 양심의 소유자라고는 할 수 없지만 굳이 나무라기로 친다면 전자 쪽의 여성이라고 생각한다. 후자의 여성은 본인의 인생에 충실하였으며, 일종의 정당성을 가진 노동을 했기 때문에 비난하거나 나무랄 수도, 또 불쌍하다고 여겨 동정을 하는 것도 타당하지 못하다는 결론에 이른 그는 이 모든 원인이 한 세대에 여러 가지의 시대사조가 얼크러져 있기 때문이라고 생각하며 여성의 정조에 대하여 일률적인 선악의 시비를 가리는 것은 불가하다고 결론짓는다.

그리고 이러한 병적 현실의 원인이 역사적 문제에 있다고 보고 자신과 같은 무기력한 인텔리의 결벽성이나 한때의 흥분어린 반응으로 이러한 문제들이 결코 해결될 수 없음을 인식한다.

＊가치전도 현상이란 무엇인가?

물질주의에 의하여 정신적 가치가 제대로 구현되지 못하는 경우를 이른다. 가치전도 현상이란 가치의 서열이 뒤집어 지는 현상으로 그 유형에는 본래적 가치와 도구적 가치의 전도, 정신적 가치와 물질적 가치의 전도, 그리고 인간의 가치와 돈의 가치의 전도 등이 있다.

P가 그토록 괴로워했던 이유는 무엇일까?

정조를 단돈 이십 전에라도 팔고자 억척스럽게 매달리는 술집 작부에게서 강한 거부감과 동시에 동정심을 느낀 P는 가진 돈을 다 털어 주고 도망치듯 나와 버렸다. P는 왜 그렇게 눈물을 머금고 뛰쳐나와 버린 것일까? 작품에서 말하듯 P는 정조 관념이 순진한 사람도 아니었고, 당시 세상은 정당한 성도덕이 서 있지도 못했다. 돈을 두고 서로 으르렁대는 세상이었기에 술집 작부가 매춘의 대가로 돈을 흥정하는 것은 결코 놀랄 만한 일이 아니었을 터임에도 P는 병적으로 강하게 거부 반응을 보인다. P는 왜 그토록 괴로웠던 것일까?

이들을 선악의 잣대로 평가할 수 있을까?

오늘날 우리 사회에도 성매매 문제는 여전히 커다란 사회문제로 자리 잡고 있다. 성매매 행위에 대한 우리의 인식은 어떠해야 할까? 1930년대를 살아갔던 P가 성매매 행위를 정당한 노동행위로 인식했다면 오늘날의 우리들은 어떠한가? 시간이 아무리 지나도 인간존중 사상에 의할 때 매춘은 정당화될 수 없을 것이다. 그렇기에 오늘날에도 성매매 문제는 쉽사리 해결될 수 없다. 이 문제에 대해 이상적인 사회적 합의를 도출한다는 것도 쉽지 않지만 이 시대를 살아가는 우리들이 한 번쯤은 진지하게 고민해 보아야 할 것이다. 여러분들은 어떻게 생각하는가?

참고할 만한 책

김동훈, 『서울대가 없어야 나라가 산다』, 더북, 2002.

김동훈, 『한국 사회의 학벌, 또 하나의 카스트인가』, 책세상, 2001.

김상봉, 『학벌 사회』, 한길사, 2004.

신용하, 『일제 강점기하의 사회와 사상』, 신원문화사, 1991.

「규원가」 허난설헌

6. 과연 21세기를 여성들의 시대라고 할 수 있는가?

7. 외모는 경쟁력이 될 수 있는가?

옛날 우리 조상들은 언어에 주술적인 힘이 있다고 믿었다. 그래서 소망이나 기원을 담아 노래를 지어 부르기도 하고, 글을 짓기도 하였다. 오늘날에도 '말이 씨가 된다' 는 말을 일상생활 속에서 어렵지 않게 들을 수 있는 것을 보면, 이러한 믿음은 사라지지 않은 모양이다. 이는 아마도 언어가 인간의 의식을 반영한다는 의미일 것이다. 또한 그만큼 인간 생활과 밀접하다는 말도 된다.

예로부터 사람들은 문학 속에 자신의 생각과 감정, 그리고 생활 속의 소소한 이야기들을 담아내었다. 물론 언어를 통해서 말이다. 그렇다보니 우리는 문학을 통해 다양한 삶의 이야기들을 접할 수 있게 되었고, 지금 나를 둘러싼 환경과는 다른 색다른 환경, 색다른 문화와 대면할 수도 있게 되었다. 과거 조선시대 여성들도 글 속에 자신들의 삶을 진솔하게 담아내곤 했다. 당시 남성중심사회에서 억압되고, 차별적인 삶을 살아야 했던 여인들은 그 누구에게도 털어놓을 수 없어 가슴속 깊이 묻어두고 애태우고, 속 끓이던 사연들을 문학 속에 담아내었다. 오늘날처럼 친구들과 모여 시간가는 줄 모르고 다른 사람의 험담을 즐길 수 있었던 것도 아니고, 대놓고 고래고래 소리를 질러 댈 수도 없었고, 남편에게 속 시원히 푸념을 할 수 있었던 것도 아닌 조선시대 규중 여인들은 엄격한 삶의 규율 속에서 가슴에 쌓인 한과 슬픔, 생의 고달픔과 억울한 심정들을 문학 속에 풀어냈다고나 할까?

사실 당시 여성들이 글공부를 한다는 것이 쉽지 않았기 때문에 문학을 통해 자신의 삶에 위안을 삼을 수 있었던 여인들은 극히 일부에 불과했다. 조선시대는 그만큼 여성들에게 폐쇄적이었다. 그런 시대 최고의 천재 규수시인으로 인정을 받았던 이가 바로 허난설헌이다. 그녀의 작품 속에는 그녀의 억압되고, 응축된 감정들이 녹아들어 있다. 남성들 못지않은, 오히려 더 탁월한 능력을 타고났음에도 그 능력을 제대로 펼쳐보기는커녕 여성이라는 이유만으로 억압되어야만 했던 그녀의 삶이 담겨 있는 문학작품을 통해 우리는 다른 시공간에 존재했던 허난설헌과 만날 수 있고, 그녀의 이야기를 들어주고, 공감할 수 있다. 그리고 그녀가 살던 시대가 오늘날과 어떻게 다른지, 또 어떤 면에서 비슷한지를 비교해 보는 것도 매우 의미 있는 일이 될 것이다. 무엇보다 우리와 다른 시대에 살았던 누군가의 의식세계를 엿볼 수 있다는 것 자체가 문학이 제공하는 커다란 기쁨 중 하나일 것이다.

작품 및 현대어 풀이

〈작품원문〉

엇그제 저멋더니 하마 어이 다 늘거니. 少소年년行행樂락 생각하니 일러도 속절업다. 늘거야 서론말씀 하자니 목이 멘다. 父부生생 母모育육 辛신苦고하야 이 내 몸 길러 낼 제 公공後후配배匹필은 못 바라도 君군子자好호逑구 願원하더니, 三삼生생의 怨원業업이오 月월下하의 緣연分분으로, 長장安안遊유俠협 경박자를 꿈가치 만나 잇서, 當당時시의 用용心심하기 살어름 디듸는 듯, 三삼五오 二이八팔 겨오 지나 天천然연麗여質질 절로 이니, 이 얼골 이 態태度도로 百백年년期기約약 하얏더니, 年년光광이 훌훌하고 造조物물이 多다猜시하야, 봄바람 가을 믈이 뵈오리북 지나듯 雪설鬢빈花화顔안 어디 두고 面면目목可가憎증 되거고나. 내 얼골 내 보거니 어느 님이 날 괼소냐. 스스로 慙참愧괴하니 누구를 怨원望망하리.

三삼三삼五오五오 冶야游유園원의 새 사람이 나단 말가. 곳 피고 날 저물 제 정처 업시 나가 잇어, 白백馬마 金금鞭편으로 어디어디 머무는고. 遠원近근을 모르거니 消소息식이야 더욱 알랴. 인연을 긋쳐신들 생각이야 업슬소냐. 얼골을 못 보거든 그립기나 마르려믄, 열 두 때 김도 길샤 설흔 날, 支지離리하다. 玉옥窓창에 심근 梅매花화 몃 번이나 픠여 진고, 겨울 밤 차고 찬 제 자최눈 섯거 치고, 여름날 길고 길제 구즌 비난 므스 일고. 三삼春춘花화柳류 好호時시節절의 景경物물이 시름업다. 가을 밤 방에 들고 悉실率솔이 상에 울제, 긴 한숨 디난 눈물 속절 업시 헴만 만타. 아마도 모진 목숨 죽기도 어려울사.

도로혀 풀쳐 혜니 이리 하여 어리 하리. 青청燈등을 돌라 노코 綠녹綺기琴금 빗기 안아, 碧벽蓮련花화 한 곡조를 시름조차 섯거 타니, 瀟소湘상 夜야雨우의 댓소리 섯도난 닷, 華화表표 千천年년의 別별鶴학이 우니는 닷, 玉옥手수의 타는 手수段단 녯 소래 잇다마난, 芙부蓉용帳장 寂적寞막하니 뉘 귀에 들리소니. 肝간腸장이 九구曲곡 되야 구븨구븨 끈쳐서라.

찰하리 잠을 드러 꿈의나 보려 하니, 바람의 디난 닢과 풀 속에 우는 즘생, 므스 일 원수로서 잠조차 깨오난다. 天천上상의 牽견牛우織직女녀 銀은河하水수 막혀서도, 七칠月월 七칠夕석 一일年년一일度도 失실期기치 아니거든, 우리님 가신 후는 무슨 弱약水수 가렷관듸, 오거나 가거나 소식조차 끄쳤는고. 欄난干간의 비겨 셔서 님 가신 데 바라보니, 草초露로난 맷쳐 잇고 暮모雲운이 디나갈 제 竹죽林림 푸른 고대 새 소리 더욱 설다. 세상의 서룬 사람 수업다 하려니와, 薄박明명한 紅홍顏안이야 날 가타니 또 이실가. 아마도 이님의 지위로 살동말동 하여라.

〈현대어풀이〉

엊그제 젊었더니 어찌 벌써 이렇게 다 늙어버렸는가? 어릴 적 즐겁게 지내던 일을 생각하니 말해야 헛되구나. 늙은 뒤에 설운 사연 말하자니 목이 멘다. 부모님이 낳아 기르며 몹시 고생하여 이 내 몸 길러낼 때, 높은 벼슬아치의 배필을 바라지 못할지라도 군자의 좋은 짝이 되기를 바랐더니, 전생에 지은 원망스러운 업보(業報)요 부부의 인연으로, 장안의 호탕하면서도 경박한 사람을 꿈같이 만나, 시집간 뒤에 남편 시중하면서 조심하기를 마치 살얼음 디디는 듯하였다. 열다섯 열여섯 살을 겨우 지나 타고난 아름다운 모습 저절로 나타나니, 이 얼굴 이 태도로 평생을 약속하였더니, 세월이 빨리 지나고 조물주마저 다 시기하여 봄바람 가을 물, 곧 세월이 베틀의 베올 사이에 북이 지나가듯 빨리 지나가 꽃같이 아름다운 얼굴 어디 두고 모습이 밉게도 되었구나. 내 얼굴을 내가 보고 알거니와 어느 임이 나를 사랑할 것인가? 스스로 부끄러워하니 누구를 원망할 것인가?

여러 사람이 떼를 지어 다니는 술집에 새 기생이 나타났다는 말인가? 꽃 피고 날 저물 때 정처 없이 나가서 호사로운 행장을 하고 어디 어디 머물러 노는고? 집안에만 있어서 원근 지리를 모르는데 임의 소식이야 더욱 알 수 있으랴. 겉으로는 인연을 끊었지마는 임에 대한 생각이야 없을 것인가? 임의 얼굴을 못 보거니 그립기나 말았으면 좋으련만, 하루가 길기도 길구나. 한 달 곧 서른 날이 지루하다. 규방 앞에 심은 매화 몇 번이나 피었다 졌는고? 겨울 밤 차고 찬 때 자국 눈 섞어 내리고, 여름날 길고 긴 때 궂은비는 무슨 일인고? 봄날 온갖 꽃 피고 버들잎이 돋아나는 좋은 시절에 아름다운 경치를 보아도 아무 생각이 없다. 가을 달 방에 들이비추고 귀뚜라미 침상에서 울 때 긴 한숨 흘리는 눈물 헛되이 생각만 많다. 아마도 모진 목숨 죽기도 어렵구나.

돌이켜 여러 가지 일을 하나하나 생각하니 이렇게 살아서 어찌할 것인가? 등불을 돌려놓고 푸른 거문고를 비스듬히 안아 벽련화곡을 시름에 싸여 타니, 소상강 밤비에 댓잎 소리가 섞여 들리는 듯, 망주석에 천년 만에 찾아온 특별한 학이 울고 있는 듯, 아름다운 손으로 타는 솜씨는 옛 가락이 아직 남아 있지마는 연꽃무늬가 있는 휘장을 친 방 안이 텅 비었으니 누구의 귀에 들릴 것인가? 마음속이 굽이굽이 끊어졌도다.

차라리 잠이 들어 꿈에나 임을 보려 하니 바람에 지는 잎과 풀 속에서 우는 벌레는 무슨 일이 원수가 되어 잠마저 깨우는고? 하늘의 견우성과 직녀성은 은하수가 막혔을지라도 칠월 칠석 일 년에 한 번씩 때를 어기지 않고 만나는데, 우리 임 가신 후는 무슨 장애물이 가리었기에 오고 가는 소식마저 그쳤는고? 난간에 기대어 서서 임 가신 데를 바라보니, 풀 이슬은 맺혀 있고 저녁 구름이 지나갈 때 대 수풀 우거진 푸른 곳에 새소리가 더욱 서럽다. 세상에 설운 사람 많다고 하려니와 운명이 기구한 여자야 나 같은 이가 또 있을까? 아마도 이 임의 탓으로 살 듯 말 듯하여라.

교과서 : 고등학교 문학 교과서(디딤돌 외 9종)

「규원가」에 대하여

「규원가」는 조선조 양반 부녀자들이 주로 향유했던 가사의 일종인 규방가사로, 여성 생활의 고민과 억울함을 호소하는 내용으로 이루어져 있다. 작자는 허난설헌이고, '원부가' 또는 '원부사'라고도 불린다. 허난설헌은 조선 봉건사회 속에서 눈물과 한숨으로 세월을 보내며, 규중에서 참고 순종해야만 하는 정한(情恨)을 자신의 체험을 바탕으로 실감나게 읊고 있다. 특히, 한문 고사숙어를 많이 활용하면서도 딱딱하지 않고, 슬픈 원망의 정서를 우아하게 표현한 것이 특징이다.

허난설헌은 어떤 여성이었을까?

1563년 강릉에서 태어난 허난설헌은 우리나라 최초의 한글 소설 『홍길동전』의 저자로 알려진 허균의 누이로도 유명하다. 조선 선조 때 뛰어난 석학이었던 초당공 허엽이 그녀의 아버지였고, 이조, 병조판서인 큰 오라버니 성, 홍문관 전한인 작은 오라버니 봉, 형조, 예조판서인 동생 균에 이르기까지 그녀의 집안은 문장가로 유명한 명문집안이었다.

아버지 초당공은 강직한 인물로 정평이 나 있었으며, 특히 글 배우기를 즐겨하여 여러 스승들을 찾아다니며 학문의 깊이를 더한 사람이었다. 그녀의 오라버니들 역시 글재주가 탁월하여 순탄하게 벼슬길에 올라, 그녀는 유복한 어린 시절을 보내게 된다. 그녀 역시 가문에 걸맞은 탁월한 문장력을 지녀, 어린 시절에는 여신동으로 여겨질 정도였다고 한다.

이렇듯 유복한 가정의 여신동이었던 허난설헌의 삶은 결혼과 동시에 급격한 전환기를 맞게 된다. 그녀는 14세의 어린 나이에 안동 김씨 집안의 김성립과 혼인을 하게 된다. 그러나 김성립은 문벌 집안의 자제이긴 했지만 그 스스로가 그다지 탁월한 인물은 아니었던 모양이다. 오히려 재주와 학식 면에서 허난설헌과 비교할 수조차 없었던 인물이었다는 평이 있다.

만족스럽지 못한 남편과의 결혼 생활 속에서 살림에 그다지 재주가 없었던 허난설헌은 시어머니와의 불화도 끊이지 않았다고 한다. 이러한 상황 속에서 두 아이마저 잃게 되는 연속적 비운을 맞이해야 했던 허난설헌은 안타깝게도 27세의 젊은 나이로 짧은 생을 마감한다. 그리고 비운의 삶 속에서 쌓인 삶의 정한들은 그녀의 작품 속에 사실적이면서도 아름답게 형상화되어 오늘날 우리들을 안타깝게 한다.

6

과연 21세기를 여성들의 시대라고 할 수 있는가?

남성과 여성으로 읽는 「규원가」

조선시대 여성의 삶은 현재 여성의 삶과 얼마나 다를까?

조선시대 여성들의 삶은 어떠했을까? 조선시대 사회의 주역은 언제나 남성들이었다. TV를 통해 조선시대를 배경으로 한 사극을 보면 남성 출연자가 압도적으로 많은 것을 볼 수 있다. 이는 우리네 역사 속 주인공들이 대개 남성이었던 탓도 있겠지만, 남성중심의 역사에서 여성들의 활동이 극히 억압되어 있었던 탓이기도 하다. 즉 여성들이 활약할 수 없었던 역사적 분위기가 큰 장애가 되었던 것이다.

한때 〈여인천하〉라는 드라마가 크게 인기몰이를 한 적이 있었다. 이 드라마를 보면 조선시대 일부 여성들은 남성 중심 사회에서 가문의 명예나 세력 확장을 위해 혹은 권력이나 부의 획득을 위해 적극적으로 사회에 동참하려는 의지를 보였던 것으로 나타난다.

그러나 당대 여성들은 남성들에 맞서 치열한 권력다툼에서 그녀들 자신이 직접 나서기보다는 남편을 통해서 간접적으로 실력을 행사하는 정도였다. 그리고 그 싸움에서 승리했다고 해도 여성들의 지위나 신분 상승은 사실상 어디까지나 남편의 그것에 의해 좌우될 뿐이었다. 일종의 대리만족이라고 할 수 있겠다. 이는 여성이 독립적으로 사회적 지위를 인정받지 못했던 과거 우리 사회의 분위기 때문이었다.

허난설헌의 글재주와 학식은 〈여인천하〉에 등장하는 여인들 못지않았다. 그녀 역시 남성중심 사회에서 그저 평범한 아낙으로 만족하며 살기에는 아까운 인물이었다. 그러나 그녀에게는 앞서 여인들과 같이 남편을 통해서라도 간접적으로

나마 그녀의 능력을 발휘할 수 있는 기회가 주어지지 않았을 뿐이다.

문학은 인간 삶의 반영이라고 했으니 이제 「규원가」를 통해 허난설헌의 삶을 들여다보기로 하자. 그리고 그녀가 그려낸 남편과의 관계나 남편에 대한 생각과 감정 등을 추측해 보자. 더 나아가 허난설헌 개인의 삶을 통해 조선시대 일반적인 여성들의 삶의 모습은 어떠했을지, 또 오늘날 여성들의 삶과는 어떻게 달랐을지 상상해 보는 것도 매우 재미있는 감상활동이 될 것이다.

「규원가」 첫 번째 이야기

허난설헌은 조선시대의 여성이다. 글 짓는 능력이 탁월한 문벌집안에서 태어나 그 자신도 신동소리를 들을 만큼 탁월한 글재주를 타고 났으나, 여성으로 태어난 이상 제약된 삶의 굴레 속에서 살아야만 했다.

문헌에 의하면 허난설헌은 당대 사회가 요구했던 아내로서, 며느리로서의 굴레에 잘 적응하지 못했던 듯하다. 그저 평범한 아낙으로 살기에는 너무나 비범했다고나 할까? 그녀는 사대부가의 규수로 불행한 삶 속에서 쌓인 한을 시로 승화시켰던 시인이다.

「규원가」에서 허난설헌은 그녀의 삶과 문학에 직·간접적으로 가장 큰 영향을 미쳤던 남편에 대해 다음과 같이 표현하였다.

> 父부生생 母모育육 辛신苦고하야 이 내 몸 길러 낼 제
>
> 公공後후配배匹필은 못 바라도 君군子자好호逑구 願원하더니,
>
> 三삼生생의 怨원業업이오 月월下하의 緣연分분으로,
>
> 長장安안遊유俠협 경박자를 꿈가치 만나 잇서
>
> 當당時시의 用용心심하기 살어름 디듸는 듯

우선 허난설헌은 남편을 경박자라고 표현하였다. 그런 남자와 결혼한 것은 부모의 바람에도 맞지 않을 뿐더러 그녀 스스로도 원망스런 업보라고 한탄한다. 그리고 결혼할 당시 남편 대하기를 살얼음 디디는 것에 비김으로써 그녀의 신혼이 매우 조심스럽고, 어려웠음을 짐작하게 한다.

三삼三삼五오五오 冶야遊유園원의 새 사람이 나단 말가
곳 피고 날 저물 제 정처 업시 나가 잇어,
白백馬마 金금鞭편으로 어디어디 머무는고.

게다가 남편은 가정에도 충실하지 않았다. 호사스런 행장을 꾸리고 야유원, 곧 기생집을 드나들며 집에는 제대로 들어오지도 않는 인물이었다. 언제 들어올지 기약도 없는 남편을 기다리며 독수공방하는 허난설헌의 당시 심정은 다음 구절에 잘 드러난다.

인연을 긋쳐신들 생각이야 업슬소냐.
얼골을 못 보거든 그립기나 마르려믄

긴 한숨 디난 눈물 속절업시 혬만 만다.
아마도 모진 목숨 죽기도 어려울사.

肝간腸장이 九구曲곡 되야 구븨구븨 끈쳐서라.

竹죽林림 푸른 고대 새 소리 더욱 설다.
세상의 서룬 사람 수업다 하려니와,
薄박明명한 紅홍顔안이야 날 가타니 또 이실가.
아마도 이 님의 지위로 살동말동 하여라.

이 내용을 통해 허난설헌이 집을 나간 남편을 여전히 그리워하며 눈물로 날을 지새우고 있음을 알 수 있다. 애간장이 끓는 허난설헌의 심정은 서럽고, 억울하고, 비참했을 것이다. 이렇듯 애타는 심정과 독수공방의 설움, 그리고 남편에 대한 원망의 감정이 뒤얽힌 그녀의 한이 작품 속에 잘 녹아들어 있음을 알 수 있다.

21세기 여성은 어떤 삶을 살고 있나?

조선시대 여자 팔자는 뒤웅박 팔자?

과연 정말 그럴까? 여자 팔자는 뒤웅박 팔자인 것일까? 뒤웅박이란 원래 박을 쪼개지 않고 꼭지 근처만 동그랗게 도려내고 그 속을 파낸 바가지를 말한다. 뒤웅박은 부잣집에서는 그 속에 쌀이나 곡식 등을 넣어두는데 사용했지만 가난한 서민들은 잡곡이나 소에게 주는 여물 따위를 넣어두기 위해 사용했다. 어느 신분의 집안에서 사용하느냐에 따라 뒤웅박의 쓰임새가 달랐던 것이다.

과거 우리 사회에서는 여자가 어느 집안으로 시집을 가느냐에 따라 그 신분이 달라지곤 했다. 즉, 뒤웅박이 어떤 집안에서 사용되느냐에 따라 쓰임새가 달라지듯 여자도 어느 집안에 시집을 가느냐에 따라 귀부인처럼 살 수도, 천민처럼 살 수도 있었던 것이다.

이렇듯 여자 팔자가 그야말로 뒤웅박 팔자였던 당시에는 여성이 제 아무리 좋은 가문에서 태어나 빼어난 학식과 글재주를 겸비했다고 해도 자신의 운명을 결정할 수 있는 권한을 가지지 못했다. 부모가 정해준 혼처에 시집을 가야 했고, 시집을 가서는 남편과 시부모에게 순종하는 것을 제1의 미덕으로 교육받았음은 물론, 사회진출은 철저하게 통제되었다. 이 시대 여성들의 삶의 영역은 가정 안으로 제한되었으며, 사회는 그들로 하여금 현모양처가 될 것을 요구하였다. 오늘날까지 현모양처하면 떠올리게 되는 사람이 신사임당이다. 율곡의 어머니이기도 했던 그녀가 조선시대 가장 이상적인 여인상이었다면, 한국문학사에서 조선시대 최고의 여류시인하면 허난설헌을 꼽을 수 있겠다. 이 두 여성 모두 사대부가의 규수로서 뛰어난 능력의 소유자들이었다는 측면에서 매우 닮았다. 하지만 그 삶의 양상은 너무도 다르게 전개되었다.

신사임당의 경우 당시는 물론 오늘날까지도 많은 사람들에게 참다운 어머니상으로 기억되고 추앙받는 반면 허난설헌은 아름다운 미모와 신동에 가까운 글재주를 가지고서도 당대 사회에서 인정받지 못하고, 오히려 시부모와의 불화와 남편의 무관심 속에서 힘겹고 외로운 삶을 살다 27세의 나이로 요절하는 비운의 주인공이 되고 말았으니 말이다.

허난설헌의 삶에 대하여는 동생 허균이 "돌아가신 나의 누님은 어질고 문장이 있었으나, 그 시어머니에게 인정을 받지 못했다. 또 두 아이를 잃었으므로 한을 품고 돌아가셨다. 언제나 누님을 생각하면 가슴 아픔을 어쩔 수 없었다"는 글을 남겨 애통함을 드러내었다.

불운했던 허난설헌의 삶 역시 그녀의 작품 속에 고스란히 담겨있다. 특히 「규원가」에는 가정을 돌보지 않는 남편에 대한 원망과 독수공방의 외로움을 표현하였다. 그녀에게 무심하기 이를 데 없는 남편만을 바라보며 규중에서 외롭게 늙어가야 했던 허난설헌의 불행했던 삶의 모습과 심정이 작품을 접하는 오늘날의 우리들에게까지 생생하게 전해진다. 결혼과 동시에 사회와 단절되어 자신의 재주를 펼쳐볼 기회를 박탈당한 채, 시부모의 박해와 남편의 무관심, 그리고 연이은 두 자녀의 죽음까지 겪어야만 했던 그녀의 결혼 생활은 불행하기 그지없었다. 뒤웅박 팔자의 전형이 허난설헌이 아니었을까 싶을 정도로 말이다.

허난설헌의 이러한 삶은 사실 그녀만의 독특한 삶의 양상은 아니었다. 당시 많은 여성들이 사회와 단절되어 규중에 고립되어 현모양처로서의 삶을 강요받았다. 여성의 가치는 어머니로서, 아내로서, 며느리로서의 역할 수행에 따라 결정될 뿐이었다. 뛰어난 글재주나 학식이 여성의 능력을 가늠하는 잣대로 여겨지지 않았

지식견문

현모양처

현모양처는 어진 성품을 바탕으로 훌륭한 내조를 통해 남편의 입신출세를 돕고, 현명한 어머니로서 자식 교육에 매진하여 가문의 이름을 빛내는 데 공헌하는 조선시대 이상적인 여인상이었다. 현모양처의 전형을 꼽으라고 한다면 처음으로 떠올리게 되는 이가 바로 율곡 이이의 어머니 신사임당이다. 조선시대 여류문인이면서 서화가이기도 했던 그녀는 어려서부터 효성이 지극하고 뜻이 높았으며, 문장력도 탁월했다. 또한 바느질, 자수는 물론 시, 그림, 글씨 등에도 뛰어난 재주를 발휘하여 당대 최고의 여류화가로 꼽히고 있다. 특별히 자녀교육에 힘써 인자한 어머니, 어진 아내의 거울이기도 했다.

다. 오히려 똑똑한 것이 흠이 될 수도 있던 시대, 그 어떤 여성들의 삶도 뒤웅박이 될 수밖에 없었다.

21세기는 여성의 시대, 여풍이 몰려온다!

지나온 역사 속에서 여성은 항상 주변인으로 자리해 왔다. 아직까지도 간간히 들을 수 있는 "암탉이 울면 집안이 망한다"는 말이 남성 중심 사회에서 여성들의 위상을 가늠할 수 있게 한다. 이 말 속에는 여성들의 능력을 비하하고 성역할을 규정지어버리려는 남성 중심적 사고가 강하게 배어 있기 때문이다.

현모양처 역시 여성들을 의식적으로 옭아매는 기능을 하지 않았을까 싶다. 오늘날의 여성들에게 '신데렐라 콤플렉스'가 존재한다면, 과거 여성들에겐 '현모양처 콤플렉스'가 있지 않았을까? 조선시대 여성들이라고 해서 왜 성공에 대한 욕심이나 열정이 없었겠는가. 특히 능력이 출중한 여성들의 경우 더욱더 말이다. 그럼에도 능력 있는 여성들이 규중에 갇혀 현모양처가 되기를 강요받았다. 허난설헌 역시 이러한 여성들 중 한 명이었을 것이다.

허난설헌이 오늘날에 태어났다면 어땠을까? 지금은 과거와 달리 사회 각 분야에서 여성들의 역할이 확대되고 있다. 탁월한 실력을 바탕으로 작게는 소속 집단에, 크게는 국가 사회에 이바지하는 여성들이 수없이 많으며, 이러한 여성들을 보며 이제 더 이상 암탉이 울면 집안이 망한다는 말에 쉽게 동조할 사람은 없다.

허난설헌이 살았던 시대의 여성들은 교육의 기회는 물론, 자신의 인생에 대한 자주권조차 부여받지 못했지만 오늘날에는 사정이 다르다. 현대 여성들은 과거와 달리 남성들과 더불어 동등하게 교육 받을 수 있고, 자유롭게 연애를 하고, 본인의 희망과 의지에 따라 남편감을 고르고, 직장을 선택할 수 있다. 또 능력과 조건만 갖춘다면 여성도 남성들이 하는 어떤 일이라도 할 수 있다. 이제 남녀 모두가 자신의 삶을 스스로 선택하고 개척해 나갈 수 있는 시대가 온 것이다.

게다가 지난 2001년에는 정부조직법 개편에 따라 여성에 관한 정책을 담당하는 중앙행정기관으로 여성부가 신설돼 여성들의 권익향상 및 남녀차별 시정을 주도하게 되면서 한국 여성들의 위상에 커다란 변화를 가져왔다. 남녀차별 문제는 물론 여성 인격 침해의 대표적 사례인 성희롱 관련 사건도 조사, 처리하는 기능을 담당할 제도적 장치가 마련된 것이다. 이제 제도를 통한 행정 조처가 가능해졌기 때문에 여성들의 권익 보호를 위해 강제력을 행사할 수 있게 되었고, 이는 향후 여성들의 권익 향상에 상당한 기여를 할 것으로 기대된다.

특히 21세기로 접어들면서 사회적인 인식의 전환과 더불어 고학력 여성인재들이 대거 배출되면서 사회 각 분야에서 여성들의 활약상이 빛을 발하고 있다. 많은 여성 지도자들이 배출되고 있고, 여성인력은 남성들과 더불어 이 시대의 발전을 이끄는 원동력으로 작용하고 있다.

경제 분야에서 여성 CEO들의 부드러운 리더십을 앞세운 경영심리가 인정받고 있으며, 여성인력의 활용이 21세기의 잠재적 성장 동력이라는 사회적 인식이 확산되었다. 노동부에서는 근로기준법, 남녀고용평등법, 고용보험법 등을 통해 여성들의 사회참여를 확대한 결과 최근 통계에 따르면 여성의 경제 활동률이 50퍼센트 수준으로 향상되었으며, 기업의 고용주 가운데 여성이 차지하는 비율도 점차 상승하고 있다. 특히 정보사회로 진입하면서 여성들만의 멀티태스킹능력이 인정받고 각광받기 시작하였으며, 기업 내 고학력 여성인력들의 고용비율도 급격히 상승하고 있다.

가장 견고할 것 같았던 정치, 행정 분야에서도 남성중심의 기존 정치 체계에 오늘날 많은 여성들이 참여하여 눈부시게 활약하고 있다. 국제무대에서 주요국 여성 정치인들의 활약상이 두드러지는 가운데 우리 역시 여성의 정치참여에 대한 인식 제고와 비례대표제 도입으로 여성국회의원의 의석수가 국회 전체 의석의 13.7퍼센트를 차지하게 되어 이전에 비해 배가 넘게 증가했다. 우리 역사상 최초의 여성 총리가 탄생하였는가 하면, 제1야당의 대표가 여성이며, 여성장관의 비중도 점진적으로 꾸준히 증가하는 추세이다. 정치적 성향의 여성단체 활동도 눈에 띄게 늘고 있어, 우리 여성들의 정치 참여가 앞으로도 활발하게 진행될 것으로 보인다.

행정 분야에서도 여성들의 비중은 서서히 증가하고 있다. 여성 관리자 임용목표제, 양성평등채용목표제등의 영향으로 5급 이상의 고위직 여성 공무원의 수가 급격히 증가하였고, 정부 행정의 핵심리더 역할을 수행하는 국장이나 과장급 간부직 진출이 눈에 띄게 확대되었다. 외무고시 출신의 여성 대사가 출현하였는가 하면, 사법부 역시 여성 장관을 비롯해 여성 검사의 비율이 늘고 있는 추세이다.

최근에는 오랫동안 금녀의 영역으로 여겨졌던 군에까지 여성들이 진출하여 활약하고 있다. 공군사관학교에 입교성적과 졸업성적 모두 전체 수석을 차지한 여생도가 화제가 되었는가 하면, 앞으로 여성 장교들이 속속 늘어날 전망이다. 그밖에도 각종 고시나 공무원 채용시험에서 여성들의 합격률이 급증하고 있으며, 수석

지식검색

세계의 여성 지도자들!

2005년 독일에서는 동독 출신의 안겔라 메르켈이 총리직에 오르면서, 독일 최초의 여성 총리가 되었고, 미국에서는 강력한 차기 대권 후보로 힐러리 클린턴과 콘돌리자 라이스 국무장관이 거론되어 막강한 여성파워를 과시하고 있다. 아프리카의 첫 여성 대통령이 된 라이베리아의 엘런 존슨 설리프 대통령을 비롯하여 미첼레 바첼레트가 칠레 역사상 첫 여성 대통령으로 뽑혔는가 하면, 핀란드 역시 타르야 할로넨 여성 대통령이 당선되었다. 전 세계적으로 정치권에 여성 돌풍이 불고 있다.

합격자의 배출도 이제 더 이상 커다란 이슈가 되지 못한다. 또 국내 최연소로 국내 항공사 부기장이 된 여성조종사가 관심을 모으기도 하였다. 그만큼 우리 시대 여성들의 사회적 성과는 지난 세기에 비해 눈부시게 발전했다.

이처럼 우리 시대 여성들은 발군의 실력으로 기존의 남성들의 영역으로 여겨졌던 많은 분야에서 놀라운 성과를 보여주며, 막강한 여성 파워를 보여주고 있다.

과연 21세기를 여성들의 시대라고 할 수 있는가?

미국의 한 경제주간지에서는 커버스토리에서 "21세기는 여성의 시대"라고 예견하면서 앞으로는 양성평등을 넘어서 여성 중심 사회가 될 거라고 예측하였다. 특히 여성들의 약진과 대조적으로 남성들의 부진을 제기하면서 이제 남성이 제2의 성으로 전락할 위기에 처해 있다고 지적하기까지 한다. 더 나아가 최근 일부에서 남성 역차별론까지 제기되고 있을 정도이다. 또 경제학자들은 우수한 여성 인력이 미래 성장 동력이 될 것이며 여성이라는 이유만으로 유능한 인력을 낭비하는 기업은 생존하기 어려울 것이라고도 말한다. 실제로 미국의 경우 매출 순위 100대 기업 중 여성 관리직 비율이 높은 상위 10퍼센트 기업들이 하위 10퍼센트보다 평균 7퍼센트 높은 주주 총 수익률을 기록했다고 한다. 이는 성별이 아닌 능력에 따른 공정한 인사가 기업의 수익률에 크게 영향을 줄 수 있음을 증명하는 사례다.

그렇다면 과연 21세기는 진정 여성들의 시대인가? 앞서 살펴 본 바와 같이 많은 분야에서 '여성파워'가 발휘되고 있고 특정 분야에서 '여풍'이라 불릴 만큼 여성들의 활약상은 주목할 만하다. 그러나 아직도 정치, 행정, 경제, 학문 등 각 분야 지도자의 대다수가 남성이고, 단지 소수 몇몇 여성들만이 견고한 유리천장을 뚫고 그들 속에 진출하여 주목받고 있을 뿐이다.

우리의 노동현실을 보면 많은 여성 노동자들이 임시직이나 일용직으로 일하고 있으며, 고학력 여성의 경우 남성에 비해 상대적으로 비정규직이 많은 것은 물론, 취업에 있어서나 임금 상승률에서도 차이를 보인다. 다른 OECD 국가들과 비교해 볼 때 상대적으로 제조업 같은 재화생산부문에 여성 취업률이 높고, 공공사회서비스업이나 관리 전문직 등 향후 성장 직종에는 여성 취업률이 상당히 저조하다. 또한 UN에서 여성의 정치, 경제활동과 정책결정 참여도를 고려해 발표하는 '여성의 세력화 지수'에서도 하위권에 머무는 현실이다.

실제로 많은 여성들이 처음 사회에 진출할 때부터 남성들과의 불평등을 실감한다고 한다. 특히 전문직종일수록, 높은 직급으로 올라갈수록 여성들이 체감하는 차별의 강도는 더욱더 높다. 과거에 비해 많이 늘었다고는 하나 여성들의 절반만이 사회 진출에 성공하였을 뿐이고, 유능한 여성 인재들의 상당수는 공무원이나 교사, 또는 공기업 등에 몰려 있다. 채용 시는 물론 채용 후에도 출산이나 육아 등의 현실적 문제에서 제약이 상대적으로 덜하기 때문이다. 이렇듯 특수 직종에 우수한 여성 인력들이 대거 지원하다보니 합격률 역시 상승할 수밖에 없는 것이다.

여성들이 집중된 교직의 경우 초 · 중 · 고교 모두 여교사 비율이 남교사에 비해 높은데 반해 교장이나 교감 등 관리직의 비율은 남성이 절대적으로 높다. 이처럼 관리직에서 남성들이 강세를 띠는 것은 교직뿐이 아니다. 유능한 여성 인재들이 몰리고 있는 다른 여러 분야에서도 여성들의 질적인 지위 향상은 이루어지고 있지 않다.

세계경제포럼이 각국의 남녀평등지수에 관해 조사한 결과, 우리나라는 58개국 중 54위를 차지해 최하위의 수준을 기록했다. 이는 이슬람 국가들과 거의 같은 수준이다. 또 아시아태평양 국가 13개국 남녀의 사회 및 경제적 지위를 비교한 결과 여성 성취지수도 65로 13개국 중 12위로 나타났다. 이는 아시아 여성의 사회적 지위 평균치에도 훨씬 못 미치는 수치이다.

결론적으로 말하면 우리 사회에서 여성들이 체감하는 '유리천장'은 여전히 높고 견고하다는 것이다. 여성 총리가 탄생하고, 여성 장관이 4명으로 역대 최다이지만 고위직에서 여성이 차지하는 비율은 턱없이 저조하다. 고시 합격자 비율이 증가하고 있다고는 하지만 이들이 관리직으로 나아가는 데는 한계가 있다. 여성의 관리직 진출이 어려운 것은 공무원 사회뿐 아니라 일반 기업에서도 마찬가지다. 한국노동연구원의 조사에 따르면 여성 경영 관리직은 전체에 4.9퍼센트에 불과하며 임원급의 경우는 단 1퍼센트도 안 되는 현실이라고 한다.

여성들의 경우 채용에서보다 채용 이후에 느끼는 장벽이 더 높다. 여성근로자는 요직으로 나아가지 못해 승진에 필요한 핵심인력으로 성장할 기회를 원천적으로 차단당하는 경우가 많다. 기업의 주무부서에는 대개 남성 인력들이 배치되고, 여성들은 한직으로 밀려나는 경우가 다반사이다.

그런데도 일부 언론에서는 소수 여성들이 사회에서 이루어낸 괄목할 만한 성과와 성취를 들어 '유리천장'은 무너졌다고 발표하곤 한다. 그러나 많은 고학력 여성인력들이 사회에서 제 자리를 찾지 못하고, 현실적인 문제들에 직면하여 경제활동을 포기할 수밖에 없는 것이 우리 여성들의 현실이다.

그래서 우리나라 여성들의 경제활동은 전형적인 M자형을 보인다. 여성들의 사회활동이 이러한 M자형을 보이는 가장 커다란 이유는 성역할에 대한 사회적 인식과 남성중심의 조직 내 관습 때문이다. 우리 사회 학연과 지연 등으로 얽힌 기존의 견고한 남성 중심 네트워크에서 여성들이 고위직으로 올라가는 데는 분명 한계가 있다. 또한 전통적으로 고정된 성역할에 대한 시각도 여성들의 승진에 있어 결정적인 장벽으로 존재한다. 이 같은 현실에서 사회생활과 가정생활 면에서 모두 성공하기란 쉽지 않다. 우리 사회는 여성들에게 슈퍼우먼이 될 것을 요구한다.

과연 이런 시대를 여성의 시대라고 할 수 있을까

지식검색

유리천장(Glass Ceiling)

미국의 유력 경제주간지인 『월스트리트저널』이 지난 1970년 만들어낸 신조어이다. 여성들의 고위직 진출을 가로 막는 회사 내 보이지 않는 장벽을 뜻하는 말로, 여성 직장인들의 승진의 최상한선, 승진을 막는 보이지 않는 장벽을 말한다. 위를 쳐다보면 한없이 올라갈 수 있을 것처럼 투명하지만 막상 그 위치에 다다르면 보이지 않는 장벽이 더 이상의 전진을 막는다는 의미의 유리천장은 겉으로는 남녀평등이 이뤄진 것처럼 보이나 실상은 그렇지 않은 현실에 종종 비유된다. 우리 사회에는 아직도 보이지 않는 장벽이 여성들의 사회진출과 성공을 가로막고 있다.

M자형 고용 곡선

선진국들의 경우 1인당 GDP가 1~2만 불 상승하는 기간에 가장 중요한 변화로 여성들의 연령계층별 고용률 'M' 형 곡선이 사라지는 것이라고 한다. M자형 고용률 곡선은 20대 후반이나 30대 초반에 결혼과 출산, 육아 등의 이유로 경제활동을 포기했다가 30대 후반이나 40대 초반에 다시 사회에 진출하는 현상이다. 그러나 이러한 경우 여성의 경력 단절과 동시에 고급인력의 사장, 그리고 무엇보다 이들 고급인력이 노동시장에 재진입할 경우 대부분 임시직이나 비정규직으로 취업을 할 수밖에 없다는 것이 문제가 된다. 이 경우 우리나라가 출산과 자녀 양육의 문제로 여성의 노동시장참여가 방해를 받고 있음을 뜻한다. 이는 여성이 결혼 후에도 계속적으로 취업할 수 있는 국가적 차원의 시설 확충과 제도적 지원이 부족함을 의미한다.

'유리천장' 을 넘어설 방법은 없는가?

유리천장 현상이 발생하는 원인으로 여성들 자신은 교육이나 자질의 문제보다 그들에 대한 사회적인 편견과 차별, 그리고 조직 내의 관행 및 정책의 문제를 제기한다. 특히 남성 중심의 조직 문화가 여성들의 사회진출과 승진에 가장 뛰어넘기 힘든 장벽이라고 한다.

미국의 경우 이미 1991년에 여성이나 흑인, 또는 소수민족 등이 승진에서 차별적으로 대우받는 일을 없애기 위해 '유리천장 위원회' 를 조직한 바 있고, 유럽연합에서도 성별이나 인종, 종교나 장애 등에 대한 차별을 방지하기 위한 '차별 방지법' 을 만들어 시행키로 하였다. 노르웨이의 경우는 아예 기업 경영 이사진의 40퍼센트를 여성에게 할당하도록 강제하고 있다. 사실 각국의 이러한 노력들은 이제껏 여성들이 얼마나 두꺼운 유리천장 아래에 있었는가를 보여주는 증거라고 할 수 있다. 그렇다면 우리 여성들의 현실은 어떠할까?

오늘날 우리 사회는 저출산, 고령화로 인한 노동력의 급감이 시급히 해결해야 할 난제로 부각되었다. 부족한 노동력 확보를 위해 여성 인력의 활용은 필수적이다. 특히 고학력 여성인재의 활용은 양질의 인적 자원 확보는 물론 사회적 인적자원투자의 회수라는 측면에서도 국가 경쟁력 신장에 큰 보탬이 된다. 현재 우리나라 여성들의 교육 수준은 세계 최고 수준에 이르고 있으며, 사회 진출 비중 역시 활발해진 데 비해 이들의 사회적 활용도는 여전히 선진국들에 비해 현저히 떨어진다.

어떤 여성장관은 "여성들이 사회경제적 성취를 이루기 위해서는 개개인 스스로의 훈련과 노력이 필수"라고 말하면서, 여성 인력에 대한 리더십 훈련의 필요성을 역설하였다. 대개 여성들의 경우 개인적으로는 뛰어나지만 조직을 형성해서 하는 작업에 미숙하다는 평가를 받곤 하는데, 이를 극복하기 위해서는 여성 개개인과 조직, 사회 차원의 집중적인 훈련이 필요하다는 것이다. 또 여성들 스스로 높은 직위에 오르기 힘들 것이라고 지레 생각하고 포기해 버리는 탓도 적지 않다. 사회적인 한계선을 설정한 사회활동이 사실상 한계가 있다. 여성들 스스로 이런 인식의 한계를 넘어설 때 비로소 주체적이고 적극적인 사회, 경제적 활동이 가능할 것이다.

그러나 여성들 스스로의 노력만으로 유리천장 문제를 해결하기란 현실적으로 매우 어렵다. 개인의 능력과 성과에 따른 공정한 인사정책을 펼 수 있는 건전한 경영심리를 가진 경영자의 역할이나, 국가적인 정책마련, 그리고 사회적인 인식의 전환 등이 필요하다.

앞으로 우리 기업들이 한층 더 성장하기 위해서는 공정한 인사정책을 펼 수 있는 건전한 경영심리를 가진 경영자의 역할이 중요하다. 경제학이론에 따르면, 경쟁적인 시장에서 차별을 하는 기업은 능력과 기여에 따라 공정한 처우를 하는 기업에 비하여 좋은 성과를 낼 수 없다. 앞서 미국의 사례처럼 기업인사에 있어 여성들이 차별을 받아 관리직급에 오르지 못해, 여성 관리직이 드문 기업의 경우 상대적으로 최종 수익률이 떨어지는 결과가 발생하게 될 수 있다. 성별이 아닌 성과에 따른 공정한 평가와 인사정책의 정착은 고급 여성인력들의 능력을 백분 발휘하게 할 것이다. 여성 상사에 대한 편견이나 여성의 업무 능력에 대한 평가 절하 등 기업 내 남성 중심적 풍토가 개선되고, 여성들에게 드리워진 유리천장이 제거될 때 결과적으로 기업의 이익도 배가될 것이다.

이에 더하여 국가적 차원의 지원과 정책도 마련되어야 한다. 현재 정부에서는 유능한 여성인력의 사장을 막기 위해 출산 전후 휴가 확대와 육아휴직 급여 지급, 남녀고용평등법 적용대상의 확대, 간접차별 개념의 구체화, 성희롱에 대한 처벌 강화 등을 골자로 모성보호관련 법안을 만들어 여성들의 사회진출에 따른 차별과 어려움을 최소화하려 노력하고 있다.

또한 성이나 장애, 학벌 등 사회적 약자가 더 이상 차별과 불이익을 겪지 않도록 관련 제도를 정비할 계획을 밝힌 바 있고, 성차별적인 고용관행을 해소하기 위해 채용에서부터 임금격차 해소까지 구체적인 대책을 마련해 기업들의 인사 노무 관리에 적용될 수 있도록 할 계획이라고 한다. 이러한 계획들이 계획으로 그치지 않고, 실질적인 것이 되어야 할 것이다.

사법부에서도 경력, 기술, 책임도 등의 면에서 큰 차이가 없음에도 불구하고 단지 남성근로자가 여성보다 육체적으로 힘든 일을 한다고 해서 임금차별을 한 회사에 대하여 위법 판결을 내린 바 있다. 사법부의 이러한 판결은 우리 사회의 불합리한 성차별적 관행을 개선해 나가는 데 상당히 긍정적인 작용을 할 것으로 보인다.

그러나 진정한 의미의 고용평등이 실현되기 위해 선행되어야 할 것은 성역할에 대한 고정관념과 남성 중심의 조직 내 관행, 그리고 여성들의 사회활동에 대한 사회적 인식 등의 변화이다. 최근 결혼정보업체들의 조사 결과에 따르면 남녀 모두 배우자의 조건으로 직업을 1순위로 꼽았다고 한다. 이는 경제가 어려워지면서 미혼 남녀들이 결혼의 조건으로 경제력에 높은 비중을 두고 있기 때문이다. 특히 남성들의 경우 과거와는 달리 배우자가 일하는 여성인 경우를 선호하는 것으로 나타난 것은 눈여겨 볼 만하다. 우리 시대 남성들은 여성이 일하기를 원하면서도 가사분담을 염두하고 있지 않다. TV에서 가사(家事)를 전담하는 남편과 사회생활을 하는 아내가 등장하면 여전히 혀를 내두르는 것이 우리네 현실이다. 이렇듯 우리 생활 전반에서 뿌리 깊이 박힌 성에 대한 편견이나 관행들로 인해 여성들은 제 능력이나 이루어낸 성과에 의해 공정하게 평가받지 못하는 경우가 많다. 성적 고정관념은 여성들뿐 아니라 남성들에게도 보탬이 되지 못한다. 이제 전통적인 성적 고정관념에서 벗어나 일하는 여성들의 사회활동에 대한 보다 개방적인 사고와 이해를 통한 인식의 전환이 절실히 요구된다.

인식의 전환이 세상을 바꿀 수 있다. 우리 국민의 절반은 여성이다. 이들이 제 몫을 담당할 수 있는 사회적 풍토가 마련될 때, 우리 미래는 보다 낙관적으로 기대할 수 있다. 누구나 자신의 능력껏 일하고, 발휘한 실력과 빚어낸 성과에 따라 공정하게 평가받고, 대우받는 사회가 될 때 '유리천장'은 사라질 것이다.

각종 고시에서 여성 합격률이 증가하고 있다. 더 나아가 최근에는 남성보다 오히려 여성이 높은 합격률을 보이는 시험들이 늘고 있다. 왜 이러한 현상들이 발생하는 것일까? 여성들의 잠재능력이 이제야 표출되는 것일까?

공무원 시험에서 신세대 여성들의 파워가 갈수록 위력을 떨치고 있다. 사시·행시·외시 등 고시는 물론이고 최근 들어선 7급, 9급 등 아래로 내려갈수록 여성 진출이 두드러진다. 여성의 공직진출 선호 추세는 행정자치부의 최근 5년간 7급 공무원 여성응시자 응시비율과 합격비율을 보면 선명하게 드러난다. 지난 2000년 24.4퍼센트였던 여성 응시자 비율은 2004년 37.4퍼센트로 급증했고 합격자 비율도 이 기간 중 16.6퍼센트에서 27퍼센트로 약진했다. 9급 공무원의 경우엔 2004년도 합격자의 47.3퍼센트를 여성이 차지, 남녀평등을 구현한 셈이 됐다. 서울시 관계자는 "이런 추세로 가면 10년쯤 후엔 여성의 고위직 진출이 급증하면서 '여성천하' 가 될 것" 이라고 내다봤다.

공무원시험 준비학원이 밀집해 있는 서울 노량진역 부근의 한 학원. 50여 명이 수업을 받고 있는 502호실. 9급 공무원을 준비하는 직장인들을 위한 야간반이다. 양복을 입은 남성들이 간혹 눈에 띄지만 줄잡아 90퍼센트는 여성이다.

여의도에서 한 벤처회사에 다닌다는 정여진 씨(26)는 "여성으로 직장생활을 하는 것이 너무 힘들다고 느껴져 퇴근 후 개인시간을 포기하고 이 학원 야간반에 등록했다" 고 말했다.

정씨는 "술자리에서도 그렇고, 평소 회사에서 부당하게 대우받는 경우가 많았다 . 남성들과의 경쟁평가 등에서도 억울하게 뒤로 밀려나는 느낌이 되풀이되면서 직장생활의 비전에 대해 회의가 들기 시작했다" 고 털어놨다.

올 초 직장생활을 접고 9급 공무원 시험을 준비 중인 박희성 씨(29)는 "대학원을 나온 것이 일반직장에선 별로 환영받지 못 한다" 면서 "여성을 보조 인력으로 인식할 뿐 전문 인력으로 인정해주는 직장 분위기가 아직 안 돼 있다"고 말했다.

9급 준비를 위해 남자친구와 함께 고시서적 전문점을 찾은 안효경 씨(24)는 "결혼도 해야 되고 아이도 낳을 생각인데 일반기업들은 아직 그럴 수 있는 환경이 안 돼 있다"고 공무원시험 동기를 설명했다.

신세대 여성들의 공직러시 현상에 대해 전문가들은 "공직 외에 다른 노동시장이 여성들에 너무 닫혀 있기 때문"이라고 지적한다. 공직사회가 남녀평등에 관한 한 민간부분에 비해 월등히 앞서 있는 게 사실이다. 이를테면 9급 공무원의 경우 한쪽 성별의 비율이 60퍼센트를 넘을 수 없다는 규정이 시행되고 있을 정도로 여성에 대한 배려가 확실하다.

여성단체연합 김기선미 정책실장은 "여성들이 '공무원이 되면 적어도 실력으로 승부할 수 있다' 고 생각하는 것은 민간기업의 성차별이 심각하다는 것을 반증 한다"고 지적했다.

「한국경제」 2005. 05. 24.

다음 글을 읽고 오늘날 대두되고 있는 '남성 역차별론' 에 대한 자신의 입장을 정하여 자유롭게 기술해 보자.

8살 태민이는 학교에서 아버지 직업을 묻는 선생님의 질문에 "주부요. 근데 부는 지아비 부(夫)자예요" 했다가 심한 마음의 상처를 입었다. 선생님과 아이들이 와르르 웃어댔기 때문이다. 집에서 자기와 놀아주고 일하는 엄마를 대신해 맛있는 저녁을 준비해 주는 아빠를 자랑스레 여기던 아이는 학교에서 '그것이 매우 창피하고 해괴한 일' 란 관념을 주입받은 셈이다.

우리 사회에서 남성은 가부장제적 고정관념에 의해 넥타이 매고 회사에 가야 하는 존재, 집안일이나 종래 여성 직업으로 여겨지던 일들은 아무리 취미가 있더라도 해선 안 되는 존재로 '찍혀' 있다. 남자만 군대 가는 '억울함 1호' 외에도 '남성 역할'에 대한 사회적 편견으로 역차별을 강요당하는 경우가 많다. '성차별(sexual discrimination)'이란 용어 자체에는 원래 남성, 여성이 없다. 하지만 실제로는 오랜 세월 부당한 억압의 대상이었던 여성에 대한 차별대우를 의미하다보니 차별 철폐가 여성에 집중돼 한국 사회에선 국가 양로시설도 여자는 60세, 남자는 65세 이상 입소하는 등 역차별이 많다. 형법엔 강간죄와 혼인빙자 간음죄의 피해자도 여성에게만 한정된다. 외모에 큰 흉터가 생긴 여성은 장애 4급이고 남성은 6급으로 더 낮다. 한국여성개발원의 조사 결과 성차별적 법 규정이 159개에 이르는데, 남성차별 조항도 적지 않다고 한다.

이번엔 국민연금법의 남성차별 조항이 위헌 심판대에 올랐다. 부부 중 남편이 사망하면 아내는 유족연금을 받지만, 아내 사망 후 남편은 '60세 이상이거나 장애 2등급 이상'만 유족연금을 받도록 한 조항 때문이다. 법원은 국민연금 수급권은 사회보장 성격을 띰과 동시에 재산권이므로 가족의 생계를 주로 남편이 책임졌다는 성역할에 대한 고정관념에 의한 법조문은 평등권과 재산권을 보장한 헌법에 위배된다고 판단했다. 결국 남성차별은 이처럼 뿌리 깊은 여성차별 관행의 결과인 경우가 많다. 성차별 문제는 양성평등의 관점에서 꼼꼼히 안팎을 뒤집어보아야 한다.

차미례 논설위원, 「세계일보」

참고할 만한 책

김성남, 『허난설헌: 시대를 앞서간 천재 여류 시인』, 동문선, 2003.
김태현, 이문숙, 『21세기에 만나는 여성의 삶』, 성신여자대학교출판부, 2002.
박혜숙, 『허난설헌』, 건국대학교출판부, 2004.
이배용 외, 『우리나라 여성들은 어떻게 살았을까 1』, 청년사, 1999.

7

외모는 경쟁력이 될 수 있는가?

외모열풍으로 읽는 「규원가」

외적인 아름다움, 얼마나 중요한가?

얼짱, 몸짱 열풍에 이어 '동안' 열풍이 오늘날의 대세라고 한다. 외모가 경쟁력이라는 인식이 어느 정도 자리 잡은 이 시대에 외모에 대한 신드롬이 이어지고 있는 것은 어찌 보면 당연하다고 할 수 있다. 지금은 동안이 또 다음엔 어떤 신드롬이 사람들의 관심을 사로잡을지 알 수 없지만, 사람들의 외모에 대한 관심은 지속될 것이다.

사실 외모에 대한 관심은 현대에 새롭게 생겨난 현상이 아니다. 조선시대 여성들의 필수품 중 하나가 경대였다. 경대는 여인들이 화장하거나 머리를 빗을 때 쓰는 거울을 세우는 대(臺)로, 각종 화장품 및 빗, 비녀, 족집게, 장신구를 비롯하여 각종 화장도구와 손수건, 실 등을 담아두는 저장 용구이자 화장할 때 사용하는 화장구였다. 당시 여성들이 이것들을 필수품목으로 여기고 간직했다는 것은 그만큼 외모를 가꾸는 데 관심이 많았다는 것을 말해 준다. 또한 외모에 대한 여성들의 관심이 시간을 초월해 이어져 왔다는 이야기도 될 것이고 말이다.

하지만 오늘날의 경우 경제적 여유와 기술의 발달, 그리고 사회적인 인식의 변화 등에 힘입어 외모를 가꾸는 데 대한 사람들의 관심과 노력이 보다 구체화되고 확대되었다는 점에서 과거와는 차이를 보인다. 더 나아가 외모를 가꾸는 행위가 여성들만의 고유영역으로 여겨지지도 않는다. TV 속 남자 연예인이 거울을 필수품으로 여기고, 머리 손질이나 화장에 공들이는 모습이 그다지 낯설지 않으며, 남성용 화장품 광고들이 눈에 띄게 늘고 있는 것은 물론 취업을 앞둔 남성들의 피부 관리나 성형에 관한 뉴스는 더 이상 사람들의 이목을 집중시킬 만큼의 대단한 이야기가 되지 못한다.

아름다움을 추구하는 데 어찌 남녀가 있겠으며, 예와 오늘의 구분이 있을 수 있겠는가? 성이 다르고, 문화가 다르고, 또 시대를 달리한다고 해도 사람들의 미에 대한 본능적인 욕구는 별반 다르지 않을 것이니 말이다.

「규원가」의 화자도 외모를 중시하고 있다. 물론 직접적으로 자신의 외모관을 밝힌 것은 아니지만 당시에도 외모가 여성에게 중요한 부분을 차지했다는 것을 알 수 있게 해 주는 내용을 담고 있다. 이제 우리 보다 많이 앞선 시대에 살았던 허난설헌의 외모에 대한 입장이 구체적으로 어떤 것이었는지 살펴보고, 이에 더하여 이 시대 '열풍'으로까지 이어진 사람들의 외모에 대한 관심과 노력을 어떻게 볼 것인지에 대해서도 함께 고민해 보도록 하자.

「규원가」 두 번째 이야기

허난설헌은 27세의 젊은 나이로 요절한 인물이다. 「규원가」가 쓰일 당시 허난설헌은 20대였다는 말이 된다. 그런데 허난설헌은 스스로 늙어가는 자신의 모습을 보며 한탄하고 있다.

> 三삼五오 二이八팔 겨오 지나 天천然연麗여質질 절로 이니,
> 이 얼굴 이 態태度도로 百백年년期기約약 하얏더니,

삼오이팔이라 하면 15세 또는 16세를 의미한다. 허난설헌은 매우 뛰어난 미모의 소유자였다고 한다. 그녀 자신도 작품 속에 결혼할 당시에 자신이 아름다웠다고 말하고 있다. 오늘날로 치면 청소년기에 해당하는 이 시기에 허난설헌은 결혼을 하게 된다. 여성적인 아름다움이 절로 일기 시작할 무렵이다.

> 年년光광이 훌훌하고 造조物물이 多다猜시하야,
> 봄바람 가을 믈이 뵈오리 북 지나듯
> 雪설鬢빈花화顔안 어디 두고 面면目목可가憎증 되거고나.

세월이 유수와 같다고 하지 않던가? 조선시대를 살았던 허난설헌도 시간이 매우 빠르다고 생각했던 것 같다. 흐르는 세월에 장사 없다고, 허난설헌도 빠른 계절의 흐름 속에서 본인이 늙어가고 있음을 느꼈을 터이다. 비록 20대 젊은 나이였지만 당대로 치면 20세가 넘어 아이까지 낳은 아줌마였을 허난설헌이 젊고 아리따운

나이는 아니었을 것이다.

> 내 얼골 내 보거니 어느 님이 날 괼소냐.
>
> 스스로 慙참愧괴하니 누구를 怨원望망하리.

이 부분은 허난설헌 역시 결국 조선시대 우리네 여성 중 한 명에 불과했다는 생각을 하게 만드는 구절이다. 허난설헌은 자신의 얼굴을 보며 이제 나이가 들어 못생겨진 모습 때문에 남편이 자신을 사랑하지 않을 수밖에 없다고 체념한다. 따라서 누구도 원망할 수 없다는 것이다. 결국 자신이 사랑받지 못하는 이유가 남편에게 있는 것이 아니라 본인의 외모 탓이라고 결론지어 체념해 버린 것이다.

외모열풍 당신은 어떻게 생각하십니까?

허난설헌의 한탄 - 아름다운 여자만이 남편의 사랑을 받을 수 있는가?

우리는 「규원가」를 통해 아주 먼 과거에 살았던 허난설헌과 만날 수 있다. 비록 직접 대면할 수는 없지만 작품 속에 담긴 그녀의 이야기에 귀 기울이고, 공감할 수 있다. 허난설헌은 「규원가」에 독수공방하는 외로움과 서러움을 담아내었다. 그녀는 훌륭한 집안에서 태어나 탁월한 글재주와 뛰어난 학식을 가졌지만 단지 여성이라는 이유만으로 규방에 갇혀 기약도 없는 기다림에 하루하루를 보내야 했다. 얼마나 갑갑하고, 서러웠을까? 이제 작품을 통해 보다 구체적으로 그녀의 삶을 들여다보기로 하자.

「규원가」에 나타난 상황으로 볼 때, 허난설헌의 남편은 기생집을 드나들며 며칠이고 집에는 아무런 연락도 없이 지냈던 듯하다. 당시 아무리 교육을 잘 받은 정숙한 부인이었다고 할지라도 이런 남편의 외도가 속상하지 않았을 리 없다. 그럼에도 「규원가」에서 허난설헌은 남편에 대한 노골적인 비난이나 원망을 자제하고 있다.

"내 얼골 내 보거니 어느 님이 날 괼소냐./스스로 慙참愧괴하니 누구를 怨원望망하리"에서 볼 수 있듯이 오히려 자신의 추한 모습에 대한 한탄이 더 강하게 드러난다. 나이 들고, 추해진 자신을 남편이 사랑하지 않는 것이 당연하다는 식이다. 그리고 더 나아가 늙고 추해진 스스로의 모습에 부끄러워하고 괴로워하기까지 하는 그녀의 모습은 우리를 안타깝게 한다.

사실 작품에 드러난 현실만으로 우리가 이들 부부간에 어떤 문제가 있었는지를 정확히 추론해 내기는 어렵다. 다만 우리는 남편의 사랑이 인품이나 성격 등의 내적인 가치가 아닌 외적인 아름다움에 기인한다는 허난설헌의 발상에 놀라게 된다. 그녀의 생각대로라면 아내들이 남편에게 사랑받기 위해서는 젊고 예뻐야만 한다. 어찌 부부간의 사랑이 외모에 의해서만 생겨나고, 유지되겠는가.

또한 이러한 발상은 지속적인 부부관계 자체를 전면적으로 부정하는 매우 위험한 사고이기도 하다. 젊음에서 비롯되는 아름다움이란 시간이 흘러감에 따라 변하는 것이 자연스런 이치이다. 그런데 그녀는 나이가 드는 것을 추해져 가는 것과 동일시한다. 또 그런 자신을 남편이 돌보지 않는 것이 당연하다고 생각한다. 만일 남편이 아내를 사랑하는 이유가 젊고 아름다운 외모 때문이라면 이 세상에 평생을 사랑하며 해로하는 부부는 한 쌍도 없을 것이다. 불로초라도 먹지 않는 이상, 한결같이 젊고 아름다운 모습을 유지할 수 있는 사람은 없을 테니 말이다.

고전 속 여성들, 왜 아름다워야만 했는가?

허난설헌처럼 능력 있고, 똑똑한 여성이 왜 그런 생각을 할 수밖에 없었을까? 한 작품만을 보고 일반화할 수 있는 것은 아니지만, 문학작품이 시대적, 사회적 산물이라는 입장에서 생각해보면 작품 속에 드러난 허난설헌의 생각이 당시 여성들의 생각을 대변하는 것은 아닐까 생각해 본다.

외부와는 단절된 채 오로지 남편만을 바라보며 살아야 했던 여성들은 사회적으로나 가정적으로 약자일 수밖에 없었다. 축첩을 허용하던 남성 중심 사회가 여성들에게는 '열(烈)'을 강조하며 은장도를 쥐어주던 시대에 여성들이 세상과 통하는 유일한 창은 남편이었다. 또한 여자는 시집을 가면 그 집 귀신이 되어야 했던 시대에 여자들이 의지할 사람은 오로지 남편뿐이었다. 이런 상황이고 보면 당시 여성들은 남편의 사랑을 받기 위해 노력할 수밖에 없는 처지였고, 이를 위해 자연스레 젊고 아름다운 외모에 가치를 두게 되는 것은 당연한 이치가 아니었을까 추측해 볼 수 있다. 여성으로 태어났다는 이유만으로 능력에 상관없이 사회적으로 인정받을 수도, 성공할 수도 없었고, 남성중심의 온갖 도덕과 윤리에 매인 여성들의 삶은 주체적이고 독자적인 삶이라기보다는 남성에게 종속된 삶이었다.

어느 시대, 어느 사회에서나 약자들에게는 인종(忍從)이 강요되곤 한다. 과거 '인종'이 여성들의 미덕으로 강요되던 시대에 부부관계는 결코 평등한 수평적 관계를 형성할 수 없었다. 이렇듯 왜곡된 부부관계에서 여성들이 남편의 사랑을 받기 위한 조건이 외적인 조건에 있었다면 이보다 불안정하고, 비참한 일이 또 있을까? 만일 이런 관계라면 여성은 사랑받기 위해 끊임없이 외모에 집착할 수밖에 없다는 결론이 나오니 말이다.

실제로 고전소설의 인물들은 하나같이 정형화된 모습을 보인다. 남녀 모두가 수려한 외모와 자태, 훌륭한 출신성분은 물론 성품까지 탁월하다. 남성의 경우 뛰어난 학식과 성품으로 입신출세를 통해 사회적인 성공을 거두는 인물로, 여성의 경우 아름다운 자태와 고운 마음씨를 가진 지혜로운 현모양처상으로 그려진다. 우리의 고전소설 속 주인공들은 하나같이 훌륭한 재자가인들이다. 특히 여성의 경우 내적인 아름다움을 바탕으로 수려한 외모를 가지고 있어야 사랑받을 수 있는 존재로 그려진다. 우리가 잘 알고 있는 「박씨전」의 주인공 박 씨의 경우 박색일 때는 남편의 사랑을 전혀 받지 못하다가 후에 아름다운 모습으로 변신한 후에야 남편의 사랑을 받게 된다. 남성 보다 뛰어난 능력과 기질을 타고나 가문을 빛내고, 국가의 위기에 용감하게 대처하여 많은 업적을 세움에도 불구하고 결국엔 아름다워진 후에야 남편의 사랑을 받을 수 있었던 박 씨의 이야기는 허난설헌의 생각이 그녀만의 독특한 사고가 아니었음을 보여주는 예가 아닐까 싶다. 여성은 아름다워야 했고, 이를 위해 노력해야 했다. 물론 그 정도가 어떠했는지는 알 수 없지만 말이다.

아름다워지고자 노력하는 여성들의 노력이 어찌 문제가 되겠는가? 다만 여성들을 판단하는 기준으로 외적인 아름다움이 절대적 가치로 부각될 때 문제가 된다.

외모는 경쟁력이 될 수 있는가?

우리 사회에서 '키 ○cm 이상의 용모 단정한 미혼여성'이라는 사원모집 요강이 사라진 것은 얼마 되지 않는다. 이러한 자격조건은 취업에 있어 여성의 외모나 결혼 여부가 얼마나 중요하게 고려되었는가를 짐작할 수 있게 해 주는 단적인 예이다. 오늘날 우리 사회의 여성에 대한 인식이 점차 바뀌고 있다고는 하지만 여성들이 취업에서 느끼는 사회의 벽(유리천장)은 여전히 높기만 하다.

어디 취업에서 뿐이겠는가? 아무리 시대가 바뀌고, 사회가 변해도 여성들의 삶에서 외모가 차지하는 비중은 줄어들 줄을 모른다. 오히려 점점 더 확대된다고 보아도 무리가 아닐 듯싶다. 오늘날 일부 직종에서 여성의 외모는 절대적이다.

요즘 사회에서 외모의 영향력은 일부직종이나, 여성들에게만 국한되지 않는다. 우리말로 번역하면 외모지상주의로 해석되는 '루키즘'이 전 세계적인 사회현상으로 자리 잡게 되면서 남성들 역시 외모의 영향력으로부터 자유로울 수 없게 되었다. 언제부턴가 여성들뿐 아니라 남성들의 취업이나, 승진, 결혼에 있어서도 외모가 결정적인 영향력을 행사하기 시작했기 때문이다. 이러한 흐름 속에 요즘은 남성들의 외모에 대한 관심도 여성들 못지않다. 일부 남성들의 경우 '메트로섹슈얼족'이라 불리며, 여성들에 버금가는 외모적 취향을 발휘한다. 물론 20~30대의 젊은 남성층에 의해 주도되는 외모 열기이긴 하지만 과거 보수적인 사회와 비교할 때 이는 혁신적인 변화라 할 것이다. 외모에 대한 오늘날 남성들의 시각이 과거 사회와는 현격한 차이를 보이는 것은 이제 부정할 수 없는 현실이 되었다.

사실 그리 오래지 않은 과거만 하더라도 남성들은 외모에 거의 관심을 두지 않았다. 오히려 남성이 외모에 집착하면 대범하지 못하다거나, 성격이 까다롭다고 여겨지곤 했다. 외모를 가꾸는 일은 여성들의 몫이었으며, 남성답지 못한 일로 여겨진 탓이다.

많은 사람들이 외모로 사람을 평가하는 풍조에 대해 하나같이 비판적이고, 반대하는 입장을 취한다. 그러나 실상 우리 사회에서 외모에 따라 사람을 판단하고, 평가하는 경우를 어렵지 않게 볼 수 있다. 얼마 전 한 방송사에서 고도비만자들을 대상으로 하여 비만 탈출 프로젝트를 마련하여 방송한 적이 있다. 그런데 출연자들 중 다수가 대인기피현상을 보이고 있었다는 점이 주의를 끌었다. 초고도비만자들에 대한 우리 사회의 냉대를 엿볼 수 있는 부분이다. 그들은 인터뷰 내내 자신 없는 태도로 일관하며, 사람들의 자신들에 대한 곱지 않은 시선에 그들이 얼마나 상처를 받았는지에 대해 이야기했다. 사람들은 그들의 본질보다는 뚱뚱한 외모에 더 관심을 두어 그들을 외면해 왔던 것이다.

이들 외에도 많은 사람들이 외모로 인한 유 · 불리를 생활 속에서 경험한 바 있다고 증언하며 외모가 우리 사회에서 얼마나 중요한지를 역설한다. 특히 오늘날과 같이 실업률이 높고, 면접의 비중이 확대되고 있는 추세 속에서 사람들은 외모의 막강한 영향력으로부터 한층 더 자유롭기 어렵다고 말한다. 많은 전문가들이 현대사회를 이미지 사회로 규정하고 있다. 우리 시대 가장 근엄하게 여겨지는 정치권에서조차 '이미지 메이킹(image making)'이 중요한 선거 전략으로 여겨지고 있을 정도이다. 이제 사람들은 좋든 싫든 외모의 막강한 영향 하에 살게 되었고, 외모가 우리시대 강력한 경쟁력으로 자리하고 있다는 것은 거부하기 어려운 현실이다.

과연 우리가 살고 있는 21세기, 외모는 명실상부한 자기 경쟁력으로 자리매김했다고 보아야 하지 않을까?

지식검색

메트로섹슈얼(metrosexual)이란?

패션과 외모에 많은 관심을 보이는 남성을 일컫는 용어.

패션에 민감하고 외모에 관심이 많은 남성을 이르는 말이다. 외모 가꾸는 것을 자연스럽게 생각해 피부와 헤어스타일에 시간과 돈을 투자하며, 쇼핑을 즐긴다. 또 음식, 문화 등에 관심을 보인다. 20~30대 초반의 도시 남성들에 이러한 경향이 많이 나타난다. 패션 감각이 뛰어난 이들은 유행을 이끌어가며 패션산업의 새로운 소비층으로 떠오르고 있다. 영국의 작가이자 문화비평가인 마크 심슨(Mark Simpson)이 1994년에 일간지 「인디펜던트」에 기고한 글에서 처음 사용하였다.

영국의 축구선수 데이비드 베컴(David Beckham)은 체격이 건장하고, 쇼핑을 즐길 수 있는 경제적 여유가 있으며, 헤어스타일과 피부를 관리하는 메트로섹슈얼의 전형으로 꼽는다. 우리나라에서도 축구선수 안정환, 탤런트 권상우 등을 예로 들 수 있다. 이들의 라이프스타일은 패션 · 화장품 산업에 크게 영향을 미치고 있다. 여성적인 면을 다양하고 과감하게 표출하는 이들을 겨냥해 남성용 화장품 시장이 크게 성장하고 있다. 또한 남성의류에서도 소재와 색상, 디자인에서 남성복이지만 여성들이 입어도 될 정도로 우아하고 섬세한 디자인을 채택하고 있다.

우리 시대 아름다움에 대한 욕구가 '열풍'으로 이어지다!

오늘날 우리 사회의 외모지상주의에 대해 많은 사람들이 부정적인 입장을 보인다. 외모에 따라 사람을 차별하는 것은 바람직하지 않다는 것이다. 그런데 이상한 것은 외모에 대한 관심과 집착은 날이 갈수록 심화되고 있다는 점이다. 외모지상주의는 2000년대로 접어들어 급속하게 확산되어, 전반적인 사회풍조로 자리 잡게 되었다. 이미 현대사회에서 외모는 개인의 사생활은 물론 사회생활에까지 막강한 영향력을 발휘하고 있다.

싫든 좋든 우리는 외모가 경쟁력으로 인식되는 시대에 살고 있는 것이다. 이제 자신을 가꾸려는 노력은 개인적으로는 철저한 자기 관리 능력이요, 대외적으론 명실상부한 경쟁력이다. 따라서 많은 사람들이 깔끔하고 세련된 용모에 신경을 쓰고, 노력하는 일에 긍정적 입장을 보인다. 반면 자기를 가꾸는 일에 소홀한 사람을 무책임하고 무능한 사람으로 평가하기도 한다.

상황이 이렇다보니 외모를 가꾸는 데 있어 남녀의 경계는 자연스레 무너지게 되었다. 남녀를 불문하고 외모 가꾸기에 많은 시간과 노력을 투자하는 것에 주저하지 않는다. 특히 국내에서 선풍적인 인기를 모았던 영화 〈왕의 남자〉에서 주연 남자 배우가 여자 못지않은 뛰어난 외모로 많은 사람들의 사랑을 받게 되면서 남성들의 외모에 대한 기존의 인식을 바꾸어 놓는 계기로 작용하기도 하였다.

이제 남성다움이라 하여 거칠고, 박력 있고, 힘차 보이는 이미지만을 떠올리는 것은 시대에 맞지 않는 발상이다. 남성들의 화장이나 성형, 특히 중년 남성들의 주름을 없애는 성형수술과 탈모치료, 피부 관리 등은 더 이상 화젯거리가 되지 못한다. 또 운동을 통해 몸매를 관리하고, 탁월한 패션 감각으로 유행을 선도하는 남성들이 멋진 자기관리 능력을 인정받기도 한다. 어디 남성들뿐이겠는가? 많은 노인들이 건강하고 아름다운 황혼을 보내기 위해 건강 열풍에 동참하면서 자연스레 외모 가꾸기에 관심을 가지고 노력하는 사례들이 각종 매체를 통해 전해지기도 한다.

이렇듯 건강하고 아름다운 외모에 대한 선망은 성별과 나이를 초월하여 오늘날 외모 '열풍'이라는 새로운 현상을 만들어 냈다. 인터넷 상에 '얼짱'이 등장하고, 뒤이어 '몸짱'이 등장하였는가 하면, 이제 '동안' 열풍까지 뒤를 잇고 있다. 열풍이라 불릴 정도로 사람들은 외모에 열광하게 된 것이다. 사람들이 이처럼 외모에 열광하는 것은 사회적 풍조라고 할 수 있을 것이다. 그리고 이러한 풍조가 형성된 데는 우리가 원치 않더라도 이미 우리 사회에서 외모가 중요한 가치로 자리 잡았기 때문일 것이다.

지식 더하기

외모지상주의 – 루키즘(lookism)이란?

외모가 개인 간 우열과 인생의 성패를 가르는 기준이라고 믿으며 집착하는 외모지상주의 또는 외모 차별주의를 말한다. 미국 뉴욕타임스의 저명한 칼럼니스트 윌리엄 새파이어가 최근 외모주의 '루키즘'(lookism)이 부상하고 있다며 그의 칼럼 「온 랭귀지 *On Language*」에서 주장한 말이다. 인종, 성, 종교, 이념 등과 함께 인류 역사에 불평등을 만들어낸 원인의 하나로 '외모'를 지목, 처음 사용했으며 외모(용모)가 개인 간의 우열뿐 아니라 인생의 성패까지 좌우한다고 믿어 외모에 지나치게 집착하는 경향 또는 그러한 사회 풍조를 말한다. 곧 외모가 연애 · 결혼 등과 같은 사생활은 물론, 취업 · 승진 등 사회생활 전반까지 좌우하기 때문에 외모를 가꾸는 데 많은 시간과 노력을 기울이게 된다는 것이다.

옥스퍼드의 1999년 판 『20세기 단어 사전』은 '루키즘'을 "외모를 근거로 한 편견이나 차별을 의미한다"고 정의하고 있으며 「워싱턴 포스트」지는 1978년 "비만한 사람들이 방어적 차원에서 '루키즘'이란 용어를 외모에 의한 차별의 의미로 사용하기 시작했다"고 처음 보도했다.

외모차별주의의 의미로 사용하는 것은 미국뿐만이 아니라 영국도 마찬가지여서 런던 「데일리그래프」지는 1991년 외모에 의한 차별이 인종차별, 성차별, 연령차별, 계급차별의 정도와 똑같이 심하다고 보고 "현대인들에게 가장 큰 압력으로 작용하는 것은 마약과 술, 섹스 그리고 외모"라고 보도한 바 있다.

외모 열풍, 시작부터 확산까지 일등 공신들!

오늘날 외모 열풍은 한 여고생이 개설한 사이버 카페에서 비롯되었다. 많은 네티즌들이 이 여고생이 만든 '얼짱' 카페에 관심을 가지게 되면서, 얼짱이라는 용어가 확산되기 시작했고, 각종 포털 사이트 검색 순위 1위를 차지하게 되면서, 사이버 세계에서 '얼짱'에 대한 열기가 조성되었다. 이에 더해 TV를 비롯한 각종 대중 매체들이 서로 앞 다투어 '얼짱' 열기를 집중 보도하고, 심지어는 인터넷 상의 일반인 '얼짱'들이 실제 연예계로 데뷔하는 일까지 생겨나면서 일명 '얼짱 열풍'은 우리 사회에 거세게 휘몰아치게 되었다.

얼짱뿐 아니라 몸짱 열풍을 일으킨 것도 20대의 몸매를 능가하는 30대 몸짱 아줌마가 인터넷에 자신의 몸매를 공개하면서 부터이다. 스타나 특정인이 아닌 평범한 주부의 몸짱 신화는 일반인들로 하여금 나이에 상관없이 누구나 몸짱이 될 수 있다는 희망을 가지게 했고, 곧바로 몸짱 열풍으로 이어졌다.

몸짱 열풍은 무엇보다 TV 속 연예인들에 의해 대중들에게 급속하게 전파되었다. 끊임없는 논란 속에서도 수많은 연예인들이 섹시 콘셉트를 앞세워 서로 앞 다투어 화려한 노출의상을 선보였고, 영화나 TV 속 주인공들의 적나라한 노출 연기는 실제적이다 못해 가족들이 함께 보기 민망할 정도에 이르렀다. 그리고 이러한 대중매체 속 연예인들의 노출 현상은 일반인들 사이에도 급속하게 번져, 거리에서 젊은이들의 아슬아슬한 노출 패션을 보는 일이 어렵지 않게 되었다.

이러한 노출현상을 바라보는 기성세대와 신세대간의 시각은 판이한 차이를 보인다. 상당한 반감을 가지고 우려의 목소리를 내는 기성세대와는 달리 신세대들 사이에서는 노출이 자연스럽고 당당한 자기표현 행위의 하나로 여겨지고 있다. 이들에게 연예인들이 'S' 자 바디라인을 과감하게 드러내는 것은 선망되는 일이지, 남부끄럽고 민망한 일이 아니다.

신세대들의 감성은 확실히 기성세대들의 것과는 사뭇 다르다. 그래서 이들의 감성을 공략한 각종 광고가 각광받기 시작한 것은 물론, 관련분야의 산업이 급속도로 발전하게 되었다. 많은 여성 연예인들이 섹시한 바디라인을 드러내는 섹시 화보 촬영에 나섰고, 각종 광고들이 날씬 콘셉트를 내세워 젊은 층을 공략하고 있다. 또 몸짱이 되기 위한 요가나 필라테스 등 각종 체조 및 운동 산업이 활황을 맞이했는가 하면, 의류업계에서는 노출의상이 불티나게 팔려 나가는 등 몸짱 열풍은 그야말로 우리 사회 전반에 강력한 바람을 일으켰다.

이들 사례를 통해 알 수 있듯이 외모 열풍은 외모에 대한 개개인의 관심과 노력에 의해 형성된 하나의 대중적 흐름이다. 우리 시대 정보통신 기술의 발달과 인터넷의 보급에 따라 이 같은 열풍이 형성되고, 대중 매체의 위력에 힘입어 엄청난 속도로 확산될 수 있었지만 어디까지나 그 중심에는 대중들이 있었다.

과거 선별된 정보들이 몇몇의 제한된 매체를 통해 일방적이고, 획일적으로 대중들에게 전달되어 여론을 형성하고 유행을 선도했다면, 정보통신 사회로 접어들어 인터넷 매체가 새롭게 등장하면서부터는 기존 언론이나 공중파 방송의 위력이 개인들에게 상당부분 이양되었다. 그래서 개인들이 새롭게 등장한 사이버 세계에서 인터넷 매체를 통해 보다 적극적으로 정보의 생산과 유통에 참여할 수 있게 되었고, 이에 따라 여론을 형성하고, 유행을 선도하는 주체로 성장하게 되었다.

이처럼 우리시대 외모 열풍의 형성과 확산에는 대중들 자신의 요구와 관심은 물론 정보통신 기술의 발달과 매스컴의 홍보 등 여러 요인이 복합적으로 작용하였다. 이제 얼짱, 몸짱 열풍은 일부 신세대들이나 네티즌들의 유행이 아닌 우리 시대 새로운 문화로 자리 잡아가고 있다. 사람들의 외모에 대한 관심이 계속 되는 한 외모 열풍은 끊임없이 이어질 것이다. 최근 동안 열풍이 사람들의 관심을 집중시켰다. 지금은 동안에 사람들이 열광하지만 또 다음엔 어떤 열풍이 사람들을 열광하

지식점검

마샬 맥루한의 미디어론

유명한 미디어 이론가인 마샬 맥루한(Marshal Mcluhan, 1911~1980)은 "미디어는 마사지다"라고 하였다. 이는 미디어가 모든 감각기관을 확장하는데, 특히 영상 미디어는 사람들의 감각을 강하게 자극하여, 외모에 대한 관심을 증대시킨다고 하였다. 따라서 TV의 출현은 사람들 개개인의 다양한 미의 기준을 일원화하고, 획일화하는 데 크게 기여했다고 할 수 있는 것이다. 공중파에 비춰지는 일부 미남, 미녀들이 유행이라는 것을 선도할 수 있었고, 사람들의 미에 대한 취향을 조정할 수 있었던 것이다.

게 할 지 알 수 없다. 그러나 외모에 대한 사람들의 열기가 식지 않는 이상 '열풍'도 사그라지지 않을 것이다.

우리 시대 외모열풍, 비난받아야만 하는가?

과유불급(過猶不及)이란 말이 있다. 무엇이든 과하면 모자란 것만 못하다는 것이다. 사실 외모 열풍이 비난 받는 이유도 그 자체가 외모지상주의를 부추김으로 인해 여러 가지 사회 문제를 발생시킬 수 있다는 우려 때문이다. 그 중에서도 가장 큰 문제로 지적되는 것이 과다한 비용 지출 문제일 것이다. 외모를 가꾸기 위해 들어가는 비용이 연간 10조 원이 넘는다고 하니 충격적이지 않을 수 없다.

물론 외모 열풍이 여러 가지 사회 문제 발생을 부추기며 부정적으로 작용하는 면이 있다. 그러나 외모를 가꾸기 위한 노력을 통해 자신감을 회복하고, 긍정적인 삶을 살아가는 사례들은 과연 외모 열풍을 부정적으로만 보아야 할 것인지에 대해 재고하게 한다. 실제로 우리는 매체를 통해 외모를 가꾸기 위해 노력하고, 변화하는 자신의 모습을 보면서 삶의 활력과 자신감을 되찾은 긍정적인 사례를 어렵지 않게 접할 수 있다. 심지어는 정치인들까지 유권자들에게 긍정적으로 보이기 위해 체중조절에 힘쓰고, 성형을 감행하기도 하지 않는가? 외모가 자신을 선전할 수 있는 좋은 수단임에 틀림없다.

우리 국민 4명 가운데 3명이 외모가 인생의 성공에 영향을 준다고 생각한다는 조사 결과가 나왔다. 이는 외모가 우리시대에 명실상부한 자기 경쟁력이라는 사람들의 인식을 보여준다. 경쟁사회에서 경쟁력을 갖추기 위한 노력은 불가피하다. 그리고 이러한 현상이 디지털 시대에 일종의 열풍으로 번지는 일은 충분히 있음직한 일이고, 오늘날 우리가 당면한 현실이다. 자신을 아름답고 건강하게 가꾸는 일, 그리고 이를 통해 경쟁력을 확보하려는 사람들의 노력을 어찌 비난할 수만 있겠는가? 다만 우리 사회의 왜곡된 미의식이 문제가 된다고 보아야 할 것이다. 본질을 보지 않고 무조건 외모로만 사람을 판단하거나, 외모가 본질에 선행할 때 문제가 발생한다. 예쁘기만 하면, 잘 생기기만 하면 뭐든 용서가 되는 사회가 문제가 된다.

우리 사회에는 얼짱만 있는 것이 아니다. 얼짱에 반대인 '얼꽝' 도 있다. 얼꽝들이 살기 참 힘든 세상이다. 일부 방송에선 못 생긴 사람들을 대놓고 웃음거리로 만들거나, 비하하기까지 한다. 외모로만 사람을 대우하는 오늘날의 단면을 보여주는 사례라고 할 것이다. 바로 이러한 문화, 즉 얼꽝에게 보내는 곱지 않은 시선들이 성형을 부추기고, 사람들을 외모에 매달리게 만드는 것이다. 아름다움에 대한 욕망이나 노력이 문제가 되는 것이 아니라, 얼꽝들로 하여금 차별받는 느낌을 가지게 하는 문화가 문제가 된다.

외모에 의해 서열화하고, 그 서열에 따라 차별적인 대우를 하는 현실 속에서 사람들의 미의식은 건전할 수 없다. 얼꽝들에 대한 사회적인 냉대가 우리 사회에서 얼꽝들을 약자로 전락시켰다. 그러나 동서고금을 통틀어 외적인 미와 더불어 건강한 정신이 아름다움의 잣대였다. 진실한 내면보다 겉모습만으로 사람을 판단하는 사회적 분위기는 분명 옳다고 보기 어렵다.

특히 자라나는 세대들에게 외모에 대한 그릇된 편견은 독이 될 수 있다. 하나같이 깎아지른 듯한 외모를 타고날 수는 없다. 그리고 미의 기준이란 것이 일원화될 성질의 것도 아니다. 따라서 서열화 될 성질의 것은 더더구나 아니다. 오늘날의 외모 열풍은 많은 우려에도 불구하고 사람들의 인식을 많이 바꾸어 놓았다. 누구나 건강하고 아름다운 삶의 주체가 될 수 있다는 것과 거기에는 노력이 필요하다는 것, 그리고 과하면 독이 될 수 있다는 것 등이 그것이다. 모든 이들이 열풍에 동조하는 것이 아니고, 열풍이 있으면 반드시 그러한 현상에 대한 자성의 목소리가 있다. 외모열풍을 단순히 외모지상주의의 단면으로만 인식하는 것은 바람직하지 않다. 이것은 웰빙과 더불어 건강한 삶에 대한 또 다른 욕구이다. 나에 대한 관심, 그리고 나의 몸에 대한 관심은 건강하고, 활기찬 삶의 기반이 되기도 한다.

외모는 분명 경쟁력이 될 수 있다. 보기 좋은 떡이 먹기도 좋다는 말도 있지 않은가? 다만 보기는 좋으나 맛이 없다면 그 떡은 외면당하게 될 것이다. 본질을 무시한 미적 관심은 천박할 수밖에 없다. 부단한 노력과 자기 관리로 아름답고 건강한 외모를 갖추는 일 만큼이나 건강한 내면과 실력을 양성하는 노력을 게을리 하지 않아야 할 것이다.

오늘날의 외모 열풍을 바라보는 시각은 지나치게 부정적인 관점에 맞추어져 있는 듯하다. 어떤 현상이든 부정적인 측면과 긍정적인 측면이 있다. 단점을 개선하고, 장점을 살리면서 현명하게 대처할 수 있는 개인들의 노력이 그릇된 사회적 분위기 개선의 첫걸음이 될 것이다.

양성평등 시대를 살아가는 오늘날의 젊은이들은 남성성이나 여성성을 뚜렷하게 구분하여 선을 긋지 않는다. 소위 남성다움이나 여성다움이 미덕이 되고 있지 않다는 의미일 것이다. 근래에는 일부 남성들의 여성적 취향이 세간의 관심이 되고 있다. 이러한 현상을 매트로섹슈얼이라고 하는데, 여러분들은 우리 시대 '매트로섹슈얼' 을 어떻게 생각하는가?

'수놓는 남자, 권투하는 여자', '화장하는 남자, 망치 잡는 여자'. 이 같은 모습이 뭔가 어색하고 거꾸로인 듯하다는 느낌이 든다면 당신은 '블로그(BLOG: Be Liberal & Open Generation) 세대' 에 낄 수 없을 것이다. '강한 남자', '예쁜 여자' 라는 전통적인 관습이 무너지고 있는 가운데 블로그 세대에 이르면 '남성 같은 여성', '여성 같은 남성' 이란 여성과 남성이 서로의 영역을 넘나드는 모습이 쉽게 관찰된다. 블로그 세대의 '자유와 개방(Liberal & Open)' 코드는 여성과 남성의 역할에 대해 자유롭고 열린 사고로 양성(兩性)을 받아들이고 있다. 남성이나 여성에 갇혀 있기보다는 필요하다면 다른 성의 장점을 받아들여 인생을 보다 풍요롭고 자유롭게 살겠다는 것이 블로그 세대들의 생각인 것이다.

블로그 세대는 강한 남자인 마초(macho)보다는 꽃미남인 '메트로섹슈얼(metrosexual)' 이 각광받고 있다. 이들은 남성으로 정체성은 유지하는 가운데 여성성을 부분적으로 차용한다. 귀고리를 하거나 화사한 컬러의 옷을 찾는다. "피부가 장난이 아닌데" 란 남성 화장품의 광고 카피가 상징하듯 피부미용에 관심이 높고 성형도 마다하지 않으며 쇼핑도 즐긴다. 지하철에서 다소곳하게 수를 놓고 있는 남자도 있다. 자신의 여성적인 측면을 포용할 줄 아는 남성이 '마초 콤플렉스' 에서 벗어난 블로그 세대의 감성에 맞닿고 있다.

대학생 박모(남, 25) 씨는 "남학생들도 얼굴 팩을 날마다 하고, 심지어 눈, 코 성형수술을 하는 친구들도 있다" 며 "여자친구가 밥을 사는 것을 어색하게 생각하지 않고 경제적 능력이 있는 여자를 선호하는 것을 당연시한다" 고 말한다. 시대의 아이콘인 연예인도 강동원, 배용준, 권상우 씨처럼 깨끗한 피부에 섬세한 이미지를 갖고 있는 인물들이 남성의 대명사로 인기를 끌고 있다.

LG전자 홍보실에 근무하는 양승혁(남, 28) 씨는 "요즘 사내에서도 조각 같고 귀여운 남성이 여성들에게 큰 인기를 끌고 있다" 면서 "개방형 사회문화 형성에 대해서는 긍정" 이라고 말했다. 하지만 양 씨는 "남자 입장에서 볼 때 '여성 같은 남성' 은 부담스럽다" 고 덧붙였다.

미즈 뷰티(Ms. Beauty)에서 미즈 스트롱(Ms. Strong)으로 = '밀리터리 룩(military look: 군복 패션)' 은 여성 패션 아이템의 한 부분을 차지하고 있다. 대학생 구모(여, 22) 씨는 여학생 가운데 군복 한 벌이나 군화 한 켤레쯤 갖고 있지 않은 경우는 없을 것" 이라고 말했다. 우람하게 생긴 유틸리티 차량을 거칠게 모는 여성도 종종 눈에 띈다. 또 웬만한 일이면 자기가 직접 망치와 드라이버를 들고 뚝딱거리는 여성도 낯설지 않다. 최근 이종격투기 경기를 보고 온 회사원 이모(남, 28) 씨는 "요즘 여성들은 핏방울이 튀기는 링 주위에서 태연스럽게 스테이크를 썰고 있다" 고 말했다. '강철녀 신드롬' 이라 할 만하다.

남성이 메트로섹슈얼로 여성성에 접근하고 있다면, 여성은 '콘트라섹슈얼(contrasexual)' 로 남성성에 다가서고 있다. 반대라는 의미인 '콘트라(contra)' 가 말해주듯 콘트라섹슈얼은 기존의 여성성의 관습에서 벗어나고 있다. 결혼은 필수가 아니라 옵션이라고 생각하고 여성스러움보다는 강인함을 우위에 둔다.

게임업체 웹젠에 근무하는 한혜승(여, 30) 대리는 "우리 회사만 해도 게임업체임에도 불구하고 2000년 초까지 여성들이 소극적이었지만, 요즘은 할 말은 하는 풍토가 자연스러워졌다" 면서 "개성을 인정해주는 세태는 바람직하다" 고 평가했다.

「헤럴드경제」 2005. 04. 11.

참고할 만한 책

김수신, 『김수신의 얼굴』, 시공사, 2002.

박정자, 『로빈슨 크루소의 사치』, 기파랑, 2006.

이슈투데이 편집국, 『2003 한국사회 이슈 100선』, 이슈투데이, 2003.

문학 교과서 속에 숨어 있는 논술

펴낸날 초판 1쇄 2006년 10월 27일
초판 7쇄 2016년 10월 7일

지은이 김미영 · 윤지영 · 윤한국
펴낸이 심만수
펴낸곳 (주)살림출판사
출판등록 1989년 11월 1일 제9-210호

주소 경기도 파주시 광인사길 30
전화 031-955-1350 팩스 031-624-1356
홈페이지 http://www.sallimbooks.com
이메일 book@sallimbooks.com

ISBN 978-89-522-0567-4 43100

※ 값은 뒤표지에 있습니다.
※ 잘못 만들어진 책은 구입하신 서점에서 바꾸어 드립니다.